Rolf Schieder

Hegels Gott

Eine Provokation

Schwabe Verlag

Gedruckt mit freundlicher Unterstützung der Carl-August-Heinz-Stiftung, Kleintettau

Bibliografische Information der Deutschen Nationalbibliothek
Die Deutsche Nationalbibliothek verzeichnet diese Publikation in der Deutschen Nationalbibliografie; detaillierte bibliografische Daten sind im Internet über http://dnb.dnb.de abrufbar.

© 2025 Schwabe Verlag, Schwabe Verlagsgruppe AG, Basel, Schweiz
Dieses Werk ist urheberrechtlich geschützt. Das Werk einschließlich seiner Teile darf ohne schriftliche Genehmigung des Verlages in keiner Form reproduziert oder elektronisch verarbeitet, vervielfältigt, zugänglich gemacht oder verbreitet werden.

Korrektorat: Anna Ertel, Göttingen
Cover: icona basel gmbh, Basel
Layout: icona basel gmbh, Basel
Satz: 3w+p, Rimpar
Druck: CPI Books, Leck
Printed in Germany
Herstellerinformation: Schwabe Verlagsgruppe AG, Grellingerstrasse 21, CH-4052 Basel, info@schwabeverlag.ch
Verantwortliche Person gem. Art. 16 GPSR: Schwabe Verlag GmbH, Marienstraße 28, D-10117 Berlin, info@schwabeverlag.de
ISBN Printausgabe 978-3-7965-5245-8
ISBN eBook (PDF) 978-3-7965-5246-5
DOI 10.24894/978-3-7965-5246-5
Das eBook ist seitenidentisch mit der gedruckten Ausgabe und erlaubt Volltextsuche. Zudem sind Inhaltsverzeichnis und Überschriften verlinkt.

rights@schwabe.ch
www.schwabe.ch

Der Herr ist der Geist;
wo aber der Geist des Herrn ist,
da ist Freiheit.
2. Kor 3,17

Inhalt

Vorwort 11

Einleitung
Philosophieren heißt, den Geist seiner Zeit begreifen 15

1. Wo begegnet man dem absoluten Geist? 16
2. Selbstfindungsprobleme des subjektiven Zeitgeistes 20
3. Selbstfindungsprobleme des objektiven Zeitgeistes 23
4. Ziel und Aufbau des Buches 25

Kapitel 1
Der Traum des jungen Theologen
von einer Religion für das Volk 27

1. Auf der Suche nach einer Religion für das Volk 28
2. Hegels frühe Theologie 36

Kapitel 2
Wohlwollen und Anteilnahme als die Werke des Geistes:
Hegels *Phänomenologie* 43

1. Einleitung 43
2. Die Läuterungsstufen des Bewusstseins 47
3. Die Formen des Geistes 54
4. Religion als die vorgestellte Vollendung des Geistes 62
5. Das «absolute Wissen» als die begriffene Vollendung des Geistes ... 68

Kapitel 3
Hegel, der Religionspädagoge:
Weißtüncher oder Schornsteinfeger? 71

1. «Unsere Universitäten und Schulen sind unsere Kirche!» 72

2.	«Man kann nicht denken ohne Gedanken, nicht begreifen ohne Begriffe!»	73
3.	Der Mensch – das «auf dem Grund des Unendlichen [...] erbaute Wesen»	75
4.	Seele, Geist und Gott sind keine «Steine und Kohlen»	76
5.	Rechts-, Pflichten- und Religionslehre	77
6.	«Nicht wir haben Vernunft, sondern die Vernunft hat uns.»	84
7.	Gott als die sündenvergebende Macht der Liebe	86
8.	Wer ist Weißtüncher, wer ist Schornsteinfeger?	87

Kapitel 4
Die Selbstbestimmung Gottes zum Sein: Hegels *Logik* ... 89

1.	Einleitung	89
2.	Die Lehre vom Sein	91
3.	Die Lehre vom Wesen	94
4.	Die Lehre vom Begriff	100

Kapitel 5
Die Vernunft der Dinge: *Die Enzyklopädie* ... 107

1.	Einleitung	107
2.	Vom Sein über das Wesen zum Begriff	125
3.	Die Natur als das Andere des Geistes – Hegels Naturphilosophie	139
4.	Der Geist	149

Kapitel 6
Das Recht als Sozialform der Freiheit: Hegels *Rechtsphilosophie* .. 173

1.	Vorrede	173
2.	Einleitung	176
3.	Das abstrakte Recht	179
4.	Die Moralität	181
5.	Die Sittlichkeit	182
6.	Der Monarch, das exemplarische Individuum	194

7. Die Weltgeschichte ist das Weltgericht 196

Kapitel 7
Hegels *Geschichtsphilosophie* – eine Rechtfertigung Gottes 199
1. Geschichtsphilosophie als Geschichtstheologie 199
2. Hegels Gang durch die Geschichte 203
3. Die Weltgeschichte – immer noch eine Geschichte der Freiheit? ... 217

Kapitel 8
Die Anschauung des Absoluten: Hegels *Ästhetik* 219
1. Die Idee des Kunstschönen 219
2. Die symbolische, die klassische und die romantische Kunst 223
3. Die symbolische Kunstform 227
4. Die klassische Kunstform 229
5. Die romantische Kunstform 232
6. Das weltliche Herz des Geistes 238
7. Die Auflösung der romantischen Kunstform in der neuesten Zeit ... 244

Kapitel 9
Seligkeit als Ziel religiöser Praxis: Hegels *Religionsphilosophie* ... 247
1. Die religiöse Signatur des Zeitgeistes 247
2. Der Begriff der Religion 254
3. Der Kultus als Glaube, als Ritual und als Sittlichkeit 260
4. Die bestimmten Religionen 262
5. Hegels Trinitätslehre – die Evolution und die Revolution des Geistes 270
6. Welchen Sinn haben Gottesbeweise? 284

Kapitel 10
Selbsterkenntnis als Ziel philosophischer Praxis:
Hegels *Geschichte der Philosophie* 287
1. Einleitung 287
2. Die griechische Philosophie 295

3.	Die Philosophie des Mittelalters	304
4.	Die neuere Philosophie	309
5.	Die Offenbarung des Zeitgeistes als die Aufgabe der Philosophen	315

Schluss
Worin besteht die Provokation? 317

1.	Hegel – ein umstrittener Philosoph	317
2.	Produktive Provokationen Hegels	320
3.	Der absolute Geist in Kunst, Religion und Wissenschaft	326
4.	Öffentliche Gottesentsagung bei zunehmender religiöser Pluralität	332

Vorwort

Die Brauerei Lemke unter dem S-Bahn-Bogen 143 in der Nähe des Hackeschen Marktes befindet sich knapp fünfhundert Meter östlich von Hegels ehemaligem Berliner Wohnhaus im Kupfergraben. Dort entstand die Idee, ein Buch über die Theologie Hegels zu schreiben. Das kam so: Bei einem Indian Pale Ale fragte ich einen gerade von der Humboldt-Universität zu Berlin und dem King's College in London promovierten jungen Philosophen,[1] was er für die vordringlichste Aufgabe der Philosophie halte. Ohne Zögern antwortete er: «Metaphysik!» Ich fragte verblüfft zurück: «Leben wir denn nicht in einem nachmetaphysischen Zeitalter, wie Jürgen Habermas meint?» Seine Erwiderung: «Das *ist* doch eine metaphysische Aussage!» Ich insistierte: «Während meines Theologiestudiums in den Siebzigerjahren lernte ich, dass mit Kants drei Kritiken die Metaphysik erledigt ist. Gilt Metaphysik deiner Generation nicht mehr als Rückfall in vorkritische Zeiten?» Seine Erläuterung: Die aktuelle Metaphysik sei insofern ein Fortschritt, als sie über skeptische Diskursanalysen und formale Sprachtheorie hinausgehe und dazu anhalte, über die Wirklichkeit nachzudenken, auf die wir mit unseren Aussagen zielen. Aus erkenntnistheoretischer Skepsis auf Metaphysik zu verzichten, bringe uns nicht weiter. Philosophie müsse eine die Wirklichkeit erhellende Wissenschaft sein. Metaphysik sei die Disziplin, die die Wirklichkeit auf den Begriff bringt.

Ich begann zu verstehen. Der Zustand der Theologie schien mir dem der Philosophie zu ähneln. Die protestantische Theologie weigert sich seit gut zweihundert Jahren, Metaphysik zu einem theologischen Thema zu machen. Seit Friedrich Schleiermachers Feststellung, dass Religion eine «eigene Provinz im Gemüte» sei und strikt von der Metaphysik und der Ethik geschieden werden müsse, ging die protestantische Theologie davon aus, dass sie die Vernunft des Gottesgedankens nicht mehr erweisen müsse. Gott wurde zwar noch als «das, was mich unbedingt angeht» (P. Tillich), als Quelle des «Gefühls schlechthinniger Abhängigkeit» (F. Schleiermacher) oder als «das Geheimnis der Welt» (E. Jüngel) vorausgesetzt, er musste aber vor dem Forum der Vernunft nicht mehr erscheinen. Die Theologie verzichtete auf eine vernunftgeleitete Auseinandersetzung mit ihrem Gegenstand. Weil Gott sich angeblich in einem erkenntnistheo-

---

[1] Jakob Schieder-Hestermann, Between Meaning and Essence – Explaining Necessary Truth, Berlin 2019.

retischen Abseits befand, interessierte man sich vornehmlich für den Glaubensakt, nicht mehr für den Glaubensgegenstand.

Für Hegel war Metaphysik die «Zurückführung der Natur auf Gedanken». Der Mensch muss sich einen Reim auf sein Dasein mithilfe von Gedanken und Begriffen machen. Deshalb ist «der Mensch als ein denkendes Wesen ein geborener Metaphysiker».[2] Wer sich vor der Metaphysik hüten will, so Hegel, der hütet sich vor dem Denken. Hegel kritisiert zum einen empiristische Naturalisten, die «die Natur» und deren «Gesetze» für gegeben halten, zum anderen aber auch die Skeptiker, die die Dinge für unzugänglich halten. Weder ist für Hegel das Vorfindliche schon das Wirkliche, noch ist es bloßer Schein. Metaphysik ist für ihn dasjenige philosophische Verfahren, das die Natur und die Geschichte auf Gedanken zurückführt, um das für den menschlichen Geist Wesentliche aufzudecken.

Hegel war aber zugleich ein erbitterter Gegner aller «Verstandesmetaphysik». Er unterscheidet streng zwischen dem Verstand, der die Wirklichkeit in Subjektives und Objektives aufspaltet, und der Vernunft, die die Einheit des Differenten denkt. Für die Vernunft ist das endliche Subjekt kein atomisiertes Individuum, das vielen anderen atomisierten Einzelnen in einer zufällig zusammengewürfelten Welt gegenübersteht. Vielmehr hat der subjektive Geist sowohl am objektiven Geist seiner Zeit Anteil als auch am absoluten Geist, der letztlich treibenden Kraft in Natur und Geschichte. Nicht ein materiell Gegebenes setzt Hegel voraus, sondern den absoluten Geist als eine Wirklichkeit schaffende Kraft, an dem der menschliche Geist durch seine Vernunft Anteil hat.

Gott ist für Hegel Geist. Als solcher ist er gegenwärtig und hier und jetzt wirksam. Gott als den in der Welt wirksamen Geist will Hegel nicht in ein erkenntnistheoretisches Jenseits verbannen. Gott ist ein Gedanke. Folglich kann man auch nicht sinnvoll behaupten, dass Gott nicht gedacht werden kann. Denn auch seine angebliche Undenkbarkeit ist und bleibt ein Gedanke. Ein in seiner Transzendenz verborgener Gott ist für Hegel ein gespenstischer Gedanke. Ein solches Jenseits stellt Gott willentlich ins Abseits. Gott tut ganz im Gegenteil nichts anderes, als sich unablässig zu zeigen, sich zu offenbaren. Die christliche Trinitätslehre erschien Hegel als eine gelungene Denkfigur, um sich die unablässige Selbstverwirklichung des göttlichen Geistes in der Welt vorzustellen.

Das Gespräch im Brauhaus Lemke zwischen dem frisch promovierten Philosophen und dem frisch pensionierten Theologen über die Notwendigkeit einer neuen Metaphysik hatte für den in die Jahre gekommenen Theologen den Effekt, dass er einer weitverbreiteten skeptischen Theologie, die über eine Religionstheorie nicht mehr hinauskam, mit wachsender Skepsis begegnete. Stattdessen inter-

---

2 Georg Wilhelm Friedrich Hegel, Enzyklopädie der philosophischen Wissenschaften im Grundrisse 1830, Erster Teil, Die Wissenschaft der Logik. Mit den mündlichen Zusätzen, Werke 8, 11. Auflage, Frankfurt am Main 2017, § 98, 207. (Im Folgenden: Werke 8.)

essierte er sich ganz neu für Gott als denkbaren Gedanken und zu begreifenden Begriff. Hegels Gottesbegriff schien geeignet, eine kritische Metaphysik ebenso zu befördern wie eine kritische Theologie. Wer sich für Hegel interessiert, der braucht Zeit – und so waren die ersten Jahre des Ruhestandes ein idealer Zeitpunkt, eine dichte und einigermaßen verständliche Rekonstruktion der Theologie Hegels aus dessen Gesamtwerk zu versuchen. Die späte Beschäftigung mit Hegel war eine Wiederbegegnung. Als Theologiestudent war ich in den Siebzigerjahren des letzten Jahrhunderts an der Theologischen Fakultät der LMU München einerseits begeisterter Hörer Falk Wagners, andererseits Promovend bei Trutz Rendtorff. Falk Wagner war ein in Frankfurt sozialisierter Hegelianer, Trutz Rendtorff weckte bei seinen Schülern das Interesse an Ernst Troeltsch. So verschieden die beiden Zugänge zur Theologie auch waren, so sehr konvergierten sie doch in der Überzeugung, dass Theologie eine Theologie der Freiheit zu sein hatte. Frei können nur Subjekte sein, die sich ihrer selbst bewusst sind. Ob Subjekte unter spätkapitalistischen Verblendungszusammenhängen frei sein können, war in den Siebzigerjahren des letzten Jahrhunderts in der akademischen Welt umstritten. Wir jungen Theologen jedenfalls wollten das Widerstandspotenzial der Theologie und der Religion als einer Freiheitspraxis ausloten. Und so richteten wir unseren Fokus auf die Ethik. Dogmatik – zumal als Gotteslehre – erschien uns als ein anachronistisches Relikt.

Auch die Kirchen schlossen sich diesem Trend an und erlangten als politische Bewegung mit der Formel «Frieden, Gerechtigkeit, Bewahrung der Schöpfung» beachtliche Aufmerksamkeit. Dies änderte freilich am Niedergang des kirchlichen Lebens wenig. Immer drängender wurde die Frage, worin denn nun der besondere gesellschaftliche Beitrag der Kirchen besteht. An einem erhellenden und inspirierenden Gottesbegriff arbeiteten sie nicht mehr. Gott kam nur noch bei rituellen Anlässen zur Sprache. Ein vernünftiges Gespräch über Gott im Alltag der Welt konnten und mochten die Kirchen nicht mehr anregen. Eine merkwürdige «Theophobie» breitete sich nicht nur im Land, sondern auch in den Kirchen aus. Der Gebrauch des Begriffs Gott wurde immer peinlicher. Die Vorstellung, man müsse zuerst «an Gott glauben», bevor man ihn denken könne, verhinderte ein gebildetes Gespräch über Gott. Dieses Buch will das mit Hegels Hilfe ändern.

Als Textgrundlage dient die schon in die Jahre gekommene Suhrkamp-Ausgabe der Werke Hegels – aus dem schlichten und pragmatischen Grund, dass sich diese Ausgabe noch in einer großen Anzahl öffentlicher und privater Bibliotheken befindet. So können interessierte Leser Zitate leichter überprüfen und sich selbst in Passagen, auf die Bezug genommen wird, vertiefen. Für Forschungszwecke ist die historisch-kritische Gesamtausgabe des Meiner-Verlags, die mittlerweile 31 Bände umfasst, zu empfehlen (G. W. F. Hegel, Gesammelte Werke, Hamburg 1968 ff.).

Ohne das Wohlwollen und die Unterstützung vieler wäre das Projekt, Hegel theologisch Interessierten zu erschließen, nicht möglich gewesen. Die kontinuierliche, klare und freundschaftliche Kritik Bernhard Schlinks an den ersten Fassungen der einzelnen Kapitel hat einen unschätzbaren Beitrag zur Verständlichkeit des Buches geleistet. Für guten Rat danke ich Andreas Arndt, Cilliers Breytenbach, Kirill Chepurin, Julia Dietrich, Amélie Frank, Karsten Fischer, Michael Göpfert, Jakob Schieder-Hestermann, Henrik Simojoki, Helmut Utzschneider, Jingyang Yu und Hans-Georg Ziebertz. Niklaus Peter hat an ganz entscheidender Stelle geholfen, dass das Buch einen passenden Verlag gefunden hat. Christian Barth und Ruth Vachek haben die Publikation umsichtig und kenntnisreich betreut. Meiner Familie und den Freundinnen und Freunden, die meine Hegelmanie in den letzten Jahren geduldig ertragen haben, danke ich für ihre Nachsicht.

Das Buch ist in meinem Heimatdorf Kleintettau an der Grenze zwischen dem Thüringer Wald und dem Frankenwald entstanden. Die Dorfbewohner nennen es «Ewerhitt». Es ist ein Glasmacherdorf, sein Mittelpunkt die «obere Hütte», in der seit dem 17. Jahrhundert Glas hergestellt wird. Die ansässige Firma produziert heute zwanzig Prozent des weltweiten Flakonbedarfs. Deren Stiftung, der Carl-August-Heinz-Stiftung, danke ich dafür, dass sie durch einen großzügigen Druckkostenzuschuss den Verkauf des Buches zu einem Sachbuchpreis ermöglicht hat.

Kleintettau, im Advent 2024   Rolf Schieder

Einleitung
Philosophieren heißt, den Geist seiner Zeit begreifen

Lohnt es sich noch, Hegel zu lesen? Hegel selbst betonte in seinen *Vorlesungen zur Geschichte der Philosophie* immer wieder, dass man heute kein Platoniker oder Aristoteliker, kein antiker Stoiker oder Skeptiker mehr sein könne. Das sei anachronistisch. Jede Philosophie müsse den Geist ihrer eigenen Zeit auf den Begriff bringen. Folglich kann man heute auch kein Hegelianer mehr sein. Es kann nicht darum gehen, Hegel zu rechtfertigen oder ihn gegen seine Kritiker zu verteidigen. Das Ziel einer Beschäftigung mit Hegel kann nur die Antwort auf die Frage sein, ob Hegel uns helfen kann, den Geist unserer Zeit, von dem jeder ausnahmslos ergriffen ist, auch zu begreifen. Wer etwas begriffen hat, der ist gegen apokalyptisches wie gegen zynisches Denken gefeit und kann sich mit Zuversicht und getrostem Mut an die Arbeit machen, das Vorfindliche seinem Begriff gemäß zu gestalten.

Nicht aus historischem Interesse also wurde dieses Buch geschrieben, sondern aus der Intuition heraus, dass Hegels Philosophie helfen kann, die gegenwärtige politische, kulturelle und religiöse Lage westlicher Gesellschaften zu begreifen. Die politischen Eliten wirken hilflos, die Selbstfindungsprobleme singularisierter Subjekte sind gewaltig, die Kirchen befinden sich im freien Fall. Dem Westen ist ein *vernünftiger* Gottesbegriff abhandengekommen, und selbst kirchenkritische Zeitgenossen sind angesichts der Kirchenaustrittszahlen besorgt. Sind die Kirchen nur die ersten Institutionen, die zerfallen? Folgen als Nächstes die Schulen? Stehen nicht auch die etablierten Parteien unter einem enormen Druck und wissen nicht, wie sie sich gegen populistische und faschistische Bewegungen wehren sollen?

Weiß Hegel Rat? Eine belastbare Antwort kann erst am Schluss, nach einem Durchgang durch sein Werk, gegeben werden. Aber an drei kleinen aktuellen Miniaturen soll bereits in der Einleitung auf Hegels Aufklärungspotenzial hingewiesen werden. Hegels Philosophie rankt sich um den Geist in seiner dreifachen Gestalt: den subjektiven, den objektiven und den absoluten Geist. Für einen ersten Zugang genügt es vorläufig, sich Folgendes darunter vorzustellen: Der subjektive Geist entfaltet seine Wirkung in empirischen Subjekten. Der objektive Geist tritt den Individuen als der Geist von Institutionen gegenüber: in der Familie, in der Schule, in der Ökonomie, in der bürgerlichen Gesellschaft, im Staat. Hegel belässt es aber nicht beim Gegenüber von Individualität und Sozialität, von Ich und den Anderen. Vielmehr sind beide, der subjektive und der objektive Geist, im absoluten Geist aufgehoben. Man kann sich die drei Formen des Geistes auch als das Wechselspiel von Einzelheit (subjektiver Geist), Besonderheit (objektiver Geist) und Allgemeinheit (absoluter Geist) verdeutlichen. Das Soziale ist also noch nicht das Allgemeine, denn es ist wie das Subjektive ein vergängliches Besonderes. Der absolute Geist zeichnet sich dadurch aus, dass er einerseits alle einzelnen und besonderen Erscheinungen inspiriert – zugleich aber alles Vorfindliche infrage stellt. Er erzeugt eine beständige Unruhe, lässt nichts, wie es ist. Der absolute Geist ist – wie Hegel immer wieder betont – absolute Negativität. Er ist das Un-bedingte in allem Bedingten, das Un-endliche in allen endlichen Erscheinungen. Das vorstellungshafte Synonym für den absoluten Geist ist Gott.

1. Wo begegnet man dem absoluten Geist?

1.1 Schreiben als Gottesdienst

Am 10. Dezember 2023 hielt Jon Fosse in Stockholm seine Dankesrede anlässlich der Verleihung des Literaturnobelpreises. Die Rede beginnt mit einer angstbesetzten Kindheitserinnerung und sie endet mit dem schlichten Satz «Ich danke Gott».[1] Fosse beschreibt seinen Weg von einem Kind, das panische Angst vor öffentlichem Vorlesen in der Schule hat, zum Dichter und Dramatiker. Die ersten Schritte heraus aus der Angst begannen mit dem Schreiben eigener Texte, die nur für ihn selbst bestimmt waren. «Ich fand gewissermaßen einen Ort in mir drinnen, der nur mir gehörte, und an diesem Ort konnte ich schreiben, was nur mir gehörte.» Das gab ihm Sicherheit. Auch fünfzig Jahre später schreibe er immer noch an diesem geheimen inneren Ort, «von dem ich, um ehrlich zu sein, nicht viel mehr weiß, als dass es ihn gibt». Es sei ein einsamer, aber ein sicherer Ort, vor allem aber ein Ort, an dem das sonst Unsagbare zu Wort kommen kann. Schreiben sei nicht Kommunikation, sondern «eine Art Kommunion». Schreiben sei für ihn immer Zuhören gewesen, ein Lauschen auf das, was zur Sprache kommen will. Wer schreibt, der spüre einen «Geist der Ganzheit», der sowohl aus der Nähe wie aus der Ferne spricht. Wie überhaupt Dichten «eine Art Gebet» sei.

Erst sehr viel später sei er imstande gewesen, bei den Inszenierungen seiner Dramen die Gemeinschaft zu spüren, die die Mitteilung seiner einsamen Begegnungen mit dem Geist hervorrief. Da spürte er «eine große, frohe Sicherheit».

---

1 Die Rede wurde in der *Süddeutschen Zeitung* vom 8. Dezember 2023, S. 9, in der Übersetzung von H. Schmidt-Henkel publiziert.

Von nun an ließ er sich von guten oder schlechten Kritiken nicht mehr beeindrucken. «Ich wollte an meiner Sache festhalten, mit meiner Sache weitermachen.» Er habe schon immer gewusst, dass Dichtung Leben retten könne, wahrscheinlich habe sie auch seines gerettet. Und so hätten ihn unter den vielen Glückwünschen, die ihn erreichten, die am meisten gerührt, in denen Leser ihn wissen ließen, dass seine Dichtung ihnen das Leben gerettet habe. Nichts freue ihn mehr als das. Er danke der Schwedischen Akademie. Und: «Ich danke Gott.»

Hegel hätte sich über die Selbstverständlichkeit gefreut, mit der Fosse von Gott sprach. Und es hätte ihm gefallen, dass Dichten für ihn eine Art Kommunion und ein Gebet war. Denn Hegel war davon überzeugt, dass die Kunst – ebenso wie die Religion und die Philosophie – das Absolute vergegenwärtigen kann und soll. Die Kunst macht das Absolute anschaulich, die Narrative der Religionen erschließen es dem Vorstellungsvermögen, und die Philosophie bringt das Absolute auf den Begriff. Philosophie war für Hegel stets auch Gottesdienst. Als Philosoph war er immer auch Theologe, und als Theologe drang er darauf, Gott nicht in ein unerkennbares Jenseits zu verbannen, sondern als einen gegenwärtigen und lebendigen Gott zu denken.

Hegel hätte auch zustimmend genickt, als Fosse von der produktiven Kraft des «Geistes der Ganzheit» sprach. Auch Hegels absoluter Geist ist ein Geist der Ganzheit, der den subjektiven Geist endlicher Individuen ebenso inspiriert wie den objektiven Geist einer Kultur oder eines Gemeinwesens. Allerdings handelt es sich bei Hegels absolutem Geist nicht um ein Vorgegebenes. Das Ganze verschlingt die Teile nicht. Das Ganze ist nur in seinen Teilen und als seine Teile das Ganze. Ohne Teile gibt es kein Ganzes und ohne Ganzes keine Teile. In Hegels Terminologie: Das Absolute muss konkret werden. Sonst bleibt es eine leere Abstraktion. Wie die werdenden und vergehenden Teile ist auch das Ganze im Werden – unabgeschlossen, unendlich im Sinne von: noch nicht an sein Ende gekommen, noch nicht am Ziel.

Als Geist ist Gott für Hegel absolute Negativität. Nichts hat vor ihm Bestand. Das Vergängliche vergeht, das Nichtige wird vernichtet, das Eitle wird vereitelt. Wie ein Maulwurf – so Hegel in seiner *Geschichte der Philosophie* – unterhöhlt der Geist alles Vorfindliche und ruht erst, wenn sich das Wahre und das Gute – und als deren Anschauung auch das Schöne – durchgesetzt haben. Gott als Geist ist Mitte, Anfang und Ende von Natur und Geschichte, und der Mensch, sofern er als Geist tätig ist, wirkt an den Werken des göttlichen Geistes mit. *An sich* ist der Mensch immer schon vom Geist Gottes ergriffen – das endliche Subjekt muss dies aber *für sich* erst begreifen. Wer etwas begriffen hat, der hat es sich anverwandelt, der nimmt Anteil am Begriffenen. Der begreifende subjektive Geist erkennt, dass er kein isoliertes, atomisiertes Besonderes ist, sondern an einem großen Ganzen, dem absoluten Geist, so Anteil hat, dass es auf ihn selbst als subjektiven Geist in diesem großen Ganzen unbedingt ankommt.

Die Aufspaltung der Welt in beobachtende Subjekte und in beobachtete Objekte hielt Hegel für selbstgefällige Bequemlichkeit. Wer etwas begreift, der hebt die Subjekt-Objekt-Spaltungen des Verstandes auf. Ein begriffener Gegenstand oder ein begriffener Sachverhalt hat Aufforderungscharakter. Man kann danach nicht mehr so tun, als wisse man nicht, worum es gehe und was man tue. Hegel erwartet vom mit dem Geist Gottes begabten Menschen eine Stellungnahme. Will ich mich als endlicher Geist isolieren und absondern, oder will ich als selbstbewusster Geist ein Moment der Bewegung des absoluten Geistes sein?

1.2 Die Gottesentsagung der Aufklärung

Hegel hätte sich aber auch nicht gewundert, dass das Feuilleton auf die unbefangen vorgetragene Frömmigkeit Fosses irritiert und mit Ironie reagierte. Anstatt «dem lieben Gott» zu danken, so hieß es, hätte er besser der norwegischen Literaturförderung danken sollen, der es in den vergangenen Jahren gelungen sei, so viele norwegische Autoren einem internationalen Publikum bekannt zu machen. Eine Rezension der Bücher Fosses in der Wochenzeitung *Die Zeit* beginnt mit dem Satz: «Lassen wir uns mal erleuchten», und endet mit der Frage, ob «die Literatur nicht eher ein Genre für die unteren Ereignisbereiche eines Menschenlebens ist». Dazwischen bekennt die Rezensentin, dass die religiösen Passagen sie peinlich berührt hätten. «Denn der kunstpornografische Tiefsinn, der wahre Kunst zu einem Akt parareligiöser Erlösung verklärt, ist so faszinierend wie abstoßend».[2] Gott ist peinlich und Religion grenzt an Pornografie. Die Öffentlichkeit belästigt man damit lieber nicht. Über Gott schweigt man besser. Er berührt zwar noch – aber vornehmlich peinlich. Gott, so scheint es, ist der Elefant in den Wohnzimmern westlicher aufgeklärter Intellektueller.

Das ist, wenn man Hegel glauben darf, schon eine ganze Weile so. Denn eines der großen Probleme der Aufklärung habe darin bestanden, dass sie zur «Gottesentsagung»[3] aufgerufen habe. Viele seien diesem Ruf – oft aus Bequemlichkeit, oft genug aber auch aus finsteren Motiven – gefolgt. Gott sei konsequent aus den täglichen Lebensvollzügen ausgeklammert worden. Religion und Glaube habe man an die Kirchen delegiert. Die Kirchen ihrerseits empfanden diese Sonderexistenz lange als ihre Rettung vor den Angriffen radikaler Aufklärer. Und so pflegten und vertieften sie die Dichotomie zwischen Glauben und Wissen freudig und mit Eifer. Religion sei eine «eigene Provinz im Gemüt», betonte Friedrich Schleiermacher, ein Kollege Hegels an der Theologischen Fakultät der Berliner Universität. Hegel hielt das für einen Irrweg. Wie konnte sich die *Theo-logie* Gott

---

2 Katharina Teutsch, Die Hand Gottes, in: Die Zeit 53, 14.12.2023, 56.
3 Vgl. Georg Wilhelm Friedrich Hegel, Vorlesungen über die Ästhetik II, Werke 14, 11. Auflage, Frankfurt am Main 2018, 115. (Im Folgenden: Werke 14.)

als ihren Forschungsgegenstand rauben lassen und nur noch die Gefühle und Vorstellungen endlicher glaubender Subjekte, also deren Religion, erforschen wollen, nicht aber den Gegenstand des Glaubens, also Gott?

Wenn Gott angeblich nicht mehr begriffen werden kann und Religion nur eine kleine, isolierte Provinz im Gemüt ist, dann brauchen sich die Kirchen nicht zu wundern, wenn sie als provinziell wahrgenommen werden und ihre Botschaft für belanglos gehalten wird. Bis heute glauben Kirchenvertreter, dass «die Säkularisierung» ohne ihr Zutun über sie gekommen sei. Tatsächlich, so Hegels Diagnose, haben sich die Kirchen mit der Trennung von Gott und Vernunft, von Glauben und Denken vor zweihundert Jahren selbst ihr eigenes Grab geschaufelt. Immer wieder hat er die Theologen ermahnt, einen denkbaren Gott zum Gegenstand ihres Forschens zu machen – und ihn nicht in ein unerkennbares Jenseits zu verbannen.

1.3 Die Vernunft als das Vernehmen der göttlichen Werke

Philosophie und Theologie haben für Hegel exakt den gleichen Gegenstand: «Gott und nichts als Gott und die Explikation Gottes».[4] Er wird nicht müde zu betonen, dass sich Philosophie und Theologie schlechterdings nicht trennen lassen. In der Einleitung zur *Religionsphilosophie* heißt es: «So fällt Religion und Philosophie in eins zusammen; die Philosophie ist in der Tat selbst Gottesdienst».[5] Beide haben denselben Inhalt, sie unterscheiden sich lediglich in der Form. Glaube und Vernunft sind mithin nicht zu trennen. Denn die Vernunft ist «das Vernehmen des göttlichen Werkes».[6] Nicht wir haben Vernunft, die göttliche Vernunft hat uns.

Hegel unterscheidet strikt zwischen Vernunft und Verstand. Der Verstand bringt nur endliche Bestimmungen hervor.[7] Für den Verstand ist das Endliche das Absolute. Er klassifiziert und ordnet das Vorfindliche. Er spaltet die Wirklichkeit auf in Subjekte und Objekte, in Denken und Sein, in den beobachtenden Menschen und seine beobachtete Um-welt. Er denkt in Kategorien des ‹Entweder-oder›. Die Vernunft hingegen bekämpft die Gegensätze, die der Verstand konstruiert.[8] Sie denkt die Einheit der Differenz. Der Mensch hat keine Um-welt, sondern er hat an der Welt Anteil. Gegenstand der Vernunft ist nicht nur das Endliche, sondern auch das Unendliche und das Unbedingte. Das Unendliche ist

---

4　Georg Wilhelm Friedrich Hegel, Vorlesungen über die Philosophie der Religion I, Werke 16, 7. Auflage, Frankfurt am Main 2014, 28. (Im Folgenden: Werke 16.)
5　Werke 16, 28.
6　Georg Wilhelm Friedrich Hegel, Vorlesungen über die Philosophie der Geschichte, Werke 12, 12. Auflage, Frankfurt am Main 2017, 53. (Im Folgenden: Werke 12.)
7　Werke 8, § 25, 91.
8　Werke 8, § 32, 99.

aber nicht das Jenseits des Endlichen, vielmehr ist das Endliche im Unendlichen aufgehoben, d. h. zugleich negiert, infrage gestellt, aber auch aufbewahrt. Hegel nennt die Vernunft deshalb auch «das Vermögen des Unbedingten».[9] Die bevorzugte Kategorie der Vernunft ist das «Sowohl-als auch» und das «Zugleich». Hegel scheut sich nicht, die Vernunft als mystisch zu bezeichnen, denn der Mystik sei es von jeher darum gegangen, an der Einheit von Bestimmungen festzuhalten, «welche dem Verstand nur in ihrer Trennung und Entgegensetzung als wahr gelten».[10]

Hegel lag an einem vernünftigen öffentlichen Gespräch über Gott. Über die Vorstellungen, die sich die Religionsgemeinschaften in ihren Narrativen von Gott machen, lässt sich freilich schlecht diskutieren; deren Vorhandensein kann man als legitime Ausübung des Rechts auf Religionsfreiheit nur anerkennen und deren Genese nur nachzeichnen. Darüber hinaus müsste es aber ein öffentliches *philosophisches* Gespräch über Gott geben, an dem sich die Religionsgemeinschaften nicht konfessorisch, sondern diskursiv beteiligen können. Hegels Gottesbegriff bietet dafür eine gute Grundlage. Gott ist Geist. Er erscheint in subjektiver und in objektiver Gestalt. Also kann man ihn auch denken. Was man denken kann, das kann man anderen auch mitteilen. Das ist allemal besser, als über Gott peinlich berührt zu schweigen.

2. Selbstfindungsprobleme des subjektiven Zeitgeistes

2.1 Barbie oder «What Was I Made For?»

Noch nie in der Geschichte der Menschheit hatten die Individuen so viele Möglichkeiten der Selbstgestaltung. Aber gerade die Fülle der Möglichkeiten wird zum Problem. Die Fähigkeit, sich für eine Sache zu entscheiden, setzt die Fähigkeit zu Selbstverendlichung voraus. Die vielen Möglichkeiten bleiben leere Träume, wenn man sich nicht ganz auf das einlässt, worin man sich zu finden hofft. Davon erzählt der Film *Barbie*. *Barbie* war der international erfolgreichste Kinofilm des Jahres 2023. Der Film erzählt die Geschichte der Menschwerdung der Puppe Barbie. Ein Geschöpf wird sich seiner Selbstwirksamkeit bewusst. Das ist für Zuschauer ein unterhaltsamer, für die Protagonistin selbst ein schmerzhafter Prozess. Wer sich selbst zum Gegenstand seines Denkens macht, lebt im Zustand der Entzweiung. Anders ist Selbstbewusstsein nicht zu erringen. Selbstbewusstsein ist kein Zustand, sondern ein Prozess. Wer sich seiner selbst bewusst werden will, der muss sich selbst infrage stellen – immer wieder im Laufe seines Lebens. Hat man die eigene Unmittelbarkeit erst einmal negiert, dann stellt sich die noch viel anspruchsvollere Aufgabe der Negation der Negation. Auf die Einsicht, dass

---

9   Werke 8, § 44, 121.
10 Werke 8, § 82, 179.

es so nicht weitergehen kann, muss die Neuorientierung folgen. Wohin soll es denn stattdessen gehen? Was ist meine Bestimmung? «What Was I Made For?» – dieses Lied von Billie Eilish singt Barbie, als sie erkennt, dass sie keine Puppe mehr bleiben kann. Die letzte Strophe lautet:

> Think I forgot how to be happy.
> Something I'm not, but something I can be,
> Something I wait for
> Something I'm made for, something I'm made for.

Kinder und Puppen stellen sich die Frage, wofür sie geschaffen wurden, nicht. In den Zustand der Entzweiung geraten Menschenkinder erst im Jugendalter. Sie erkennen, dass sie nicht mehr unmittelbar und selbstverständlich «ich» sind. Das Ich wird von einer Gabe zur Aufgabe. Ich stelle fest, dass das vorfindliche Ich nicht das Ich ist, wie ich es gerne hätte. Die anfängliche Lust, sich im Spiegel oder in den Social Media zu spiegeln, kann zur Qual werden. Die Differenz zwischen Selbstbild und Fremdbild wird durch die Menge der Fremdbilder nicht aufgehoben, sondern vertieft. Das Problem verschärft sich: Wozu wurde ich gemacht? Gibt es einen Zweck, eine Bestimmung, die ich noch nicht kenne?

Im deutschen Idealismus wurde das Problem begrifflich so gefasst: Wo und wie findet das Subjekt Substanz? Meine Substanz ist gerade nicht meine natürliche Vorfindlichkeit. Substanz ist nichts Materielles. Die Substanz ist das, was sich in allen äußerlichen Veränderungen und in allem vergänglichen Schein durchhält und was bleibt. Substanz ist das, worauf ich mich unter allen Umständen verlassen kann. Wie werde ich substanziell? Wer nach seiner Substanz sucht, der setzt voraus, dass sich das Substanzielle dem Subjekt erschließt, dass das Subjekt Zugang zur Substanz hat. Skeptiker bezweifeln das. Zwischen Substanz und Subjekt gebe es keine Verbindung. Das Subjekt könne dies zwar glauben, beweisen könne man es nicht.

2.2 Hegels Imperativ: Werde, der du bist!

Ein schrankenloser Subjektivismus in einer vom Skeptizismus dominierten Kultur bringt das real existierende Subjekt in eine widersprüchliche Lage. Einerseits soll es sich selbst verwirklichen, andererseits ist ihm der Zugang zur «wirklichen Wirklichkeit» versperrt. So wirken viele Selbstverwirklichungsversuche wie ein unaufhörliches Drehen um sich selbst. Die Folge ist Schwindel. Ein Subjektivismus ohne Substanz endet in einer Sehnsucht, der die Befriedigung versagt ist. Das mag sich heroisch anfühlen, ist aber gleichwohl ein Akt der Verzweiflung. Für Hegel war klar: Man findet sich nicht in sich selbst, man findet sich nur, indem man sich entäußert. Ohne Hingabe an ein Objekt gibt es keine Selbstfindung als Subjekt. Es gibt viele Möglichkeiten, sich in anderem zu finden: in der

Liebe, in der Familie, im Beruf, im Ehrenamt, in der Kunst, in der Religion, in der Philosophie.

Wollte man mit Hegel einen Imperativ in Analogie zu Kants Imperativ formulieren, dann könnte er so lauten: «Werde, der du bist!» Das höchste Ziel seiner Philosophie ist Selbsterkenntnis. Erst wenn ich weiß, wer ich bin, kann ich meine Potenziale realisieren. Ohne Selbsterkenntnis gibt es keine Selbstwirksamkeit. Heute ist viel von «agency» die Rede – eine ganze Armada von «Coaches» beteiligt sich am Geschäft der Selbstfindung und der Steigerung eigener Handlungsfähigkeit. Selbsterkenntnis ist für Hegel aber mehr als Selbstoptimierung. *Gnothi seauton*, die Forderung des Orakels von Delphi, sich selbst zu erkennen, hat für Hegel gerade nicht die Bedeutung «nur von Selbsterkenntnis nach den partikularen Fähigkeiten, Charakter, Neigungen und Schwächen des Individuums, sondern die Bedeutung der Erkenntnis des Wahrhaften des Menschen, wie des Wahrhaften an und für sich – des Wesens selbst als Geist».[11] Erst wenn sich das Subjekt nicht nur als ein Naturwesen erkennt, sondern ebenso als Geist, hat es sich selbst begriffen. Ein Subjekt hat dann Geist, wenn es erkennt, dass es als Einzelnes zugleich ein Allgemeines ist. Ein Individuum, das sich als Geist erkannt hat, erkennt nicht nur alle anderen Individuen als Geist an, sondern sieht auch die Natur nicht länger als das Gegenteil des Geistes an, sondern als das vom Geist inspirierte Andere. Dann ist dem Subjekt seine Welt auch keine fremde und feindselige mehr.

2.3 Wie wird sich das Subjekt objektiv?

Das Subjekt wird sich nicht dadurch objektiv, dass es Objekte konsumiert, sondern indem es sich selbst zum Objekt macht, also ein selbstbewusstes Subjekt wird. Ein kleines Kind ist dazu nicht imstande. Hegel war wie Jean-Jacques Rousseau davon überzeugt, dass der Mensch zum Menschen erst gebildet werden müsse. Bildung ist für ihn die Befreiung des Menschen aus seiner natürlichen Abhängigkeit. Die Überzeugung, dass Bildung Selbstbildung ist, hieß für Hegel nicht, dass die Schülerinnen und Schüler sich erst einmal selbst ihren eigenen Reim auf die Welt machen sollten. Selbstständigkeit und Kreativität erringt man nur, wenn man sich zuvor an Inhalte und Lerngegenstände entäußert hat. Zwar sei es richtig, dass das bloße Mitteilen von Kenntnissen nicht hinreiche: «Schränkte [...] das Lernen sich auf ein bloßes Empfangen ein, so wäre die Wirkung nicht viel besser, als wenn wir Sätze auf das Wasser schrieben; denn nicht das Empfangen, sondern die Selbsttätigkeit des Ergreifens und die Kraft, sie wie-

---

11 Georg Wilhelm Friedrich Hegel, Enzyklopädie der philosophischen Wissenschaften im Grundrisse, 1830, Dritter Teil, Die Philosophie des Geistes. Mit den mündlichen Zusätzen, Werke 10, 10. Auflage, Frankfurt am Main 2016, § 377, 9. (Im Folgenden: Werke 10.)

der zu gebrauchen, macht erst eine Kenntnis zu unserem Eigentum.»[12] Diese Selbsttätigkeit ist nun aber gerade die Fähigkeit, sich von einem unbekannten und fremdartigen Gegenstand infrage stellen zu lassen und sich die Mühe zu machen, diesen zu begreifen. Diese Mühe kann durchaus als eine narzisstische Kränkung empfunden werden. Ohne den Schmerz der Entfremdung ist Bildung aber nicht zu haben.

3. Selbstfindungsprobleme des objektiven Zeitgeistes

3.1 «Wir sind umzingelt von Wirklichkeit!» (Robert Habeck)

Robert Habeck, derzeit Vizekanzler und Wirtschaftsminister der Bundesrepublik Deutschland, mag philosophisch anmutende Sätze. In der Talkshow von Anne Will am 3. Dezember 2023 meinte er: «Wir sind umzingelt von Wirklichkeit!» Habeck erläuterte seine Metapher so: Politiker in Deutschland seien gegenwärtig von allen Seiten mit einer Wirklichkeit konfrontiert, mit der sie nicht gerechnet hätten. Sie widerspreche lange gepflegten Annahmen und Deutungsmustern. Habeck empfindet seine Wirklichkeit offenbar als zudringlich und bedrängend.

Was würde Hegel dem bedrängten Habeck raten? Er würde ihn zuerst darauf hinweisen, dass er nicht nur von Wirklichkeit umzingelt ist, sondern auch von kurzlebigen Phänomenen, von Zufällen, von letztlich Nichtigem. Es käme also zuerst darauf an, herauszufinden, was an der Fülle der Zudringlichkeiten das Prädikat «wirklich» verdient. Für Hegel ist nur das Vernünftige wirklich, alles andere ist vergänglicher Schein. Wirklich ist das, was wirkt. Das Vernünftige und Wirkliche wirkt nach, ist nachhaltig. Wer «Wirklichkeit» so versteht, der fühlt sich von der Fülle des Wirklichen nicht bedroht, sondern ermutigt: «Endlich habe ich es mit etwas Wirklichem zu tun – und nicht nur mit Schein, Gemeintem, Gewünschtem, nur Gesolltem!»

Dann würde Hegel Habeck wohl fragen, ob er den Gegensatz zwischen sich als Subjekt und einer bedrohlichen objektiven Wirklichkeit dort draußen wirklich aufrechterhalten will. Sind wir als Subjekte denn nicht selbst Momente einer dynamischen Wirklichkeit, die es uns gerade nicht erlaubt, uns auf eine Beobachterposition zurückzuziehen oder uns als hilfloses Opfer zu stilisieren? Mit melancholischem Bedauern, dass veraltetes Wunschdenken obsolet geworden ist, sollte man sich nicht lange aufhalten. Die beträchtliche Steigerung des Realitätsbewusstseins ist erst einmal ein Fortschritt. Dieses Realitätsbewusstsein zu verstetigen und den Rückfall in romantische Träume zu vermeiden, ist die Leistung, die die neue Zeit uns abverlangt.

---

12   Georg Wilhelm Friedrich Hegel, Nürnberger und Heidelberger Schriften 1808–1817, Werke 4, 7. Auflage, Frankfurt am Main 2016, 332. (Im Folgenden: Werke 4.)

Wir müssen die Dringlichkeit der Lage begreifen – das war offenbar das Anliegen des Vizekanzlers. Aber wie macht man das? Was muss man tun, um unbrauchbare Deutungsmuster hinter sich zu lassen und passende Begriffe für die neue Lage zu finden? Meinungen und Kommentare gibt es wie Sand am Meer. Wer aber besitzt die Fähigkeit, die gegenwärtige Situation erhellend und inspirierend auf den Begriff zu bringen? Hegel hätte sich einerseits über die Negation, die in den Worten Habecks liegt, gefreut. Er hätte aber den nächsten Schritt, nämlich die Negation der Negation, angemahnt. Mit anderen Worten: Was soll denn nun an die Stelle des Alten treten? Dass wir nicht mehr in vergangenen Zeiten leben, das ist mit dem Begriff der «Zeitenwende» (Bundeskanzler Olaf Scholz) angezeigt worden. Unklar bleibt bei dieser Formulierung aber, was die neue Zeit denn auszeichnet und welche Anstrengungen genau sie uns abverlangt. Nicht die Zeit wendet sich ja, sondern der Zeitgeist. Dieser muss auf den Begriff gebracht werden. In ernsten Zeiten müssen Politiker es wagen, die ganze Wahrheit zu sagen. Nur sie macht frei und handlungsfähig.

3.2 Wie bringt man ein zudringliches Dasein auf den Begriff?

Hegels ganzes Bestreben war darauf gerichtet, das Vorfindliche zu begreifen. Seine Philosophie ist Wirklichkeitswissenschaft in einem eminenten Sinn. Hegels Begriff des Begriffs kann für ein Verständnis der gegenwärtigen unübersichtlichen Lage hilfreich sein. Begriff ist für Hegel mehr als eine Meinung, die deshalb *Mein*ung heißt, weil es nur meine Sicht der Dinge ist. Ein Begriff ist auch mehr als ein Kommentar, der aus einer Zuschauerposition heraus vorgetragen wird. Ein Begriff ist auch mehr als ein Deutungsversuch, der immer schon mit dem skeptischen Selbsteinwand vorgetragen wird, dass die Wirklichkeit, wie sie wirklich ist, dem subjektiven Deuten letztlich unzugänglich ist. Vor allem aber ist Hegels Begriff des Begriffs das Gegenteil eines von *spin doctors* erdachten *framing* oder *branding*. Denn diese Tätigkeiten wollen die Wirklichkeit aus ideologischen oder ökonomischen Gründen nur verschleiern, sie wollen gar nicht verstehen und erhellen.

Wer die Wirklichkeit begreifen will, der muss davon überzeugt sein, dass das überhaupt möglich ist. Skepsis gegenüber einem prinzipiellen Skeptizismus ist dafür die Voraussetzung. Nur wer glaubt, dass es Wahrheit gibt, kann die Wirklichkeit begreifen, also zwischen Schein und Wirklichkeit unterscheiden. Wahrheit ist für Hegel die Übereinstimmung eines Begriffs mit der Wirklichkeit. Ein «wahrer Freund» ist jemand, der sich seinem Begriff gemäß verhält. Eine naturwissenschaftliche Theorie ist dann wahr, wenn das begrifflich gefasste Konstruktionsprinzip mit den tatsächlichen, nachweisbaren Prozessen in der Natur übereinstimmt. Recht haben die Skeptiker freilich darin, dass uns die Realität nicht unmittelbar erschlossen ist. Sie ist uns nicht einfach gegeben. Wir verwandeln stets Gegenstände und Sachverhalte in Empfindungen, Gefühle, Anschauungen, Vorstellungen und Gedanken. Wirklichkeit ist für den Menschen immer eine anverwandelte, letztlich gedachte Wirklichkeit. Denken ist Verallgemeinern. Wer über ein einzelnes Ereignis oder einen einzelnen Sachverhalt nachdenkt, der ordnet das Einzelne und Besondere in einen größeren Zusammenhang ein. Wer ein singuläres Ereignis als Moment eines größeren Ganzen versteht, der begreift es. Das Wahre ist das Ganze. Begreifen kann man aber nur, wenn man sich auf den zu begreifenden Gegenstand eingelassen hat. Ohne Hingabe an seinen Gegenstand gibt es auch kein Begreifen. Künstler, Sportler und Wissenschaftler wissen das ebenso wie Techniker und Handwerker – und selbstverständlich ist dieses Wissen geschlechterübergreifend. Begreifen ist keine willkürliche Zuschreibungspraxis, sondern ein Vorgang, bei dem man sich auf seinen Gegenstand einlässt, bevor man ihn sich gedanklich aneignet und ihn mit anderen teilt. Ein begreifendes Subjekt kann nicht unbeteiligter Beobachter bleiben – und der Gegenstand bleibt nicht nur ein beobachtetes Objekt. Ein Begriff verwandelt beide, das Subjekt und das Objekt. Das Subjekt, weil es sich etwas Neues angeeignet hat, und das Objekt, weil es nun als ein Begriffenes handhabbar geworden ist.

4. Ziel und Aufbau des Buches

Hegels Philosophie kann zur Überwindung der gegenwärtigen Ratlosigkeit der intellektuellen Eliten der westlichen Welt beitragen. Ein wesentlicher Beitrag besteht in der Überwindung eines allfälligen, bequemen Skeptizismus. Ein auf Dauer gestellter Zweifel führt in den Selbstzweifel. Akademische Lehre, die nur die erste Negation lehrt, die das unmittelbar Vorfindliche infrage stellt, genügt nicht. Auf die erste Negation muss die zweite Negation folgen, die Negation der Negation. Erst dann bringt das Subjekt den Mut auf, für etwas Neues einzustehen. Dieses Neue kann nicht nur ein Gesolltes oder Erwünschtes sein. Es muss realisierbar sein. Zeichenhandlungen reichen nicht.

Das Buch will keinen Beitrag zur historischen Hegel-Forschung leisten. Es geht vielmehr um eine knappe, vor allem aber verständliche Vergegenwärtigung seiner Einsichten für ein breites interessiertes Publikum. Was hier vorgetragen wird, ist Hegel-Experten wohlbekannt, wenn auch der theologische Schwerpunkt neue Perspektiven auf Hegels Werk eröffnet. Hegels Denkweg wird so schlicht wie möglich nachgezeichnet. Die Leitmotive und Grundgedanken Hegels werden herausgearbeitet. Der Text folgt einerseits eng dem Gedankengang Hegels, versucht aber andererseits, diese Gedanken für heutige Leser zu plausibilisieren. Die einzelnen Kapitel sind gewissermaßen Paraphrasen und Zusammenfassungen der Grundanliegen Hegels.

Eine solche Zusammenfassung war notwendig, denn es soll ja gezeigt werden, dass und wie die theologischen Passagen integraler Bestandteil der Philosophie Hegels sind. Philosophen überblättern diese Passagen gern, gehen sie doch davon aus, dass hier die anderswo entwickelten philosophischen Gedanken lediglich anschaulich gemacht werden sollen – wie ein Accessoire, das vielleicht interessant, aber nicht notwendig ist. Und wer mit den Finessen der christlichen Trinitätslehre nicht vertraut ist, dem kommen diese Passagen auch reichlich opak vor. Dieses Buch will den Sinn dieser Passagen erhellen. Für den gelernten Theologen Hegel war die christliche Dogmatik und insbesondere die Trinitätslehre eine ganz selbstverständlich aufrufbare Plausibilisierungsressource. Sein Geistbegriff wurzelt im traditionellen Begriff des Heiligen Geistes im Dritten Glaubensartikel des christlichen Glaubensbekenntnisses – wenn sich Hegels dezidiert mystische Lesart auch von konventionellen kirchlichen Interpretationen unterscheidet.

Die Überschriften der zehn Kapitel wollen das dezidiert theologische Interesse Hegels namhaft machen. In den Frühschriften (Kapitel 1) ist es Hegels Sehnsucht nach einer Religion für das Volk. In der *Phänomenologie* (Kapitel 2) fordert Hegel die Geistbegabten dazu auf, einander mit Wohlwollen zu begegnen und Anteil aneinander zu nehmen. Hegels Schriften aus seiner Nürnberger Zeit als Direktor des Egidien-Gymnasiums werden unter dem Titel «Hegel, der Religionspädagoge» (Kapitel 3) zusammengefasst. Hegels *Logik* (Kapitel 4) beschreibt – wie Hegel ausdrücklich vermerkt –, was sich der dreieinige Gott vor der Schöpfung gedacht haben muss. Am Ende steht der Entschluss Gottes, sich selbst als Schöpfer in seiner Schöpfung zu realisieren. Damit endet die *Logik*. Das unterscheidet sie von den anderen «realphilosophischen» Schriften, in denen der Geist sich an einer widersprüchlichen und entzweiten Welt abarbeitet. Zumal die *Enzyklopädie* (Kapitel 5) will die Vernunft der Dinge, aber auch die Mühsal des Geistes bei deren Erweis darstellen. In der *Rechtsphilosophie* (Kapitel 6) wird das Recht als die Sozialform der Freiheit – also nicht als deren Einschränkung – gefasst. Die *Geschichtsphilosophie* (Kapitel 7) will zeigen, dass es letztlich vernünftig auf der Welt zugeht. Ästhetik (Kapitel 8) ist für Hegel die Anschauung des Absoluten. In der *Religionsphilosophie* (Kapitel 9) wird Seligkeit als das Ziel religiöser Praktiken entfaltet. Und schließlich ist das Ziel der Philosophie in seiner *Philosophiegeschichte* (Kapitel 10) die Selbsterkenntnis, die die Voraussetzung von Selbstwirksamkeit ist.

Kapitel 1
Der Traum des jungen Theologen
von einer Religion für das Volk

Was erfahren wir von Hegel selbst über seinen theologischen Denk- und Lebensweg? In einem Lebenslauf aus dem Jahr 1804 schreibt er:

> Ich wurde im 18. Jahr in das theologische Stift zu Tübingen aufgenommen. Nach zwei Jahren [...] wurde ich Magister der Philosophie und studierte hierauf drei Jahre [...] die theologischen Wissenschaften[,] bis ich das theologische Examen vor dem Konsistorium in Stuttgart bestanden und unter die Kandidaten der Theologie aufgenommen war; ich hatte den Stand des Predigtamtes nach dem Wunsche meiner Eltern ergriffen und war dem Studium aus Neigung treu geblieben um seiner Verbindung mit der klassischen Literatur und Philosophie [willen]. Nachdem ich aufgenommen war, wählte ich unter den Berufsarten des theologischen Standes diejenige, welche von den eigentlichen Berufsarbeiten, von dem Geschäft des Predigtamtes unabhängig, ebensosehr Muße gewährte, der alten Literatur und Philosophie mich ergeben zu können [...]. Ich fand diese in den beiden Hofmeisterstellen, welche ich in Bern und in Frankfurt annahm.[1]

Hegel strebte kein Predigtamt an – sehr wohl aber ein Lehramt, das er ganz selbstverständlich als eine der «Berufsarten des theologischen Standes» betrachtete. Das theologische Lehramt übte er als Hauslehrer und später als Rektor des Egidien-Gymnasiums in Nürnberg aus, wo er acht Jahre lang Schülern der Mittelstufe und der Oberstufe Religionsunterricht erteilte und «Rechts-, Pflichten- und Religionslehre für die Unterklasse» unterrichte. Aber auch als akademischer Lehrer der Philosophie war Gott für ihn ein ganz selbstverständlicher Gedanke, den die Philosophie zu begreifen hatte.

---

1 Georg Wilhelm Friedrich Hegel, Jenaer Schriften 1801–1807, Werke 2, 9. Auflage, Frankfurt am Main 2018, 582 f. (Im Folgenden: Werke 2.)

1. Auf der Suche nach einer Religion für das Volk

1.1 Scham, Empörung und Abscheu über das jüdisch-christliche Erbe

Hegels frühe Schriften, die er zwischen seinem 23. und 26. Lebensjahr in Bern verfasste, aber nie veröffentlichte, zeigen eindrücklich, wie peinlich ihm das Christentum in Geschichte und Gegenwart im Laufe seines Theologiestudiums geworden war. Hegel verglich seine eigene schwäbisch-pietistische Tradition mit der des antiken Griechenland und schämte sich zutiefst für sein religiöses Erbe. Da war der edle Sokrates, der anderen Menschen kein böses Wort gab, und da war dieser Wanderprediger Jesus, der seine Zuhörer mit der Beleidigung «Ihr Schlangen- und Otterngezücht» begrüßte. Die Schüler des Sokrates waren allesamt gebildet. Sie gehörten der Führungsschicht an und «jeder Schüler war ein Meister für sich»;[2] die Jünger Jesu hingegen waren ungebildete Fischer und Handwerker. Den Christen – so sah es Hegel in seinen frühen Jahren – ging es um ihr kleines, persönliches Seelenheil, die griechische Religion hingegen zeichnete sich durch ein edle Schicksalsergebenheit aus, die niemandem sein Glück neidete und sich nicht am Unglück anderer ergötzte.

Hegel war von der aufopferungsvollen Sorge der Griechen um ihr Gemeinwesen beeindruckt. «Als freie Menschen gehorchten sie Gesetzen, die sie sich selbst gegeben, gehorchten sie Menschen, die sie selbst zu ihren Oberen gesetzt, [...] opferten sie tausend Leben für eine Sache, die die ihre war.»[3] Auf den Grabmalen der Griechen wird der Tod als Bruder des Schlafes dargestellt, auf christlichen Gräbern verbreiten Skelette und Totenschädel Angst und Schrecken. Herrschsüchtige Priester habe Griechenland nicht gekannt, auch keine «öffentlich aufgestellten Sittenwächter».[4]

Der junge Hegel kommt ins Schwärmen, wenn er an die griechische Antike denkt: «Die Volksfeste der Griechen waren wohl alle Religionsfeste [...]. Alles, selbst die Ausschweifungen der Bacchanten, waren einem Gotte geheiligt».[5] Ganz anders die Christen:

> Bei unserem größten öffentlichen Fest naht man sich dem Genusse der heiligen Gabe in der Farbe der Trauer mit gesenktem Blick – beim Fest, das das Fest der allgemeinen Verbrüderung sein sollte, fürchtet mancher vom brüderlichen Kelch [...] angesteckt zu werden, [...], während die Griechen mit den freundlichen Geschenken der Natur, mit Blumen bekränzt, mit Farben der Freuden bekleidet, auf ihren offenen, zur Freundschaft und

---

2   Georg Wilhelm Friedrich Hegel, Frühe Schriften, Werke 1, 9. Auflage, Frankfurt am Main 2019, 52. (Im Folgenden: Werke 1.)
3   Werke 1, 204 f.
4   Werke 1, 67.
5   Werke 1, 41.

Liebe einladenden Gesichtern Frohsein verbreitend, sich den Altären ihrer guten Götter nahten.⁶

Bei den Griechen, so stellte es sich der junge Hegel vor, waren «Geist des Volks, Geschichte, Religion, Grad der politischen Freiheit [...] in einem Bande zusammenverflochten».⁷
Genau das fehle im Deutschland der Gegenwart. «Was sind die Geschichtskenntnisse unseres Volkes? Eine eigentümliche vaterländische Tradition fehlt ihm, das Gedächtnis, die Phantasie ist [...] mit der Geschichte eines fremden Volkes, den Taten und Untaten ihrer Könige angefüllt, die uns nichts angehen.»⁸ Deutsche Kinder lernten an den Schulen viel zu viel über die Geschichte des Volkes Israel.

> Das Christentum hat Walhalla entvölkert, die heiligen Haine umgehauen und die Phantasie des Volkes als schändlichen Aberglauben, als ein teuflisches Gift ausgerottet und uns dafür die Phantasie eines Volkes gegeben, dessen Klima, dessen Gesetzgebung, dessen Kultur, dessen Interesse uns fremd, dessen Geschichte mit uns in gar keiner Verbindung ist.⁹

Hegel steigert sich in dieser Phase seines Schaffens in einen für heutige Ohren unerträglichen Antijudaismus und Antisemitismus hinein. Im ersten Fragment über «Volksreligion und Christentum» heißt es etwa:

> Nicht zu leugnen sind die verkehrten und unmoralischen Begriffe der Juden von dem Zorn, der Parteilichkeit, dem Hasse gegen andere Völker, der Intoleranz ihres Jehova, Begriffe, die leider in die Praxis und Theorie der christlichen Religion übergegangen sind und zu viel Schaden angerichtet haben, als dass man sich nicht wünschen sollte, dass sie in einer menschenfreundlicheren Religion ihren Ursprung gehabt oder weniger von ihr angenommen hätte.¹⁰

Der Juden «düstere Zanksucht, ihre Intoleranz und ihr Eigendünkel»¹¹ seien schwer zu ertragen.

War der Ton gegenüber dem Judentum in Bern bereits feindselig, so steigert sich Hegel in Frankfurt in Formulierungen hinein, die nach heutigen Maßstäben volksverhetzend sind. Sein Essay «Der jüdische Geist» aus dem Jahr 1798 sticht dabei besonders heraus. Bereits die Sintflutgeschichte zeige, so Hegel, dass das Judentum die Natur als Feind auffasse. Die Bundesschlüsse des Alten Testaments zielten nicht auf Versöhnung, sondern auf Unterwerfung. Mose habe bei seinem

---

6 Werke 1, 42.
7 Werke 1, 42.
8 Werke 1, 45.
9 Werke 1, 197.
10 Werke 1, 45.
11 Werke 1, 45.

Volk keine «Sehnsucht nach Luft und Freiheit»[12] vorgefunden. «Es ist kein Wunder, dass dieses in seinem Freiwerden sich am sklavischsten betragende Volk bei jeder in der Folge vorkommenden Schwierigkeit [...] zeigte, dass es ohne Seele und eigenes Bedürfnis der Freiheit bei seiner Befreiung gewesen war.»[13] Während die angelsächsische politische Philosophie von Thomas Hobbes bis John Locke den Bundesschluss am Sinai als Vorbild für ihre Vertragstheorien wählte und die jungen Vereinigten Staaten sich gerne als «God's New Israel» verstanden, das nach dem Exodus aus Europa einen neuen Bund mit Gott und untereinander geschlossen hatte, sieht Hegel im Bundesschluss am Sinai lediglich eine Unterwerfungsgeste. Er erregt sich: «Alle folgenden Zustände des jüdischen Volkes, bis auf den schäbigen, niederträchtigen, lausigen Zustand, in dem es sich heutigentags befindet»,[14] seien Folge der totalen Unterwerfung unter einen unsichtbaren, despotischen Gott. In diesem «Bund des Hasses»[15] war «jeder ein politisches Nichts».[16] Den sklavischen Juden stellte Hegel damals die edlen Römer gegenüber, deren Versuche, die Juden zu zivilisieren, leider fehlgeschlagen seien.

Und so lautet das grauenvolle Fazit des jungen Hegel: «Das große Trauerspiel des jüdischen Volkes ist kein griechisches Trauerspiel, es kann nicht Furcht noch Mitleiden erwecken, denn beide entspringen nur aus dem Schicksal des notwendigen Fehltritts eines schönen Wesens; jenes kann nur Abscheu erwecken.»[17] Dies gelte umso mehr, als das jüdische Volk die Rettung, die Jesus ihm anbot, ausschlug: «Am Haufen der Juden musste sein Versuch scheitern, ihnen das Bewusstsein von etwas Göttlichem zu geben; denn der Glaube an etwas Göttliches, an etwas Großes kann nicht im Kote wohnen. Der Löwe hat nicht Raum in einer Nuss, der unendliche Geist nicht Raum in dem Kerker einer Judenseele.»[18]

Hegel hat diese Zeilen zu Lebzeiten nie veröffentlicht. In der *Religionsphilosophie* aus seiner Berliner Zeit steht Griechenland zwar immer noch für die «Religion der Schönheit», aber Israel steht nun nicht mehr für heteronomen Sklavendienst, sondern für eine «Religion der Erhabenheit», die den Schmerz der Entzweiung zwischen endlichem Menschen und unendlichem Gott, zwischen Schöpfer und Geschöpf aushielt. In seiner *Ästhetik* lobt Hegel die Schönheit der Psalmen. Das jüdische Gesetz verbürge eine substanzielle «Ruhe und Festigkeit Gottes».[19] Im Lob Gottes habe das menschliche Individuum «seine Ehre, seinen

---

12 Werke 1, 281.
13 Werke 1, 282.
14 Werke 1, 292.
15 Werke 1, 293.
16 Werke 1, 294.
17 Werke 1, 297.
18 Werke 1, 381.
19 Georg Wilhelm Friedrich Hegel, Vorlesungen über die Ästhetik I, Werke 13, 14. Auflage, Frankfurt am Main 2017, 485. (Im Folgenden: Werke 13.)

Trost und seine Befriedigung»[20] gesucht. Kurzum: Bei der Lektüre des Alten Testaments könne es einem geradezu «heimatlich werden».[21]

Mit solchen späten Einsichten kritisiert der ältere Hegel den jüngeren. Politisch hielt der erwachsene Hegel die Gleichberechtigung der Juden für ein dringendes Erfordernis. Er gehört mithin nicht in einen Topf mit den völkischen Antisemiten seiner Zeit. Und doch bleibt es ein Rätsel, wie der junge Hegel als ein Liebhaber von Lessings *Nathan der Weise* so viel lutherischen Antijudaismus gänzlich ungefiltert zu Papier bringen konnte. Griechenlandromantik und Antisemitismus waren freilich für viele deutsche Intellektuelle nur zu oft Geschwister.

Zornig und empört erregte sich der junge Hegel nicht nur über den jüdischen Sklavengeist, sondern auch über den christlichen. Der Verrat der Kirche an der Freiheit wog für ihn schwer. Die Kirche hatte das Schicksal Europas jahrhundertelang in der Hand – und sie hatte versagt. «Hat sie sich dem Despotismus widersetzt? [...] dem Sklavenhandel? [...] dem Menschenhandel? [...] den Kriegen?»[22] Und war die mit dem Kolonialismus einhergehende «Ausbreitungssucht»[23] nicht grauenhaft? Wer Tugend verbreiten will, der achtet die Überzeugungen anderer – und zwingt nicht ganze Völker in die Taufe. Auch sei «das Zum-Staat-Werden einer [...] religiösen Gemeinschaft»[24] immer ein Problem. Zwar helfen Religionen, «die Gesinnung hervorzubringen, welche kein Objekt bürgerlicher Gesetze sein kann».[25] Wenn der Staat und die Kirche «in eins geschmolzen»[26] werden, dann sind elementare Bürgerrechte außer Kraft gesetzt. Die Taufe dürfe nicht sowohl ein kirchlicher wie ein bürgerlicher Akt sein.[27] Die Kirchenkritik des jungen Hegel war drastisch: «[B]ürgerliche und politische Freiheit hat die Kirche als Kot [...] verachten gelehrt».[28] Das Fazit des kirchenkritischen Theologen ist sachlich und vernichtend zugleich:

> Der Grundfehler, der bei dem ganzen System einer Kirche zu Grunde liegt, ist die Verkennung der Rechte einer jeden Fähigkeit des menschlichen Geistes, besonders der ersten unter ihnen, der Vernunft; und wenn diese durch das System der Kirche verkannt worden ist, so kann das System der Kirche nichts anderes als ein System der Verachtung der Menschen sein.[29]

---

20   Werke 13, 483.
21   Werke 13, 482.
22   Werke 1, 46.
23   Werke 1, 130.
24   Werke 1, 134.
25   Werke 1, 137.
26   Werke 1, 155.
27   Werke 1, 150.
28   Werke 1, 182.
29   Werke 1, 187 f.

1.2 Wie zivilreligionsfähig ist das Christentum?

Hegels Schwärmen für das antike Griechenland, seine Abscheu gegenüber dem alten Israel und sein Zorn auf eine die Menschen knechtende Kirche verdanken sich dem tief empfundenen Wunsch, Deutschland religiös zu erneuern. Er denkt intensiv über eine «Volksreligion» nach, die diesen Namen wirklich verdient. Er fragt sich: «Wie muss Volksreligion beschaffen sein?»[30] Seine Antwort lautet: «Ihre Lehren müssen auf der allgemeinen Vernunft gegründet sein, Phantasie, Herz und Sinnlichkeit müssen dabei nicht leer ausgehen. Sie muss so beschaffen sein, dass sich alle Bedürfnisse des Lebens, die öffentlichen Staatshandlungen daran anschließen.»[31] Hegel klingt wie ein Volksmissionar, wenn er emphatisch ausruft:

> Wenn Religion aufs Volk soll wirken können, so muss sie es freundlich überallhin begleiten, bei seinen Geschäften und ernsten Angelegenheiten des Lebens wie bei seinen Festen und Freuden ihm zur Seite stehen, – aber nicht so, dass sie sich aufzudrängen schiene oder eine beschwerliche Hofmeisterin würde, sondern dass sie die Anführerin, die Ermunterin sei.[32]

So könne es gelingen, den Geist einer Nation zu veredeln, «dass das so oft schlummernde Gefühl ihrer Würde in ihrer Seele erweckt werde, dass sich das Volk nicht wegwirft und nicht wegwerfen lässt, dass es sich aber nicht nur als Menschen fühlt, sondern dass auch die sanfteren Tinten von Menschlichkeit und Güte in das Gemälde gebracht werden».[33]

Das real existierende Christentum seiner Zeit war nach Hegels fester Überzeugung dieser Anforderung nicht gewachsen. Vor dem düsteren Bild eines beklemmenden Staatskirchentums erschien der Glaube der Griechen in der Antike als leuchtendes Wunschbild der Vergangenheit. Allerdings war sich Hegel seiner utopischen Romantisierung der Religion und der Kultur Griechenlands durchaus bewusst. Mit Wehmut konstatiert er ihr Verschwinden.

> Wir kennen diesen Genius nur vom Hörensagen, nur einige Züge von ihm [...] ist uns vergönnt, mit Liebe und Bewunderung zu betrachten, die nur ein schmerzliches Sehnen nach dem Original erwecken. Er ist der schöne Jüngling, den wir auch in seinem Leichtsinn lieben, mit dem ganzen Gefolge der Grazien [...] – er ist von der Erde entflohen.[34]

Hegels Kritik der real existierenden staatskirchlichen Verhältnisse stand nicht im Widerspruch zu seiner lebenslangen festen Überzeugung, dass Religion «eine der

---

30   Werke 1, 33.
31   Werke 1, 33.
32   Werke 1, 41.
33   Werke 1, 12.
34   Werke 1, 44.

wichtigsten Angelegenheiten unsers Lebens ist».[35] Freilich darf die herrschende, objektive, öffentliche Religion die subjektive Religion nicht unterdrücken. Sie muss sie fördern. «Auf subjektive Religion kommt alles an.»[36] Subjektive Religion ist eine lebendige Religion, objektive Religion verwaltet nur Totes: «Subjektive Religion ist etwas Individuelles, objektive die Abstraktion, jene das lebendige Buch der Natur [...] – diese das Kabinett des Naturlehrers, der die Insekten getötet, die Pflanzen gedörrt, die Tiere ausgestopft oder in Branntwein aufbehält».[37] Die objektive Religion, die Hegel vorfand, empfand er wie einen schweren Stein, der das Wachstum subjektiver Religion zu unterdrücken suchte.

Hegels radikale Kritik des vorfindlichen Christentums hatte einen produktiven Zweck: «Meine Absicht ist [...] zu untersuchen, was für Anstalten dazu gehören, dass [...] die Kraft der Religion [...] ganz subjektiv werde».[38] Denn «wenn sie das ist, so äußert sich ihr Dasein nicht bloß durch Händefalten, durch Beugen der Knie und des Herzens vor dem Heiligen, sondern sie verbreitet sich auf alle Zweige der menschlichen Neigungen [...] und wirkt überall, aber nur mittelbar mit».[39] Religion beeinflusse dann das Empfinden und den Willen, erfülle das Herz mit Demut und Dankbarkeit.

Hegels zivilreligiöses Programm zielt auf eine vom Staat geförderte Religion subjektiver Freiheit. «Die objektive Religion subjektiv zu machen, muss das große Geschäft des Staats sein, die Anstalten müssen sich mit der Freiheit der Gesinnungen vertragen, dem Gewissen und der Freiheit nicht Zwang antun».[40] Kann das Christentum zu einer solchen Zivilreligion subjektiver Freiheit transformiert werden? «Welches sind die Erfordernisse einer Volksreligion [...] – treffen wir sie bei der christlichen Religion an?»[41] Seine Antwort war für das vorfindliche Staatskirchentum nicht schmeichelhaft. Hegel suchte nach Alternativen.

Eine nativistische Wiederbelebung germanischer Traditionen hielt er für ungeeignet. «[D]ie verlorene Phantasie einer Nation wieder herzustellen war von jeher vergeblich».[42] Sowohl die alten Griechen wie auch die alten Germanen schieden für Hegel als volksmissionarische Anker aus. Eine Wiederbelebung nationaler Identität war durch sie nicht zu erreichen. Statt Nativismus also Aufklärung? Die Aufklärung war ihm schon in jungen Jahren ein Gräuel. Bereits der Begriff war ihm verdächtig. «Wenn man davon spricht: man kläre ein Volk auf,

---

35 Werke 1, 9.
36 Werke 1, 16.
37 Werke 1, 14.
38 Werke 1, 16.
39 Werke 1, 16 f.
40 Werke 1, 71.
41 Werke 1, 89.
42 Werke 1, 200.

so setzt dies voraus, dass Irrtümer bei demselben herrschen».[43] Die Arroganz der vermeintlichen Aufklärer hielt er für schwer erträglich.

> [W]er da von der unbegreiflichen Dummheit der Menschen viel zu sagen weiß, [...] ist weiter nichts als ein Schwätzer der Aufklärung, ein Marktschreier, der schale Universalmedizin feilbietet – sie speisen einander mit kahlen Worten und übersehen das heilige, das zarte Gewebe der menschlichen Empfindung.[44]

Letztlich, so Hegels Intuition, verachten die Aufklärer das Volk ebenso, wie es die Priester tun. Denn wenn die Aufklärer die Religion «für ein in aufgeklärten Zeiten unhaltbares Überbleibsel finsterer Jahrhunderte»[45] halten, so müssten sie erklären können, wie «ein solches Gebäude, das der menschlichen Vernunft so zuwider und durch und durch Irrtum sei, habe aufgeführt werden können».[46] Dummheit, Aberglaube, Betrug, laute die gängige Antwort der Aufklärer. «Allein diese Erklärungsart setzt eine tiefe Verachtung des Menschen [...] voraus».[47] Keine Religion, das war dem jungen Hegel klar, ist auch keine Lösung.

Das «Älteste Systemprogramm des deutschen Idealismus» von 1897, das als handschriftliches Manuskript Hegels vorliegt, lässt sich als ein zivilreligiöses Manifest lesen, das sowohl Aufklärer wie Kirchenleute aufforderte, neu und anders über Religion zu denken. Ausdrücklich heißt es dort:

> So müssen endlich Aufgeklärte und Unaufgeklärte sich die Hand reichen, die Mythologie muss philosophisch und das Volk vernünftig werden, und die Philosophie muss mythologisch werden, um die Philosophie sinnlich zu machen. Dann herrscht ewige Einheit unter uns. Nimmer der verachtende Blick, nimmer das blinde Zittern des Volkes vor seinen Weisen und Priestern.[48]

Auch das Staatskirchentum müsse ein Ende haben: «Nur was Gegenstand der Freiheit ist, heißt Idee. Wir müssen also über den Staat hinaus! – Denn jeder Staat muss freie Menschen als mechanisches Räderwerk behandeln; und das soll er nicht; also soll er aufhören.»[49] Das «Älteste Systemprogramm» schließt mit der Hoffnung auf das Kommen des Heiligen Geistes: «Ein höherer Geist, vom Himmel gesandt, muss diese neue Religion unter uns stiften, sie wird das letzte größte Werk der Menschheit sein.»[50]

---

43 Werke 1, 22.
44 Werke 1, 27.
45 Werke 1, 221.
46 Werke 1, 222.
47 Werke 1, 222.
48 Werke 1, 236.
49 Werke 1, 234 f.
50 Werke 1, 236.

1.3 War Jesus Kantianer?

Der junge Hegel wurde von der Frage umgetrieben, wie es möglich war, dass die edle Religion der Griechen unterging und die engstirnige jüdische Sekte der Christen mit ihrer Sklavengesinnung am Ende den Sieg davontrug.

> Wie konnte eine Religion verdrängt werden, die seit Jahrhunderten sich in den Staaten festgesetzt hatte, die mit der Staatsverfassung auf das Innigste zusammenhing, [...] – wie konnte der Glaube an die Götter, die mit tausend Fäden in das Gewebe des menschlichen Lebens verschlungen war, aus diesem Zusammenhange losgerissen werden?[51]

Hegels Antwort ist bemerkenswert: Die griechische Religion war «nur eine Religion für freie Völker, und mit dem Verlust der Freiheit muss auch der Sinn, die Kraft derselben, ihre Angemessenheit für die Menschen verlorengehen».[52] Mit der Herrschaft der Römer über die antike Welt war es um die Freiheit und damit auch um die Religion der Griechen geschehen.

Die Religion der Römer war eine Religion der Nützlichkeit und der Herrschaft. «Brauchbarkeit im Staate war der große Zweck, den der Staat seinen Untertanen setzte, und der Zweck, den diese sich dabei setzten, war Erwerb, Unterhalt und noch etwa Eitelkeit.»[53] Der Despotismus der römischen Herrscher und der komplementäre Rückzug der Menschen in ihr kleines, privates Glück waren für Hegel der Nährboden für den Erfolg des Christentums. Nach der Zerstörung des Tempels in Jerusalem entstand in einem apokalyptisch gestimmten Christentum die Lehre von der Verdorbenheit der Menschheit. Diese Lehre stimmte mit der Lebenswirklichkeit im Römischen Reich überein.

Wenn das Judentum eine Sklavengesinnung tradierte, dann wurde die Frage drängend, wie es denn dem Juden Jesus gelungen sein sollte, diese sklavische Mentalität abzustreifen? In seiner Berner Zeit zeichnete Hegel Jesus als den ersten Kantianer. Damals war er noch davon überzeugt, dass der Zweck aller Religion die Moralität ist. Jesu Ziel sei es gewesen, «Religion und Tugend zur Moralität zu erheben und die Freiheit derselben, worin ihr Wesen besteht, wiederherzustellen»,[54] also von Heteronomie auf Autonomie umzustellen. Jesus war für Hegel als Rabbi seiner jüdischen Tradition verbunden, zugleich aber von einer tiefen, innerlichen Moralität durchdrungen. «Er war ein Jude, das Prinzip seines Glaubens und seines Evangeliums war der geoffenbarte Wille Gottes, wie die Tradition der Juden ihm denselben überliefert hatte, aber zugleich das lebendige Gefühl seines eigenen Herzens von Pflicht und Recht.»[55]

---

51   Werke 1, 203.
52   Werke 1, 204.
53   Werke 1, 206.
54   Werke 1, 106.
55   Werke 1, 112.

War Hegel in seiner Berner Zeit noch der Überzeugung, dass die Funktion der Religion in der Förderung autonomer Moral besteht, so verwirft er in seiner Frankfurter Zeit diesen Ansatz. Nach intensivem Studium der Bergpredigt kommt Hegel zur Überzeugung, dass sich Jesu Botschaft nicht auf das Propagieren eines besseren Gesetzes reduzieren lässt. Er besteht nun auf einem radikalen Gegensatz zwischen Jesu Lehre und der jüdischen Tradition. Akribisch studiert Hegel die Bergpredigt und stellt fest, dass bereits die ersten Verse von Luther falsch übersetzt seien. Es beginne schon damit, dass Jesus zu Beginn der Bergpredigt gar nicht den Mund aufgetan habe, wie es in der Lutherübersetzung heiße, sondern dass er – präzise übersetzt – «mit Schreien anfing». Begeistert schreie es aus ihm heraus, dass es um eine andere Gerechtigkeit, um eine andere Stellung des Menschen gehe, «begeistert entfernt er sich zugleich von der gemeinen Schätzung der Tugenden».[56]

2. Hegels frühe Theologie

2.1 Seliges Sein in der Liebe statt pflichtschuldigen Sollens unter dem Gesetz

Was war das Neue an diesem Jesus, den Hegel in Frankfurt entdeckte? Jesus will mehr als Moralität – das ist Hegels neue Einsicht. Die Bergpredigt sei ein Versuch, «den Gesetzen das Gesetzliche»[57] zu nehmen. Jesus predige nicht ein Sollen, vielmehr eine vorgängige Seligkeit als Genuss der Gegenwart Gottes. Wer in der Liebe Gottes sei, der brauche keine Moralität mehr, «weil in der Liebe aller Gedanke von Pflichten wegfällt».[58] Deshalb habe Kant sehr unrecht, wenn er das Gebot der Nächstenliebe als ein Gebot angesehen habe, «welches Achtung für ein Gesetz fordert, das Liebe befiehlt».[59] Jesu Gerechtigkeitsbegriff sei vollständiger «als die Gerechtigkeit der Pflichtlinge».[60] Durch die «Einigkeit der Neigung mit dem Gesetze» verliere dieses seine Form als Gesetz. «[D]iese Übereinstimmung der Neigung ist das *Pleroma* des Gesetzes».[61] Den griechischen Begriff *Pleroma* kann man mit Erfüllung oder auch mit Fülle übersetzen. Jesus ersetzt nun also nicht nur – wie zu Hegels Berner Zeit – die Heteronomie des jüdischen Gesetzes durch Autonomie, er lässt alle knechtende Pflicht hinter sich:

---

56 Werke 1, 312.
57 Werke 1, 324.
58 Werke 1, 325.
59 Werke 1, 325.
60 Werke 1, 325.
61 Werke 1, 325.

Der völligen Knechtschaft unter dem Gesetze eines fremden Herrn setzte Jesus nicht eine teilweise Knechtschaft unter einem eigenen Gesetze, den Selbstzwang der Kantischen Tugend entgegen, sondern Tugenden ohne Herrschaft und ohne Unterwerfung, Modifikationen der Liebe; [...] Modifikationen *eines* lebendigen Geistes [...]; und ohne jene Vereinigung in einem Geiste hat jede Tugend etwas Mangelhaftes.[62]

Nicht Pflicht, nicht Moral, sondern Liebe als die Einigkeit im Geist ist nun für Hegel das Wesen der Verkündigung Jesu. «[D]ie Liebe selbst spricht kein Sollen aus; sie ist [...] Einigkeit des Geistes, Göttlichkeit.»[63] Das Sollen fesselt uns an die Endlichkeit, die Liebe befreit. «Gott lieben ist sich im All des Lebens schrankenlos im Unendlichen fühlen».[64] Vor den Zumutungen des Objektiven vermag nur die Liebe zu retten: «Erst durch die Liebe wird die Macht des Objektiven gebrochen».[65] Die Heteronomie des Objektiven ebenso wie die Autonomie der Pflicht werden vom seligen Wissen des (Aufgehoben-)Seins in Gott überboten.

Bereits in den Entwürfen über ‹Religion und Liebe› aus den Jahren 1797/98 hatte sich Hegel von der Idee, dass der höchste Zweck der Religion die Moral sei, verabschiedet. Die neue Religionsdefinition lautet nun so: «Religion ist freie Verehrung der Gottheit.»[66] Die freie Verehrung der Gottheit ist Liebe. «[N]ur in der Liebe allein ist man eins mit dem Objekt, es beherrscht nicht und wird nicht beherrscht».[67] Hegel spitzt diesen Gedanken noch zu: «Die Religion ist eins mit der Liebe. Der Geliebte ist uns nicht entgegengesetzt, er ist eins mit unserem Wesen; wir sehen nur uns in ihm, und dann ist er doch wieder nicht wir – ein Wunder, das wir nicht zu fassen vermögen.»[68]

So besonders und einmalig Jesu Liebesreligion auch war, so sehr wehrte Hegel sich dagegen, aus Jesus ein Objekt der Anbetung und Verehrung zu machen. Kritisch konstatiert er: «Johannes' Anrede an das Volk war: Tut Buße; die Christi: Tut Buße und glaubt an das Evangelium; die der Apostel: Glaubet an Christum – und der Weg der letzteren hat sich bis auf den heutigen Tag in allen Schulen, Kompendien, Predigten erhalten.»[69] Diese Verehrung und Anbetung Jesu führe aber dazu, dass man ihm seine Menschlichkeit raube, die doch gerade die Bedingung für das Wunder der Menschwerdung Gottes ist. Wird Jesus zu einem Ideal gemacht, wird er Objekt der Anbetung, dann heißt das eben, «ihm das Leben zu nehmen, ihn zu einem Gedanken zu machen».[70]

---

62   Werke 1, 359 f.
63   Werke 1, 363.
64   Werke 1, 363.
65   Werke 1, 363.
66   Werke 1, 241.
67   Werke 1, 242.
68   Werke 1, 244.
69   Werke 1, 85.
70   Werke 1, 304.

Der lebendige Gott sei nicht bloß ein Gedanke – er sei wirklich Mensch geworden. Als solcher musste er auch sterben. Wer das Leben wählt, der wählt auch den Tod. Der Karfreitag ist die notwendige Konsequenz von Weihnachten. Hegel wird zeitlebens einer Christologie gegenüber skeptisch bleiben, die die Menschlichkeit und damit die Vergänglichkeit Jesu leugnet. Man dürfe Jesus nicht zu einem Jesusgespenst machen, das bis in die Gegenwart durch Predigten und Gebete geistere. Nicht Jesus sei gegenwärtig, sondern der Geist. Jesus wurde geboren und er ist gestorben – und er sitzt nur als solcher zur Rechten Gottes als die zweite Person der Trinität. Der Gemeinde bleibt der Geist, der sie tröstet und inspiriert. In ihm sind Vater und Sohn gleichermaßen präsent.

2.2 Der ‹spekulative Karfreitag› und die Auferstehung in die Freiheit

Hegels Theologie gewinnt in seiner Jenaer Zeit an Kontur. Ausdrücklich grenzt er sich von Kant und Fichte ab. In seiner Schrift «Glauben und Wissen» aus dem Jahr 1802 kritisiert Hegel beide. Die Schrift «Glauben und Wissen» beginnt mit der Feststellung, dass sowohl Kant als auch Fichte vor dem Absoluten kapituliert hätten. «Nach Kant ist Übersinnliches unfähig, von der Vernunft erkannt zu werden; die höchste Idee hat nicht zugleich Realität.»[71] Auch für Fichte sei «Gott etwas Unbegreifliches und Undenkbares; das Wissen weiß nichts, als dass es nichts weiß und muss sich zum Glauben flüchten.»[72] Für die Aufklärung insgesamt gelte, dass sie das Ewige nur als ein Jenseits gedacht habe. Dies habe dazu geführt, dass «dieser unendlich leere Raum des Wissens nur mit der Subjektivität des Sehnens und Ahnens»[73] erfüllt worden sei. Der Verzicht, das Absolute zu denken, werde als die höchste Stufe der Philosophie aufgefasst. Die Ewigkeit werde so das «Nichtzuberechnende, Unbegreifliche, Leere, ein unerkennbarer Gott, der jenseits der Grenzpfähle der Vernunft liegt».[74] Vernunft hingegen werde bloßes «Berechnen [...] und das Setzen aller Idee unter die Endlichkeit».[75] Kant und Fichte seien mithin Philosophen, die das Endliche verabsolutiert hätten.[76]

Die Folge sei gewesen, dass sich die Philosophie nun nicht mehr für Gott, sondern nur noch für den Menschen interessiert habe.

> Dieser Mensch und die Menschheit sind ihr absoluter Standpunkt, nämlich als eine fixe, unüberwindliche Endlichkeit der Vernunft, nicht als Abglanz der ewigen Schönheit,

---

71 Werke 2, 288.
72 Werke 2, 288.
73 Werke 2, 289.
74 Werke 2, 293 f.
75 Werke 2, 294.
76 Werke 2, 294.

als geistiger Fokus des Universums, sondern als eine absolute Sinnlichkeit, welche aber das Vermögen des Glaubens hat, sich noch mit einem ihr fremden Übersinnlichen an der einen oder anderen Stelle anzutünchen.[77]

Einem solchen Programm der Beschränkung der Philosophie auf das Empirische und Endliche kann Hegel nichts abgewinnen. Fichte und Kant hätten die Endlichkeit zu einem Absoluten gemacht – dem gelte es sich zu widersetzen.

Die Alternative zur einer solchen Verjenseitigung Gottes und der daraus resultierenden Verdinglichung der Welt ist für Hegel die Idee des *spekulativen Karfreitags*. Was meint er damit? So wie Gott sich selbst von Weihnachten bis zum Karfreitag entäußert hat und in seinem Anderen – der Natur, die sich im Tod vollendet – zu sich selbst gekommen ist, so soll auch der Philosoph «den unendlichen Schmerz, [...] – das Gefühl: Gott selbst ist tot [...] – rein als Moment, aber auch nicht mehr denn als Moment der höchsten Idee»[78] nachempfinden. Denn nur im Durchgang durch «das absolute Leiden oder den spekulativen Karfreitag, der sonst historisch war», und nur in der ganzen «Härte seiner Gottlosigkeit» ist es möglich, dass die Philosophie «in die heiterste Freiheit ihrer Gestalt auferstehen kann und muss».[79] Es ist ein grobes Missverständnis, Hegels Gedanken des Todes Gottes als Aufruf zur Verabsolutierung des Vorfindlichen zu verstehen. Das Gegenteil ist der Fall: Der Tod Gottes befreit den Menschen nicht von Gott, sondern Gott befreit sich zu sich selbst. Er ist nun als Geist in der Welt und unter den Menschen gegenwärtig. Macht ein Mensch diesen Prozess der göttlichen Selbstentäußerung an sich selbst durch, so wird ihm das Göttliche als Wesen des Menschen bewusst. Das ist der Sinn der Rede vom spekulativen Karfreitag. Im spekulativen Karfreitag realisiert der Mensch seine Freiheit – als die Freiheit, sich selbst radikal infrage zu stellen. Nur wer sich selbst negiert, kann zur Negation seiner Negation fortschreiten, also zur produktiven Auferstehung in seine Freiheit, die nicht mehr besinnungslose Selbstdurchsetzung ist, sondern die Fähigkeit zur Selbstentäußerung als Praxis der Freiheit.

2.3 Die Trinitätslehre als Ursprung des Geistbegriffs

In die Jenaer Zeit fällt auch ein Fragment, das sich an der traditionellen Darstellung der Trinität als ein Dreieck, das Hegel selbst gezeichnet hatte, abarbeitet. Karl Rosenkranz hatte die Zeichnung und die Aufzeichnungen Hegels kommentierend veröffentlicht und die Herausgeber der Suhrkamp-Edition der Werke Hegels haben den Text in die *Jenaer Schriften 1801–1807* (Werke 2) aufgenommen. Rosenkranz kommentiert:

---

77 Werke 2, 299.
78 Werke 2, 432.
79 Werke 2, 432.

Hegels dialektischer Geist hatte an einem einfachen Dreieck nicht genug. Er konstruierte, das Leben der Idee auszudrücken, ein Dreieck von Dreiecken, welche er sich in der Weise durcheinander hindurchbewegen ließ, dass ein jedes nicht nur überhaupt einmal Extrem und einmal Mitte wurde, sondern dass es auch in sich mit jeder seiner Seiten diesen Prozess durchmachen musste.[80]

In der christlichen Dogmatik wird das, was Hegel da bildlich vorschwebte, Perichorese genannt: Die göttlichen Personen durchdringen einander, erhalten sich zugleich in ihrer Selbstständigkeit, aber nur so, dass sie ihr Bezogensein auf die beiden anderen Momente erinnern. Man kann die Perichorese mit einem Tanz von drei Personen vergleichen: Nur wenn jeder Tänzer ganz und gar seine eigene Persönlichkeit darstellt, kann der Tanz gelingen. Zugleich müssen aber alle drei Tänzer eine gemeinsame Idee von ihrem Tanz haben. Ein zu Papier gebrachtes Dreieck bewegt sich nicht. Eine Trinität, die nicht in innertrinitarischer Bewegung und Kommunikation ist, ist tot. Hegel war deshalb mit seiner Zeichnung nicht zufrieden. Rosenkranz kommentiert: «Das Interessante dieses Fragments besteht vorzüglich in dem energischen Konflikt der Hölzernheit der Form mit der Lebendigkeit der Dialektik des Inhalts.»[81] Interessant findet Rosenkranz das Fragment aber auch deshalb, weil es zeige, dass Hegel wieder Vertrauen zum Christentum und seinen fundamentalen Vorstellungen gefasst habe. Die Wiederannäherung an das Christentum sei für Hegel – so Rosenkranz – «vielleicht die furchtbarste und zugleich fruchtbarste Anstrengung»[82] dieser Jahre gewesen. Allerdings hatte Hegel seinen Frieden mit den wesentlichen Lehren des Christentums bereits in seinen exegetischen Studien zum Matthäus- und Johannesevangelium in Frankfurt gemacht.

Neu ist aber in der Tat, dass von nun an der Geist als die dritte Person der Trinität zu jenem Begriff avanciert, der die vorgängige Einheit von göttlichem und menschlichem, von unendlichem und endlichem, von absolutem und subjektivem Geist repräsentiert. Die Trinität lässt alle Dualismen hinter sich. Sie ist Vermittlung und Versöhnung im Vollzug. Gott als Geist ist der Gott, der sich immer schon mit dem menschlichen Geist vermittelt hat. Das ist der Sinn der Inkarnation. Gott offenbart sich selbst – und ermöglicht es so dem endlichen Menschen, die göttliche Unendlichkeit anzuschauen, vorzustellen und zu denken. Bei Hegel hört sich das so an: «Im Sohn erkennt sich Gott als Gott. Er sagt zu sich selbst: Ich bin Gott. [...] Das Unterscheiden und der Reichtum des Selbstbewusstseins Gottes ist darin mit seiner Einfachheit ausgesöhnt und das Reich des Sohnes Gottes ganz auch das Reich des Vaters.»[83] Im Sohn erkennt sich Gott als Gott – und in Gott erkennt sich der Sohn als Sohn Gottes. Aber auch die

---

80 Werke 2, 534f.
81 Werke 2, 535.
82 Werke 2, 536.
83 Werke 2, 536.

Natur als Schöpfung ist «die Herrlichkeit Gottes selbst».[84] Das Universum, die Natur und der Mensch sind allesamt Ideen Gottes. Diese anzuschauen, sie sich vorzustellen und sie zu denken, das vollbringt der Mensch in der Kunst, in der Religion und in der Philosophie.
Hegel ist deshalb aber kein Pantheist. Vielmehr zeichnet er dogmatisch präzise und ganz auf der Spur der klassischen Trinitätslehre die Tätigkeit der göttlichen Trinität *ad intra* und *ad extra* nach.

> Die Einfachheit des allumfassenden Geistes ist jetzt in die Mitte getreten und es ist jetzt kein Unterscheiden mehr; denn die Erde ist als das Selbstbewusstsein Gottes nunmehr der Geist, sie ist aber auch der ewige Sohn, den Gott als sich selbst anschaut, und beides ist eine Einheit und das Erkennen Gottes in sich selbst. So hat sich das heilige Dreieck der Dreiecke geschlossen. Das erst ist die Idee Gottes, welche in den anderen Dreiecken ausgeführt wird und durch sie hindurch in sich selbst zurückkehrt.[85]

Später wird Hegel nicht mehr mit der Vorstellung von Dreiecken hantieren, sondern die Perichorese von Allgemeinheit, Besonderheit und Einzelheit als jene Tätigkeit des Geistes auffassen, die der philosophische Schluss begriffen hat.

2.4 Der Missionsbefehl des jungen Hegel

Mit der begrifflichen Fassung der Trinität ist der Grund für die Philosophie des Geistes und dessen Phänomenologie gelegt, denn so wenig Gott ohne Mensch gedacht werden kann, so wenig der Geist ohne Gestalt. Bei seinen Frankfurter exegetischen Versuchen hat Hegel den biblischen Missionsbefehl in Matthäus 28,18–20 paraphrasiert und Jesus seine eigenen Worte in den Mund gelegt. Der Missionsbefehl, den der junge Hegel Jesus in den Mund legt, klingt so:

> Es ist mir alle Gewalt gegeben im Himmel und auf Erden; darum gehet hin in alle Völker und euer Jüngermachen sei, dass ihr sie in das Verhältnis des Vaters, Sohnes und Heiligen Geistes einweiht, dass es sie wie das Wasser den in Wasser Getauchten in allen Punkten ihres Wesens umfließe und umfühle – und siehe, ich bin bei euch das Ganze der Tage bis zur Vollendung der Welt.[86]

Hegel erläutert seine eigenwillige Version des Missions- und Taufbefehls so: «Es gibt kein Gefühl, das dem Verlangen nach dem Unendlichen, dem Sehnen, in das Unendliche überzufließen, so homogen wäre als das Verlangen, sich in einer Wasserfülle zu begraben». Im Wasser vergesse man alle Bestimmtheit. Sowie der untergetauchte Getaufte wieder auftaucht, «nimmt die Welt um ihn wieder Bestimmtheit an, und er tritt gestärkt in die Mannigfaltigkeit des Bewusstseins zu-

---

84 Werke 2, 537.
85 Werke 2, 537.
86 Werke 1, 392.

rück».[87] Das Untertauchen war für Hegel ein leibhaftig und geistig spürbarer, sinnfälliger Ritus. Mit der Taufe werden Menschen Mitarbeiter am Reich Gottes. Das Reich Gottes aber ist «[d]ie Entwicklung des Göttlichen in den Menschen».[88] Damit war die theologische Entwicklung Hegels von der Hochschätzung einer Religion der Moralität hin zu einer trinitarisch begründeten Religion des Geistes an ihr vorläufiges Ende gekommen.

---

[87] Werke 1, 391.
[88] Werke 1, 393.

Kapitel 2
Wohlwollen und Anteilnahme als die Werke des Geistes: Hegels *Phänomenologie*

1. Einleitung

1.1 Ein neues Zeitalter des Geistes?

Robert B. Brandoms Relektüre der *Phänomenologie des Geistes* mit dem Titel *A Spirit of Trust. A Reading of Hegel's Phenomenology* erschien 2019 bei der Harvard University Press. Im Klappentext wird dem Geist eine große Zukunft prophezeit: «We can overcome a troubled modernity and enter a new age of spirit». Hegels *Phänomenologie* jedenfalls laufe auf die eine zentrale Botschaft hinaus, dass jedes diskursive Wesen zum Edelmut verpflichtet sei. Es sei Hegel darum gegangen, sich eine Haltung «of reciprocal confession and recollective forgiveness»[1] anzueignen. Damit dieses wechselseitige Bekenntnis eigener Schwächen und eine erinnernde Vergebung gelingen können, braucht es freilich eine Gemeinschaft von Menschen, die einander vertrauen: «A proper understanding of ourselves as discursive creatures obliges us to institute a community in which reciprocal recognition takes the form of forgiving recollection: a community bound by and built on trust.»[2] Brandom lässt uns nicht wissen, ob er darauf hofft, dass sich die «scientific community» in eine solche Gemeinschaft versöhnten Vertrauens transformieren lässt. Kirchen kommen ihm jedenfalls nicht in den Sinn, obwohl dort die Praxis des Sündenbekenntnisses, der Vergebung und der Versöhnung eine jahrtausendealte rituelle Praxis ist.

Religion ist für Brandom kein Gegenstand, der der philosophischen Aufmerksamkeit würdig wäre. Darin unterscheidet er sich fundamental von Hegel. Hegel hätte Brandoms Aufforderung zu mehr Edelmut, zum Vergeben und zu mehr Vertrauen vermutlich für ein vergebliches Sehnen einer schönen Seele gehalten – ebendeshalb, weil es sich um eine bloße Forderung handelt. Der Mehrwert der Religion gegenüber den Forderungen der Tugend, der Moral und der

---

1 Robert B. Brandom, A Spirit of Trust. A Reading of Hegel's Phenomenology, Harvard 2019, 615.
2 Robert B. Brandom, A Spirit of Trust, 635.

Pflicht besteht für Hegel gerade darin, dass die Religion weiß, dass die Versöhnung zwischen Gott und Mensch, zwischen Sein und Sollen, zwischen Substanz und Subjekt an sich schon vollbracht ist – die Menschen müssen sie nur noch für sich selbst realisieren. In der Religion versöhnt der Geist das Subjekt mit der Substanz, das Allgemeine mit dem Einzelnen, das Ding an sich mit dem Selbst. Versöhnung und Vertrauen sind dann keine Forderungen mehr, sondern eine vom Geist schon vollbrachte Wirklichkeit. «Das Geistige allein ist das *Wirkliche*»,[3] heißt es in der Vorrede zur *Phänomenologie*. Wenn sich also ein «new age of spirit» einstellen soll, dann wird das nicht durch ein ohnmächtiges Fordern gelingen, sondern allein durch eine Praxis des Vertrauens in die Kraft des Geistes.

1.2 Gott ist Geist

Hegel lässt keinen Zweifel am religiösen Ursprung seines Geistbegriffs aufkommen. Nachdem er mehrmals beklagt hatte, dass der Begriff «Gott» zu einem bloßen Namen verkommen sei, den jeder mit jedem beliebigen Inhalt füllen könne, schlägt er vor, Gott als Geist zu fassen. Der Begriff des Geistes sei «der erhabenste Begriff» der Philosophie, denn er begreife die Substanz als Subjekt; und zugleich gehöre der Begriff «der neueren Zeit und ihrer Religion»[4] an. Hegel hielt seinen Begriff des Geistes sowohl für die Religion wie auch für die Philosophie für anschlussfähig. Beide sind – so Hegels Überzeugung – aufeinander angewiesen. Die Religion ist die notwendige Vorstufe des absoluten Wissens. «Der Inhalt der Religion spricht darum früher in der Zeit als die Wissenschaft es aus, was der Geist ist.»[5] Die Religion nähert sich dem Geist andächtig und intuitiv – die Wissenschaft denkt ihn als absolute Negativität.

Der Titel *Phänomenologie des Geistes* ist Programm: Es gibt keinen Geist ohne äußere Gestalt. Der Geist ist in seinen Phänomenen, in seinen konkreten Erscheinungen aufzusuchen. Er ist der sich selbst entäußernde, der sich selbst ganz und gar offenbarende Geist. «Es muss aus diesem Grunde gesagt werden, dass nichts gewusst wird, was nicht in der Erfahrung ist, oder, [...], was nicht als gefühlte Wahrheit, als innerlich geoffenbartes Ewiges, als geglaubtes Heiliges, oder welche Ausdrücke sonst gebraucht werden, vorhanden ist.»[6] Ohne Selbstentäußerung wäre der Geist das «leblose Einsame».[7] Ein Gott, der sich nicht in seinen Werken offenbart, mithin erscheint, ist ein leeres Nichts.

---

3   Georg Wilhelm Friedrich Hegel, Phänomenologie des Geistes, Werke 3, 14. Auflage, Frankfurt am Main 2017, 28. (Im Folgenden: Werke 3.)
4   Werke 3, 28.
5   Werke 3, 585 f.
6   Werke 3, 585.
7   Werke 3, 591.

Als das Andere des absoluten Geistes ist die Welt aber zugleich die «Schädelstätte des absoluten Geistes».[8] Der absolute Geist opfert sich auf der Schlachtbank der Geschichte. Der Begriff «Schädelstätte» erinnert daran, was sich am Karfreitag auf Golgatha zugetragen hat: Der göttliche Geist geht durch seine «Aufopferung»[9] hindurch und verändert so die Welt. Und er wird erst ruhen, wenn das Wesen des Geistes vollkommen offenbar geworden ist. Bis dahin wird – wie es sich Hegel auf den letzten Seiten der Phänomenologie vorstellt – das Geisterreich nicht aufhören, die Reiche dieser Welt zu inspirieren und zu verwandeln.

Wer sich bei der Lektüre der Phänomenologie unter «Geist» nur die kognitiven und mentalen Fähigkeiten eines atomisierten, endlichen Individuums vorstellt, der verfolgt eine in die Irre führende Fährte. Der Geist ist vielmehr die dialektische Einheit von Substanz und Selbstbewusstsein, von Objekt und Subjekt, von Gegenstand und Bewusstsein, von Gott und Mensch. Das empirische Individuum wird vom Geist bewegt, es verfügt aber nicht über den Geist. Das Individuum entscheidet allerdings selbst, wie sehr es sich begeistern lässt. Auch Philosophen bräuchten ihre Pfingsten, meinte Hegel später an anderer Stelle. «[O]hne Wiedergeburt kommt niemand aus der Sphäre des natürlichen Verstandes in die spekulativen Höhen des lebendigen Begriffs.»[10] Sich des eigenen Mitwirkens am Wirken des Geistes innezuwerden, ist die höchste Selbsterkenntnis, das absolute Wissen. Und es ist zugleich der Zustand höchster Seligkeit.

1.3 Aufbau und Ziel der Phänomenologie des Geistes

Den Aufbau der Phänomenologie kann man mit Dantes «Läuterungsberg» (purgatorio) vergleichen. Das menschliche Bewusstsein muss im Prozess seiner Selbsterkenntnis eine Reihe von Läuterungsstufen durchlaufen: vom schlichten sinnlichen Bewusstsein über das Selbstbewusstsein zur Vernunft, sodann vom Geist der Sittlichkeit über den Geist der Bildung zum Geist der selbstgewissen Moral. Diese Stufe endet freilich im unglücklichen Bewusstsein der schönen Seele. Deshalb müssen Moral und Sittlichkeit in die Religion übergehen, um das entzweite und verzweifelte Selbstbewusstsein mit sich zu versöhnen. Erst wenn alle Stufen durchlaufen sind, kann rückblickend gewusst werden, dass das Wahre das Ganze ist. Das Ganze darf man sich aber nicht als ein totes Resultat vorstellen, sondern als das Bewusstsein des Prozesses seines Werdens.

Wem die Vorstellung von einem Purgatorium gar zu mühselig erscheint, der kann sich die Stufenfolge der Phänomenologie auch wie einen Kaskadenbrun-

---

8 Werke 3, 591.
9 Werke 3, 590.
10 Georg Wilhelm Friedrich Hegel, Berliner Schriften 1818–1831, Werke 11, 6. Auflage, Frankfurt am Main 2016, 387. (Im Folgenden: Werke 11.)

nen vorstellen. Das Quellwasser ist der Geist, die einzelnen Schalen sind die Versuche des Bewusstseins, die fluiden Bewegungen des Geistes zu fassen. Diese Formen werden vom Geist mit Inhalt gefüllt und sie geben dem Geist für eine Weile Raum. Ist die Grenze ihres Fassungsvermögens erreicht, dann geht der Geist über diese Stufe hinaus und ergießt sich in eine größere und komplexere Form. Es kommt also darauf an, dem Fluss der Substanz des Geistes zu folgen – ihm auf jeder Bewusstseinsstufe vorübergehend Raum zu gewähren, aber auch gewärtig zu sein, dass ihm diese Form zu eng wird. Für dieses Bild sprechen die letzten Seiten der *Phänomenologie*, auf denen Hegel davon spricht, dass das Ziel des Geistes «die Offenbarung der Tiefe»[11] sei, aus der er quillt und «schäumt».[12]

In der Ankündigung des Buches im *Intelligenzblatt der Jenaer Allgemeinen Literatur-Zeitung* vom 28. Oktober 1807 spricht Hegel von den «verschiedenen *Gestalten des Geistes* als Stationen des Weges in sich, durch welchen er reines Wissen oder absoluter Geist wird».[13] Der Geist geht in sich – und begreift sich so selbst immer besser. Die Abfolge der Stationen ist für Hegel eine notwendige, «in der die unvollkommenen sich auflösen und in höhere übergehen, welche ihre nächste Wahrheit sind. Die letzte Wahrheit finden sie zunächst in der Religion und dann in der Wissenschaft, als dem Resultat des Ganzen».[14] Das «werdende Wissen»[15] blickt am Ende auf seinen Anfang zurück, erkennt sich darin selbst und «begeistet»[16] die Welt. Als absolute Negativität hebt der Geist alles Vorfindliche auf, «und dies aufgehobene Dasein – das vorige, aber aus dem Wissen neugeborene – ist das neue Dasein, eine neue Welt und Geistesgestalt».[17]

Die *Phänomenologie* beschreibt den Weg des menschlichen Bewusstseins hin zur Erkenntnis, dass der endliche, subjektive Geist vom und im absoluten Geist aufgehoben ist. Auf dem Weg dorthin verstrickt sich das Bewusstsein immer wieder in Widersprüche, die den Übergang zur nächsten Stufe erzwingen. Dieser Weg beginnt mit einem Bewusstsein, das sich wesentlich an der widerständigen Natur abarbeitet. Mit dem Nachdenken über die sittliche Welt tritt dann der Geist auf den Plan, der sich dort als die Kraft der Negativität erweist. Die Versöhnung des Geistes mit der Natur und der Geschichte vollbringt schließlich der absolute Geist, der in der Kunst angeschaut, in der Religion vorgestellt und von der Philosophie begriffen wird.

---

11 Werke 3, 590.
12 Werke 3, 591.
13 Werke 3, 593.
14 Werke 3, 593.
15 Werke 3, 593.
16 Werke 3, 586.
17 Werke 3, 590.

2. Die Läuterungsstufen des Bewusstseins

2.1 Vom sinnlichen zum übersinnlichen Bewusstsein

Die Erkenntnisse des sinnlichen Bewusstseins erscheinen deshalb als die wahrhaftesten, weil sie von ihrem Gegenstand noch nichts weggelassen haben, «sondern ihn in seiner ganzen Vollständigkeit vor sich»[18] haben. Das sinnliche Bewusstsein macht aber den Fehler, dass es dem unmittelbar wahrgenommenen Gegenstand Wahrheit und Wirklichkeit zuschreibt – und so die konstruierende Rolle der menschlichen Wahrnehmung ausblendet. Ohne erkenntnisleitendes Interesse gibt es aber keine Erkenntnis.

Die vorgefundenen Gegenstände sind nicht einfach gegeben. Sie vereinen viele Eigenschaften in sich. Ein Salzkorn etwa ist weiß, kubisch, scharf, hat ein eigenes spezifisches Gewicht. Es ist Eines, aber zugleich Vieles. Das Salzkorn ist die komplexe Einheit einer Vielheit von Eigenschaften, in Hegels Worten: es ist ein «Ding». Der gesunde Menschenverstand aber nimmt den sinnlichen Gegenstand nicht als ein in sich komplexes Ding wahr, sondern als ein unmittelbar Gegebenes. Die Welt wird *vorausgesetzt*, die eigene Aktivität, das *Setzen* dieser Voraussetzung, ist dem sinnlichen Bewusstsein aber nicht bewusst.

Das sinnliche Bewusstsein hat das Bedürfnis nach einer stabilen und bleibenden Welt. Es ist aber mit einer sich permanent wandelnden Welt konfrontiert. Durch die Annahme übersinnlicher Naturgesetze vergewissert sich das sinnliche Bewusstsein einer «unbedingten Allgemeinheit» und damit einer Dauerhaftigkeit der Welt. Wenn die sinnlich wahrnehmbare Welt aber nur «ein Spiel der Kräfte»[19] und der Naturgesetze ist, dann ist sie nur Erscheinung. Der Verstand entdeckt also «über der sinnlichen als der erscheinenden Welt nunmehr eine übersinnliche als die wahre Welt».[20] Er erkennt «über dem verschwindenden Diesseits das bleibende Jenseits».[21] Mit der Annahme ewiger Naturgesetze wird für das menschliche Bewusstsein das Übersinnliche zur Wahrheit des Sinnlichen.

Wer mit dem Wirken übersinnlicher Kräfte rechnet, für den kann die Gestalt der vorfindlichen Welt nicht zufällig sein. Das Problem der Vorstellung einer übersinnlichen, von ewigen Gesetzen ruhig bewegten Welt besteht nun darin, dass die sinnliche Welt der Erscheinungen ganz und gar nicht als eine solche erfahren wird, die ruhigen Gesetzmäßigkeiten folgt. Und so nehmen sich sinnliches Alltagsbewusstsein und das naturwissenschaftliche Erkennen von Gesetzmäßigkeiten wechselseitig als verkehrt wahr.[22] Die Entzweiung von sinnlicher

---

18 Werke 3, 82.
19 Werke 3, 116.
20 Werke 3, 117.
21 Werke 3, 117.
22 Werke 3, 129.

Wahrnehmung und übersinnlichem Naturgesetz zwingt das Bewusstsein dazu, das wahrnehmende Bewusstsein selbst zum Gegenstand seiner Beobachtung zu machen.

Das Bewusstsein, das sich selbst beim Beobachten beobachtet, ist das Selbstbewusstsein. Das Faszinierende des Selbstbewusstseins besteht darin, dass ich, wenn ich mich von mir selbst unterscheide, dennoch unmittelbar weiß, dass ich es bin, der beides ist: Subjekt und Objekt des Beobachtens. «Ich unterscheide mich von mir selbst, und es ist darin unmittelbar für mich, dass dies Unterschiedene nicht unterschieden ist.»[23] Das Ich stößt sich von sich ab, aber indem es sich von sich unterscheidet, weiß es sich als eines.

2.2 Selbstbewusstsein als Selbstbehauptung – Herr und Knecht

Der Fortschritt des Selbstbewusstseins gegenüber dem sinnlichen Bewusstsein besteht also darin, dass das Bewusstsein nun «aus dem farbigen Scheine des sinnlichen Diesseits und aus der leeren Nacht des übersinnlichen Jenseits in den geistigen Tag der Gegenwart»[24] tritt.

Beginnt das menschliche Bewusstsein sich selbst zu beobachten, dann nimmt es sich als ein Begehrendes wahr. Als begehrendes Selbstbewusstsein bemächtigt es sich seiner begehrten Gegenstände und gibt sich in der Befriedigung des Begehrens die Gewissheit seiner selbst. Zugleich macht es aber die Erfahrung der Abhängigkeit vom Objekt seiner Begierde. Die Befriedigung stillt das Begehren nur vorübergehend – die Abhängigkeit vom begehrten Gegenstand bleibt. Dominanz und Abhängigkeit, Freiheit und Triebhaftigkeit sind untrennbar ineinander verschränkt. Das Selbstbewusstsein findet sich unaufhebbar entzweit vor. Deshalb strebt es danach, Einheit und Gleichheit mit sich selbst herzustellen. Selbstbewusstsein ist also zunächst Selbstbehauptung – gegen die Natur, gegen andere, gegen die eigene Entzweiung. Die Einsicht, dass «Ich das Wir, und Wir das Ich ist»,[25] wird erst später reifen.

Das Selbstbewusstsein ist einerseits die Negation seines gegenständlichen Daseins und seiner vergänglichen Natürlichkeit, zugleich ist es aber endliches Leben und muss ebendieses Leben daransetzen, sich selbst zu erhalten. Das Selbstbewusstsein ist die Mitte und die Einheit beider Extreme: einerseits reines Ich, das aller Natürlichkeit entsagt und nur sich selbst will, und andererseits ein die Lebensgrundlagen und die Befriedigung des leiblichen Begehrens sicherndes Ich.

Das Ich, das nur sich selbst will, nennt Hegel den «Herrn»; der «Knecht» hingegen muss dafür sorgen, dass der Herr seine vermeintliche Unabhängigkeit

---

23 Werke 3, 134 f.
24 Werke 3, 145.
25 Werke 3, 145.

von der Natur genießen kann. Durch den Knecht ist der Herr von aller Mühsal des Daseins entlastet – der Herr kann so reines Wollen, Begehren und Genießen sein. Die Arbeit macht der Knecht. Aber gerade in seiner Abhängigkeit vom Knecht erweist sich das vermeintlich selbstständige, vom natürlichen Dasein unabhängige Selbstbewusstsein als «das knechtische Bewusstsein».[26] Und umgekehrt erweist sich die Tätigkeit der Knechtschaft als das Bleibende und Selbstständige: «sie wird als in sich zurückgedrängtes Bewusstsein in sich gehen und zur wahren Selbständigkeit sich umkehren».[27] Das gelingt, weil der Knecht seinen Gegenstand bearbeitet und sich daran bildet. Der Herr hingegen will nur genießen. Weil Genuss aber vergänglich ist, wird der Herr schließlich hilfloses Opfer des «absoluten Herrn»,[28] nämlich des Todes.

2.3 «Die Furcht des Herrn ist der Anfang aller Weisheit.» (Sprüche 9,10)

Dem Knecht ist die Vergänglichkeit des Selbstbewusstseins bewusst. Durch die Todesangst ist er «in sich selbst erzittert, und alles Fixe hat in ihm gebebt».[29] Gerade deshalb kann der Knecht «das absolute Flüssigwerden alles Bestehenden»[30] aushalten und damit umgehen. Nicht mehr das Wollen des Herrn bestimmt von nun an sein Bewusstsein, sondern die Arbeit an der eigenen Selbstständigkeit durch die Bearbeitung seiner Gegenstände. Nicht mehr fremdbestimmt, sondern selbstbestimmt verrichtet er schließlich sein Werk. Sein Selbstbewusstsein hat den ganzen Weg von der Furcht des Herrn zum Erringen seiner Freiheit durch Bildung ausgeschritten. Ausdrücklich heißt es am Ende des Kapitels über das Verhältnis des Knechts zum Herrn: «Hat es nicht die absolute Furcht, sondern nur einige Angst ausgestanden, so ist das negative Wesen ihm ein Äußerliches geblieben, seine Substanz ist von ihm nicht durch und durch angesteckt [...]; der eigene Sinn ist Eigensinn, eine Freiheit, welche noch innerhalb der Knechtschaft stehenbleibt.»[31] Die Furcht des Herrn ist der Anfang aller Weisheit, heißt es in den biblischen Proverbien. Hegel verändert den Sinn dieses Bibelverses aber signifikant: Der Herr aller Herren und Knechte ist der Tod. Wer aber von der negativen Kraft des Todes noch nie erschüttert worden ist, dem bleibt auch die Erfahrung von Freiheit verschlossen.

Es gibt wohl keine Passage in der *Phänomenologie*, über die mehr gerätselt und spekuliert wurde. Zur Vermeidung grober Missverständnisse müssen die

---

26 Werke 3, 152.
27 Werke 3, 152.
28 Werke 3, 153.
29 Werke 3, 153.
30 Werke 3, 153.
31 Werke 3, 155.

Momente der Herrschaft und der Knechtschaft als Momente *eines* Bewusstseins begriffen werden.[32] Das herrschende Moment des Selbstbewusstseins ist das Ich-Ideal – es ist das Ich, wie es zu sein begehrt und wie es sich genießen kann: schön und stark, mutig und erfolgreich. Das dienende Moment des Selbstbewusstseins gibt sich alle Mühe, den Wünschen des herrschenden Selbstbewusstseins zu entsprechen. Weil es aber dazu die leibhaftige Vorfindlichkeit des Ich bearbeiten muss, sind Spannungen zwischen dem idealen Ich und dem vorfindlichen Ich unvermeidlich.

Der grenzenlosen Grandiosität des «Herrn», der glaubt, dass ihm alles untertan ist, steht die Selbstverendlichung des «Knechtes» gegenüber, der im Umgang mit der eigenen Leibhaftigkeit sowohl den eigenen Tod fürchtet als auch die Konkurrenz anderer. Der Konflikt zwischen Ich-Ideal und leibhaftigem Ich kann dramatisch enden: in der Selbstgefälligkeit ebenso wie im Selbsthass, in der Sucht ebenso wie in maßloser Überforderung. Ohne die schmerzhafte Anerkennung der eigenen Endlichkeit wird das individuelle Selbstbewusstsein nicht über sich hinauskommen. Insofern ist das Selbstbewusstsein des Knechts weiter entwickelt als das des narzisstischen Herrn.

2.4 Stoizismus und Skeptizismus als unglückliches Selbstbewusstsein

In der Philosophiegeschichte gibt es zwei Traditionen, die sich an der Dialektik von Selbstständigkeit und Abhängigkeit, von Autonomie und Heteronomie, von Freiheit und Notwendigkeit abarbeiteten: die Stoa und den Skeptizismus. Der Stoizismus, so Hegel, biete nur scheinbar einen Weg aus der Gebundenheit an die Endlichkeit und das Begehren. Sein Prinzip sei, dass ich im Denken frei bin – ganz egal, ob ich auf einem Thron sitze oder in Ketten liege. Es handelt sich aber lediglich um eine abstrakte Freiheit, um eine nur gedachte, keine realisierte Freiheit. Langeweile und Leblosigkeit, so Hegel, seien die Folge einer stoischen Philosophie, die das Problem der Zudringlichkeit des Daseins durch den Rückzug aus diesem lösen wolle.

Der Skeptizismus will sich der Freiheit auf andere Weise vergewissern. Der Skeptiker erkennt nichts als gegeben an. Alles ist Konstrukt, das mit Lust dekonstruiert werden kann, darf und soll. Hegel schätzt am Skeptizismus, dass er eine «dialektische Unruhe»[33] in die Welt gebracht hat. Schreitet er allerdings vom Zweifel an allem Gegebenem zum Zweifel am Denken und an sich selbst fort,

---

32 Vgl. dazu Hegels Bemerkungen zum Herrn und zum Knecht in seiner 1801 erschienenen Abhandlung über die Differenz des Fichte'schen und Schelling'schen Systems der Philosophie, Werke 2, 88.
33 Werke 3, 161.

dann wird ihm von der Verwirrung und Unordnung, die er stiftet, selbst schwindelig. Letztlich muss der Skeptiker bekennen, «ein ganz zufälliges, einzelnes Bewusstsein zu sein – ein Bewusstsein, das empirisch ist, sich nach dem richtet, was keine Realität für es hat, dem gehorcht, was kein Wesen ist, das tut und zur Wirklichkeit bringt, was ihm keine Wahrheit hat».[34]

Das kann man für Heroismus halten, Hegel sieht darin aber nur widersprüchlichen Eigensinn. Denn das skeptische Selbstbewusstsein «spricht das absolute Verschwinden aus, aber das Aussprechen *ist*; [...] es spricht die Nichtigkeit des Sehens, Hörens usf. aus, und es *sieht, hört usf. selbst*; es spricht die Nichtigkeit der sittlichen Wesenheiten aus und macht sich selbst zu den Mächten seines Handelns».[35] Wenn der Skeptiker behauptet, dass es Wahrheit gar nicht gibt, dann nimmt er gerade für diesen Satz Wahrheit in Anspruch. Mithin erkennt der Skeptiker nur sich selbst als das einzig Wahre an – der Rest der Welt ist das Unwahre. Spätestens seit Donald Trumps Erfolg beim Leugnen aller Wahrheit und der Behauptung, alles ihm Widersprechende seien «fake news», kommt die dunkle Seite des nihilistischen Skeptizismus zutage: ein dezisionistischer Faschismus, der alles zerstören will, was dem eigenen Begehren widerspricht.

2.5 Die Vernunft, die in allem «Sein» ein «Mein» findet

Mit dem Eintritt der Vernunft in das Selbstbewusstsein ändert sich dieser bedauernswerte Zustand: «Damit, dass das Selbstbewusstsein Vernunft ist, schlägt sein bisher negatives Verhältnis zu dem Anderssein in ein positives um.»[36] Bisher ging es dem Selbstbewusstsein nur um seine eigene Selbstständigkeit und Freiheit. Aber als Vernunft, «seiner selbst versichert, kann das Selbstbewusstsein seine Welt ertragen; [...] sein Denken ist unmittelbar selbst die Wirklichkeit».[37] Anders als das sinnliche Bewusstsein und das unglückliche, entzweite Selbstbewusstsein, anders als der skeptische Verstand geht die Vernunft davon aus, dass sie in allem *Sein* ein *Mein* findet. Die Vernunft verwandelt die sinnlichen Dinge in Begriffe und sie besteht darauf, «dass die Dinge nur als Begriffe Wahrheit haben».[38] Die Vernunft eignet sich die Welt durch Anverwandlung an.

Die Vernunft verallgemeinert. Sie muss nicht jeden Stein aufheben und fallen lassen, um das Gesetz der Schwerkraft zu erkennen. Die «Materie» ist für sie kein «seiendes Ding», sondern nur «in der Weise des Begriffs».[39] So wenig Hegel

---

34 Werke 3, 161.
35 Werke 3, 162.
36 Werke 3, 178.
37 Werke 3, 179.
38 Werke 3, 187.
39 Werke 3, 195.

von verallgemeinernden Naturgesetzen hält, so deutlich weist er auch die Idee von sogenannten «Gesetzen des Denkens» zurück. Es gebe kein «Gedankending»,[40] das irgendwelchen Gesetzen gehorche. Solch fixe Bestimmungen widersprächen der Beweglichkeit des Begriffs. Psychologen, die gerne solche Gesetze aufstellten, bezeichnet Hegel als «geistlos» und betont die Freiheit des Individuums gegenüber allen vermeintlichen Gesetzen des Denkens. Individualität sei gerade dies, «ebensowohl das Allgemeine zu sein und [...] mit dem vorhandenen Allgemeinen, den Sitten, Gewohnheiten usf. zusammenzufließen und ihnen gemäß zu werden, als sich entgegengesetzt gegen sie zu verhalten und sie vielmehr zu verkehren».[41] Das Selbstbewusstsein verändert als begreifendes die Welt und lässt sich von ihr verändern. Vorgängigen Gesetzmäßigkeiten ist der Geist nicht unterworfen. Aus diesem Grund hält Hegel Physiognomik und Schädellehre – man könnte hinzufügen: alle Physiologien, die eine einseitige Abhängigkeit des Geistes von leiblichen Gegebenheiten behaupten – für blanken Unsinn. «Das wahre Sein des Menschen ist vielmehr seine Tat; in ihr ist die Individualität wirklich».[42]

Als vernünftiges Wesen weiß das Selbstbewusstsein, dass es seine Individualität nur im Allgemeinen finden kann. Hegel findet geradezu poetische Metaphern, um eine solche Allgemeinheit der Vernunft zu preisen, die die individuelle Subjektivität nicht vernichtet, sondern diese erst ermöglicht: «Die Vernunft ist als die flüssige allgemeine Substanz [...] vorhanden, welche ebenso in viele vollkommen selbständige Wesen wie das Licht in Sterne als unzählige für sich leuchtende Punkte zerspringt». Die vielen einzelnen Punkte wissen, dass «diese allgemeine Substanz ihre Seele und Wesen ist; so wie dies Allgemeine wieder das Tun ihrer als Einzelner oder das von ihnen hervorgebrachte Werk ist».[43] Es herrsche ein wechselseitiges Geben und Nehmen. «Es ist hier nichts, was nicht gegenseitig wäre».[44] Was für das Verhältnis von Substanz und Subjekt gilt, das spiegele sich auch im Politischen wider: In «einem freien Volke» weiß sich jeder Einzelne als Moment der allgemeinen Vernunft und nimmt sich und die Anderen als eine «freie Einheit» wahr – «sie als mich, mich als sie».[45]

---

40 Werke 3, 227.
41 Werke 3, 231.
42 Werke 3, 242.
43 Werke 3, 265.
44 Werke 3, 266.
45 Werke 3, 266.

2.6 Der Verlust des Vertrauens in die Vernunft

In diese Einheit von Allgemeinheit und Einzelheit aber hat das Individuum im Prozess des Nachdenkens über sich «sein Vertrauen verloren».[46] Es isoliert sich und macht etwa einen Gegensatz zwischen Sitten und Gesetzen seines Volkes und sich selbst auf. Das empirische individuelle Selbstbewusstsein hat das Glück noch nicht erreicht, selbst «sittliche Substanz»[47] zu sein. Es macht sich stattdessen daran, sich selbst zu verwirklichen und seine Besonderheit zu genießen.[48] Dabei macht es freilich die Erfahrung, dass der Selbstgenuss zwar Selbststeigerung, zugleich aber auch Selbstverlust ist. «[E]s erfährt den Doppelsinn, der in dem liegt, was es tat, nämlich sein Leben sich genommen zu haben; es nahm das Leben, aber vielmehr ergriff es damit den Tod.»[49] Selbstverwirklichung ohne Selbstentäußerung führt zum Selbstverlust.

Mit dem Gedanken eines eigenen und inneren «Gesetzes des Herzens» nimmt das Selbstbewusstsein für sich in Anspruch, «unmittelbar das Allgemeine oder das Gesetz in sich zu haben».[50] Die Annahme, mit seinem Herzen unmittelbar zu wissen, was das Wahre und Gute ist, sei aber ein fataler Irrtum. «Das Herzklopfen für das Wohl der Menschheit geht [...] in das Toben des verrückten Eigendünkels über».[51] Das Individuum, das mit dem Überschwang seines Herzens dem Wohl der Menschheit dienen will, verrückt die bestehende Ordnung.[52] Das ist eigentlich kein Problem. Wenn alle durch ihr Handeln die Welt ein wenig verrücken, dann leben wir zwar in einer verrückten Welt, aber es ist doch eine mit anderen abgestimmte Verrücktheit. Es ist darüber hinaus auch tröstlich zu wissen, dass die Welt nicht unverrückbar ist. Das Problem besteht aber darin, dass jeder für sich versucht, die Definitionsmacht über die vorfindliche öffentliche Ordnung zu erlangen. Öffentlichkeit ist dann nur noch «allgemeine Befehdung, worin jeder an sich reißt, was er kann».[53] Diese «unruhige Individualität», für die «das Wirkliche unwirklich und das Unwirkliche das Wirkliche ist»,[54] kann auf Dauer nicht bestehen. Das dünkelhafte «Gesetz des Herzens» braucht Tugend.

---

46 Werke 3, 267.
47 Werke 3, 267.
48 Werke 3, 269.
49 Werke 3, 274.
50 Werke 3, 275.
51 Werke 3, 280.
52 Werke 3, 281.
53 Werke 3, 282.
54 Werke 3, 283.

2.7 Tugend oder: Die Nacht der Möglichkeit

Die Tugend will das Gute. So ehrenhaft das ist, so groß der Fortschritt gegenüber dem Bedürfnis nach unmittelbarer Selbstdurchsetzung auch ist, so krankt die Tugend an ihrem Bedürfnis, unter allen Umständen gut sein zu wollen. Und so will der tugendhafte Ritter sein Schwert nicht gebrauchen, weil ein Kampf, in dem er sein Schwert beschmutzen müsste, seinen reinen Prinzipien widerspräche. Die Tugend, so Hegel, werde deshalb vom Weltlauf besiegt. Und zwar deshalb, weil die «pomphaften Reden» der Tugendhaften «die Vernunft leer lassen, erbauen, aber nichts aufbauen».[55] Hegel will sich deshalb nicht lange mit der Tugend aufhalten. Das Individuum müsse im Vertrauen auf die eigene Tatkraft aus «der Nacht der Möglichkeit in den Tag der Gegenwart»[56] treten. Allerdings macht es dabei die Erfahrung, dass das von ihm vollbrachte Werk etwas Vergängliches ist, «das durch das Widerspiel anderer Kräfte und Interessen ausgelöscht wird».[57]

3. Die Formen des Geistes

3.1 Von der beobachtenden Vernunft zum anteilnehmenden Geist

Die Vernunft ist zunächst noch beobachtende, analytische, instrumentelle Vernunft. Sie ist «von der Substanz [...] noch als ein Einzelnes unterschieden, gibt entweder willkürliche Gesetze oder meint, die Gesetze, wie sie an und für sich sind, in seinem Wissen als solchem zu haben, und hält sich für die beurteilende Macht derselben».[58] Der Geist hingegen nimmt Anteil. Er ist beides, Substanz und Subjekt, Sein und Bewusstsein. Der Geist ist darum «das absolute reale Wesen».[59] Er ist – wie Hegel in unverkennbar religiöser Semantik formuliert – «das sich aufopfernde, gütige Wesen, an dem jeder sein eigenes Werk vollbringt, das allgemeine Sein zerreißt und sich seinen Teil davon nimmt».[60]

Das Reich des Geistes ist die sittliche Welt. Sittlichkeit entsteht aus der dialektischen Einheit von Einzelheit und Allgemeinheit. In der sittlichen Welt erscheint dem Einzelnen zunächst das Soziale als das umfassende Allgemeine. Das Volk, in dem ein Individuum heranwächst, dessen Sprache es erlernt, dessen Sitten und Gewohnheiten es übernimmt, ist ihm die Allgemeinheit des Geistes. Die Sitte eines Volkes erscheint ihm als allgemeines Gesetz. Dieser sittlichen Macht

---

55 Werke 3, 289.
56 Werke 3, 299.
57 Werke 3, 301.
58 Werke 3, 324.
59 Werke 3, 325.
60 Werke 3, 325.

«tritt aber eine andere Macht, das göttliche Gesetz, gegenüber».[61] Das menschliche Gesetz ist durch das bewusste Handeln eines Gemeinwesens entstanden, das göttliche Gesetz hingegen hat die Form substanzieller Unmittelbarkeit. Dieses unmittelbare göttliche Gesetz hat für Hegel seinen sozialen Ort vorzüglich in der Familie. In der Familie herrschen die Penaten; Staat und Gesellschaft müssen – so Hegel – deren eigenes, göttliches Gesetz anerkennen.

Warum ausgerechnet die Familie? «Der der Familie eigentümliche positive Zweck ist der Einzelne als solcher.»[62] Dies zeichnet das göttliche Gesetz der Familie aus. In der Familie herrscht Pietät. Die Familie bestattet ihre Toten. Sie will im Tod des Familienmitglieds nicht ein sinnloses Zerstörungswerk der Natur sehen, sondern die Vollendung eines sinnvollen, individuellen Lebens. In der Familie wird die «kraftlose, reine, einzelne Einzelheit» zur «allgemeinen Individualität» eines Familienmitglieds erhoben.[63] Das menschliche Gesetz schützt das Gemeinwesen als ein Allgemeines, das göttliche Gesetz aber schützt den Einzelnen. Während der Mann, so Hegels zeitgebundener Blick auf die Familie, aus dem göttlichen Gesetz der Familie in das menschliche Gesetz des Erwerbslebens und der Bürgerlichkeit hinaustritt, bleibt die Frau «der Vorstand des Hauses und die Bewahrerin des göttlichen Gesetzes».[64]

3.2 Die Person als der Geist des Rechts

Gesetze, Tugenden und Pflichten sind nur Forderungen. Sie sind «unwirkliche Schatten».[65] Jede wirkliche Tat hingegen ist eine Entzweiung, sie zerreißt das Vorfindliche. Sie verhält sich negativ zur bestehenden Wirklichkeit. Wer handelt, riskiert Scheitern, Untergang und Schuld. «Unschuldig ist daher nur das Nichttun, wie das Sein eines Steines».[66] Weil jede individuelle Tat ambivalent ist, entsteht die Notwendigkeit des Rechts. Im Rechtszustand werden die Individuen mit ihren eigenartigen Interessen einander gleichgemacht, indem «Alle als Jede, als Personen gelten».[67] Das Recht macht aus Einzelnen, die sich ihrer Individualität durch den natürlichen Familienverband oder durch ihr Handeln versichern, gleich gültige, so aber auch gleichgültige Personen.

Das Recht der Person ist weder an Eigentum noch Herkunft gebunden, «sondern vielmehr an das reine Eins seiner abstrakten Wirklichkeit».[68] Das Pro-

---

61 Werke 3, 330.
62 Werke 3, 331.
63 Werke 3, 333.
64 Werke 3, 338.
65 Werke 3, 342.
66 Werke 3, 346.
67 Werke 3, 355.
68 Werke 3, 356.

blem des Rechtszustandes besteht freilich darin, dass eine «Person» nur eine leere Allgemeinheit besitzt. «Dies leere Eins der Person ist daher in seiner Realität ein zufälliges Dasein [...], welches zu keinem Bestand kommt.»[69] Ebendiese inhaltsleere Allgemeinheit ist die Grenze des Rechts. «Das Bewusstsein des Rechts erfährt darum in seinem wirklichen Gelten selbst vielmehr den Verlust seiner Realität und seine vollkommene Unwesentlichkeit, und ein Individuum als eine Person [zu] bezeichnen ist Ausdruck der Verachtung.»[70]

Wegen der Abstraktheit des Personenbegriffs, der sich gleichgültig zur Subjektivität real existierender Individuen verhält, zeigen sich die Subjekte von der «Sprödigkeit» des Rechts zunehmend unbeeindruckt. Das Recht kann «das Chaos der geistigen Mächte, die entfesselt als elementarische Wesen in wilder Ausschweifung sich gegeneinander toll und zerstörend bewegen»,[71] nicht einhegen. Das Individuum will nicht nur abstrakte Person sein, es will zu sich selbst kommen. Dies gelingt ihm aber nur, wenn es sich entäußert.

3.3 Freiheit und Schmerz als der Geist der Bildung

Die nächste Stufe in der Entwicklung des Geistes über den Rechtszustand hinaus ist der «sich entfremdete Geist».[72] Auf dieser Stufe wird die Welt als ein Äußerliches, als das Negative des Selbstbewusstseins wahrgenommen. Das Selbst weiß sich als Mittelpunkt seiner sittlichen Welt. Die Wirklichkeit ist das Nützliche. Das Selbstbewusstsein beur-teilt. «Dem Selbstbewusstsein ist nur derjenige Gegenstand gut und an sich, worin er sich selbst, derjenige aber schlecht, worin er das Gegenteil seiner findet; das Gute ist die Gleichheit der gegenständlichen Realität mit ihm, das Schlechte aber ihre Ungleichheit.»[73]

Es zeigt sich freilich, dass Edelmut und Niedertracht, Dienstbarkeit und Machtverlangen, Gemeinwohl und Eigennutz, Dankbarkeit und Empörung im menschlichen Selbstbewusstsein ineinander verwoben sind. Bildung macht diese Ambivalenzen bewusst. Das Subjekt erkennt: «[A]lle diese Begriffe verkehren sich [...] eins im anderen und jedes ist das Gegenteil seiner selbst.»[74] Die Ambivalenz aller Dinge lässt das gebildete Selbstbewusstsein ein «Hohngelächter über das Dasein»[75] in all seiner Verwirrung und Verkehrtheit anstimmen. Es verlacht damit aber auch sich selbst. Wer sagt: Alles ist eitel!, der beklagt auch seine eigene Eitelkeit.

---

69 Werke 3, 356f.
70 Werke 3, 357.
71 Werke 3, 358.
72 Werke 3, 359.
73 Werke 3, 369.
74 Werke 3, 385.
75 Werke 3, 389.

War die Sprache in der Welt des Rechts Gesetz und Befehl, so tritt mit dem Begriff «Ich» das Selbst ins Dasein, das vernünftig sein soll. «Ich ist dieses Ich – aber ebenso allgemeines».[76] Das gebildete Selbstbewusstsein findet sich in der paradoxen Lage, einerseits sich als Ich begriffen zu haben, zugleich aber als solches zutiefst verunsichert zu sein. Bildung bewirkt im Selbstbewusstsein «das schmerzlichste Gefühl und die wahrste Einsicht über sich selbst – das Gefühl, die Auflösung alles sich Befestigenden, durch alle Momente ihres Daseins hindurch gerädert und an allen Knochen zerschlagen zu sein».[77]

3.4 Kritik der Religionskritik der Aufklärung

Der Kampf der Aufklärung gegen den Aberglauben war aus Hegels Sicht erfolgreich. Er kritisiert aber, dass die Religionskritik der Aufklärung Gott zu einem Ding gemacht habe, von dem sie anschließend behauptete, dass es dieses Ding gar nicht gebe. «Die Aufklärung [...] macht hier das, was dem Geiste ewiges Leben und heiliger Geist ist, zu einem wirklichen, vergänglichen Dinge und besudelt es mit der an sich nichtigen Ansicht der sinnlichen Gewissheit – mit einer Ansicht, welche dem anbetenden Glauben gar nicht vorhanden ist».[78]

Nicht nur die Verdinglichung Gottes stört Hegel. Er fragt weiter, welche Alternative die Aufklärung denn selbst anzubieten habe. «Wenn alles Vorurteil und Aberglauben verbannt worden sind, so tritt die Frage ein, was nun weiter? Welches ist die Wahrheit, welche die Aufklärung statt jener verbreitet hat?»[79] Die Lösung, die die Aufklärung anbiete, laufe darauf hinaus, dass das Absolute nur noch ein «Vakuum»[80] sei. Es bleibe nur noch die sinnliche Erfahrung übrig. Sie werde zur absoluten Wahrheit. Das Menschenbild der Aufklärer sei darum bemerkenswert schlicht: Der Mensch ist für sie von Natur aus «gut, als Einzelnes absolut, und Anderes ist für ihn; und zwar [...] ist alles für sein Vergnügen und Ergötzlichkeit, und er geht, wie er aus der Hand Gottes gekommen, in der Welt als einem für ihn gepflanzten Garten umher».[81] Hegel hält die Religionskritik der Aufklärer für selbstgefällig. Ihre Lebensweisheit sei von erstaunlicher Plattheit – und zugleich wähnten sie sich wie unschuldige Kinder im Paradies.

Der Aufklärung sei es gelungen, alle Inhalte des Glaubens aufzulösen, sodass diesem nur ein «reines Sehnen» geblieben und seine Wahrheit ein «leeres Jenseits» geworden sei.[82] Es waren freilich die Theologen selbst, die vor dem An-

---

76 Werke 3, 376.
77 Werke 3, 399.
78 Werke 3, 409.
79 Werke 3, 413.
80 Werke 3, 413.
81 Werke 3, 415.
82 Werke 3, 423.

sturm der Aufklärer zurückwichen und sich in die Innerlichkeit und den Glauben an einen unerkennbaren, jenseitigen Gott flüchteten. Die Aufklärung gerät allerdings mit sich selbst in Streit darüber, wie denn das Absolute nach erfolgreich erledigter Religionskritik von nun an begrifflich gefasst werden soll. Hegel sieht zwei widerstreitende Positionen. «Die eine Aufklärung nennt das absolute Wesen jenes prädikatlose Absolute, das jenseits des wirklichen Bewusstseins im Denken ist, [...]; die andere nennt es Materie.»[83] Transzendentalisten und Materialisten lägen miteinander im Streit. Sachlich bestehe freilich kein Unterschied. Denn auch die Materie ist ein reines Absolutes. Man kann sie weder fühlen noch schmecken, sie ist das «prädikatlose Einfache».[84] Die Materie ist wie die Transzendenz nicht konkrete Wirklichkeit, sondern vollkommene Abstraktion.

3.5 Absolute Freiheit als die Furie des Verschwindens

Nachdem alle Substanzialität negiert worden ist, wird dem aufgeklärten Selbstbewusstsein die Welt «schlechthin sein Wille».[85] Zwar versuchten Philosophen wie Rousseau und Kant diesen Willen als einen allgemeinen Willen zu konzipieren und ihn vor einen inneren Gerichtshof zu stellen – nach Hegels Ansicht freilich ohne Erfolg. «Die [...] absolute Freiheit erhebt sich auf den Thron der Welt, ohne dass irgendeine Macht ihr Widerstand zu leisten vermöchte.»[86] Auch wenn die französischen Revolutionäre noch von einem *être suprême* sprachen, so handele es sich dabei doch nur um «die Ausdünstung eines faden Gases».[87]

Die absolute Freiheit kann kein positives Werk hervorbringen. Sie ist «die Furie des Verschwindens».[88] Hegel warnt:

> Das einzige Werk und Tat der allgemeinen Freiheit ist daher der Tod, und zwar ein Tod, der keinen inneren Umfang und [keine] Erfüllung hat; denn was negiert wird, ist der unerfüllte Punkt des absolut freien Selbsts; es ist also der kälteste, plattste Tod, ohne mehr Bedeutung als das Durchhauen eines Kohlhauptes oder ein Schluck Wasser.[89]

Eine solche Freiheit vertilge allen Unterschied, und so bleibe nur «der Schrecken des Todes».[90] Doch gerade dieser Schrecken, diese «Furcht des absoluten Herrn des Todes», die Erfahrung, sich «in das leere Nichts übergehen zu sehen»,[91] kann

---

83 Werke 3, 426.
84 Werke 3, 427.
85 Werke 3, 432.
86 Werke 3, 433.
87 Werke 3, 434.
88 Werke 3, 436.
89 Werke 3, 436.
90 Werke 3, 437.
91 Werke 3, 439.

das individuelle Bewusstsein läutern und es befähigen, von der selbstzerstörerischen Willkürfreiheit zur Freiheit der Moral fortzuschreiten und sich so neu zu erfinden.

3.6 Die Pflicht als der Geist der Moral

Nicht die Natur, sondern die Pflicht ist dem moralischen Geist das höchste Wesen. Dieser bildet eine moralische Weltanschauung aus, in der die Natur als unselbstständig und unwesentlich, die moralischen Zwecke und das moralische Tun hingegen wesentlich, unabhängig und selbstständig sind. Die Trennung von Pflicht und Natur wird für das empirische Subjekt allerdings zum inneren Konflikt zwischen Sinnlichkeit und Sollen. Glückseligkeit ist im Programm der Pflicht nicht vorgesehen. Die Übereinstimmung von Moralität und Glückseligkeit kann nur postuliert werden. Auch eine Vollendung der Pflicht und eine daraus resultierende Zufriedenheit sind nicht vorgesehen. Die Pflicht ist und bleibt eine unerfüllbare, unendliche Aufgabe. Das Problem ist dann aber, «dass es kein moralisch Wirkliches gibt»,[92] sondern immer nur ein moralisch zu Forderndes.

Das moralische Selbst weiß nur, dass es wirklich sein *soll*. Die moralische Weltanschauung ist für Hegel deshalb «ein ganzes Nest gedankenloser Widersprüche».[93] Einerseits werde die Harmonie der Moralität mit der Natur postuliert, andererseits soll diese Harmonie erst in einem Jenseits vollbracht werden. Die Menschen würden moralisch überfordert: «Weil das allgemein Beste ausgeführt werden soll, wird nichts Gutes getan.»[94] Die moralische Weltanschauung, so Hegels Fazit, ist entweder unerfüllbar oder Heuchelei. Gibt es einen Weg aus den Widersprüchen der moralischen Weltanschauung?

3.7 Das Gewissen als die Selbstgewissheit der schönen Seele

Die sittliche Welt kennt drei Formen des Selbstbewusstseins: erstens das Selbst der Person, «ihr Dasein ist das Anerkanntsein»;[95] zweitens das Selbst der Bildung, ihr Dasein ist einerseits die Entzweiung, andererseits «die absolute Freiheit»;[96] und drittens das Selbst des Gewissens, «der seiner unmittelbar als der absoluten Wahrheit und des Seins gewisse Geist».[97] Wer ein Gewissen hat, der ist seiner selbst gewiss. Das seiner gewisse Selbst handelt pflichtgemäß, nicht weil

---

92 Werke 3, 452.
93 Werke 3, 453.
94 Werke 3, 455.
95 Werke 3, 465.
96 Werke 3, 465.
97 Werke 3, 465.

die Pflicht es verlangt, sondern weil es sich selbst als ein allgemeines Einzelnes will. Das Gesetz ist um des Selbst willen da, nicht das Selbst um des Gesetzes willen.[98]

Das Gewissen ist zunächst schlicht der Wille zum Wissen: Was ist der Fall? Das Gewissen hat ferner die Macht, «zu binden und lösen»,[99] wie Hegel in Anspielung auf Matthäus 16,19 formuliert. Allerdings ist der seiner selbst gewisse Geist rechtfertigungspflichtig. «Wer also sagt, er handle so aus Gewissen, der spricht wahr, denn sein Gewissen ist das wissende und wollende Selbst.»[100] Wer freilich nur vorgibt, gemäß seinem Gewissen zu handeln, der handelt gewissenlos.

Das Gewissen ist über jedes Gesetz und jede Pflicht erhaben. Es ist «die moralische Genialität, welche die innere Stimme ihres unmittelbaren Wissens als göttliche Stimme weiß». Ja mehr noch: Diese innere Stimme ist ein «Gottesdienst in sich selbst; denn ihr Handeln ist das Anschauen dieser ihrer eigenen Göttlichkeit.»[101] Dieser «einsame Gottesdienst» muss freilich in den «Gottesdienst einer Gemeinde» überführt werden. Denn erst wenn das gewissenhafte Selbst von anderen als solches anerkannt wird, ist es möglich, dass sich alle gegenseitig ihrer Gewissenhaftigkeit, ihrer guten Absichten versichern, sich über die wechselseitige Klarheit freuen und sich an der Herrlichkeit ihres Wissens und dem Hegen und Pflegen solcher Vortrefflichkeit laben.[102]

Das Problem des reinen Gewissens, dieses einsamen Gottesdienstes der schönen Seele, besteht freilich darin, dass es oft die Kraft zur Entäußerung nicht hat.

> Es fehlt ihm die Kraft der Entäußerung, die Kraft, sich zum Dinge zu machen und das Sein zu ertragen. Es lebt in der Angst, die Herrlichkeit seines Innern durch Handlung und Dasein zu beflecken; und um die Reinheit seines Herzens zu bewahren, flieht es die Berührung mit der Wirklichkeit und beharrt in der eigensinnigen Kraftlosigkeit [...].[103]

Gerade weil sich das reine Gewissen nicht an die Wirklichkeit entäußern will, löst es sich letztlich auf. «[S]ein Tun ist das Sehnen, das in dem Werden seiner selbst zum wesenlosen Gegenstande sich nur verliert, [...] eine unglückliche, sogenannte schöne Seele, verglimmt sie in sich und schwindet als ein gestaltloser Dunst, der sich in Luft auflöst.»[104]

---

98 Werke 3, 469.
99 Werke 3, 476.
100 Werke 3, 480.
101 Werke 3, 481.
102 Werke 3, 481.
103 Werke 3, 483.
104 Werke 3, 484.

Als eigenes inneres Gesetz steht das Gewissen über dem positiven Recht. Aus dem Blickwinkel der Allgemeinheit aber ist das individuelle Gewissen erst einmal Willkür und nicht von sich aus anerkennungswürdig. «Wer darum sagt, dass er nach seinem Gesetze und Gewissen gegen die anderen handle, sagt in der Tat, dass er sie misshandle.»[105] Das allgemeine Bewusstsein stellt deshalb die einzelne Gewissensentscheidung unter den Verdacht der Heuchelei, wie umgekehrt das einzelne reine Gewissen den kollektiven Konsens für heuchlerisch hält.

3.8 Das Problem des Kammerdieners und das Brechen der harten Herzen

Sich über andere zu empören und sie zu beurteilen, ist noch keine moralische Handlung. Hingegen hat der, der gehandelt hat, dem, der diese Tat nur beobachtet und beurteilt, dies voraus, dass er sich in der Tat verwirklicht hat. Der Beurteilende ist und bleibt Beobachter, hat aber selbst keinen die Wirklichkeit verändernden Beitrag geleistet. Diese Ungleichheit spitzt sich zu, wenn dem uneigennützig Handelnden vom Beobachter gleichwohl Eigennutz unterstellt wird. Es sei zwar nicht falsch, aber ganz und gar einseitig, der uneigennützigen Tat Ruhmsucht, Ehrsucht, Selbstgefälligkeit und moralische Eitelkeit zu unterstellen. Keine Handlung, selbst die großherzigste, kann sich solchem Beurteilen entziehen.[106] Für den Kammerdiener, so Hegel metaphorisch, gebe es keine Helden. Denn auch der Held ist der Notdurft des Alltags unterworfen, für die der Kammerdiener sorgen muss. «So gibt es für das Beurteilen keine Handlung, in welcher es nicht die Seite der Einzelheit der Individualität der allgemeinen Seite dieser Handlung entgegensetzen und gegen den Handelnden den Kammerdiener machen könnte.»[107] Beurteilen, ohne selbst zu handeln, erregte Hegels Zorn. Den Handelnden stets nur Eigensucht zu unterstellen, sei billig und niederträchtig. Die «Eitelkeit des Gut- und Besserwissens» setze sich «über die heruntergemachten Taten» und wolle «sein tatenloses Reden für eine vortreffliche Wirklichkeit genommen wissen».[108]

Wenn dann der gewissenhaft Handelnde auch noch gesteht, dass seine Tat nicht ganz ohne Eigennutz war, und er sein Geständnis nicht als Selbsterniedrigung oder Selbstdemütigung verstanden wissen will, sondern als ein Angebot, mit dem Kritik Übenden eine gemeinsame Basis zu finden, so sieht sich der Kritiker durch dieses Eingeständnis bestätigt. «Allein auf das Eingeständnis des Bösen: *Ich bin's*, erfolgt nicht diese Erwiderung des gleichen Geständnisses.»[109]

---

105 Werke 3, 486.
106 Werke 3, 489.
107 Werke 3, 489.
108 Werke 3, 489.
109 Werke 3, 490.

Stattdessen zeigen die tatenlos Beurteilenden nun «das harte Herz, das für sich ist und die Kontinuität mit dem anderen verwirft».[110] Der kommunikationswillige Geist sieht sich zurückgestoßen und zieht sich verletzt aus der abstoßenden Wirklichkeit zurück. Die «schöne Seele» verliert die «Kraft der Entäußerung».[111] Sie leidet, wird zur «Verrücktheit zerrüttet und zerfließt in sehnsüchtiger Schwindsucht».[112]

Wie kann ein «Brechen des harten Herzens»[113] gelingen? Es gelingt durch Verzeihen und Versöhnen. Versöhnung ist möglich, wenn jedes Individuum zunächst sich selbst (und nicht nur die anderen) als nichtig und böse erkennt. Es weiß von sich, dass es zu oft das Besondere und nicht das Allgemeine will. Durch dieses (Sünden-)Bekenntnis erfährt der Einzelne, dass er gleichwohl von einem Allgemeinen anerkannt und getragen wird. In der christlichen Tradition nennt man dies den Zustand des gerechtfertigten Sünders. Wenn alle das Wissen um die eigene Bosheit teilen, dann können alle einander vergeben und sich auch als Falsche in einem Wahren aufgehoben fühlen. Das Böse kann das Gute nicht zerstören. Selbst das sich absondernde Ich ist an sich mit dem allgemeinen Ich versöhnt.

Wer spricht das versöhnende Ja? «Das versöhnende Ja, worin beide Ich von ihrem entgegengesetzten Dasein ablassen, [...] ist der erscheinende Gott mitten unter ihnen».[114] Religion ist das Versöhnungsnarrativ, das die schöne Seele ermutigt, an den harten Herzen der Welt nicht zu verzweifeln, sondern die harten Herzen durch Versöhnungsbereitschaft, Vergebung und Vertrauen zu brechen.

4. Religion als die vorgestellte Vollendung des Geistes

Hegel unterscheidet drei Ausprägungen des Religiösen. Da ist zunächst die «Religion der Unterwelt». Hier herrschen der «Glaube an die furchtbare unbekannte Nacht des Schicksals»[115] und der «Glaube an das Nichts der Notwendigkeit».[116] Diese Religionsform sieht Hegel in der griechischen Tragödie klassisch ausgebildet. Der Glaube an eine bedrohliche Unterwelt wird dann vom «Glauben an den Himmel»[117] abgelöst, der freilich in der «Religion der Aufklärung»[118] untergeht. Das Jenseits ist von nun an weder eine zu fürchtende noch eine zu erhoffende

---

110 Werke 3, 490.
111 Werke 3, 491.
112 Werke 3, 491.
113 Werke 3, 492.
114 Werke 3, 494.
115 Werke 3, 495.
116 Werke 3, 496.
117 Werke 3, 496.
118 Werke 3, 496.

Macht. Die Religion der Aufklärung bringt die «Religion der Moralität»[119] hervor, in der das fromme Selbstbewusstsein sein eigenes Wesen andächtig bestaunt. Der Glaube glaubt fortan an den eigenen Glauben. Im Gewissen feiert sich das Selbstbewusstsein als Ich = Ich. Diese Formel Fichtes, ein Imitat der alttestamentlichen Formel in Exodus 3,14, in der Gott sich als «Ich bin, der ich bin!» vorstellt, transformiert Hegel allerdings so, dass das Ich als Subjekt sich zum Objekt machen muss, um auf sich selbst zurückkommen zu können. «Das Ich ist ein Ding, und das Ding bin Ich», heißt es deshalb auf den letzten Seiten der *Phänomenologie*.[120] Erst über die Bewegung der Selbstentäußerung, durch die Hingabe an die Natur und die Geschichte werde ich mir selbst zum Ich.

Religion geht aufs Ganze. Deshalb ist sie für Hegel die vorgestellte «Vollendung des Geistes».[121] Der absolute Geist verleiht dem subjektiven Geist Allgemeinheit. Wenn das Programm eines «Ich das Wir, und Wir das Ich ist» an den harten Herzen der anderen scheitert, dann macht die Religion mit der Formel «Gott in mir, und ich in Gott» dem Einzelnen das Angebot, sich unabhängig von der Meinung seiner hartherzigen Nachbarn in einem Allgemeinen aufgehoben zu wissen. Darauf kann sich der Einzelne deshalb verlassen, weil es das Wesen des Geistes ist, «aus seiner Allgemeinheit durch die Bestimmung zur Einzelheit»[122] herabzusteigen. So offenbart er sich. In der Religion wird sich der Geist in seiner ganzen Fülle ansichtig – sie ist seine Selbstoffenbarung.

Auch in der Religion ist der Geist im Werden und tritt in verschiedenen Gestalten auf. Zunächst erscheint er als natürliche Religion. In ihr «weiß der Geist sich als seinen Gegenstand in natürlicher oder unmittelbarer Gestalt».[123] In der zweiten Gestalt, der «künstlichen Religion», weiß er sich «in der Gestalt [...] des Selbsts».[124] Diese Religionsform findet Hegel vornehmlich in Griechenland ausgebildet. Die dritte Gestalt, die «offenbare Religion», hebt die Einseitigkeiten der beiden vorhergehenden Gestalten auf. «Wenn in der ersten der Geist überhaupt in der Form des Bewusstseins, in der zweiten in der Form des Selbstbewusstseins ist, so ist er in der dritten in der Form der Einheit beider, er hat die Gestalt des Anundfürsichseins».[125] Die Naturreligionen fokussieren also ganz auf die Substanz und blenden das Subjekt aus, in der Kunstreligion steht das schöpferische Subjekt so sehr im Mittelpunkt, dass es seine Substanz zu verlieren droht. In der offenbaren Religion kommt der Geist insofern zu sich, als Substanz und

---

119 Werke 3, 496.
120 Werke 3, 577 f.
121 Werke 3, 499.
122 Werke 3, 499.
123 Werke 3, 502.
124 Werke 3, 502.
125 Werke 3, 502.

Subjekt, Gott und Mensch nicht mehr als Getrennte, sondern in dialektischer Einheit aufeinander Bezogene vorgestellt werden.

4.1 Von der Substanz der Naturreligion zum Subjekt der Kunstreligion

Die natürliche Religion fokussiert auf die Substanz der natürlichen Welt. Sie betet zunächst das Licht an. Es folgen die unschuldige «Blumenreligion» und die schuldige «Tierreligion». Die selbstlose Blumenreligion wird von der kampfbereiten, andere opfernden Tierreligion abgelöst. «Ungesellige Völkergeister, die in ihrem Hasse sich auf den Tod bekämpfen»,[126] erschaffen sich ein Totem in Tiergestalt. Bis heute versammeln sich die Nationen hinter Wappentieren. In ihrem negativen Für-sich-sein-Wollen reiben sich die Tierreligionen aber auf. Der Geist verlässt sie und wird ein «Werkmeister» und «Künstler».

Die Vollendung der Kunstreligion sah Hegel in Griechenland. Hier feierte erstmals das Subjekt seinen Sieg über die Substanz. Das war zugleich der Sieg der sittlichen Welt über die natürliche. In der kultischen Handlung, dem Opfer, wird nicht nur den Göttern durch Opfergaben gehuldigt, auch die Götter müssen sich für die Menschen opfern. Das Brot der Ceres und der Wein des Bacchus werden verzehrt, damit aber auch diese. Die Götter vereinen sich im Opfer mit den Menschen und so entsteht die «bacchische Begeisterung».[127]

Mit der Versprachlichung der Religion entsteht eine Erinnerungskultur der Völker. Im Epos wird die Geschichte eines Volkes für nachfolgende Generationen aufbewahrt. Das ist der Beginn von Volksreligionen, die ihre Identität nicht mehr aus der Natur, sondern aus den Handlungen ihrer heldenhaften Vorfahren beziehen. Die Götter sind im Epos den Sterblichen zwar überlegen, sie sind aber der Macht des Schicksals ebenso hilflos ausgeliefert wie diese. In der Tragödie ist nicht auszumachen, ob ein wohlwollender Gott oder eine feindliche Erinnye das Schicksal der Sterblichen bestimmt. Diese Unsicherheit führt zu einer «Entvölkerung des Himmels».[128] Die Tragödie wird von der Komödie abgelöst. Die Komödie ist die «Rückkehr alles Allgemeinen in die Gewissheit seiner selbst». In der Komödie versichert sich das Selbst seiner Überlegenheit. «Das einzelne Selbst ist die negative Kraft, durch und in welcher die Götter [...] verschwinden.»[129] Über alles darf gelacht werden. «Durch die Religion der Kunst ist der Geist aus der Form der Substanz in die des Subjekts getreten.»[130] Verschwand in der Religion der Natur das menschliche Selbst in der Substanz, so versinkt in der Religion der

---

126 Werke 3, 507.
127 Werke 3, 528.
128 Werke 3, 540.
129 Werke 3, 544.
130 Werke 3, 545.

Kunst alle Substanz im Subjekt. Die Religion wird substanzlos. Das Subjekt steht allein; es hat alle Substanz negiert. Dabei kann es für Hegel aber nicht bleiben. Das selbstbewusste Subjekt muss sich mit der Substanz versöhnen. Der Einzelne soll nicht nur Besonderes, er soll auch Allgemeines sein. Ebendies wird von der «offenbaren Religion» geleistet. Dort durchdringen Substanz und Selbstbewusstsein einander; «hierdurch ist also der Geist ebenso Bewusstsein seiner als seiner gegenständliche Substanz wie einfaches, in sich bleibendes Selbstbewusstsein».[131] In biblischer Terminologie ausgedrückt: Gott, der Schöpfer, entäußert sich an seine Schöpfung – und erkennt sich in seinem Werk als sich selbst. «Der [...] ewige oder abstrakte Geist wird sich ein Anderes oder tritt in das Dasein [...]. Er erschafft also eine Welt.»[132]

4.2 Die Menschwerdung des Geistes

Wie soll aber die offenbare Religion offenbar werden, wenn doch das unglückliche Selbstbewusstsein davon überzeugt ist, «dass Gott gestorben ist»?[133] Das Vertrauen in die Götter sei doch erloschen, «die Tische der Götter ohne geistige Speise und Trank»,[134] Götter und Menschen gleichermaßen zermalmt. Nur noch als melancholische Erinnerung – so Hegels Zeitdiagnose – seien die Götter gegenwärtig. Hegel entdeckt aber in diesem unglücklichen Bewusstsein zugleich eine tiefe Sehnsucht. Die «haltlosen Gestalten» des Skeptizismus stünden wie die Hirten und Könige um die Krippe zu Bethlehem. Diese hätten «erwartend und drängend um die Geburtsstätte des als Selbstbewusstsein werdenden Geistes» gestanden. «[D]er alle durchdringende Schmerz und [die] Sehnsucht des unglücklichen Selbstbewusstseins ist ihr Mittelpunkt und das gemeinschaftliche Geburtswehe seines Hervorgangs».[135]

Die Substanz entäußert sich bei der Geburt Jesu an das Selbstbewusstsein und das Selbstbewusstsein an die Substanz – das Allgemeine verwirklicht sich im Einzelnen und das Einzelne im Allgemeinen, Gott im Menschen, der Mensch in Gott. Dies sei der Moment der Geburt des Geistes in seiner Fülle gewesen. Deshalb sei es metaphorisch durchaus in Ordnung, wenn man im Dogma von der Jungfrauengeburt behaupte, dass dieser Geist bei seiner Geburt «eine wirkliche Mutter, aber einen ansichseienden Vater»[136] gehabt habe. So interpretiert Hegel also die Jungfrauengeburt: Maria steht für das einzelne menschliche Selbstbewusstsein, der Heilige Geist für die allgemeine göttliche Substanz. Durch deren

---

131 Werke 3, 546.
132 Werke 3, 561.
133 Werke 3, 547.
134 Werke 3, 547.
135 Werke 3, 549.
136 Werke 3, 550.

Vereinigung tritt der göttliche Geist als Geist Jesu ins Dasein. Der Geist wird Mensch aus Fleisch und Blut, sodass «das glaubende Bewusstsein diese Göttlichkeit sieht und fühlt und hört. So ist es nicht Einbildung, sondern es ist wirklich an dem.»[137]

In der offenbaren Religion ist Gott nicht ein bloß Gedachtes oder Erfundenes. «Sondern dieser Gott wird unmittelbar als Selbst, als ein wirklicher einzelner Mensch, sinnlich angeschaut; so nur ist er Selbstbewusstsein.»[138] Die Menschwerdung Gottes ist keine Selbsterniedrigung, denn durch die Menschwerdung hat das absolute Wesen «erst sein höchstes Wesen erreicht».[139] Die Menschwerdung Gottes ist die vorläufige Vollendung seiner Offenbarung. Mit der Geburt Jesu als der Menschwerdung Gottes hat das Abenteuer der Versöhnung von Substanz und Selbstbewusstsein aber erst begonnen.

4.3 Der Tod Gottes als «Begeistung» der Welt

Der absolute Geist ist zunächst nur das Selbstbewusstsein Jesu. Erst durch seinen Tod geht dessen einzelnes Selbstbewusstsein in das «allgemeine Selbstbewusstsein der Gemeine»[140] über. Die Kirche wird zum ‹Leib Christi›. Alle sind nun potenziell Söhne und Töchter Gottes. Aber alle sind auch frei, sich abzusondern. Sie sind frei, das Böse zu tun.

Damit wird die Frage dringlich, wie das Verhältnis des göttlichen Wesens zum Bösen zu bestimmen ist. Eine dualistische Bestimmung, etwa in dem Sinne, dass dem göttlichen Wesen ein teuflisches gegenüberstünde, kommt für Hegel nicht infrage. Indem Gott in Jesus Christus in den Tod geht, sich also selbst an das Böse entäußert, ist das Böse prinzipiell von Gott überwunden und im auferstandenen Geist aufgehoben. Damit ist freilich nicht gemeint, dass das Böse selbst göttlich, mithin dasselbe wie das Gute sei. Das Gute und das Böse sind schlechthin verschieden. Aber das Gute und das Böse sind nicht als «etwas Wahres, Festes, Wirkliches zu nehmen».[141] Ein guter Gott und eine böse Natur stehen sich nicht als ein festgefügter Gegensatz gegenüber. «Nicht das eine oder das andere hat Wahrheit, sondern eben ihre Bewegung.»[142] Das Verhältnis von Gott und Natur, Gott und Mensch, von Gutem und Bösem kann nicht durch «das geistlose Ist»[143] angemessen erfasst werden. Die Dialektik von Gut und Böse erfasst man nicht, wenn man am «Ist» festhält und darüber die Bewegung des

---

137 Werke 3, 551.
138 Werke 3, 552.
139 Werke 3, 553.
140 Werke 3, 556.
141 Werke 3, 568.
142 Werke 3, 568.
143 Werke 3, 568.

Denkens vergisst, «worin die Momente ebenso sind als nicht sind – nur die Bewegung sind, die der Geist ist».[144]

Am Karfreitag stirbt nicht nur der natürliche Mensch Jesus, am Karfreitag stirbt auch die Vorstellung eines abstrakten göttlichen Wesens. Nicht nur dieser Mensch, sondern Gott selbst stirbt am Kreuz. «Der Tod des Mittlers ist Tod nicht nur der natürlichen Seite desselben oder seines besonderen Fürsichseins; es stirbt nicht nur die vom Wesen abgezogene, schon tote Hülle, sondern auch die Abstraktion des göttlichen Wesens.»[145] Insofern hat es durchaus seine Richtigkeit, wenn das unglückliche Bewusstsein sich schmerzlich bewusst wird, dass Gott selbst gestorben ist. Mit dem Tod Gottes ist es ganz und gar auf sein substanzloses Selbst zurückgeworfen. Diese Lage kann es stoisch, heroisch, zynisch, deprimiert, hysterisch, verzweifelt, gleichgültig ertragen.

Für das religiöse Bewusstsein hingegen folgt auf den Tod des abstrakten Wesens Gottes die Auferstehung des Geistes als die Subjektivität der Substanz. «Dies Wissen also ist die Begeistung, wodurch die Substanz Subjekt, ihre Abstraktion und Leblosigkeit gestorben, sie also wirklich und einfaches und allgemeines Selbstbewusstsein geworden ist.»[146] Die Dichotomien zwischen Gott und Mensch, Substanz und Subjekt, Gutem und Bösem sind überwunden und im Geist als Momente seiner Selbstbewegung aufgehoben.

4.4 Versöhnung als der Geist des Geistes

Was hat Religion den anderen Bewusstseinsstufen voraus? Religion ist zunächst «die Bewegung des seiner selbst gewissen Geistes, der dem Bösen verzeiht und darin zugleich von seiner eigenen […] harten Unwandelbarkeit ablässt». Sie ist ferner «die Bewegung, dass das absolut Entgegengesetzte sich als dasselbe erkennt und dies Erkennen als das Ja zwischen diesen Extremen hervorbricht». Und schließlich hebt die Religion den Unterschied zwischen dem glaubenden Selbst und «seinem Angeschauten auf».[147] Gott und Mensch sind nicht mehr zu trennen. Der Geist ist sowohl Moment der göttlichen Selbstbewegung wie auch Moment des Selbstbewusstseins des Menschen.

Der Geist ist die Kraft der Versöhnung, der die Gegensätze nicht auf sich beruhen lässt, sondern unablässig daran arbeitet, dass sie überwunden werden. Er hält die Gegensätze so lange zusammen, bis diese sich bewegen, fluide werden und ineinander übergehen. Dichotomien sind geistlos – sie werden in die Bewegung des Geistes hineingenommen und durch ihn verwandelt. Der Geist ist die Versöhnung von Substanz und Subjekt, von Gott und Mensch, von Allgemeinem

---

144 Werke 3, 568.
145 Werke 3, 571.
146 Werke 3, 572.
147 Werke 3, 572.

und Einzelnem. Diese Versöhnung wird in den Religionen vorgestellt und inszeniert.

Was der Religion fehlt, ist der Übergang vom vorstellenden zum wissenden Selbstbewusstsein. Im religiösen Bewusstsein wird die Versöhnung als ein Fernes vorgestellt – entweder als ein Fernes in der Zukunft oder als ein Fernes in der Vergangenheit. Die Religion weiß, dass die Versöhnung an sich vollbracht ist – ihre Realisierung stellt sie sich aber nicht als ein Gegenwärtiges, sondern nur als eine Hoffnung vor. «Ihre Versöhnung ist daher in ihrem Herzen, aber mit ihrem Bewusstsein noch entzweit und ihre Wirklichkeit noch gebrochen.»[148] Erst wenn das Subjekt die Substanz als das Andere seiner selbst erkannt hat und sie nicht mehr als ein fremdes Gegenüber anschaut, kann der Geist als das Wesen sowohl der Substanz als auch des Selbst begriffen werden. Dies gelingt im «absoluten Wissen».

5. Das «absolute Wissen» als die begriffene Vollendung des Geistes

Wie kann der Gegensatz von Einzelheit und Allgemeinheit versöhnt werden? Hegel hat eine klare Vorstellung davon, wie dies geschehen kann. Das besondere Einzelne muss seine Absonderung erkennen, sie bekennen und sich zu einem allgemeinen Subjekt läutern. Im Gegenzug verurteilt das göttliche Allgemeine das Einzelne nicht mehr, sondern erkennt dieses als das subjektive Moment seiner selbst.[149] Die dialektische Einheit von Substanz und Subjekt ist damit vollbracht.

Der Geist auf der Stufe des absoluten Wissens braucht die Wissenschaft als den Ort seiner Selbstentfaltung. Denn einerseits ist ein Wissenschaftler «dieses und kein anderes Ich», zugleich aber auch «aufgehobenes, allgemeines Ich».[150] Das Ich der Wissenschaft ist «die Bewegung des Sichselbstaufhebens».[151] Das wissenschaftliche Ich ist «allein dadurch begriffen, dass Ich in seinem Anderssein bei sich selbst ist».[152] Das wissenschaftliche Subjekt entäußert sich an seinen Gegenstand und sucht ihn zu begreifen. Wenn die Wissenschaft dem Geist folgen will, dann muss sie seiner Selbstbewegung folgen. Die Bewegung des Geistes ist eine Bewegung im Raum und in der Zeit, sie hat also eine Geschichte.

In der Geschichte übergibt der Geist seine jeweilige Gestalt der Erinnerung. Das Dasein ist darin aufbewahrt, zugleich kann eine «neue Welt» geboren werden. Die Metapher der Neugeburt hat Hegel mit Bedacht gewählt. Denn der

---

148 Werke 3, 574.
149 Werke 3, 582.
150 Werke 3, 583.
151 Werke 3, 583.
152 Werke 3, 583.

Geist muss in der Geschichte immer wieder von vorne anfangen, «als ob alles Vorhergehende für ihn verloren wäre und er aus der Erfahrung der früheren Geister nichts gelernt hätte».[153] Aber das scheint nur so. Tatsächlich fängt der Geist stets auf einer höheren Stufe von vorne an. Den Weg des Geistes zu rekonstruieren und seine Geschichte zu begreifen, ist die Aufgabe der Wissenschaft.

Die Geschichte ist für Hegel die «Schädelstätte des absoluten Geistes». Diese Anspielung auf Golgatha und den Karfreitag ist Hegels Einspruch gegen ein Verständnis der Geschichte als einer sinnlosen Aneinanderreihung von unerträglichen Grausamkeiten. Die Geschichte ist der Ort, an dem der absolute Geist seine Herrlichkeit offenbart. Das ist ein anspruchsvoller, angesichts der Grausamkeiten dieser Welt gewagter Gedanke. Aber ohne den Mut zu einer Theologie des Kreuzes kann es auch keine Theologie des Geistes geben. Davon war Hegel zutiefst überzeugt: «Aber nicht das Leben, das sich vor dem Tode scheut und von der Verwüstung rein bewahrt, sondern das ihn erträgt und in ihm sich erhält, ist das Leben des Geistes. Er gewinnt seine Wahrheit nur, indem er in der absoluten Zerrissenheit sich selbst findet.»[154]

---

[153] Werke 3, 591.
[154] Werke 3, 36.

Kapitel 3
Hegel, der Religionspädagoge:
Weißtüncher oder Schornsteinfeger?

Nürnberg war nicht die Stadt seiner Träume. Nur widerwillig und weil ihm schlicht nichts anderes übrig blieb, nahm Hegel die Stelle eines Rektors am humanistischen Egidien-Gymnasium in Nürnberg an. Friedrich Immanuel Niethammer, der schon im Tübinger Stift Freund und Förderer Hegels war, hatte ihm die Stelle vermittelt. Niethammer war damals Zentralschulrat in München und bemühte sich gegen eine bayerische Administration, die den Ausbau von Realschulen mit naturwissenschaftlichem Schwerpunkt vorantrieb, das humanistische Bildungsideal in den Lehrplänen für Mittelschulen und Gymnasien – so gut es ging – zu bewahren.

Hegel hätte das Angebot Niethammers wohl nicht angenommen, wenn er sich nicht in einer äußerst prekären Lebenssituation wiedergefunden hätte. Anfang 1807 verließ er Jena. Seine Finanzmittel waren erschöpft und eine dotierte Stelle an der Universität war nicht in Sicht. Darüber hinaus musste er überstürzt abreisen, weil er mit seiner Vermieterin ein Kind gezeugt hatte, für das er die Vaterschaftspflichten nicht übernehmen wollte. Und so floh der Schwabe vom thüringischen Jena ins bayerische Bamberg. Sein Versuch, bei der *Bamberger Zeitung* als Redakteur zu reüssieren, scheiterte. Nach 18 Monaten gab er diese Tätigkeit auf und nahm die Schulleiterstelle in Nürnberg an. Neben den Pflichten der Schulleitung hatte er sowohl Philosophie als auch Religion zu unterrichten.

Wie sehr er sich gerade gegen den Beruf eines Religionslehrers sträubte, zeigt ein Brief, den Hegel im November 1807 noch aus Bamberg an Niethammer schrieb. «Zugleich theologischen Unterricht zu geben [...] und Logik schreiben, [...] wäre Weißtüncher und Schornsteinfeger zugleich sein». Zwar könne er sich gut vorstellen, Theologie an einer Universität vorzutragen, aber «aufgeklärte Religionslehre» an einer Schule, und dann noch unter kirchlicher Oberaufsicht, das sei ein unerträglicher Gedanke, der «mir eine Erschütterung durch alle Nerven gibt, als ob die christliche Kirche eine geladene galvanische Batterie wäre [...]. Herr! Gib, dass dieser Kelch vorübergehe.»[1]

---

1   Werke 4, 617.

Der Kelch ging nicht vorüber – und Hegel wird nachträglich dafür dankbar gewesen sein. Er wurde ein angesehener Schulleiter, der dem Philosophie- und Religionsunterricht seinen eigenen Stempel aufdrückte, der aber auch durch seine Gymnasialreden und Gutachten Einfluss auf die Bildungspolitik in Bayern nahm. Mit der Heirat der 21 Jahre jüngeren Marie von Tucher, der Tochter des Bürgermeisters, im Jahr 1811 kam auch sein Privatleben in geordnete Bahnen. 1812 wurde die Tochter Susanna geboren, die freilich früh starb, 1813 der Sohn Karl und 1814 der Sohn Immanuel. Den 1807 in Jena geborenen Ludwig Fischer nahmen Marie von Tucher und Hegel später in Berlin in ihren Haushalt auf. Wenn Hegel auch dem Nürnberger Meistersinger Hans Sachs vorwarf, er habe «die göttliche Geschichte vernürnbergert»,[2] so war Hegel trotz dieser verächtlichen Wortschöpfung des «Vernürnbergerns» in Nürnberg nicht nur privat, sondern auch wissenschaftlich und pädagogisch enorm produktiv.

1. «Unsere Universitäten und Schulen sind unsere Kirche!»

Hegel identifizierte sich rasch mit seiner neuen Aufgabe und erhob dezidert seine Stimme im bildungspolitischen Streit, ob denn nun Sprachen und Literatur, Geschichte und Philosophie oder nicht besser Mathematik und die Naturwissenschaften in den Mittelpunkt des Lehrens gestellt werden sollten. Dahinter stand unausgesprochen die Frage, ob die Schulen der Selbstbildung oder der Ausbildung zu einem nützlichen Beruf dienen sollten.

Hegel sah die Fronten entlang konfessioneller Linien verlaufen. Der wesentliche Unterschied zwischen einer katholischen und einer protestantischen Bildungstheorie bestehe darin, «dass die allgemeine intellektuelle und moralische Bildung für die Protestanten das Heilige ist, für die Katholiken hingegen gleichgültig und ein Belieben ist, weil das Heilige in der Kirche und diese in einem Klerus ausgeschieden ist».[3] Während in der katholischen Kirche die höchste Autorität in Rom institutionalisiert sei, sei im Protestantismus die einzige Autorität «die intellektuelle und moralische Bildung aller». Protestanten blickten bei offenen Fragen und Problemen nicht nach Rom. «Unser näheres Palladium sind daher die Universitäten und die allgemeinen Unterrichtsanstalten. Auf diese blicken alle Protestanten als auf ihr Rom und bischöfliche Sitze hin.»[4] Der Protestantismus sei eine Bildungsreligion. Das religiöse Individuum erkenne keine andere Autorität an als sein Gewissen, das aber auf Bildung angewiesen sei.

---

2 Georg Wilhelm Friedrich Hegel, Vorlesungen über die Geschichte der Philosophie II, Werke 19, 8. Auflage, Frankfurt am Main 2017, 583. (Im Folgenden: Werke 19.)
3 Werke 4, 620.
4 Werke 4, 620.

Ein ungebildetes religiöses Gewissen verirre sich leicht in magisches, esoterisches Denken ebenso wie in fanatische Willkür.

Hegel deutete die bayerischen Bestrebungen, humanistische Gymnasien durch Realschulen zu ersetzen, als einen Angriff katholischer Kreise auf den Protestantismus. An Niethammer schreibt er:

> Sie wissen selbst am besten, wie sehr die Protestanten auf gelehrte Bildungsanstalten halten; dass ihnen diese so teuer sind als die Kirchen und gewiss sind sie so viel wert als diese; der Protestantismus besteht nicht so sehr in einer besonderen Konfession als im Geiste des Nachdenkens und höherer, vernünftiger Bildung, nicht eines zu irgend diesen und jenen Brauchbarkeiten zweckmäßigen Dressierens. Empfindlicher hätte man sie [die Protestanten] nicht angreifen können als an ihren Studienanstalten [...].[5]

Der Protestantismus kenne keine Laien. Jeder Gläubige sei unmittelbar zu Gott und es herrsche das allgemeine Priestertum. Dazu brauche es aber geeignete Bildungseinrichtungen. Und so konkludiert Hegel: «Unsere Universitäten und Schulen sind unsere Kirche. Die Pfarrer und der Gottesdienst tut's nicht, wie in der katholischen Kirche».[6]

2. «Man kann nicht denken ohne Gedanken, nicht begreifen ohne Begriffe!»[7]

Die Überzeugung, dass Bildung Selbstbildung ist, hieß für Hegel nicht, dass die Schülerinnen und Schüler sich doch erst einmal selbst ihren Reim auf die Welt machen sollten. Selbstständigkeit und Kreativität erringt man nur, wenn man sich zuvor an Inhalte und Lerngegenstände entäußert hat. «Das traurige, bloß formelle Verhalten, das perennierende inhaltslose Suchen und Herumtreiben, das unsystematische Räsonieren oder Spekulieren hat das Gehaltleere, das Gedankenleere der Köpfe zur Folge, dass sie nichts können.»[8] Hegel hält eine Pädagogik für verhängnisvoll, die der Überzeugung ist, «dass das Selbstdenken in dem Sinn entwickelt und geübt werden solle, dass es erstlich dabei auf das Material nicht ankomme und zweitens als ob das Lernen dem Selbstdenken entgegengesetzt sei».[9] Wer mit Kindern philosophiere, ohne dass sie zuvor Philosophen gründlich studiert haben, der gleiche, so Hegel, Reiseführern, die immerfort verreisen, ohne dass ihre Reisegruppe jemals fremde Länder, fremde Kulturen und fremde Menschen kennengelernt haben.[10]

---

5   Werke 4, 619.
6   Werke 4, 619.
7   Werke 4, 603.
8   Werke 4, 410 f.
9   Werke 4, 422.
10 Werke 4, 410.

Die Bildungsinhalte seien das geistige «Erbgut»[11] der Menschheit, das von den Schülerinnen und Schülern erworben werden müsse. Die Verantwortung der Lehrkräfte sei deshalb enorm.

> Dem Lehrstande ist der Schatz der Bildung, der Kenntnisse und Wahrheiten, an welchem alle verflossenen Zeitalter gearbeitet haben, anvertraut, ihn zu erhalten und der Nachwelt zu überliefern. Der Lehrer hat sich als den Bewahrer und Priester dieses heiligen Lichtes zu betrachten, dass es nicht verlösche und die Menschheit nicht in die Nacht der alten Barbarei zurücksinke.[12]

Die bequeme Verachtung überlieferten Wissens ist für Hegel ein Ärgernis. Zwar sei es richtig, dass das bloße Mitteilen von Kenntnissen nicht hinreiche: «Schränkte [...] das Lernen sich auf ein bloßes Empfangen ein, so wäre die Wirkung nicht viel besser, als wenn wir Sätze auf das Wasser schrieben; denn nicht das Empfangen, sondern die Selbsttätigkeit des Ergreifens und die Kraft, sie wieder zu gebrauchen, macht erst eine Kenntnis zu unserem Eigentum.»[13] Diese Selbsttätigkeit ist nun aber gerade die Fähigkeit, sich von einem unbekannten und fremdartigen Gegenstand infrage stellen zu lassen und sich die Mühe zu machen, diesen zu begreifen. Diese Mühe kann durchaus als eine narzisstische Kränkung empfunden werden. «Für die Entfremdung, welche Bedingung der theoretischen Bildung ist, fordert diese [...] den leichteren Schmerz und Anstrengung der Vorstellung, sich mit einem Nicht-Unmittelbaren, einem Fremdartigen, mit etwas der Erinnerung, dem Gedächtnisse und dem Denken Angehörigen zu beschäftigen.»[14]

Ohne den Schmerz der Entfremdung ist Bildung nicht zu haben. Dazu zählt für Hegel auch das Erlernen der alten Sprachen. Die Klassiker nur in übersetzter Form zu studieren, ohne die Musik und Schönheit der alten Sprache nachfühlen zu können, sei wie das Trinken von «Rheinwein, der verduftet ist», oder wie das Riechen an «nachgemachten Rosen».[15] Auf die Klage, dass das Erlernen des Lateinischen, des Griechischen und – für künftige Theologen – auch des Hebräischen doch viel zu mühsam und zeitraubend sei, erwidert Hegel lakonisch, dass wir dafür «das Schicksal» anzuklagen hätten, «das uns in unserer eigenen Sprache nicht diesen Kreis klassischer Werke hat zuteil werden lassen, die uns die mühevolle Reise zu dem Altertum entbehrlich machten und den Ersatz für dasselbe gewährten».[16]

---

11 Werke 4, 412.
12 Werke 4, 307.
13 Werke 4, 332.
14 Werke 4, 321.
15 Werke 4, 320.
16 Werke 4, 320.

3. Der Mensch – das «auf dem Grund des Unendlichen [...] erbaute Wesen»[17]

Nicht nur die Sprachen, auch den Religionsunterricht verteidigt Hegel in seinen Rektoratsreden gegen die Ansicht, dass Kinder und Jugendliche die dort gelehrten Vorstellungen und Inhalte doch noch gar nicht verstehen könnten. «Es ist eins der Vorurteile, welche durch die Aufklärung der neueren Zeit verbreitet worden [...], dass der Jugend moralische Begriffe und Sätze wie auch religiöse Lehren nicht früh beigebracht werden müssen, darum, weil sie solche nicht verstehe und nur Worte ins Gedächtnis bekomme.»[18] Demgegenüber argumentiert Hegel, dass alles Verstehen mit einer unverstandenen Kenntnis beginnt und eine Lernbiografie gerade darin besteht, diese Kenntnisse immer besser und tiefer zu verstehen. Diese den Kindern vorzuenthalten, würde diesen Lernprozess verhindern. Im Übrigen gebe er Folgendes zu bedenken: «In der Tat, wenn man, um den Menschen damit bekannt zu machen, warten wollte, bis er die sittlichen Begriffe in ihrer ganzen Wahrheit zu fassen völlig fähig wäre, so würden wenige und diese wenigen kaum vor dem Ende ihres Lebens diese Fähigkeit besitzen.»[19]

Der Jugend sei ein «Zentrifugaltrieb der Seele»[20] zu eigen, den man nutzen könne, um sie mit gänzlich Unbekanntem bekannt zu machen und ganz neue Gedanken und Begriffe zu erproben. Die Ideale der Jugend seien «ein Schrankenloses».[21] Dies berge freilich die Gefahr, dass sie ihre eigene, begrenzte Lebenswirklichkeit als trostlos, traurig und feindlich empfinden und der daraus entstehenden Melancholie nur «das Matte der Sehnsucht» und die «untätige Kraft des Schwärmens»[22] entgegensetzen könnten.

Deshalb bräuchten die Heranwachsenden eine tragfähige Vorstellung von einem vollständigen und gelingenden Leben. «Umso wichtiger ist es für uns, [...] weil wir vernünftige, auf dem Grund des Unendlichen und Idealen erbaute Wesen sind, in uns die Vorstellung und den Begriff eines vollständigen Lebens zu erschaffen und zu erhalten.»[23] Dazu braucht es moralische und religiöse Bildung. Das ist aber auch das Ziel aller Bildung, durch alle Mühsal der Entäußerung an eine Vielzahl von Lerninhalten hindurch sich seinen je eigenen Begriff eines vollständigen Lebens zu machen, um «gestärkt und erfrischt» der eigenen «Bestimmung» zu folgen.[24] Dazu braucht es aber einen Unterricht, der nicht nur dies

---

17 Werke 4, 365.
18 Werke 4, 347.
19 Werke 4, 347.
20 Werke 4, 321.
21 Werke 4, 365.
22 Werke 4, 366.
23 Werke 4, 365.
24 Werke 4, 366.

und das lehrt, sondern das Leben als Ganzes im Blick hat. Gelingt das dem Philosophie- und dem Religionsunterricht?

4. Seele, Geist und Gott sind keine «Steine und Kohlen»[25]

Niethammer hatte Hegel 1812 um ein privates Gutachten gebeten, in dem er von seinen bisherigen Unterrichtserfahrungen berichten sollte. In einem Begleitschreiben zu diesem «Privatgutachten» gesteht Hegel, dass «vielleicht aller philosophische Unterricht an Gymnasien überflüssig scheinen könnte, dass das Studium der Alten das der Gymnasialjugend angemessenste und seiner Substanz nach die wahrhafte Einleitung in die Philosophie sei».[26] Er zögere aber, diesen Vorschlag offensiv zu vertreten, weil die Philologie, die zum Studium der Alten anzuleiten hätte, zu einer geistlosen Wortweisheit verkommen sei, sodass der Gehalt dieser Schriften darunter verschüttet würde. «Die Kirchenväter, Luther und die alten Prediger zitierten, legten aus und handhabten die Bibeltexte auf eine freie Manier, bei der es in Rücksicht des historisch Gelehrten auf einen Bauernschuh nicht ankam»,[27] die neue textkritische Philologie hingegen gefalle sich nur noch in wortkritischer und metrischer, mithin inhaltsleerer Gelehrsamkeit. Insofern sei eine Philosophie, die in den Worten die Begriffe, die Ideen und den Geist aufspüre, dann doch unerlässlich.

Wie also soll das philosophische Denken geschult werden? «Das originelle, eigentümliche Vorstellen der Jugend über die wesentlichen Gegenstände ist teils noch ganz dürftig und leer, teils aber in seinem unendlich größeren Teil Meinung, Wahn, Halbheit, Schiefheit, Unbestimmtheit.»[28] Die Aufgabe des Philosophieunterrichts bestehe darin, dieses «Wähnen» in «Wahrheit» zu überführen. Das philosophische Studium müsse sich darauf konzentrieren, dass «die Unwissenheit verjagt, der leere Kopf mit Gedanken erfüllt und jene natürliche Eigentümlichkeit des Denkens, d. h. die Zufälligkeit, Willkür, Besonderheit des Meinens vertrieben werde».[29]

Der Weg dorthin führt für Hegel über drei Stufen philosophischen Denkens, die abstrakte, die dialektische und die spekulative. Abstrakte begriffliche Bestimmungen kann der Verstand leicht nachvollziehen und sie geben dem Heranwachsenden durch klare Unterscheidungen und Definitionen eine erste notwendige Orientierung. Auf der dialektischen Stufe geraten die scheinbar festen Bestimmungen ins Wanken und in Bewegung. «Das Dritte ist das eigentlich Spekulative, d. h. die Erkenntnis des Entgegengesetzten in seiner Einheit – oder ge-

---

25 Werke 4, 415.
26 Werke 4, 417.
27 Werke 4, 417.
28 Werke 4, 412.
29 Werke 4, 412.

nauer, dass die Entgegengesetzten in ihrer Wahrheit eins sind. Dieses Spekulative ist erst das eigentlich Philosophische.»[30] Das Problem bestehe darin, dass diese Einsicht enorm voraussetzungsreich sei, sodass am Gymnasium bestenfalls darauf vorbereitet werden könne. Die Wahrheit des Spekulativen könne der Einbildungskraft aber durchaus nähergebracht werden, etwa dann, «wenn man von der ewigen Liebe Gottes spricht, der darum Schöpfer ist, um zu lieben, um sich selbst in seinem ewigen Sohne und dann in einem der Zeitlichkeit dahingegebenen Sohne, der Welt, anzuschauen».[31] Man könne sowohl im Philosophie- wie auch im Religionsunterricht des Spekulativen ansichtig werden, weil «der Inhalt der vollkommenen Religion höchst spekulativ ist».[32] Dies gelingt freilich nur, wenn Begriffe wie Seele, Geist und Gott in ihrer Aktualität und Lebendigkeit begriffen werden, «sonst spricht man, wenn man auch diese Worte braucht, doch nur von Steinen und Kohlen».[33]

5. Rechts-, Pflichten- und Religionslehre

Das staatliche Curriculum schrieb für die Unterklasse einen Unterricht in «Religions-, Rechts- und Pflichtenkenntnis» vor. Hegel änderte die Reihenfolge um in «Rechts-, Pflichten- und Religionslehre». Er folgte damit dem Aufbau seiner 1807 erschienenen *Phänomenologie*, wo das Recht in die Moral und die Moral in die Religion übergeht. Vor allem aber vermied er durch diese Umstellung, dass den Schülern Gott als heteronomer Gesetzgeber vorgestellt wurde, dessen Gebote pflichtgemäß auszuführen seien. Genau davor hatte ihm gegraut, dass er einen «aufgeklärten Religionsunterricht» zu erteilen hätte, also einen Religionsunterricht, der Gott zu einem nützlichen Instrument der Moralerziehung machte. In Nürnberg hatte er die Freiheit, den Lehrstoff so anzuordnen, wie er es mit seinem philosophischen und theologischen Gewissen vereinbaren konnte. Für die «Rechts-, Pflichten- und Religionslehre für die Unterklasse», die er seit 1810 jährlich erteilte, ist ein 116 Paragrafen umfassendes Diktierheft erhalten, das die Möglichkeit gibt, den Lernweg, den Hegel den Zwölf- bis Vierzehnjährigen zumutete, zu rekonstruieren.

---

30   Werke 4, 415.
31   Werke 4, 415.
32   Werke 4, 415.
33   Werke 4, 415.

5.1 Willensfreiheit!

Hegel stellt den menschlichen Willen in den Mittelpunkt seines Unterrichts, «und zwar nach dem Verhältnis des besonderen Willens zum allgemeinen Willen».[34] Ein Mensch handelt, weil er etwas begehrt. Das niedere Begehrungsvermögen ist der natürliche Trieb, das höhere Begehrungsvermögen ist der Wille. Der Mensch besitzt einen freien Willen. Willkür ist noch kein freier Wille.

> Damit aber der Wille wahrhaft und absolut frei sei, kann das, was er will, [...] nichts anderes sein als er selbst. [...] Es will also der reine Wille nicht irgendeinen besonderen Inhalt um seiner Besonderheit willen, sondern dass der Wille als solcher in seinem Tun frei sei und freigelassen werde oder dass der allgemeine Wille geschehe.[35]

Die Anspielung auf die Bitte des Vaterunsers, «Dein Wille geschehe!», ist vermutlich gewollt.

Menschen sind in ihrer Triebhaftigkeit der Natur unterworfen, mithin unfrei. Als geistbegabtes und denkendes Wesen kann der Mensch aber auf seine Triebe Einfluss nehmen. Bereits wenn der Mensch seine Abhängigkeit erkannt hat, ist er über sie hinaus. Der Mensch lernt im Laufe des Erwachsenwerdens seine Triebe und Neigungen kennen und gleicht diese mit dem «Grundzweck seines Wesens»[36] ab. Sein Grundzweck ist aber, dass er in eine Beziehung zu sich selbst tritt.

> Die unendliche Reflexion aber besteht darin, dass ich mich nicht mehr auf etwas anderes, sondern auf mich selbst beziehe oder mir selbst Gegenstand bin. Diese reine Beziehung auf mich selbst ist das Ich, die Wurzel des unendlichen Wesens selbst. Es ist die völlige Abstraktion von allem, was endlich ist. Das Ich als solches hat keinen durch die Natur gegebenen oder unmittelbaren Inhalt, sondern hat nur sich selbst zum Inhalt.[37]

Wenn sich dieses Ich zum Gegenstand der Reflexion macht, dann entdeckt es seine absolute Freiheit. Zwar gibt es eine Vielzahl von Einflüssen, Umständen und Bedingungen, trotzdem entscheidet immer das Ich, wie viel Raum es diesen Einflüssen geben will. «Die Umstände oder Beweggründe haben nur so viel Herrschaft über den Menschen, als er ihnen einräumt.»[38] Deshalb rechne man dem Menschen die Schuld einer Handlung zu. Menschen sind verschieden – draufgängerisch oder vorsichtig, impulsiv oder kontrolliert. Der Wille als allgemeiner Wille interessiert sich für diese Unterschiede nicht. Ohne diesen allgemeinen

---

34 Werke 4, 204.
35 Werke 4, 207.
36 Werke 4, 219.
37 Werke 4, 221.
38 Werke 4, 223.

Willen gäbe es keine Gesetze, keine Pflichten, keine Religion. Vor dem Gesetz und vor Gott sind alle gleich.

Gemeinhin wird unter Freiheit Eigensinn und Willkür verstanden und ebenso wird der «freie Wille» oft als Recht auf private Willkür missverstanden. Das ist nach Hegel aber nur ein relativ freier Wille, nicht der absolut freie Wille. «Der absolut freie Wille unterscheidet sich vom relativ freien oder der Willkür dadurch, dass der absolute nur sich selbst, der relative aber etwas Beschränktes zum Gegenstand hat.»[39] Der freie Wille will, dass «seine Freiheit zustande komme und erhalten werde».[40] Die Realisierung dieser Freiheit kann durchaus zu Einschränkungen der Willkürfreiheit führen, wie etwa bei der Gesetzgebung. Auch Kindern würden im Bildungsprozess viele Beschränkungen auferlegt, damit ihr Wille von fremdem Einfluss und der Abhängigkeit von sinnlichen Neigungen und Begierden unabhängig werde.

Das Recht behandelt alle Menschen gleich. Die Moral hingegen fragt nach der Gesinnung jedes besonderen Einzelnen. Sie zielt auf Vollkommenheit, sie weiß aber, dass sie dieses Ziel nicht erreichen kann. Dies ist der Moment des Übergangs von der Moral zur Religion. In der Religion betrachtet man das göttliche Wesen, das seinen Willen vollenden kann. Hegel stellt Gott nicht als einen Gesetzgeber vor, der Unterwerfung und Gehorsam fordert, sondern als den Vollkommenen, dessen Wille ohne Verbote und Gebote geschieht. Sein Wille ist nicht Willkür, sondern Liebe. Gerade deshalb vermag er, seinen Willen mit Vollmacht durchzusetzen. Gott will nichts, was nicht auch der Mensch wollte, hätte dieser seine Freiheit vollkommen realisiert.

5.2 Recht

Was ist das Spezifische des Rechts? Hegel stellt folgende Bestimmung an den Anfang seiner Überlegungen zum Recht: «Nach dem Recht soll bloß der allgemeine Wille geschehen, ohne Rücksicht auf die Absicht oder Überzeugung des Einzelnen, und das Recht hat den Menschen nur als freie Wesen überhaupt zum Gegenstande.»[41]

Das Recht erwartet von jedem Einzelnen, dass er auch den Anderen als ein freies Wesen respektiert und ihn so behandelt. Indem man den Anderen respektiert, respektiert man sich selbst. Wird das Recht eines Einzelnen verletzt, dann werden alle verletzt. Als Person ist der Mensch als ein freies Wesen anerkannt. Er ist nicht nur besonderer Einzelner, sondern auch ein Allgemeines: Jeder ist Person. Daraus folgt: Jede Handlung, die «die Freiheit eines anderen beschränkt

---

[39] Werke 4, 226.
[40] Werke 4, 227.
[41] Werke 4, 232.

oder ihn nicht als freien Willen anerkennt und gelten lässt, ist widerrechtlich».[42] Diese Anerkennung beruht nicht auf nützlicher Reziprozität oder einem sozialen Vertrag. «Ich anerkenne es nicht, weil Du es anerkennst und umgekehrt, sondern der Grund der Anerkennung ist die Natur der Sache selbst. Ich anerkenne den Willen des anderen, weil er an und für sich anzuerkennen ist.»[43] Meine Persönlichkeit ist ebenso unveräußerlich wie die aller anderen.

Der Mensch kann die Gesetze brechen. Deshalb gibt es Gerichte, die darüber entscheiden, wie in einem solchen Fall zu verfahren ist. Im Zivilrecht herrscht Konsens, dass es Gesetze geben muss. Strittig ist, wer das Recht im Einzelfall wie stark verletzt hat. Im Strafrecht, so Hegel, bestreitet der Gesetzesbrecher durch sein Handeln, dass das gebrochene Gesetz überhaupt Gültigkeit hat. Das Strafrecht geht davon aus, dass der Gesetzesbrecher aus freiem Willen und mit Vernunft gehandelt hat. Er hat autonom gehandelt, also sein eigenes Gesetz zum allgemeinen Gesetz erhoben. Hegel schärfte seinen Schülern den folgenden Grundsatz ein: «Beraubst du einen anderen, so beraubst du dich! Tötest du jemand, so tötest du alle und dich! Die Handlung ist ein Gesetz, das du aufstellst und welches du eben durch dein Handeln an und für sich anerkennst.»[44]

Das Recht kann nur von der «Staatsgesellschaft» durchgesetzt werden, ein Staat ist eine Rechtsgemeinschaft. Die Familie hingegen ist eine natürliche Gemeinschaft, deren Mitglieder einander durch Pietät verbunden sind. Auch ein Volk ist noch kein Staat. Von einem Staat kann man erst sprechen, wenn er das Recht durchsetzt, d. h. dafür sorgt, dass die Bürgerinnen und Bürger als Personen anerkannt sind. «Das Gesetz ist der abstrakte Ausdruck des allgemeinen an und für sich seienden Willens.»[45] Zwar besteht das Gesetz aus Sitten und Gewohnheiten, aber diese sind so lange bewusstlos, bis sie durch das Gesetz bewusste Macht werden. Inhalt und Zweck der Staatsgewalt ist die Verwirklichung der Rechte der Bürger, «welche im Staat darauf nicht Verzicht tun, vielmehr zum Genuss und zur Ausbildung derselben allein in ihm gelangen».[46] Die Staaten untereinander befinden sich nur rudimentär in einem rechtlichen Verhältnis. Meist herrscht der Naturzustand, sodass mit Streit, Willkür und Krieg weiterhin zu rechnen ist.

Hegel stellt den Schülern die Demokratie, die Aristokratie und die Monarchie als mögliche Regierungsformen vor. Die Gefahr der Demokratie bestehe in der Ochlokratie, der «Herrschaft des Pöbels», die Gefahr der Aristokratie in der Oligarchie. Dann lobt Hegel die Monarchie und behauptet: «In einer Monarchie ist die bürgerliche Freiheit mehr geschützt als in anderen Verfassungen.»[47] Das ist

---

42 Werke 4, 233.
43 Werke 4, 237.
44 Werke 4, 244.
45 Werke 4, 247.
46 Werke 4, 250.
47 Werke 4, 249.

freilich nur dann der Fall, wenn die Monarchie nicht zum Despotismus degeneriert. Despotismus sei nämlich die gefährlichste Regierungsform. Hegel ist im Blick auf die Regierungsformen allerdings leidenschaftslos: «Ein Volk kann ebenso gut diese als eine andere Verfassung haben. Sie hängt wesentlich von dem Charakter, den Sitten, dem Grade der Bildung, seiner Lebensart und seinem Umfange ab.»[48]

5.3 Pflicht

Das Recht lässt die Gesinnung frei – die Moral hingegen will die Gesinnung bilden. Das Recht verbietet, die Moral gebietet. Das Recht behandelt den Einzelnen als allgemeine Person, die Moral interessiert sich für den besonderen Einzelnen. Sie will ihm helfen, glückselig zu werden. Glückseligkeit stellt sich ein, wenn das Innerliche mit dem Äußerlichen übereinstimmt.

Mithilfe der Vernunft kann man das Wesentliche und Allgemeine vom Triebhaften und Zufälligen unterscheiden. «Insofern betrachtet sie nicht mehr das Subjektive als solches, nämlich das angenehme Gefühl, sondern das Objektive. Sie lehrt also, was für Gegenstände der Mensch um ihrer selbst zu begehren hat.»[49] Triebe und Neigungen des natürlichen Menschen sind weder gut noch böse. «Gut und Böse sind moralische Bestimmungen und kommen dem Willen zu. Das Gute ist das der Vernunft entsprechende.»[50]

Der Mensch hat Pflichten gegen sich, gegenüber seiner Familie, gegenüber dem Staat und gegenüber der Menschheit überhaupt. Die erste Pflicht gegen sich selbst ist die Pflicht, sich zu bilden. Der Mensch muss zuerst lernen, seine Affekte zu kontrollieren. Theoretische Bildung hilft ihm, über die bloße sinnliche Anschauung hinaus Begriffe zu bilden und sich so seine Gegenstände zu erschließen. Ein gebildeter Mensch hütet sich vor vorschnellen Urteilen. Ausdrücklich warnt Hegel vor einer Naturwissenschaft, die die Natur ausbeutet. «Die Begierde, aus den Gegenständen der Natur Nutzen zu ziehen, ist mit deren Zerstörung verbunden.»[51] Es komme im Umgang mit der Natur sehr darauf an, «das Objektive in seiner Freiheit»[52] zu respektieren.

Die praktische Bildung zielt auf eine Kultur der Besonnenheit und der Mäßigung im Umgang mit der eigenen Triebhaftigkeit. «Die Freiheit des Menschen von natürlichen Trieben besteht nicht darin, dass er keine hätte und also seiner Natur nicht zu entfliehen strebt, sondern dass er sie überhaupt als ein Notwendiges und damit Vernünftiges anerkennt und sie demgemäß mit seinem Willen

---

[48] Werke 4, 250.
[49] Werke 4, 256.
[50] Werke 4, 257.
[51] Werke 4, 260.
[52] Werke 4, 260.

vollbringt.»⁵³ Gesundheitsvorsorge ist ebenso wichtig wie «das Aufgeben der Eitelkeit, des Eigendünkels und der Eigensucht gegen das, was an und für sich notwendig ist».⁵⁴ Die Pflichten gegenüber der Familie sind für Hegel mit dem Begriff der *pietas* hinreichend bestimmt.

Bei den Pflichten gegenüber dem Staat macht Hegel auf eine wichtige Ambivalenz aufmerksam. Einerseits kann der Staat auf die Gesinnung seiner Bürger verzichten – was er vorzüglich im Recht tut. Der Staat ist insofern eine «Maschine, ein System äußerer Abhängigkeiten».⁵⁵ Auf der anderen Seite ist der Staat ganz und gar auf die Gesinnung seiner Bürger angewiesen, denn diese – und nicht die Gesetze – handeln. Deshalb muss sich der Staat um die Bildung und die Sitten der Staatsangehörigen kümmern. Der Staat sorgt für «die Einigkeit in Sitten, Bildung und allgemeiner Denk- und Handlungsweise», damit «jeder in den anderen seine Allgemeinheit geistigerweise anschaut und erkennt».⁵⁶ Das bedeutet nicht, dass der Einzelne seine Besonderheit aufgeben muss. Der Patriotismus sei umso größer, «je mehr die Einzelnen für das Ganze mit eigenem Willen und Selbsttätigkeit handeln können».⁵⁷ Es komme aber darauf an, die Heranwachsenden nicht nur zu Bürgern als *bourgeois*, sondern zu Bürgen als *citoyens* zu bilden. Als *citoyen* weiß der Bürger, dass der Wille des Staates nicht der kumulierte Wille aller sein kann, vielmehr repräsentiert der Staat ein Allgemeines, das für den Einzelnen verbindlich ist und an dem er aus vernünftiger Einsicht mitarbeitet.

Als Pflichten gegen die Menschheit nennt Hegel schließlich Rechtschaffenheit, Wahrhaftigkeit, Hilfsbereitschaft, Höflichkeit, Wohlwollen, Klugheit und allgemeine Menschenliebe. Wer anderen willentlich schadet, ist «böse». Der Unterschied zwischen einer schlechten und einer bösen Handlung besteht darin, dass etwas mit bestem Willen schlecht ausgeführt werden kann, das Böse hingegen geschieht «mit Entschluss des Willens».⁵⁸

5.4 Religion

Religion entsteht aus der Differenz zwischen dem Wissen um «das ewige Vernunftgesetz» und der «Unangemessenheit unserer Individualität», dieses Gesetz zu erfüllen. Wir erkennen dieses Gesetz als ein Höheres an, «als ein von uns unabhängiges, selbständiges, absolutes Wesen».⁵⁹ Das Wissen vom Absoluten ist ein unmittelbares Wissen, das nicht durch irgendwelche «Gottesbeweise» bestätigt

---

53 Werke 4, 261.
54 Werke 4, 263.
55 Werke 4, 265.
56 Werke 4, 266.
57 Werke 4, 266.
58 Werke 4, 270.
59 Werke 4, 272.

oder falsifiziert werden kann. Religion ist die Vergewisserung des eigenen Gewissens, das von der Absolutheit der Vernunft weiß. Sie fördert Selbstlosigkeit und Handlungsbereitschaft. Darum ist Religion moralisch nützlich und wertvoll. Und was ist Gott? «Gott ist der absolute Geist». Was ist der absolute Geist? Er ist «das reine Wesen, das sich zum Gegenstande macht».[60] In der christlichen Trinitätstheologie wird das so vorgestellt, dass Gott sich eine Welt als seinen Gegenstand und als sein Gegenüber erschafft. Es bleibt aber nicht bei diesem Gegenüber, sondern Gott selbst wird Mensch, damit er «in seinem Anderswerden schlechthin in sich selbst zurückkehrt und sich selbst gleich ist».[61] Gott entäußert sich an seine Schöpfung, also an die Natur und die Geschichte, und lässt sich damit auf eine Bewegung ein, deren Ziel es ist, dass er zu sich selbst zurückkehrt, um schließlich «Alles in Allem» zu sein. Gott sei a) heilig, sofern er «das schlechthin in sich allgemeine Wesen ist».[62] Gott sei b) allmächtig, «insofern er das Allgemeine verwirklicht und das Einzelne im Allgemeinen erhält».[63] Gott sei c) «weise», insofern seine Macht nur eine allgemeine Macht ist. Gott sei d) gütig, «insofern er das Einzelne in seiner Wirklichkeit gewähren lässt».[64] Und Gott sei e) gerecht, «insofern er es zum Allgemeinen ewig zurückbringt».[65]

Das Böse ist «die Entfremdung von Gott, insofern das Einzelne nach seiner Freiheit sich von dem Allgemeinen trennt und in der Ausschließung von demselben absolut für sich zu sein strebt». [66] Zugleich ist aber ebendiese Freiheit das Geschenk Gottes an den Menschen. Als das Böse Wollende bleiben die Menschen dennoch geliebte Geschöpfe Gottes. «Diese Erkenntnis, dass die menschliche Natur der göttlichen Natur nicht wahrhaft ein Fremdes ist, vergewissert den Menschen der göttlichen Gnade und lässt ihn dieselbe ergreifen, wodurch die Versöhnung Gottes mit der Welt und das Entschwinden ihrer Entfremdung von Gott zustande kommt.» Das Böse ist Gott nicht fremd, aber er überwindet das Böse mit Gutem. Das Böse kann nur zerstören. Das Gute, das produktiv ist, ist dem Bösen immer überlegen.

Gottesdienst ist die Beschäftigung mit Gott, «wodurch das Individuum seine Einigkeit mit demselben zu bewirken und sich das Bewusstsein und die Versicherung dieser Einigkeit zu geben strebt».[67] Der Einzelne stellt diese Einigkeit dadurch unter Beweis, dass er die «Übereinstimmung seines Willens mit dem göttlichen Willen» sucht. Damit habe sich der Kreis zwischen Anfang und Ende

---

[60] Werke 4, 273.
[61] Werke 4, 273.
[62] Werke 4, 273.
[63] Werke 4, 274.
[64] Werke 4, 274.
[65] Werke 4, 274.
[66] Werke 4, 274.
[67] Werke 4, 274.

dieses Curriculums für die Unterstufe geschlossen: Es begann mit dem menschlichen Willen, fragte dann nach dem Verhältnis des besonderen menschlichen Willens zum allgemeinen göttlichen Willen. Nicht mein partikularer Wille soll geschehen, sondern der göttliche Wille durch mich. Im Menschen liegen Vernunft und Natur miteinander im Streit und im Widerspruch. Die Religion erinnert an die Möglichkeit der Versöhnung des einzelnen menschlichen Willens mit dem allgemeinen, göttlichen Willen.

6. «Nicht wir haben Vernunft, sondern die Vernunft hat uns.»

Der bayerische Lehrplan für einen aufgeklärten Religionsunterricht sah vor, dass in der Oberstufe die Kritik Kants an den Gottesbeweisen zu behandeln sei. Hegel zog es vor, eine Kritik der Kritik der Gottesbeweise vorzutragen. Seine Notizen für diesen Unterricht sind spärlich, erlauben aber dennoch eine Rekonstruktion der Lernschritte, die Hegel seinen Schülern abverlangt hat.

Hegel fragt zunächst, wie die Menschen überhaupt auf den Gottesgedanken kamen. Er unterscheidet zwischen einer negativen und einer positiven Erhebung zu Gott. Der negative Weg zu Gott sieht all das Leid und alles Unglück dieser Welt und bildet die Überzeugung, dass dies nicht alles sein kann, was über das vorfindliche Dasein zu denken und zu sagen ist. Es muss eine Region geben, «wo alle diese Widersprüche aufgelöst, alles Ungleiche ausgeglichen, alle Tränen der Leiden getrocknet»[68] werden. Es muss eine über den Schrecken hinausgehende Wahrheit der Welt geben. Gott ist dann der Erlöser vom Bösen. Der positive Weg zu Gott ist die Dankbarkeit für die Schönheit und die Segnungen der Natur. Es muss ein freundliches Wesen sein, das uns leben lässt. Gott wird dann als Schöpfer gepriesen.

Gott ist das unendliche und absolute Wesen, in dem die vorfindliche, vergängliche Welt aufgehoben ist. Unter explizitem Bezug auf Platon stellt Hegel fest: «Gott ist das reine Leben in allem Leben, der reine Geist in allem Geist.»[69] Die vorfindliche Welt ist vorübergehende Erscheinung, Gott ist ihr bleibendes Wesen. Das Wesen aber ist das Wirkliche. Idee und Sein können nicht getrennt werden. Ebendeshalb ist auch die Frage, ob es Gott «wirklich gibt», sinnlos. Gott *ist* alle Realität. Er ist die Einheit von Möglichkeit und Wirklichkeit. Es ist unsinnig, sich Gott wie ein Haus, einen Baum oder einen Stern vorzustellen, denn Gott ist kein einzelnes Äußeres, sondern die alles umfassende Wirklichkeit. Hegel wörtlich: «Wir sind, und ein Gedanke ist ein Moment in uns, aber wir haben nicht Vernunft, sondern die Vernunft hat uns. So haben wir nicht einen Gedan-

---

68 Werke 4, 275.
69 Werke 4, 278.

ken von Gott, sondern dies unser zeitliches Dasein ist in ihn versenkt; ein solches Denken, das Idee und Sein, Möglichkeit und Wirklichkeit trennte, ist nichts Wahres.»[70] Ebendies tun aber die sogenannten Gottesbeweise und genauso deren Kritik. Deshalb rät Hegel seinen Schülern, sich nicht lange damit aufzuhalten. Weil Hegel die Trennung zwischen Denken und Sein nicht akzeptiert, fühlt er sich von der Kritik Kants an den Gottesbeweisen nicht getroffen. Stattdessen erklärt er seinen Schülern den Gottesgedanken so: Wer über Gott nachdenkt, der denkt auch über das Dasein und dessen Endlichkeit nach. Der Gedanke der Endlichkeit des Daseins führt notwendig auf den Gedanken des Unendlichen. Das Unendliche ist aber nicht das Jenseits des Endlichen, vielmehr ist das Endliche im Unendlichen aufgehoben. «Gott ist das Sein in allem Dasein; [...], das Leben in allem Lebendigen; die Vernunft in allem Vernünftigen, das Unendliche in allem Endlichen – das Wesen.»[71]

Hegel erläutert seinen Schülern dann, inwiefern Gottes Sein im Werden ist und man Gott nicht nur als Substanz, sondern auch als Subjekt fassen muss. Wäre Gott nur Substanz, dann wäre er «blinde Notwendigkeit ohne Zweck und Willen».[72] Gott ist aber sowohl vorfindliche Substanz als auch die ewige Überwindung alles Vorfindlichen. Gott als Geist ist absolute Negativität, er stellt alles infrage – damit aber auch sich in seinem gegenwärtigen Zustand. Der schöpferische Geist negiert alles Bestehende. Die Negation des Vorfindlichen ist aber nicht dessen Vernichtung, sondern ein Neubeginn. Die Negativität des göttlichen Geistes ist schöpferische Negativität. «Wie die Schöpfung [...] die negative Beziehung Gottes auf sein Wesen ist und er dadurch das Andere seiner setzt, so ist er ebenso [...] die ewige Versöhnung desselben mit sich, die Anschauung desselben als des seinigen, oder die ewige Liebe.»[73]

Hegel liegt daran, dass seine Schüler Respekt für die Religion als höchstes Bewusstsein des Geistes entwickeln. «Die Religion ist die Art und Weise, wie der Mensch sich des göttlichen Wesens bewusst wird und sich das Dasein desselben bestimmt und die Einigkeit mit demselben sucht und hervorbringt. Sie ist das höchste Bewusstsein des Geistes und alles andere Bewusstsein ist davon abhängig.»[74] So hatte Hegel schon in seiner *Phänomenologie* argumentiert. Ausdrücklich weist er die Behauptung zurück, Religion sei bloß menschliche Projektion. Zwar sei es richtig, dass in der Religion der Mensch in ein Verhältnis zu Gott trete, aber ebenso trete Gott in ein Verhältnis zum Menschen – als Geist. Man

---

70 Werke 4, 278.
71 Werke 4, 279.
72 Werke 4, 281.
73 Werke 4, 282.
74 Werke 4, 282.

müsse das göttliche Wesen in seiner realen Gestalt erkennen, «diese aber ist Gott als Geist».[75]

Wie und wo lassen sich die Spuren des Geistes Gottes identifizieren? «Gott offenbart sich in Natur und Geschichte – es ist sein Tun; aber die Hauptsache ist, ihn darin zu erkennen.»[76] Gott lässt sich unablässig auf das Andere ein und verwandelt so dieses und sich selbst. Nicht nur im Kult, auch in der Kunst, «vornehmlich der Dichtkunst», versucht der Mensch, sich das Wirken Gottes in Natur und Geschichte zu vergegenwärtigen.

Die Gewissheit der Einheit mit dem göttlichen Wesen verschaffen sich die Menschen durch kultische Handlungen. In der Andacht vergisst der Mensch sich selbst, im Abendmahl genießt er die Gegenwart Gottes leibhaftig. Der Wunsch, dem Geist Gestalt zu geben, ist nicht auf die organisierte Religion beschränkt. Gleichwohl spielt die «Gemeinde» eine besondere Rolle, denn hier wird der Gedanke der Gegenwart des lebendigen Gottes sowohl konzeptionell wie auch performativ weitergegeben und weiterentwickelt. Die Gemeinde bezeugt generationenübergreifend die Gegenwart des Geistes Gottes. Das ist ihre wichtigste Aufgabe.

In den Jahren zwischen 1808 und 1816 hat Hegel insgesamt 26 Wochenstunden Religionslehre erteilt. Aus seinen zusammenfassenden Berichten geht hervor, dass er in den letzten Jahren vor allem die Gottesbeweise, deren Kritik und seine Kritik der Kritik unterrichtet hat. In seinem letzten Schuljahr fällt sein Bericht besonders kurz aus: «Dieses Jahr wurde die christliche Glaubenslehre nach dem athanasischen Glaubensbekenntnis durchgegangen.»[77] Charakteristisch für dieses Glaubensbekenntnis ist die Betonung der nicht hierarchischen Gleichursprünglichkeit der drei Personen der Trinität.

7. Gott als die sündenvergebende Macht der Liebe

In seiner *Philosophischen Enzyklopädie für die Oberklasse* bestimmt Hegel den Zweck der Religion so: «Ihre Hauptbestimmung ist, das Individuum zu dem Gedanken Gottes zu erheben, seine Einigkeit mit ihm hervorzubringen und es derselben zu vergewissern.»[78] Hegel spielt die verschiedenen religiösen Traditionen nicht gegeneinander aus. Es komme auf das Wesen der Religion an, nicht auf ihre historische Erscheinungsweise. «Das Wesen der wahrhaften Religion ist die Liebe.»[79] Die Liebe ist eine unendliche Macht, die «über alles Endliche des Geis-

---

75 Werke 4, 283.
76 Werke 4, 285.
77 Werke 4, 301.
78 Werke 4, 66.
79 Werke 4, 66.

tes, über Schlechtes, Böses, Verbrechen, auch positive Gesetze usf.»[80] erhaben ist. Worin besteht ihre Macht? «Die göttliche Liebe vergibt die Sünde» und ist insofern «über die Rücksichten der Moral hinaus».[81] In der Sündenvergebung vernichtet Gott unsere Nichtigkeit. Die göttliche Liebe wird in Jesus Christus angeschaut. «Nicht als dieser einzelne, sondern als allgemeiner, als wahrhafter Mensch gilt er.»[82] Die Götter der Griechen und Römer hausten in einem Jenseits, «durch Christus ist die gemeine Wirklichkeit, diese Niedrigkeit, die nicht verächtlich ist, selbst geheiligt».[83] Der unendliche Gott ist nun im Endlichen gegenwärtig. Das Böse ist als das Nichtige erwiesen, sodass der Mensch «die Gnade Gottes [...] frei ergreifen»[84] kann. Das Versöhnungsangebot gilt selbstverständlich allen Menschen. Demgemäß ist das Reich Gottes «die unsichtbare Kirche, die alle Zonen und verschiedenen Religionen umfasst».[85]

8. Wer ist Weißtüncher, wer ist Schornsteinfeger?

Hegel war in Nürnberg beides, Schornsteinfeger und Weißtüncher – und das mit Hingabe. Das Bild vom Weißtüncher und vom Schornsteinfeger ist wunderbar dialektisch. Beide, der Weißtüncher und der Schornsteinfeger, machen sich schmutzig: der eine mit schwarzem Ruß, der andere mit weißer Farbe. Die unmittelbare Intuition, dass der Weißtüncher an Reinheit und Klarheit dem Schornsteinfeger einiges voraushabe, bricht bei genauerem Hinsehen in sich zusammen. Weißtüncher decken nichts auf – was ja die Aufgabe der Wahrheit wäre –, sondern sie decken Vergangenes zu und erschweren so die Erinnerung. Der Schornsteinfeger hingegen reinigt den Kamin von Überresten und Schlacken, sorgt für Durchzug, damit das Feuer des Geistes ordentlich lodern kann. Wer also dem lebendigen Geist aufhelfen will, der sollte sich lieber den Schornsteinfeger ins Haus holen als den Weißtüncher. Hegel wirkte in Nürnberg als ein philosophischer Schornsteinfeger, der der Religion und dem Feuer des Geistes Raum verschaffte – er gab aber auch der Bildung einen neuen Anstrich.

---

80   Werke 4, 67.
81   Werke 4, 67.
82   Werke 4, 67.
83   Werke 4, 68.
84   Werke 4, 68.
85   Werke 4, 68.

Kapitel 4
Die Selbstbestimmung Gottes zum Sein: Hegels *Logik*

1. Einleitung

Hegels *Wissenschaft der Logik* ist nichts für den gesunden Menschenverstand. Denn dieser gehe – so Hegel – davon aus, «dass die Wahrheit auf sinnlicher Realität beruhe, dass die Gedanken nur Gedanken seien, in dem Sinne, dass erst die sinnliche Wahrnehmung ihnen Gehalt und Realität gebe, dass die Vernunft, insofern sie an und für sich bleibe, nur Hirngespinste erzeuge».[1] Für den Verstand, der sich auf Sinneseindrücke verlässt, gibt es nur eine Fülle subjektiver Wahrheiten, «das Wissen ist zur Meinung zurückgefallen».[2] Auch die Annahme des gesunden Menschenverstandes, dass der Gesetzgeber der sogenannten Naturgesetze die Natur selbst sei, hat in Hegels *Logik* keinen Bestand. Denn die «Naturgesetze» sind für Hegel keine Gesetze, die sich die Natur selbst gegeben hat, sondern Denkformen, mit deren Hilfe Menschen sich einen Begriff von der Idee der Natur machen. Nicht die sinnlich wahrnehmbare Natur ist mithin vorgängig, sondern deren Idee. Die *Logik* richtet sich sowohl gegen einen naturalistischen Determinismus wie gegen einen skeptischen Subjektivismus. Weder ist das Dasein ein Vorgegebenes noch ist es ein bloßes subjektives Konstrukt. Die Welt, die der Mensch vorfindet, ist Idee. Und eine Idee ist – wie Hegel später ausführen wird – ein objektiv gewordener, realisierter Begriff.

1.1 Vom Sein über das Wesen zum Begriff

Hegel unterteilt seine *Logik* in eine objektive und in eine subjektive Logik. Die objektive Logik beginnt mit dem Sein und schreitet fort zum Wesen als der Negation des Seins. Die subjektive Logik entfaltet den Begriff und dessen Vermittlungsleistung, die es dem Subjekt erlaubt, die Objektivität als eine ihm erschlossene zu begreifen. Das Subjekt ist mithilfe des Begriffs imstande, die Kon-

---

1   Georg Wilhelm Friedrich Hegel, Wissenschaft der Logik I, Erster Teil, Die Objektive Logik, Erstes Buch, Werke 5, 11. Auflage, Frankfurt am Main 2017, 38. (Im Folgenden: Werke 5.)
2   Werke 5, 38.

struktionsprinzipien des Objektiven zu erfassen. Eine Aufspaltung der Welt in Subjekte und Objekte, in das Denken und ein Ding an sich führen nach Hegel in die Irre.

Das Subjekt kann sich die gegenständliche Welt aneignen. Der Begriff verwandelt Gegenstände in Gedanken. Hat das menschliche Subjekt die gegenständliche Welt aber begriffen, dann kann es auch auf sie einwirken und sie verändern. Die Natur steht dem Menschen nicht mehr als unbegreifliches Schicksal gegenüber – der Mensch, der die Natur begreift, verwandelt sie sich an und verwandelt sie. Ob das für Mensch und Natur gut ist, wird gegenwärtig in der Ökologiedebatte diskutiert.

1.2 Hegels Logik – eine Theo-Logik

Eine Logik, so Hegel, sei «das Reich des reinen Gedankens».[3] Und er fährt fort: «Dieses Reich ist die Wahrheit, wie sie ohne Hüllen an und für sich ist. Man kann sich deswegen so ausdrücken, dass dieser Inhalt die Darstellung Gottes ist, wie er in seinem ewigen Wesen vor der Erschaffung der Natur und eines endlichen Geistes ist.»[4] Dieser Satz hat in der philosophischen Zunft viel Verwunderung und Kopfschütteln ausgelöst. Für einen in der christlichen Dogmatik bewanderten Leser macht dieser Satz freilich Sinn. Hegels Logik entspricht dem, was in der christlichen Theologie als die sogenannte *immanente* Trinitätslehre verhandelt wird. Die christliche Theologie unterscheidet zwischen einer immanenten und einer ökonomischen Trinität. Die immanente Trinitätslehre fragt nach dem Verhältnis der drei ‹Personen› der Trinität – Gott, Logos und Geist – vor der Erschaffung der Welt. Die ökonomische Trinitätslehre hingegen verfolgt das Wirken der Trinität in der vorfindlichen Welt. Nach Hegel ist Gottes Logik vor der Schöpfung die gleiche wie nach der Schöpfung. Der Unterschied besteht aber darin, dass Gott vor der Schöpfung gewissermaßen widerstandslos denken konnte, während er nach der Schöpfung mit der Widerständigkeit der Welt zu kämpfen hat. Deshalb schlägt Andreas Arndt ganz zu Recht vor, zwischen Hegels Logik und seiner «Realphilosophie» strikt zu unterscheiden. Unter den Bedingungen der Endlichkeit kann sich die Logik nicht ungehindert durchsetzen, sie muss sich vielmehr am jeweiligen Zustand der Realität abarbeiten.[5]

Gottes Logik ist seine sich selbst entäußernde Liebe. Gott entschließt sich zur Schöpfung der Welt, weil sein Wesen die liebende Selbstentäußerung ist. Hegels Logik will zeigen, wie und warum sich Gott an die Natur und den endlichen Geist entäußert hat. Die *Logik* beginnt nicht nur mit einem Hinweis auf den drei-

---

3   Werke 5, 44.
4   Werke 5, 44.
5   Vgl. Andreas Arndt, Die Sache der Logik. Begriff und Realität bei Hegel, Hamburg 2023.

einigen Gott, sie endet auch damit. Der dargestellte logische Verlauf, heißt es am Ende, sei die «Darstellung der Selbstbestimmung Gottes zum Sein»[6] gewesen. Gott werde nun erkannt als «sich mit Freiheit entäußernd, und sich zur Gestalt eines unmittelbaren Seins entlassend, zur Schöpfung einer Welt sich entschließend».[7]

2. Die Lehre vom Sein

2.1 Mit dem Anfang anfangen!

Das Sein ist nichts Vorgegebenes, wie Naturalisten und Materialisten meinen. Es ist auch nicht ein dem menschlichen Erkenntnisvermögen Unzugängliches, wie Skeptiker meinen. Das Sein ist denkbar. Es ist also nicht das Andere des Denkens und der Logik, sondern eines ihrer Momente. Deshalb besteht Hegel darauf, dass eine Logik, die nicht im leeren Formalismus enden will, immer auch Metaphysik ist. Sie muss das Sein begreifen. Freilich handelt es sich um eine Metaphysik, die durch ihre Negation hindurchgegangen ist.[8] Das Sein zu begreifen ist auch gar keine so schwierige Übung, denn «Sein» ist ein ganz und gar unbestimmter Begriff. Er hat keine Eigenschaften. Er ist in seiner Einfachheit allumfassend und nichtssagend zugleich. Sein ist im wahrsten Sinne alles und nichts.

Hegel erwägt auch andere Anfänge. Einen Anfang mit Fichtes «reinem Ich» hält er für ungeschickt, weil eine Verwechslung des reinen Ich mit dem empirischen Ich drohe. Ein Anfang mit Gott – obwohl er «das unbestrittenste Recht hätte»[9] – ist deshalb ungeschickt, weil sich Gottes ganze Fülle erst am Ende und nicht schon am Anfang offenbart. Nicht mit der Fülle, sondern mit dem ganz Einfachen will Hegel aber beginnen.

Was ist überhaupt ein Anfang? Ein Anfang ist «ein Nichts, von dem etwas ausgehen soll».[10] Ein Anfang ist der Übergang vom Nichts zum Sein. Das reine Sein des Anfangs ist unmittelbar und unbestimmt. Gleiches gilt vom Nichts. Dass etwas *wird*, impliziert, dass Nichts in Sein übergehen kann. «Das Werden enthält, dass Nichts nicht nichts bleibt, sondern in sein Anderes, in das Sein übergehe.»[11] Nicht der Satz «Aus Nichts wird Nichts!» ist richtig, sondern die Annahme einer *creatio ex nihilo*, einer Schöpfung aus dem Nichts. Mit der Schöpfung des

---

6   Georg Wilhelm Friedrich Hegel, Wissenschaft der Logik II, Erster Teil, Die objektive Logik, Zweites Buch, Werke 6, 11. Auflage, Frankfurt am Main 2017, 405. (Im Folgenden: Werke 6.)
7   Werke 5, 70.
8   Werke 5, 61.
9   Werke 5, 79.
10 Werke 5, 73.
11 Werke 5, 85.

Seins aus dem Nichts ist das Nichts aber nicht verschwunden, sondern es ist und bleibt als negative Macht im Sein aufgehoben. Vom Sein und vom Nichts kann also gesagt werden, «dass es nirgends im Himmel und auf Erden etwas gebe, was nicht beides, Sein und Nichts, in sich enthielte».[12] Ebendies ist die Voraussetzung, dass etwas wird – und vergeht. Es gibt darum nichts, «das nicht ein Mittelzustand zwischen Sein und Nichts ist».[13]

2.2 Das Dasein ist ein Sein mit einem Nichtsein

Das Werden und Vergehen, das aus der Begegnung des Nichts mit dem Sein entsteht, geht in ein Dasein über. Der Vorzug des Daseins gegenüber dem unruhigen Werden besteht in seiner bleibenden Bestimmtheit. Zwar ist das Dasein nach wie vor ein Sein mit einem Nichtsein, zwar hat es das Moment des Negativen an sich und ist insofern der «Inbegriff aller Widersprüche».[14] Aber die Widersprüche vernichten das Dasein nicht. Vielmehr macht sich in den Widersprüchen etwas Bestimmtes geltend, das den Widersprüchen widersteht. Indem sich Etwas von Anderem abhebt, hat es Bestand. «Das Dasein ist Daseiendes, Etwas.»[15] Freilich besitzt dieses Etwas noch keine Subjektivität – es weiß sich noch nicht als Etwas. Es ist nur, indem es sich von Anderem absetzt. So ist jedes Etwas für jedes andere Etwas ein Anderes. Das Etwas und das Andere sind beide Etwas und Anderes. Ein Etwas besteht mithin aus zwei Momenten: «Sein-für-Anderes und Ansichsein».[16]

Das Dasein hat Qualität, indem es sich bestimmt und begrenzt – mit anderen Worten: es ist endlich. «Wenn wir von den Dingen sagen, dass sie endlich sind, so wird darunter verstanden, [...] dass sie nicht bloß begrenzt sind [...], sondern dass vielmehr das Nichtsein ihrer Natur ihr Sein ausmacht.»[17] Das Endliche endet, es vergeht. Die Wahrheit der endlichen Dinge «ist ihr Ende».[18] Ebendies will der menschliche Verstand nicht akzeptieren. Er hält die Endlichkeit für unvergänglich. Die Philosophie habe – so Hegel – gegen die Verabsolutierung des Endlichen immer protestiert. Für sie gelte: «[D]as Endliche ist nur das Endliche, nicht das Unvergängliche».[19] Allerdings vergeht auch das Vergehen. Das Dasein endet also nicht im Nichts, es bleibt im Unendlichen aufgehoben.

---

12 Werke 5, 86.
13 Werke 5, 111.
14 Werke 5, 120.
15 Werke 5, 123.
16 Werke 5, 128.
17 Werke 5, 139.
18 Werke 5, 139.
19 Werke 5, 141.

Der endliche Geist kennt seine Schranken und Grenzen. Im Moment des Erkennens seiner Schranken und Grenzen ist er aber bereits über sie hinaus. Die Behauptung, dass das Endliche über seine Beschränktheit nicht hinauskomme oder dass das Endliche das Unendliche nicht fassen könne, hält Hegel für beschränkt. «In dieser Behauptung liegt die Bewusstlosigkeit, dass darin selbst, dass etwas als Schranke bestimmt ist, bereits darüber hinausgegangen ist.»[20] Jeder Mensch, der seine Endlichkeit schmerzlich empfinde, darunter leide und sich nach Erlösung sehne, sei über seine Endlichkeit schon hinaus. Wäre er nicht darüber hinaus, empfände er die eigene Endlichkeit gar nicht als schmerzvoll.

2.3 Schlechte und wahre Unendlichkeit – Linie oder Kreis?

Der Verstand sondert das Unendliche vom Endlichen ab und rückt das Unendliche «als ein Jenseits in die trübe, unerreichbare Ferne».[21] Dieses Unendliche habe dann «die feste Determination eines Jenseits, das nicht erreicht werden kann, darum, weil es nicht erreicht werden soll».[22] Demgegenüber besteht Hegel darauf, dass das Endliche ein Moment des Unendlichen ist. Das Unendliche ist im Endlichen gegenwärtig, es ist das «In-sich-Zurückgekehrtsein, Beziehung seiner auf sich selbst».[23]

Hegel macht den Unterschied von schlechter und wahrer Unendlichkeit am Unterschied von Linie und Kreis anschaulich. «Das Bild des Progresses ins Unendliche ist die gerade Linie [...]; als wahrhafte Unendlichkeit, in sich zurückgebogen, wird deren Bild der Kreis, die sich erreicht habende Linie, die geschlossen und ganz gegenwärtig ist, ohne Anfangspunkt und Ende.»[24] Das Unendliche als Linie vorgestellt ist nichts anderes als das endlose Aneinanderreihen des immer Gleichen. Ein Kreis hingegen besteht aus einem Mittelunkt und einem Umfang. Das Endliche auf einer Kreislinie findet das Unendliche nicht in weiter Ferne, sondern findet es als seinen Mittelpunkt.

2.4 Das Eins und die Eins

Das Sein ist ein unbestimmtes Allgemeines, ein Ansichsein, das sich noch nicht bestimmt und vereinzelt hat. Diesen Übergang vom Ansichsein zum Fürsichsein muss das Sein vollziehen, wenn es wirklich werden will. Hegel nennt das für sich seiende Einzelne «das Eins». Das Eins ist keine Zahl, weil es als Fürsichseiendes

---

20 Werke 5, 145.
21 Werke 5, 153.
22 Werke 5, 156.
23 Werke 5, 164.
24 Werke 5, 164.

kein Anderes kennt. Das Problem des Eins ist seine Unwandelbarkeit. Es lässt sich auf Anderes nicht ein; es lässt sich von Anderem nicht verändern. Es besteht auf seiner singulären Qualität, ist aber unfähig, sich als Moment einer Quantität zu begreifen. Was «*das* Eins» nicht kann, das gelingt «*der* Eins» als Zahl. Sie ist eine Quantität. «Die Quantität enthält die beiden Momente der Kontinuität und der Diskretion.»[25] Eine Zahl ist vollkommener Ausdruck der Quantität. Sie ist einerseits bestimmt, diskret, zugleich aber Moment eines Kontinuums. Während *das Eins* das Beziehungslose ist, ist *die Eins* ein Einzelnes in Beziehung. Quantitäten stehen in Beziehung. Aus dieser Beziehung entstehen neue Qualitäten. Wer Linien multipliziert, erhält Flächen und Räume. Wer Geschwindigkeiten misst, setzt Raum und Zeit ins Verhältnis. Im Maß sind «Qualität und Quantität vereinigt».[26] Beim Messen wird das Qualitative quantitativ, und ab einer bestimmten Quantität ändert sich die Qualität. Hegel erläutert das am Übergang von Eis in Dampf bei kontinuierlich steigender Temperatur. Daran könne man sehen, «dass die Veränderungen des Seins überhaupt nicht nur ein Übergehen einer Größe in eine andere Größe, sondern Übergang vom Qualitativen in das Quantitative und umgekehrt sind, ein Anderswerden, das ein Abbrechen des Allmählichen und ein qualitativ Anderes gegen das vorherige Dasein ist».[27] Gleiches gelte übrigens auch im Moralischen: «Es ist ein Mehr und Weniger, wodurch das Maß des Leichtsinns überschritten wird und etwas ganz anderes, Verbrechen, hervortritt, wodurch Recht in Unrecht, Tugend in Laster übergeht.»[28]

Dem Sein selbst ist das alles gleichgültig. Das Sein, so bemerkt Hegel am Ende der *Lehre vom Sein*, sei die «absolute Indifferenz».[29] Ein Sein aber, dem sein Sein gleichgültig ist, widerspricht sich selbst. Dieser Selbstwiderspruch führt zum Übergang des Seins in das Wesen.

3. Die Lehre vom Wesen

3.1 Das Wesen als die Negation des Seins

Das Sein wird zum Wesen, sofern es sich seines *Gewesenseins* erinnert. Die Indifferenz des Seins wird so negiert. Das Wesen ist «die erste Negation des Seins».[30] So macht das Wesen das indifferente Sein zum Schein.[31] «Der Schein ist der gan-

---

25 Werke 5, 228.
26 Werke 5, 387.
27 Werke 5, 440.
28 Werke 5, 441.
29 Werke 5, 456.
30 Werke 6, 16.
31 Werke 6, 19.

ze Rest, der noch von der Sphäre des Seins übriggeblieben ist.»[32] Für den Skeptizismus sei diese Einsicht eine Selbstverständlichkeit: Die objektive Welt erscheint uns nur. Wie sie an sich ist, bleibt dem menschlichen Erkenntnisvermögen verborgen. «‹Es ist› erlaubte sich der Skeptizismus nicht zu sagen; [...] jener Schein sollte überhaupt keine Grundlage eines Seins haben.»[33] Das Problem des Skeptizismus bestehe aber darin, dass er den Schein und das Sein einander abstrakt gegenüberstellt. Der Schein ist aber immer noch der Schein von etwas.

3.2 Der sich zugrunde richtende Widerspruch

Das Verhältnis des Positiven und des Negativen nennt Hegel ein «rastloses Verschwinden der Entgegengesetzten».[34] Die beiden Momente des Widerspruchs «richten sich zugrunde».[35] Selbst beim Satz vom ausgeschlossenen Dritten gelte es zu differenzieren. Er lautet bekanntlich: «Etwas ist entweder A oder Nicht-A; es gibt kein Drittes.» Es sei zwar richtig, dass es kein Drittes gibt, das gegen diesen Gegensatz gleichgültig ist. «In der Tat aber gibt es in diesem Satze selbst das Dritte, das gleichgültig gegen den Gegensatz ist, nämlich A selbst».[36] Das Etwas ist das Dritte, das nicht ausgeschlossen werden kann.

Widersprüche sind nicht unlogisch, sondern selbstverständlich. «Alle Dinge sind an sich selbst widersprechend.»[37] Gegenüber der Behauptung einer widerspruchslosen Identität ist der Widerspruch vielmehr «für das Tiefe und Wesenhaftere zu nehmen».[38] Verglichen mit dem toten Sein der Identität ist der Widerspruch die Wurzel aller Bewegung und Lebendigkeit; «nur insofern etwas in sich selbst einen Widerspruch hat, bewegt es sich, hat Trieb und Tätigkeit».[39] Wer trinkt, widerspricht dem Durst, wer sich bildet, widerspricht dem Zustand der Unbildung, wer einen Kranken heilt, widerspricht der Krankheit. «Etwas ist also lebendig, nur insofern es den Widerspruch in sich enthält, und zwar diese Kraft ist, den Widerspruch in sich zu fassen und auszuhalten.»[40] Leben heißt, mit Widersprüchen umgehen zu können.

Eine Metaphysik, die die Negativität aller Realität nicht denkt, macht einen großen Fehler. Dies ist auch der Fehler der klassischen Gottesbeweise, die aus dem Vorfindlichen auf ein Absolutes, aus dem Zufälligen auf ein Notwendiges

---

32 Werke 6, 19.
33 Werke 6, 20.
34 Werke 6, 67.
35 Werke 6, 67.
36 Werke 6, 74.
37 Werke 6, 74.
38 Werke 6, 75.
39 Werke 6, 75.
40 Werke 6, 76.

schließen wollen. Das Argument lautet dann immer: Weil ein Endliches ist, darum ist ein Absolutes. «Die Wahrheit aber ist, dass darum, weil das Endliche der an sich selbst widersprechende Gegensatz, weil es nicht ist, das Absolute ist.»[41] Hegels Argument für ein Sein des Absoluten lautet also so: «Das Nichtsein des Endlichen ist das Sein des Absoluten.»[42]

3.3 Die Abgründigkeit des Grundes und die Unbedingtheit der Tatsachen

Das Wesen hat das Sein aufgehoben und steht nun vor der Herausforderung, wie es sich denn selbst zu begründen gedenkt. Wer etwas begründen will, der weiß, dass es mehr braucht als das bloße Dasein. Gibt es einen «zureichenden Grund» für das Wesen? Oder sind «Gründe» nichts weiter als nachträgliche Rechtfertigungsstrategien? Hegel vermutet, dass die Suche nach Gründen ein abgründiges Unternehmen ist.

> Das Aufsuchen und Angeben von Gründen, [...] ist darum ein endloses Herumtreiben, das keine letzte Bestimmung enthält; es kann von allem und jedem einer oder mehrere gute Gründe angegeben werden, sowie von seinem Entgegengesetzten, und es können eine Menge von Gründen vorhanden sein, ohne dass aus ihnen etwas folgt.[43]

Was Begründen genannt wird, ist für Hegel oft nur leere Tautologie. Gründe werden gerne als Prinzipien und erste Begriffe «in die Luft hineingestellt», ohne dass die Erkenntnis dadurch «vom Fleck gekommen» ist.[44] Am besten sei es, wenn «bei den einfachen Tatsachen stehengeblieben wird».[45] Ein weiteres Problem mit den vermeintlichen Gründen besteht darin, dass sie meist dem zu Begründenden äußerlich bleiben. Der Grund eines Hauses ist seine Schwere. Der Schwere aber ist es gleichgültig, ob sie der Grund eines Hauses oder eines Steines ist. Ein analoges Problem tritt auf, wenn die Natur als Grund der Welt oder Gott als Grund der Natur bezeichnet wird. Als so allgemein aufgefasste Gründe sind sie mit dem Bestimmten, das sie begründen sollen, schlicht nicht vermittelt.

Das Dasein ist jedenfalls unmittelbar und ohne Grund. Auch sind ihm seine Bedingungen gleichgültig. Zugleich aber «ist das Dasein an ihm selbst nur dies, in seiner Unmittelbarkeit sich aufzuheben und zugrunde zu gehen. Das Sein ist überhaupt nur das Werden zum Wesen».[46] Wie entkommt man dann dem Progress ins Unendliche, der unaufhörlichen Suche nach einer letzten Bedingung al-

---

41 Werke 6, 79 f.
42 Werke 6, 80.
43 Werke 6, 108 f.
44 Werke 6, 100.
45 Werke 6, 102.
46 Werke 6, 116.

ler Bedingungen, einem letzten Grund aller Gründe? Hegels Lösungsvorschlag: Es gibt ein «wahrhaft Unbedingtes», nämlich «die Sache an sich selbst».[47] «Es ist das Tun der Sache, sich zu bedingen und ihren Bedingungen sich als Grund gegenüberzustellen».[48] Tat-sache ist, dass die Sache nicht von einem Anderen bestimmt wird, sondern in der Bewegung ihres Werdens sich ihrer Gründe und Bedingungen bewusst wird und sich so selbst bestimmt. «Die Sache geht aus dem Grund hervor»[49] – das heißt, dass sie diesen hinter sich lässt. «Die Sache ist hiermit ebenso, wie sie das Unbedingte ist, auch das Grundlose und tritt aus dem Grunde nur, insofern er zugrunde gegangen und keiner ist, aus dem Grundlosen, d. h. aus der eigenen wesentlichen Negativität oder reinen Form hervor.»[50]

3.4 Das Wesen erscheint

Das Wesen existiert. Existenz ist die Entäußerung des Wesens. Ein Etwas, das existiert, ist ein Ding. Ein Ding hat Eigenschaften. Die Eigenschaften weisen über die einzelnen Dinge hinaus, sie finden sich auch in vielen anderen Dingen. In einem Ding erscheint eine Fülle von Eigenschaften in unterschiedlichen Mengen- und Mischungsverhältnissen. Ein Ding besteht aus *vielen* Eigenschaften, zugleich ist es aber *ein* Ding. Es existiert als die Fülle seiner widersprüchlichen Bestimmungen, «darum ist es Erscheinung».[51]

Hegel warnt eindringlich davor, die Erscheinung für etwas Minderwertiges zu halten. Vielmehr ist «die Erscheinung die höhere Wahrheit».[52] In einer Zeit, in der auf Milliarden von Computerbildschirmen unablässig Dinge erscheinen, die enorme Wirkungen haben, und in der ein Leben ohne diesen Schein für viele unvorstellbar geworden ist, klingt die Warnung Hegels unspektakulär. Sie ist durch die eigene Lebenserfahrung plausibilisiert. «Das Wesen erscheint, so ist es nunmehr realer Schein».[53]

Wie ist dann das Verhältnis von Wesentlichem und Erscheinendem angemessen zu fassen? Als das Verhältnis von Teil und Ganzem? Als das Verhältnis von Kraft und Wirkung? Als das Verhältnis von Äußerem und Innerem? – Das Problem des Verhältnisses von Teil und Ganzem besteht darin, dass das Ganze nicht ohne seine Teile bestehen kann, diese also gleichfalls das ganze Verhältnis sind. – Das Problem des Kraftbegriffs besteht darin, dass man fragen muss, woher denn die Kraft kommt. Hegel schlägt vor, ganz auf den Kraftbegriff zu ver-

---

47 Werke 6, 118.
48 Werke 6, 119.
49 Werke 6, 122.
50 Werke 6, 123.
51 Werke 6, 146.
52 Werke 6, 148.
53 Werke 6, 149.

zichten und Kraft als das Sich-Äußern der Dinge zu verstehen. – Auch das Verhältnis von Innerem und Äußerem löst sich bei genauerem Hinsehen auf. Eine Sache ist nichts anderes als die Einheit von Innerem und Äußerem. Mit seiner Entäußerung behält das Innere nichts in sich zurück, das Äußere ist das entäußerte Innere. «Es ist das Offenbaren seines Wesens, so dass dies Wesen eben nur darin besteht, das sich Offenbarende zu sein.»[54]

3.5 Die Wirklichkeit als die Selbstoffenbarung des Absoluten

Hegel bestimmt in der *Logik* Wirklichkeit so: «Die Wirklichkeit ist die Einheit des Wesens und der Existenz; in ihr hat das gestaltlose Wesen und die haltlose Erscheinung oder das bestimmunglose Bestehen und die bestandslose Mannigfaltigkeit ihre Wahrheit.»[55] Die Wirklichkeit ist Halt und Gestalt, Bestand und Bestimmung des Wesens und der Existenz. Die Erscheinung verflüchtigt sich nicht, sondern bleibt und wirkt, die Vielfalt gewinnt eine bestimmte Gestalt.

Die vorfindliche Wirklichkeit hat im Absoluten ihren Grund. Das Absolute ist kein dem Endlichen Äußerliches. Auch wenn das Endliche nur vergänglicher Schein ist, so gilt doch: «Der Schein ist nicht das Nichts, sondern er ist Reflexion, Beziehung auf das Absolute; oder er ist Schein, insofern das Absolute in ihm scheint.»[56] Das Endliche ist so Ausdruck und «Abbild des Absoluten».[57] Im Endlichen erscheint das Absolute. Und das Absolute muss erscheinen. Bliebe es nur in sich, so wäre es zwar ein Absolut-Absolutes, aber völlig wirkungslos, mithin unwirklich.

Fragt man, was das Absolute in seiner Selbstentäußerung offenbart, dann ist das kein bestimmter Inhalt. «Oder eben dies ist der Inhalt des Absoluten, sich zu manifestieren. Das Absolute ist die absolute Form, welche als die Entzweiung ihrer schlechthin identisch mit sich ist.»[58] Sein Begriff des Absoluten, so Hegel, sei mit Spinozas Begriff der Substanz zwar vergleichbar, der wesentliche Unterschied bestehe aber darin, dass Spinozas Substanz eine sich nicht selbst unterscheidende Totalität sei. Spinozas Substanz kenne kein Werden. Die vorfindliche Wirklichkeit verschwinde gänzlich in der göttlichen Substanz.

---

54 Werke 6, 185.
55 Werke 6, 186.
56 Werke 6, 190.
57 Werke 6, 190.
58 Werke 6, 194.

3.6 Wirklichkeit, Möglichkeit, Notwendigkeit, Wechselwirkung

Die vorfindliche Wirklichkeit ist eine Wirklichkeit gegen viele Möglichkeiten. Sie ist so die Negation anderer Möglichkeiten. In der Wirklichkeit ist nicht mehr alles möglich, vielmehr erlaubt jede Wirklichkeit nur die Verwirklichung bestimmter Möglichkeiten. Die Möglichkeit ist gegenüber der Wirklichkeit mangelhaft, weil sie keine konkrete Gestalt hat. Wirklich ist das, was wirkt. «Was wirklich ist, kann wirken; seine Wirklichkeit gibt etwas kund durch das, was es hervorbringt.»[59] Insofern ist die Wirklichkeit notwendig. Notwendig ist «das Sein, das ist, weil es ist».[60] Als solches ist es Substanz. Die Substanz überführt die Möglichkeit in die Notwendigkeit. Die Suche nach letzten Ursachen hält Hegel aber für sinnlos, sie führe nur in einen unendlichen Regress. Die Ursache erscheint nur in der Wirkung – und die Wirkung ist das Erscheinen der Ursache. Anstatt mit Begriffen wie Ursache und Wirkung zu hantieren, hält er es für vielversprechender, den Begriff der Wechselwirkung zu verwenden.

Hegel ging es in der *Lehre vom Wesen* vor allem darum, dem begreifenden Subjekt ein möglichst großes «Reich der Freiheit»[61] zu eröffnen und es vor blinden Formalismen aller Art zu bewahren. Das Wesen verbirgt sich nicht hinter, über oder unter dem Sein. Das Wesen erscheint. Insofern wird Hegels Begriff des Wesens von der postmodernen Kritik am «Essenzialismus» nicht getroffen. Die erscheinende Wirklichkeit ist das Wesentliche. Hegel würde aber seinerseits die Essenzialismuskritiker fragen, was sie denn überhaupt noch ernst zu nehmen gedenken oder ob sie nur den alten standpunktlosen Skeptizismus neu aufgelegt haben.

Die subjektive Logik ist der objektiven Logik nicht als ohnmächtiges Anderes ausgeliefert. Hegels Interesse war bis hierhin also die Dekonstruktion traditioneller und gängiger logischer Formen. Die Substanz ist für ihn weder unerbittliche Notwendigkeit noch gleichgültige Zufälligkeit, «sondern unterscheidet sich einerseits in [...] das Allgemeine, – andererseits in [...] das Einzelne».[62] Es ist die Wechselwirkung zwischen Allgemeinem, Besonderem und Einzelnem, der Hegels ganze Aufmerksamkeit in der nun folgenden Lehre vom Begriff gilt. Die unendliche dialektische Bewegung zwischen A – B – E, wie Hegel später das Allgemeine, das Besondere und das Einzelne abkürzen wird, ist der Begriff. Der Begriff ist unendlicher Prozess. Insofern ist er «das Reich der Subjektivität oder der Freiheit».[63] Denn mithilfe des Begriffs als Vermittlung von Allgemeinheit, Besonderheit und Einzelheit hat jedes einzelne Subjekt die Möglichkeit, sich der Beson-

---

59 Werke 6, 208.
60 Werke 6, 219.
61 Werke 6, 240.
62 Werke 6, 240.
63 Werke 6, 240.

derheit ebenso wie der Allgemeinheit seiner Wirklichkeit bewusst zu werden – und diese als eine von ihm begriffene zu gestalten. Letztes Ziel der Lehre vom Sein und vom Wesen war es also, allem scheinbar Vorgegebenem den Grund zu entziehen und dem subjektiven Begriff die selbstbewusste Gestaltung der Welt zu eröffnen.

4. Die Lehre vom Begriff

4.1 Von der Schwierigkeit, Hegels Begriff des Begriffs zu begreifen

Hegel wusste, dass es dem Geist seiner Zeit schwerfiel, seinen Begriff des Begriffs zu verstehen. Im Vorwort zur *Lehre vom Begriff* aus dem Jahr 1816 beklagt er, «dass das Ziel, die Wahrheit zu erkennen[,] etwas bekanntlich Aufgegebenes, längst Abgetanes und die Unerreichbarkeit der Wahrheit auch unter Philosophen und Logikern von Profession etwas Anerkanntes sei!».[64] Hegel hoffte damals noch auf die Hilfe der Religion, die «in unseren Zeiten ihr Recht sich wieder mehr vindiziert»,[65] und darauf, dass deshalb auch die Philosophie sich wieder zu ihrem wahren Gegenstand, nämlich der Wahrheit, bekennen könne. Auch diese Hoffnung musste Hegel in den Jahren darauf fahren lassen. Bei seiner Suche nach einem philosophischen Begriff des Begriffs sieht sich Hegel allein auf weiter Flur. Es sei in der zeitgenössischen Philosophie «zur Gewohnheit geworden […], auf den Begriff alle üble Nachrede zu häufen, ihn, der das Höchste des Denkens ist, verächtlich zu machen und dagegen für den höchsten szientifischen als auch moralischen Gipfel das Unbegreifliche und das Nichtbegreifen anzusehen».[66]

Bis heute wird unter einem Begriff eine bloße Zuschreibung, nur ein Etikett verstanden. Den Dingen wird ein Name gegeben und «nur zu unserem subjektiven Behuf ein oder das andere Merkmal»[67] herausgenommen. Ein ganzes Heer von Marketingexperten versucht heute, für Produkte oder politische Programme schöne Wortspiele zu erfinden. Jeder weiß, dass man ein solches Geschäft nicht ernst nehmen muss. «‹Es ist nur ein Begriff›, pflegt man zu sagen, indem man […] das sinnliche, räumliche und zeitliche handgreifliche Dasein als etwas gegenüberstellt, das vortrefflicher sei als der Begriff.»[68] Den Gegenständen wird mehr Reichtum zugeschrieben als den dürftigen Abstraktionen des Verstandes. Hegel hält diesen sensualistischen Reduktionismus für das Ende aller Philosophie und aller Religion.[69]

---

64 Werke 6, 244.
65 Werke 6, 244. Vindizieren: «Anspruch erheben».
66 Werke 6, 253.
67 Werke 6, 258.
68 Werke 6, 258.
69 Werke 6, 259.

Was ist ein Begriff im Sinne Hegels? «Das Begreifen eines Gegenstandes besteht in der Tat in nichts anderem, als dass Ich denselben sich zu eigen macht, ihn durchdringt und ihn in seine eigene Form [...] bringt.»[70] Hat sich Ich einen Begriff von seinem Gegenstand gemacht, dann verwandelt es den Gegenstand in einen Gedanken.[71] Mit dem Begriff eignet sich Ich den Gegenstand an – und verändert ihn dadurch. Der Begriff bleibt also dem Ding nicht äußerlich, sondern er verändert es und erschafft so eine neue Wirklichkeit. Aber der begriffene Gegenstand, der Gedanke geworden ist, verändert auch das Ich. Denn der Begriff als Gedanke wirkt im Subjekt weiter und regt dessen Denken an. Die Erfolge der Naturwissenschaft unserer Tage geben Hegel recht: Die Gegenstände der Welt werden vom Menschen begriffen – und so verändert der Mensch seine Welt. Begriffe sind weder harmlos noch beliebig.

Ohne Begriffe gibt es für das Denken keine Wirklichkeit. Sucht man nach einem zeitgenössischen philosophischen Begriff, der Hegels Begriff des Begriffs am nächsten kommt, dann kann man es eine Weile mit Foucaults Diskursbegriff versuchen. Foucaults Diskurse sind – wie Hegels Begriffe – machtvoll. Foucaults Formel «savoir = pouvoir», Wissen ist Macht, hat in Hegels Begriff des Begriffs ihren Vorgänger. Während bei Foucault aber das Subjekt den Diskursen wehrlos unterworfen ist, zielt Hegels Begriff des Begriffs gerade darauf, die Selbstwirksamkeit des Subjekts zu stärken. Wenn also heute postkoloniale Aktivisten sich fragen, wie man denn den Opfern von Diskursmächten helfen könne, ihre *agency*, ihre Selbstwirksamkeit, zu stärken, dann wäre es ratsam, sich eingehend mit Hegels Begriff des Begriffs zu befassen, anstatt Hegel als eurozentrischen Rassisten und Wegbereiter des Kolonialismus zu denunzieren.

Weil es Hegel um Selbstwirksamkeit geht, kann er auch sagen: «Der Begriff [...] ist nichts anderes als Ich oder das reine Selbstbewusstsein. Ich habe wohl Begriffe, d. h. bestimmte Begriffe, aber Ich ist der reine Begriff selbst, der als Begriff zum Dasein gekommen ist.»[72] Meint Hegel damit, dass jedes empirische Individuum «*der* Begriff» ist, sofern es nur «Ich» sagen kann? Das wäre ein Missverständnis. Hegels Ich (großgeschrieben!) darf man nicht mit einem empirischen, endlichen, menschlichen Subjekt verwechseln. Es ist eine ganz und gar offene Frage, ob ich (kleingeschrieben!) etwas begreife oder nicht. An sich hat jedes Subjekt das Potenzial, zu begreifen. Ob es dieses Potenzial für sich realisiert, kann nicht vorhergesagt werden. Zwar hat jedes menschliche Subjekt in seinem Selbstgefühl die «Gewissheit von der an sich seienden Nichtigkeit des ihm gegenüberstehenden Andersseins»,[73] aber «zugleich ist das Subjekt bedürftig», mithin

---

70 Werke 6, 255.
71 Werke 6, 255.
72 Werke 6, 253.
73 Werke 6, 480.

von objektiven Äußerlichkeiten abhängig. Deshalb ist das empirische menschliche Subjekt «der absolute Widerspruch» und die «Entzweiung».[74]

Warum spricht Hegel dann vom Begriff als Ich? Für den gesunden Menschenverstand ist Ich lediglich ein Wesen, das sich Namen für sinnlich erfahrbare Gegenstände ausdenkt. Der empirische Stoff soll angeblich da und vorgegeben sein – das Ich tritt nur hinzu und bildet äußere Formen, macht sich Bilder, die über Vorstellungen aber nicht hinauskommen. Hegels Ich hingegen ist sowohl ein Einzelnes wie auch ein Allgemeines. Als Allgemeines ist es imstande, sich an sein Anderes zu entäußern, denn es ist ihm nichts prinzipiell fremd. Das Ich als Allgemeines weiß sich in seiner Welt aufgehoben – und als solches ist es auch imstande zu begreifen, also sich zunächst fremd erscheinende Gegenstände anzuverwandeln.

4.2 Der Begriff als die Selbstbestimmung Gottes zum Sein

Hegel lässt keinen Zweifel daran, dass der Begriff als reiner Begriff zunächst nichts mit den zufälligen Denkbewegungen eines empirischen, endlichen Individuums zu tun hat. Der Begriff ist vielmehr «Grund und Quelle aller endlichen Bestimmtheit und Mannigfaltigkeit».[75] Er ist die «Form des Absoluten, welche höher ist als Sein und Wesen».[76] Warum ist das so? Das Wesen negierte das Sein, «das dadurch zum Schein geworden ist; der Begriff ist die zweite oder die Negation der Negation, also das wiederhergestellte Sein, aber als die unendliche Vermittlung und Negativität mit sich selbst».[77] Das Sein ist durch die Negation der Negation kein Gegebenes oder gar Vorgegebenes mehr, sondern ein durch den Begriff Vermitteltes. Als solches aber wird das vormals unbestimmte Sein als begriffenes Sein Wirklichkeit.

Wahrheit ist für Hegel die «Übereinstimmung des Begriffs und seines Gegenstandes».[78] Der Gegenstand ist für den begreifen wollenden Menschen kein *brutum factum*, sondern ein dem menschlichen Begreifen immer schon erschlossener Gegenstand. In jedem Gegenstand, den der Mensch begreift, ist dessen Begriff bereits enthalten und macht gerade so den Gegenstand begreifbar. Wäre der absolute Begriff nicht das Konstruktionsprinzip aller möglichen Gegenstände, hätte das menschliche Begreifen gar keine Möglichkeit, sich diese zu erschließen.

Begreifen heißt, das Allgemeine, das Besondere und das Einzelne aufeinander zu beziehen und sie zu vermitteln.[79] Das Allgemeine ist «das absolut Unend-

---

[74] Werke 6, 481.
[75] Werke 6, 261.
[76] Werke 6, 263.
[77] Werke 6, 269.
[78] Werke 6, 268.
[79] Vgl. Werke 6, 273.

liche, Unbedingte und Freie».⁸⁰ Das Allgemeine ist «die freie Macht», die ohne Gewalt es selbst und sein Anderes ist. Deshalb könnte es auch «die freie Liebe und schrankenlose Seligkeit»⁸¹ genannt werden. Die religiöse Semantik ist gewollt. Alle bestimmten Begriffe sind nur Realisierungen des absoluten allgemeinen Begriffs, «worin er seine Schöpfung und in ihr sich selbst anschaut».⁸² Die Besonderheiten alles Endlichen sind mithin nur Produkte des unendlichen Allgemeinen. Das besondere Sein ist Schöpfung des allgemeinen göttlichen Begriffs. Das Allgemeine will sich selbst im Besonderen verendlichen. Das Ding ist ein Allgemeines, das sich verendlicht hat. Auch das empirische Subjekt ist ein Allgemeines in endlicher Gestalt. «Das isolierte Bestehen des Endlichen, das sich früher als sein Fürsichsein, auch als Dingheit, als Substanz bestimmte, ist in Wahrheit die Allgemeinheit, mit welcher Form der unendliche Begriff seine Unterschiede bekleidet».⁸³ Anders gesagt: «Das Allgemeine bestimmt sich, so ist es selbst das Besondere».⁸⁴

Das Allgemeine verendlicht sich nicht nur im Besonderen, es verendlicht sich auch im Einzelnen. So wird das Einzelne «ein qualitatives Eins oder Dieses».⁸⁵ Dieses Einzelne ist als Moment der Selbstverendlichung des Allgemeinen gar kein isoliertes, ausschließlich für sich seiendes Eins. Wenn es über sich nachdenkt, dann ur-teilt es sich, erkennt seine Beziehung zum Besonderen und Allgemeinen und wird sich der Einheit ihrer Differenz bewusst. Auf den theologische Gehalt dieses Prozesses macht Hegel ausdrücklich aufmerksam: Er habe bereits bei der Exposition des reinen Begriffs angedeutet, «dass derselbe der absolute, göttliche Begriff selbst ist, so dass [...] jener logische Verlauf die unmittelbare Darstellung der Selbstbestimmung Gottes zum Sein wäre».⁸⁶

Hegels *Logik* ist eine Kritik des Determinismus wie des Skeptizismus gleichermaßen. Deterministen wie Skeptiker verbindet der Glaube an ein «Ding an sich», das entweder das menschliche Verhalten fremdbestimmt oder zu dem das menschliche Wissen keinen Zugang hat. In beiden Fällen ist eine Wechselwirkung zwischen dem Gegenstand und dem menschlichen Denken ausgeschlossen. Eben darauf aber besteht Hegel mit seinem Begriff des Begriffs. Die Begriffe, die das endliche Subjekt dadurch bildet, dass es sich an den Begriff, man könnte auch sagen: an das Konstruktionsprinzip seines Gegenstandes entäußert, sind keine Erfindungen des endlichen Subjekts. Es sind die Begriffe der Gegenstände, die sich dem begreifenden Menschen offenbaren. Alle drei, das Allgemeine, das Be-

---

80 Werke 6, 274.
81 Werke 6, 277.
82 Werke 6, 279.
83 Werke 6, 279.
84 Werke 6, 281.
85 Werke 6, 300.
86 Werke 6, 405.

sondere und das Einzelne – man könnte auch sagen: Gott, Welt und Mensch –, sind Momente des einen Begriffs, theologisch gesprochen: des göttlichen Logos. Luther hatte im Prolog des Johannesevangeliums den griechischen Begriff *logos* mit «Wort» übersetzt. Hegel hätte vermutlich so übersetzt: «Am Anfang war der Begriff. Und der Begriff war bei Gott. [...] Und der Begriff wurde Fleisch und wohnte unter uns.»

4.3 Die Idee als die Einheit des Begriffs und der Objektivität

Objektivität ist nichts Gegebenes, sondern Produkt des sich entäußernden Begriffs. Deshalb ist die objektive Welt «Geschöpf»[87] mit einer Bestimmung. Ihre Bestimmung ist Selbstbestimmung, mithin Freiheit. Die objektive Logik, die in den ersten beiden Büchern entfaltet worden ist, ist in die subjektive Logik des Begriffs aufgehoben worden, der die Zweckmäßigkeit und das Konstruktionsprinzip des Objektiven offenbart.

Eine Idee ist für Hegel kein zufälliger Gedankenblitz oder eine letztlich zwar hehre, aber unerreichbare Wunschvorstellung. Vielmehr gilt, «dass alles Wirkliche nur insofern ist, als es die Idee in sich hat und sie ausdrückt».[88] Alles wirklich Wirkliche ist Manifestation der Idee. Diejenige Realität aber, die ihrer Idee nicht entspricht, «ist bloße Erscheinung, das Subjektive, Zufällige, Willkürliche, das nicht Wahrheit ist».[89] Hegel verweist auf den Staat und die Kirche als Institutionen, die nur existieren, wenn sie sich als Idee, d. h. als Einheit ihres Begriffs und ihrer Realität, erweisen. Tun sie das nicht mehr, treten Idee und Realität auseinander, dann sterben diese Institutionen.

Die unmittelbare Idee ist das Leben selbst. Lebendig aber sind Einzelne, die sich selbst bestimmen. Der Trieb jedes Einzelnen ist es, «sich zu produzieren und ebenso seine Besonderheit zur Allgemeinheit zu erheben».[90] Zugleich macht das empirische Individuum aber auch die Erfahrung elementarer Bedürftigkeit. Es ist so «der absolute Widerspruch».[91] Das lebendige Individuum empfindet diesen Widerspruch als Schmerz. «Wenn man sagt, dass der Widerspruch nicht denkbar sei, so ist er vielmehr im Schmerz des Lebendigen sogar eine wirkliche Existenz.»[92] Das Individuum als «der existierende Begriff»,[93] also als der Begriff, der sich entäußert hat, erträgt diesen Schmerz und diese Negativität. Das einzelne Individuum erkennt aber auch, dass es sich in die Gattung aufheben muss: «In

---

87 Werke 6, 448.
88 Werke 6, 464.
89 Werke 6, 464.
90 Werke 6, 476.
91 Werke 6, 481.
92 Werke 6, 481.
93 Werke 6, 481.

der Begattung erstirbt die Unmittelbarkeit der lebendigen Individualität; der Tod dieses Lebens ist das Hervorgehen des Geistes.»[94]

4.4 Die absolute Idee

Fast hymnisch stimmt Hegel seine Leser auf das letzte Kapitel der *Logik* ein. «[D]ie absolute Idee allein ist Sein, unvergängliches Leben, sich wissende Wahrheit und ist alle Wahrheit. Sie ist der einzige Gegenstand und Inhalt der Philosophie.»[95] Die absolute Idee ist die absolute Form aller vorfindlichen Objekte. Es gibt keine Gegenstände, an denen die absolute Idee nicht formierend tätig geworden wäre. Sie ist als Form «die schlechthin unendliche Kraft», «welcher kein Objekt [...] Widerstand leisten [...] könnte».[96]

Wie kann ein endliches Subjekt die absolute Idee begreifen? Indem es der Bewegung ihrer Selbstrealisierung folgt. Das Absolute findet man nicht am Anfang oder in einer ersten Ursache. «Nur in seiner Vollendung ist es das Absolute.»[97] Zur Vollendung kommt das Absolute, indem es sich entäußert, sich dadurch ur-teilt und ausdifferenziert, dabei aber nicht zerbricht, sondern um diese Differenz bereichert – als Negation seiner Negation – in sich zurückkehrt. Der absolute Begriff geht in seiner Selbstentäußerung nicht unter, sondern ist imstande, seine Negation zu negieren. Die Negation der Negation ist «das innerste, objektivste Moment des Lebens und des Geistes, wodurch ein Subjekt Person, Freies ist».[98]

Die dialektische Selbstbewegung des Begriffs sorgt dafür, dass er mit jeder Negation der Negation reicher wird und sich «verdichtet».[99] Wie ein Mystiker klingt Hegel, wenn er sein Lob auf die absolute Idee anstimmt: «Jede neue Stufe des Außersichgehens, [...] ist auch ein Insichgehen und die größere Ausdehnung ist ebensosehr höhere Intensität. Das Reichste ist daher das Konkreteste und Subjektivste, und das sich in die einfachste Tiefe Zurücknehmende das Mächtigste und Übergreifendste.»[100] Dieser Prozess ist noch lange nicht an sein Ende gekommen – und Hegel mahnt nachdrücklich zur Geduld: «Die Ungeduld, die über das Bestimmte [...] nur hinaus und unmittelbar im Absoluten sich befinden will, hat als Erkenntnis nichts vor sich als das leere Negative, das abstrakte Unendliche – oder ein gemeintes Absolutes».[101] Demgegenüber be-

---

94 Werke 6, 486.
95 Werke 6, 549.
96 Werke 6, 551.
97 Werke 6, 556.
98 Werke 6, 563.
99 Werke 6, 569.
100 Werke 6, 570.
101 Werke 6, 571.

harrt Hegel darauf, dass «die Wahrheit selbst aber nur im ausgebreiteten Verlauf und im Ende ist».[102]

Auf den letzten Seiten der *Logik* erinnert Hegel noch einmal daran, dass es der Logik nur um den reinen Gedanken gehen konnte; sie sei «die Wissenschaft nur des göttlichen Begriffs».[103] Da der Begriff aber über sich hinausstrebt und sich in die Idee als die Einheit des reinen Begriffs und der Realität aufheben will, so muss der Begriff Natur werden wollen. Die Logik selbst findet im «sich begreifenden reinen Begriff»[104] aber ihren Abschluss.

---

[102] Werke 6, 571.
[103] Werke 6, 572.
[104] Werke 6, 573.

Kapitel 5
Die Vernunft der Dinge: *Die Enzyklopädie*

1. Einleitung

1.1 Philosophie als Wirklichkeitswissenschaft

Die *Enzyklopädie* wurde zu Lebzeiten Hegels dreimal aufgelegt. Das Vorwort zur dritten Auflage datiert vom 19. September 1830, die erste Auflage erschien 1817. Im Vorwort zur dritten Auflage setzt sich Hegel auch mit der Kritik an anderen seiner Werke auseinander. Nachdrücklich verteidigt er seinen Satz aus der *Rechtsphilosophie*, dass das Vernünftige wirklich und das Wirkliche vernünftig sei, gegen das Missverständnis, er habe das Bestehende affirmiert, das Vorfindliche petrifiziert und sich als restaurativer preußischer Staatsphilosoph entlarvt. So viel Bildung dürfe man doch wohl voraussetzen, schreibt er, dass «das Dasein zum Teil Erscheinung und nur zum Teil Wirklichkeit ist».[1] Irrtümer, Bosheiten, Lügen und Zufälle existierten zwar, es komme ihnen aber keine Wirklichkeit zu. Umgekehrt dürfe man die revolutionäre Kraft der Vernunft nicht unterschätzen. «Durch das Denken wird dem Positiven seine Macht genommen.»[2] Staatsverfassungen und Religionssysteme seien neuen Gedanken zum Opfer gefallen, Philosophen seien wegen der Gefährlichkeit ihrer Gedanken verbannt und getötet worden. «So macht sich das Denken in der Wirklichkeit geltend und übt die ungeheuerste Wirksamkeit.»[3] Weder die Wirklichkeit noch die Vernunft dürften statisch gedacht werden.

Diese Einsichten vorausgesetzt, ist Hegels Philosophie in der Tat Wirklichkeitswissenschaft. Sie fragt danach, was «wahrhaft den Namen Wirklichkeit»[4] verdient. Bloße Träume von einer besseren Welt und wohlfeile Sollensforderungen leisten das nicht. Die Abtrennung der Wirklichkeit von der Idee sei vor allem «bei dem Verstande beliebt, der die Träume seiner Abstraktionen für etwas Wahrhaftes hält».[5] Der Verstand sei auf das Sollen stolz, «das vornehmlich auch

---

1 Werke 8, § 6, 47 f.
2 Werke 8, § 19, 71.
3 Werke 8, § 19, 71.
4 Werke 8, § 6, 47.
5 Werke 8, § 6, 48.

im politischen Felde gern vorschreibt, [...] als ob die Welt auf ihn gewartet hätte, um zu erfahren, wie sie sein solle, aber nicht sei».[6]

Die Einleitung in die *Enzyklopädie* ist ein leidenschaftliches Plädoyer für eine erfahrungsgesättigte Philosophie. Denken ist zwar die Tätigkeit des Verallgemeinerns, es muss aber notwendig seinen Ausgangspunkt beim Vorfindlichen nehmen. Erst dann kann es sich davon einen Begriff machen und darüber urteilen, ob es sich um ein ernst zu nehmendes Konkretes oder nur um vergänglichen Schein handelt. Es gibt kein vernünftiges Denken ohne Gefühle, ohne Anschauungen und ohne Vorstellungen vom Gegenstand, um den die Gedanken kreisen. Das Prinzip der Erfahrung erzwingt, «dass der Mensch selbst dabei sein müsse».[7] Erfahrungen sind immer die Erfahrungen eines ganz bestimmten, konkreten Subjekts. Sensibilität und Subjektivität sind unabdingbare Voraussetzungen des Denkens.

Hegel stimmt gerne dem Satz zu, dass nichts gedacht werden kann, was nicht vorher empfunden wurde – «nihil est in intellectu, quod non fuerit in sensu». Genauso zutreffend sei aber auch die Umkehrung dieses Satzes: «Nihil est in sensu, quod non fuerit in intellectu» – nichts ist im Gefühl, was nicht zuvor im Denken gewesen ist. Jedenfalls gilt das für alle sittlichen, rechtlichen und religiösen Gefühle. Freiheit, Recht, Moral, Geist, Gott sind zuerst Gedanken und lösen erst dann Gefühle aus. Eine Trennung von Gefühl und Denken ist aber ohnehin unsinnig, weil jedes wahrgenommene Gefühl immer auch ein gedachtes ist und jeder Gedanke angenehme oder unangenehme Gefühle auslösen kann.[8]

1.2 Die Erkennbarkeit des Unendlichen im Endlichen

Gedanken wie Welt, Freiheit, Geist, Gott sind sinnlich nicht erfahrbar. Die Sinne können nur endliche Erfahrungen machen. Was diese Gedanken von endlichen Erfahrungen unterscheidet, ist, so Hegel, dass sie «sich sogleich ihrem Inhalte nach als unendlich darbieten».[9] Die spekulative Philosophie widerspricht der Behauptung, «dass das Unendliche nicht durch Begriffe gefasst werden könne».[10] Sie geht im Gegenteil davon aus, dass «der Geist die Ursache der Welt ist».[11] Dieser unendlich wirksame Geist hat sich sowohl an die endliche Natur wie auch an den endlichen Geist menschlicher Subjekte entäußert und ist so als das Unendliche inmitten des Endlichen offenbar, also auch erkennbar.

---

6 Werke 8, § 6, 48.
7 Werke 8, § 7, 49.
8 Werke 8, § 8, 51 f.
9 Werke 8, § 8, 51.
10 Werke 8, § 9, 53.
11 Werke 8, § 8, 52.

Die Erkennbarkeit des Absoluten wird bekanntlich von der kritischen Philosophie Kants bezweifelt. Bevor man sich daranmachen könne, Gott oder auch das Ding an sich zu erkennen, müsse zuvor geprüft werden, ob der Mensch dafür überhaupt das notwendige Erkenntnisvermögen besitze. Hegels Einwand gegen diesen scheinbar plausiblen Satz lautet so: «Aber die Untersuchung des Erkennens kann nicht anders als erkennend geschehen [...]. Erkennen wollen aber, ehe man erkenne, ist ebenso ungereimt als der weise Vorsatz jenes Scholastikus, schwimmen zu lernen, ehe er sich ins Wasser wage.»[12]

Die Behauptung, dass das Endliche das Unendliche nicht erfassen könne, ist auch in der Theologie geläufig und sie gibt sich gerne die Aura frommer Demut. Hegel hält das aber für eine hoffärtige Demut, denn dieser Satz mache ja bereits eine sehr bestimmte Aussage über eine Eigenschaft des Unendlichen: dass es nicht fassbar, mithin unerkennbar sei. Wenn das Unendliche aber dem Endlichen einfach nur gegenübergestellt wird, dann ist es selbst ein Endliches. Nur wenn das Unendliche das Endliche in sich schließt, ist es wirklich ein Unendliches. Hegel ist fest davon überzeugt, dass das Unendliche vom Endlichen erkannt werden kann, weil sich das Unendliche dem Endlichen – oder auch: das Absolute dem Besonderen und Einzelnen – immer wieder neu erschließt.

1.3 Die *Enzyklopädie* – ein Kreis von Kreisen

Die *Enzyklopädie* stellt den Prozess der Selbstschließung des Absoluten in drei Schritten dar, a) als Wissenschaft der Idee an und für sich – der Logik, b) als Wissenschaft der Idee in ihrem Anderssein – der Naturphilosophie, und c) als Philosophie des Geistes als der Idee, die aus ihrem Anderssein in sich zurückkehrt.[13] Eigentlich sei es ungeschickt, den Prozess des Zu-sich-selbst-Kommens des Geistes durch seine Entäußerung hindurch in drei nebeneinanderstehenden Teilen darzustellen, denn es handle sich um fließende Übergänge. Und so schlägt Hegel vor, sich die *Enzyklopädie* nicht als ein Buch mit drei Teilen vorzustellen, sondern als ein System von interagierenden Kreisen. «[D]as Ganze stellt sich daher als ein Kreis von Kreisen dar, deren jeder ein notwendiges Moment ist, so dass das System ihrer eigentümlichen Elemente die ganze Idee ausmacht, die ebenso in jedem einzelnen erscheint.»[14]

Wie soll man sich Hegels Metapher vom Kreis von Kreisen vorstellen? Ein Kreis hat einen Mittelpunkt und einen Umfang. Hegels Kreis von Kreisen hat den immer gleichen Mittelpunkt, aber der Umfang der Kreise ist verschieden. Die einzelnen Kreise kann man sich wie Umlaufbahnen um das Absolute vorstel-

---

12   Werke 8, § 10, 54.
13   Werke 8, § 18, 63 f.
14   Werke 8, § 15, 60.

len. Der Aufbau der *Enzyklopädie* stellt sich dann so dar: Die *Lehre vom Sein* ist der umfassende, in seinem Umfang aber auch der am weitesten vom Mittelpunkt entfernte Kreis. Die Übergänge von diesem Kreis zu den folgenden sind Annäherungen an das Absolute als ihren Mittelpunkt. Ein neuer Kreis, also der Übergang in eine neue Sphäre, wird dann notwendig, wenn die äußeren Kreise sich ihrer Widersprüchlichkeit bewusst werden und sich in einen neuen, dichteren und komplexeren Kreis aufheben müssen.

Die einzelnen Kreise sind Kreisbewegungen, die bei einem Gegebenen, also einem Positiven, ihren Anfang nehmen, dieses positiv Gegebene negieren, also infrage stellen, um dann durch die Negation dieser Negation zwar zum Anfang zurückzukehren – nun aber mit einem klaren Bewusstsein von dessen Konstruktionsprinzipien. Die inneren Widersprüche der bisherigen Denkbewegung sind aufgedeckt und es kann ein neuer, um das neue Wissen bereicherter Anfang gemacht werden. Man kann sich die Übergänge von einer Kreisbewegung in die nächste auch als eine spiralförmige Bewegung vorstellen, die in immer enger werdenden Kreisen ihrem Mittelpunkt, dem Gedanken des Absoluten, zustrebt.

Mit dieser Kreisvorstellung im Hintergrund lässt sich der dynamische Aufbau der drei Bände der *Enzyklopädie* so zusammenfassen: Der erste Band der *Enzyklopädie* folgt dem Aufbau der *Logik*. Er beginnt mit dem *Sein*, das ins Dasein übergeht. Die Frage nach dem *Wesen* ist die Frage nach dem Grund des Seins angesichts des Scheins. Der Grund der Existenz erweist sich freilich als ein Abgrund, Substanzialitäts- und Kausalitätsverhältnisse scheitern an der Freiheit des Begriffs. Der *Begriff* erweist sich als die Wahrheit des Seins und des Wesens. Im Begriff sind Subjektivität und Objektivität gleichermaßen aufgehoben. Als die Einheit von Subjektivität und Objektivität wird der Begriff schließlich Idee, die sich selbst in Freiheit an die Natur entäußert.

Im zweiten Band, der *Naturphilosophie*, ist die Natur bei aller Rätselhaftigkeit keine geistlose Materie, sondern Schöpfung des absoluten Geistes. Geist und Natur stehen sich also nicht fremd gegenüber. Die Natur ist das Andere des Geistes, gleichwohl aber göttliche Idee. Auch der Aufbau der *Naturphilosophie* lässt sich als ein Kreis von Kreisen beschreiben. Der äußerste Kreis ist die Mechanik, die die Bewegung des Weltalls zu verstehen sucht. Die Physik beschäftigt sich mit den Verhältnissen von Körpern, der Schwere, dem Licht und der Elektrizität in ihrer elementaren Polarität. Es folgen die chemischen Prozesse als Vorstufe des nächsten komplexeren Kreises, der organischen Physik. Darunter fasst Hegel die Pflanzenwelt, vor allem aber den tierischen Organismus, dem er eine Seele zubilligt, aber kein Selbstbewusstsein. Tiere seien Gattungswesen, die mit der Begattung ihre Bestimmung erreicht hätten und selbstverständlich in den Tod gingen. Am Ende der *Naturphilosophie* heißt es deshalb: «Das Ziel der Natur ist, sich selbst zu töten, ihre Rinde des Unmittelbaren, Sinnlichen zu durchbrechen, sich als Phönix zu verbrennen, um aus dieser Äußerlichkeit verjüngt als Geist hervorzugehen.»[15] Die Natur vollendet sich im Tod. Das ist ihre Bestimmung. Hegel gesteht, dass das Verfassen der *Naturphilosophie* eine Herausforderung für ihn war. Die Natur erschien ihm wie Proteus, der Gott der Wandlungsfähigkeit. «Der Zweck dieser Vorlesungen ist, ein Bild der Natur zu geben, um diesen Proteus zu bezwingen, in dieser Äußerlichkeit nur den Spiegel unserer selbst zu finden, in der Natur einen freien Reflex des Geistes zu sehen, – Gott zu erkennen, nicht in der Betrachtung des Geistes, sondern in seinem unmittelbaren Dasein.»[16]

Der dritte Teil der *Enzyklopädie*, die *Philosophie des Geistes*, folgt dem gleichen Weg vom Äußerlichen zum Innerlichen. Der Kreis, dessen Umfang vom Mittelpunkt am weitesten entfernt ist, ist die Seele. Diese geht über in das Bewusstsein, dieses in das Selbstbewusstsein, und die Vernunft schließlich erweist sich als die Wahrheit beider. Der theoretische Geist schreitet von der Anschauung über das Vorstellen zum Denken fort, der praktische Geist über die Triebe und die Willkür zur Glückseligkeit und zum freien Geist. Der objektive Geist entwickelt sich vom Recht der Persönlichkeit über die Moralität des Individuums hin zur Sittlichkeit von Familie, Gesellschaft und Staat. Subjektiver und objektiver Geist gehen über in den absoluten Geist, der in Kunst (Anschauung), Religion (Vorstellung) und Philosophie (Denken) seine Vollendung findet. Alle Kreise aber, auch die, die von ihrem Mittelpunkt am weitesten entfernt sind, sind auf den Mittelpunkt bezogen, von dem sie ihre substanzielle Bestimmung erhalten haben.

Die gesamte *Enzyklopädie* kann also als das In-sich-Gehen des endlichen Geistes gelesen werden. Von seinem innersten und zugleich höchsten Standpunkt aus erkennt der endliche Geist im Rückblick, dass alle Kreise eine Entäußerung des absoluten Geistes sind. Anfang und Ende der *Enzyklopädie* gleichermaßen machen auf dieses Resultat aufmerksam. Philosophie und Religion hätten, so heißt es in § 1, einen gemeinsamen Gegenstand: «Beide haben die Wahrheit zu ihrem Gegenstande, und zwar im höchsten Sinne – in dem, dass Gott die Wahrheit und er allein die Wahrheit ist.»[17] Und Hegel beschließt die *Enzyklopädie* in § 577 mit dem Lob Gottes, das Aristoteles in seiner *Metaphysik* anstimmt. Das Denken der göttlichen Gedanken sei die höchste Seligkeit.

---

15   Georg Wilhelm Friedrich Hegel, Enzyklopädie der philosophischen Wissenschaften im Grundrisse 1830, Zweiter Teil, Die Naturphilosophie, Mit den mündlichen Zusätzen, Werke 9, 10. Auflage, Frankfurt am Main 2018, § 376, 538. (Im Folgenden: Werke 9.)
16   Werke 9, § 376, 539.
17   Werke 8, § 1, 41.

1.4 Der separierende Verstand und die mystische Vernunft

In keinem anderen Werk Hegels sind Philosophie und Theologie so nahtlos ineinander verschränkt wie in der *Enzyklopädie* – wenn man einmal von der *Religionsphilosophie* absieht. Bereits in den Vorreden nimmt Hegel vielfach Bezug auf das Verhältnis von Religion und Philosophie. Religion und Philosophie haben den gleichen Inhalt, das Absolute, unterscheiden sich aber in der Form der Darstellung dieses Inhalts. Der Vorzug der Religion bestehe darin, dass ihre Narrative und Rituale Menschen aller Bildungsschichten erreichen, während die Philosophie nur einer kleinen Elite zugänglich ist. Das bedeutet auch, dass «die Religion wohl ohne Philosophie, aber die Philosophie nicht ohne Religion sein kann, sondern diese vielmehr in sich schließt».[18] Man könne sehr wohl von Gott wissen, ohne einen durchdachten Begriff davon zu haben. Man müsse ja auch nicht Chemie und Biologie studiert haben, um essen und verdauen zu können.[19] Wie Chemie und Biologie aber dazu beitragen können, ein gesünderes Leben zu führen, so kann die Philosophie der Religion helfen, dass sie sich Klarheit über ihren Gottesbegriff verschafft.

Hegel beklagt, dass sich die Theologie seiner Zeit ganz auf das Gefühl zurückgezogen habe und glaube, den Angriffen der Aufklärer dadurch begegnen zu können, dass sie zwischen dem Glauben und der Vernunft unterscheide. Das führe aber zu einem inhaltsleeren, vernunftlosen Glauben, der nur in seiner Absonderung vom allgemeinen Bewusstsein seiner Zeit überleben könne. Demgegenüber habe etwa der Mystiker Jakob Böhme den Zusammenhang von Religion und Vernunft richtig erfasst, wenn er meinte, «dass nach dem Ebenbilde Gottes, freilich keines anderen als des *dreieinigen*, der Geist des Menschen und alle Dinge geschaffen [...] sind».[20]

Wenn Hegel von Gott spricht, dann meint er den dreieinigen Gott, der sich in seinen Momenten als Schöpfer, als versöhntes Geschöpf und als erlösender Geist unablässig realisiert. Philosophisch wird Gott darum nicht als ein «Ruhendes, in leerer Einerleiheit Verbleibendes, sondern als ein solches betrachtet, das notwendig in den Prozess des Sich-von-sich-Unterscheidens, des Setzens seines Anderen eingeht und erst durch dies Andere und durch die erhaltene Aufhebung [...] desselben zu sich selber kommt».[21] Hegel kann dieser philosophischen Bestimmung der Selbstbewegung Gottes, die zu seiner Selbstoffenbarung in der Natur und im endlichen Geist führt, auch eine ganz traditionelle Form geben:

> Die Theologie drückt in der Weise der Vorstellung diesen Prozess bekanntlich so aus, dass Gott der Vater (dies einfach Allgemeine, Insichseiende), seine Einsamkeit aufge-

---

18 Werke 8, 24.
19 Werke 8, § 2, 43.
20 Werke 8, 28.
21 Werke 10, § 381, 23.

bend, die Natur (das Sich-selbst-Äußerliche, Außersichseiende) erschafft, einen Sohn (sein anderes Ich) erzeugt, in diesem Anderen aber kraft unendlicher Liebe sich selbst anschaut, darin sein Ebenbild erkennt und in demselben zur Einheit mit sich zurückkehrt; welche nicht mehr abstrakte, unmittelbare, sondern konkrete, durch den Unterschied vermittelte Einheit der vom Vater und vom Sohne ausgehende [...] Heilige Geist ist, als welcher Gott erkannt werden muss, wenn er in seiner absoluten Wahrheit [...] erfasst werden soll.[22]

Das Andere Gottes ist seine Schöpfung, die Natur, an die er sich entäußert hat. Gegen Naturalismus und Empirismus betont Hegel den philosophischen Wert der christlichen Idee einer *creatio ex nihilo*, einer göttlichen Schöpfung aus dem Nichts:

In unserem religiösen Bewusstsein kommt dies so vor, dass wir sagen, Gott habe die Welt aus Nichts erschaffen oder, anders ausgedrückt, die Welt und die endlichen Dinge seien aus der Fülle der göttlichen Gedanken und der göttlichen Ratschlüsse hervorgegangen. Damit ist anerkannt, dass der Gedanke und näher der Begriff die unendliche oder die freie schöpferische Tätigkeit ist, welche nicht eines außerhalb ihrer vorhandenen Stoffes bedarf, um sich zu realisieren.[23]

Seit Kant die These von den Schranken des menschlichen Erkenntnisvermögens und der Unbestimmbarkeit des «Dings-an-sich» aufgestellt hat, gehört Kants skeptische Erkenntnistheorie zum guten Ton intellektueller Eliten. Diesen Konsens dekonstruiert Hegel mit beträchtlichem Aufwand. Bevor er seine Logik entfaltet, unterzieht er Kants Annahmen über die Grenzen menschlichen Erkenntnisvermögens einer eingehenden Kritik. «Die Krankheit unserer Zeit ist es, [...], dass unser Erkennen nur ein Subjektives und dass dieses Subjektive das Letzte sei.»[24] Kant behaupte, dass das menschliche Denken unfähig sei, das Ding an sich zu begreifen. Die menschlichen Denkkategorien ordneten zwar die Welt – es handle sich aber um bloße Konstrukte, die der objektiven Wirklichkeit äußerlich blieben. Die Welt, wie sie wirklich sei, bleibe ein Rätsel, das Ding an sich «ein absolutes Jenseits».[25]

Dieser subjektive Idealismus spiele aber einer Verstandesmetaphysik in die Hände, die sich nur noch für das Endliche und das Bedingte interessiere. «Das Denken, nur endliche Bestimmungen hervorbringend und in solchen sich bewegend, heißt Verstand».[26] Vom Verstand strikt zu unterscheiden ist die Vernunft. Der Verstand denkt in Kategorien des «Entweder-oder». Der Verstand klassifiziert und ordnet das Vorfindliche. Aber er spaltet die Wirklichkeit dadurch auch

---

22   Werke 10, § 381, 23.
23   Werke 8, § 163, 313.
24   Werke 8, § 22, 79.
25   Werke 8, § 60, 146.
26   Werke 8, § 25, 91.

in Subjekte und Objekte, in ein Diesseits und ein Jenseits, in ein Ich und die Anderen, in Geist und Natur.

Die Vernunft hingegen bekämpft die Fixierungen und Dichotomien des Verstandes.[27] Die Vernunft sucht nach der Einheit der Differenz, sie denkt prozesshaft und dialektisch. Ihre bevorzugte Kategorie ist das «Sowohl-als auch». Der Gegenstand der Vernunft ist das Unbedingte und das Unendliche. Dabei ist das Unendliche nicht das Jenseits des Endlichen, vielmehr ist das Endliche im Unendlichen aufgehoben, d. h. zugleich negiert und aufbewahrt. Die Vernunft ist insofern «das Vermögen des Unbedingten».[28] Hegel scheut sich auch nicht, die Vernunft als mystisch zu bezeichnen, denn der Mystik sei es von jeher darum gegangen, an der konkreten Einheit von Bestimmungen festzuhalten, «welche dem Verstand nur in ihrer Trennung und Entgegensetzung als wahr gelten».[29]

1.4.1 Absoluter oder subjektiver Idealismus?

Hegel nennt seinen Idealismus absolut, derjenige Kants sei ein subjektiver Idealismus. Beide haben einen idealistischen Ansatz, d. h., sie nehmen das Vorfindliche nicht als ein Vorgegebenes, sondern als eine Erscheinung, die unter der Wucht der Idee und der Gedanken vergeht. Idealisieren ist darum eine negierende Tätigkeit. «Das Streben des Menschen geht überhaupt dahin, die Welt zu erkennen, sie sich anzueignen und zu unterwerfen und zu diesem Ende muss die Realität der Welt gleichsam zerquetscht, d. h. idealisiert werden.»[30] Idealisieren ist eine radikal kritische Tätigkeit. Weil Kant aber nur das subjektive Erkenntnisvermögen einer Kritik unterworfen hat, nicht jedoch die Natur, ist sein Idealismus nur ein subjektiver. Hegels Kritik ist radikaler: Sie unterwirft nicht nur den menschlichen Geist, sondern auch das natürliche Dasein der Negation durch den absoluten Geist. Nichts kann so bleiben, wie es ist, solange Begriff und Realität nicht in Übereinstimmung gebracht sind.

> Gott allein ist die wahrhafte Übereinstimmung des Begriffs und der Realität; alle endlichen Dinge haben aber eine Unwahrheit an sich, sie haben einen Begriff und eine Existenz, die aber ihrem Begriff unangemessen ist. Deshalb müssen sie zugrunde gehen, wodurch die Unangemessenheit ihres Begriffs und ihrer Existenz manifestiert wird.[31]

---

27 Werke 8, § 32, 99.
28 Werke 8, § 44, 121.
29 Werke 8, § 82, 179.
30 Werke 8, § 40, 118.
31 Werke 8, § 24, 86.

Hegels Idealismus geht davon aus, dass die endlichen Dinge ihren Grund nicht in sich selbst haben, «sondern in der allgemeinen göttlichen Idee».[32] Die höchste Aufgabe der Wissenschaft ist es, «Gott zu erkennen durch die Vernunft».[33]

1.4.2 Am Anfang war der Begriff und der Begriff war bei Gott

Der Begriff ist für Hegel «das Prinzip alles Lebens und damit zugleich das schlechthin Konkrete».[34] Der Begriff ist «das den Dingen selbst Innewohnende, wodurch sie das sind, was sie sind».[35] Einen Sachverhalt oder ein Ding verstehen wir dann, wenn sich uns ihr Begriff, ihr Konstruktionsprinzip oder, wie Hegel auch sagen kann, ihre Seele offenbart. An die Dinge nur herangetragene Meinungen, Vermutungen und sonstige subjektive Konstruktionen verdienen es nicht, Begriffe genannt zu werden. «Der Begriff allein ist es, wodurch die Dinge ihren Bestand haben, d. h. in der Sprache religiöser Vorstellung: die Dinge sind das, was sie sind, nur durch den ihnen innewohnenden göttlichen und damit schöpferischen Gedanken.»[36]

Vehement wehrt sich Hegel gegen einen Begriff des Begriffs, unter dem lediglich eine soziale Übereinkunft verstanden wird, die nachträglich den vorhandenen Dingen einen Namen gibt. Der Begriff ist gerade keine kulturelle Zuschreibungspraxis.

> Es ist verkehrt anzunehmen, erst seien die Gegenstände, welche den Inhalt unserer Vorstellungen bilden, und dann hintendrein komme unsere subjektive Tätigkeit, welche [...] die Begriffe [...] bilde. Der Begriff ist vielmehr das wahrhaft Erste, und die Dinge sind das, was sie sind, durch die Tätigkeit des ihnen innewohnenden und in ihnen sich offenbarenden Begriffs.[37]

Auch hier zögert Hegel nicht, eine Brücke zwischen seiner Begrifflichkeit und der christlichen Tradition zu bauen: «In der christlich-religiösen Lehre ist dies so ausgesprochen, dass Gott [...] von Ewigkeit her einen Sohn erzeugt hat, in welchem er als Geist bei sich ist.»[38] Der Begriff ist der göttliche, inkarnierte Logos.

1.4.3 Die Welt als meine Welt begreifen!

Wenn Menschen etwas begreifen, dann haben sie sich nicht einen schicken Namen für einen Gegenstand ausgedacht. Vielmehr haben sie sich an einen Gegen-

---

32   Werke 8, § 45, 123.
33   Werke 8, § 36, 104.
34   Werke 8, § 160, 307.
35   Werke 8, § 166, 318.
36   Werke 8, § 213, 369.
37   Werke 8, § 163, 313.
38   Werke 8, § 161, 309.

stand so entäußert, dass sie dessen ganz eigene Bestimmung erkannt haben. Nicht das endliche Subjekt trägt den Begriff an den Gegenstand heran, vielmehr offenbart sich der Begriff des Gegenstandes dem menschlichen Geist, weil der menschliche Geist und der Begriff der Natur einander nicht als Fremde und Unzugängliche gegenüberstehen, sondern beide im göttlichen Begriff ihren Ursprung haben. «Beim Erkennen ist es überhaupt darum zu tun, der uns gegenüberstehenden Welt ihre Fremdheit abzustreifen, uns, wie man zu sagen pflegt, in dieselbe zu finden, welches ebenso viel heißt als das Objektive auf den Begriff zurückzuführen, welcher unser innerstes Selbst ist.»[39] Die sogenannte Umwelt ist meine Welt. Sie ist nicht nur um mich und ich bin ihr nicht ein Äußerliches – vielmehr sind menschliches Selbst und die Natur als Schöpfungen des Absoluten untrennbar ineinander verwoben.

Der Begriff ist freilich nur dann unser «innerstes Selbst», wenn wir «von unserer unmittelbaren Subjektivität ablassen (den alten Adam ausziehen) und uns Gottes als unseres wahren und wesentlichen Selbsts bewusst werden».[40] Dann fällt auch die Einsicht nicht schwer, dass der Begriff allein es ist, «wodurch die Dinge in der Welt ihren Bestand haben, d. h. in der Sprache religiöser Vorstellung: die Dinge sind das, was sie sind, nur durch den ihnen innewohnenden göttlichen und damit schöpferischen Gedanken».[41] Wenn der endliche Geist des Menschen etwas begreift, dann hat sich ihm der Logos in den Dingen, ihre göttliche Bestimmung, offenbart. Diese Offenbarung befähigt dann den menschlichen Geist, an der *creatio continua* teilzuhaben – eine Aufgabe, über deren Größe und Risiken der aufgeklärte Mensch sich erst allmählich Rechenschaft ablegt. Gemäß der herrschenden dualistischen Verstandeslogik war das Begreifen «eine bloß subjektive und formelle Tätigkeit und das Objektive […] ein Festes und für sich Vorhandenes. Dieser Dualismus ist aber nicht das Wahre und es ist ein gedankenloses Verfahren.»[42] Unter den Folgen dieser Gedankenlosigkeit leidet das westliche Denken bis heute.

1.4.4 Verzweifelter Subjektivismus – eine Krankheit der Gegenwart

Logik ist die Wissenschaft des Denkens des Denkens. Was ist der Gegenstand des Denkens? Die Wahrheit. Wer aber wie Pilatus skeptisch frage: «Was ist Wahrheit?», dem bleibe mit dem in der Frage implizierten Verzicht auf die Wahrheit «nur die subjektive Eitelkeit übrig».[43] Ein weiteres Hindernis, Logik wertzuschätzen, bestehe darin, dass der gesunde Menschenverstand meine, dass es sich dabei

---

39 Werke 8, § 194, 351.
40 Werke 8, § 194, 351.
41 Werke 8, § 213, 369.
42 Werke 8, § 192, 345.
43 Werke 8, § 19, 69.

ja «nur um Gedanken» handle – als seien Gedanken nur zufällige und beliebige Gedankenspiele.

Gerade beim Gottesgedanken zeige sich, wie wichtig es ist, Gedanken nicht nur als subjektive Einfälle zu begreifen. «Dieser Inhalt, Gott selbst, ist nur in seiner Wahrheit im Denken und als Denken. In diesem Sinne ist also der Gedanke nicht bloß nur Gedanke, sondern ist vielmehr die höchste und, genau betrachtet, die einzige Weise, in der das Ewige und an und für sich Seiende gefasst werden kann.»[44] Deshalb kann Religion nicht nur ein Gefühl sein. Denn die Religion führt uns «auf ein Allgemeines, welches alles andere in sich befasst, auf ein Absolutes, wodurch alles andere hervorgebracht ist, und dies Absolute ist nicht für die Sinne, sondern nur für den Geist und den Gedanken».[45] Gott ist kein äußerlicher Gegenstand, sondern der Mittelpunkt, aus dem alle Äußerlichkeit fließt. «Man meint gewöhnlich, das Absolute müsse weit jenseits liegen; aber es ist gerade das ganz Gegenwärtige, das wir als Denkendes, wenn auch ohne ausdrückliches Bewusstsein darum, immer mit uns führen und gebrauchen.»[46]

Gerade dem Gedanken eines umfassenden Allgemeinen werde aber mit wachsender Skepsis begegnet: «Die Krankheit unserer Zeit ist es, welche zu der Verzweiflung gekommen ist, dass unser Erkennen nur ein subjektives und dass dieses Subjektive das Letzte sei.»[47] Das könne aber nicht sein, denn «Ich ist auch jeder andere, und indem ich mich als Ich bezeichne, so meine ich zwar mich, diesen Einzelnen, spreche jedoch zugleich ein vollkommen Allgemeines aus».[48] Dies gilt umso mehr, als ich mich der Allgemeinheit der Sprache bediene und von mir behaupte, dass ich denke. «Indem ich denke, gebe ich meine subjektive Besonderheit auf, vertiefe mich in die Sache, lasse das Denken für sich gewähren».[49]

1.4.5 Die Sündenfallgeschichte an der Spitze der Logik

Ausführlich beschäftigt sich Hegel mit der biblischen Geschichte vom Sündenfall und der christlichen Lehre von der Erbsünde. Sie dient ihm zur Kritik an einem Verständnis von Wahrheit aus unmittelbarem Erleben und als Plädoyer, die Entzweiung, in der sich der endliche, menschliche Geist befindet, zu akzeptieren. Die Natur selbst kennt eine solche Entzweiung nicht – nur der Mensch existiert als entzweites Wesen. Vom Ursprung und den Folgen dieser Entzweiung berichtet die biblische Sündenfallerzählung. Hegel hält es für angemessen, «den Mythus

---

44 Werke 8, § 19, 70.
45 Werke 8, § 21, 78.
46 Werke 8, § 24, 85.
47 Werke 8, § 22, 79.
48 Werke 8, § 24, 83.
49 Werke 8, § 24, 84.

vom Sündenfall an der Spitze der Logik zu betrachten, da diese es mit dem Erkennen zu tun hat und es sich auch in diesem Mythus um das Erkennen [...] handelt».[50] Die Philosophie dürfe sich vor der Religion nicht scheuen, «als ob dergleichen Mythen und religiöse Darstellungen etwas Abgetanes seien, denn sie haben eine tausendjährige Ehrwürdigkeit unter den Völkern».[51]

Worin besteht die bleibende Aktualität der Sündenfallgeschichte? Sie berichtet davon, dass der Mensch im Zustand der Unschuld wie ein Tier im Paradies, dem Garten der Tiere, lebte. Der Sündenfall ist der Übergang vom tierischen Leben, das in seinem Ansichsein verbleibt, in ein menschlich-geistiges Leben, das für sich sein will. Die Menschen sehen sich von der Schlange aufgefordert, aus dem Stand der Unschuld herauszutreten und zur Erkenntnis des Unterschiedes zwischen dem Guten und dem Bösen zu kommen. Dieser Prozess wiederholt sich, so Hegel, in jedem Kleinkind, das allmählich erkennt, dass es die Wahl zwischen dem Guten und dem Bösen hat. «[E]s ist dies die an jedem Menschen sich wiederholende Geschichte».[52] Mit dem Wissen, was Gut und Böse ist, entzweit sich der Mensch von seinem natürlichen und sinnlichen Dasein und empfindet Scham.

Das Verlassen des Gartens der Tiere und der Verlust des Standes der Unschuld waren ein Befreiungsakt. Gott erkennt die Bedeutung dieses Schrittes und kommentiert: «Siehe, Adam ist worden wie unsereiner, denn er weiß was gut und böse ist.» (Genesis 3,22) Hegel hält diese Feststellung Gottes für den Höhepunkt der Sündenfallgeschichte. Das Erkennen des Guten und des Bösen ist etwas Göttliches, an dem der Mensch Anteil bekommen hat. «[E]rst durch das Erkennen ist der ursprüngliche Beruf des Menschen, ein Ebenbild Gottes zu sein, realisiert worden.»[53] Die Philosophie leistet einen wesentlichen Beitrag dazu, dass sich der Mensch als Ebenbild Gottes erkennt – dies freilich nur dann, wenn sie nicht der Anmaßung verfällt, den Menschen an die Stelle Gottes zu setzen, anstatt ihn lediglich als dessen Ebenbild zu konzipieren.

Die Sündenfallgeschichte markiert die Gemeinsamkeit, aber auch den Unterschied zwischen Gott und Mensch eindrücklich. Zwar hat der Mensch vom Baum der Erkenntnis gegessen und ist mit der Fähigkeit, das Gute und das Böse zu erkennen, zum Ebenbild Gottes geworden, zugleich aber hat Gott nicht zugelassen, dass der Mensch auch vom Baum des Lebens isst. Als Geist ist der Mensch zwar «unendlich im Erkennen», nach seiner Natur bleibt er aber endlich und sterblich. Gott ist im Himmel und der Mensch muss auf Erden an der Versöhnung von Himmel und Erde, von Gott und Mensch arbeiten. Als Endlicher und Natürlicher ist er der Erbsünde ausgeliefert. «Insofern der Mensch als Na-

---

50 Werke 8, § 24, 88.
51 Werke 8, § 24, 88.
52 Werke 8, § 24, 89.
53 Werke 8, § 24, 90.

turwesen ist und sich als solches verhält, so ist dies ein Verhältnis, welches nicht sein soll.»⁵⁴ Der «tiefen kirchlichen Lehre» von der Erbsünde stehe die Lehre der Aufklärung gegenüber, «dass der Mensch von Natur gut sei und also dieser getreu bleiben müsse».⁵⁵ Für diesen moralischen Naturalismus hat Hegel nichts übrig. Denn tatsächlich treibe der Mensch nur zu oft seine besonderen Zwecke auf die Spitze. Er wisse und kenne dann nur sich selbst – unter Ausschluss des Allgemeinen. Aber ebendies sei das Böses – «dieses Böse ist seine Subjektivität».⁵⁶ Selbst wenn der Mensch Sympathie oder Mitleid empfinde, hätten auch hier «Selbstsucht und Zufälligkeit [...] immer das Spiel».⁵⁷

1.5 Von der Verstandesmetaphysik zum spekulativen Denken

Der Verstand akzeptiert die vorfindliche Welt als eine vorgegebene. Gerade so fixiert er eine Subjekt-Objekt-Spaltung, die dem Subjekt eine nachgeordnete Stellung zuweist. Ebendies hält Hegel für das Problem. Das Ich habe die Macht, die gegenständliche Welt in Freiheit zu gestalten. «Der Kampf der Vernunft besteht darin, dasjenige, was der Verstand fixiert hat, zu überwinden.»⁵⁸ Der Geist nämlich ist «absolute Aktuosität», eine die Welt gestaltende und verändernde «Energie», kein «prozessloses *ens*».⁵⁹ Das spekulative Denken könne man mit einem Segeltörn vergleichen, «dem ins Freie Ausschiffen, wo nichts über uns und unter uns ist und wir in der Einsamkeit mit uns allein dastehen».⁶⁰

Hegel zeigt an den mittelalterlichen Gottesbeweisen die Schwäche der Verstandesmetaphysik. Zwar sei die Erkenntnis Gottes «allerdings die höchste Aufgabe der Wissenschaft».⁶¹ Die mittelalterliche Metaphysik habe aber nur Verstandesmetaphysik, nicht Vernunftmetaphysik betrieben. Schon der Begriff «Gottesbeweis» führe in die Irre. Denn damit werde behauptet, «dass das Sein Gottes von anderen Bestimmungen abhängen soll, dass diese also den Grund vom Sein Gottes ausmachen».⁶² Aber auch Bestimmungen Gottes als «ens realissimum», das allerrealste Wesen, litten darunter, «dass dieses allerrealste Wesen dadurch, dass die Negation von demselben ausgeschlossen wird, gerade das Gegenteil von dem ist, was es sein soll und was der Verstand an ihm zu haben

---

54   Werke 8, § 24, 90.
55   Werke 8, § 24, 90.
56   Werke 8, § 24, 90.
57   Werke 8, § 24, 91.
58   Werke 8, § 32, 99.
59   Werke 8, § 34, 101.
60   Werke 8, § 31, 98.
61   Werke 8, § 36, 104.
62   Werke 8, § 36, 105.

meint».[63] Alle Realität ist dem Vergehen unterworfen. Wird diese elementare Erfahrung nicht Moment des Gottesbegriffs, dann ist Gott als ein um seine Negativität gebrachtes *ens realissimum* ein bloßes Jenseits und das angeblich Reichste und Erfüllte erweise sich als «das Allerärmste und schlechthin Leere».[64] Die Vernunft nähere sich dem Gottesbegriff anders. Zwar erkenne auch die Vernunft die vorfindliche Realität als das Andere Gottes an. Sie begreife diese Realität aber nicht als das Ursprüngliche, sondern als ein bereits Vermitteltes. Und so sei Gott «als der die Vermittlung in sich aufgehoben Enthaltende, wahrhaft Unmittelbare, Ursprüngliche und auf sich Beruhende zu betrachten».[65]

1.5.1 Vom unkritischen Empirismus zur kritischen Philosophie

Die empirischen Wissenschaften sind Wahrnehmungswissenschaften. Sie setzen voraus, dass das, was der Mensch sinnlich wahrnimmt, wirklich ist. Aus der sinnlichen Wahrnehmung werden dann übersinnliche Sätze und Gesetze abgeleitet. Hegel schätzt am Empirismus, dass er nur das als wahr anerkennt, was sich in der empirischen Wirklichkeit nachweisen lässt. Der Empirismus interessiert sich nur für das, was ist. Was nur sein soll, lässt er auf sich beruhen. Dieses Insistieren auf dem Erforschen des Vorfindlichen schätzt Hegel. Sein grundsätzlicher Einwand ist aber folgender:

> Die Grundtäuschung im wissenschaftlichen Empirismus ist immer diese, dass er die metaphysischen Kategorien von Materie, Kraft, [...] von Einem, Vielen, Allgemeinheit, auch Unendlichkeit usf. gebraucht, [...] und bei alldem nicht weiß, dass er so selbst Metaphysik enthält und treibt und jene Kategorien [...] auf eine völlig unkritische und bewusstlose Weise gebraucht.[66]

Der Zugriff auf das vorgefundene Material sei unmittelbar, eine Kritik etwa des erkenntnisleitenden Interesses oder der Kategorien, mit denen das Vorgefundene geordnet wird, finde nicht statt. Und so werde hinter dem Rücken der Forschenden eine Metaphysik wirkmächtig, über die man sich nicht aufgeklärt habe. Der Materialismus ist für Hegel ein typisches Beispiel. Die Materialisten behaupteten, dass die Materie das wahrhaft Objektive sei. Das sei aber ein Kurzschluss, denn bereits der Begriff ‹Materie› sei eine Abstraktion von allem Sinnlichen, mithin ein Konstrukt des menschlichen Denkens. Weil diese Einsicht aber nicht bewusst gemacht werde, sei der Materialismus «eine Lehre der Unfreiheit, denn die Frei-

---

63 Werke 8, § 36, 105.
64 Werke 8, § 36, 105.
65 Werke 8, § 36, 106.
66 Werke 8, § 38, 108 f.

heit besteht gerade darin, dass ich kein absolut Anderes gegen mich habe, sondern abhänge von einem Inhalt, der ich selbst bin».[67]

Der Empirismus und die kritische Philosophie Kants stimmen für Hegel darin überein, «die Erfahrung für den einzigen Boden der Erkenntnis anzunehmen».[68] Der große Fortschritt der kritischen Philosophie Kants gegenüber einem unkritischen Empirismus besteht aber darin, dass die kritische Philosophie das Wahrgenommene und Erfahrene nicht als Wahrheit nimmt, sondern lediglich als «Erkenntnisse von Erscheinungen gelten lässt».[69] Erst das erkennende Subjekt eignet sich mithilfe seiner Kategorien die Gegenstände seiner Erfahrung an. Kants Begriff der Apperzeption könne man als die «Tätigkeit des Vermeinigens»[70] verstehen. Das Ich sei «gleichsam der Schmelztiegel und das Feuer, wodurch die gleichgültige Mannigfaltigkeit verzehrt und auf Einheit reduziert wird».[71] Kants Philosophie könne deshalb als «subjektiver Idealismus»[72] gekennzeichnet werden.

Wer die Realität idealisiert, der lässt sie nicht, wie sie ist. Er rearrangiert sie, macht sie sich zunutze, verwandelt Natur in Kultur. Über Kants subjektiven Idealismus hinaus plädiert Hegel für einen absoluten Idealismus. Es sei nicht die Tätigkeit eines endlichen Subjekts, die die Einheit der Mannigfaltigkeit gewährleiste. Es ist vielmehr «die Güte des Absoluten, Einzelheiten zu ihrem Selbstgenuss zu entlassen[,] und dieses selbst treibt sie in die absolute Einheit zurück».[73] So richtig es sei, dass das menschliche Subjekt Kategorien bilde, weil es ein «Bedürfnis nach Einheit und Allgemeinheit» habe, so folge aus dieser Einsicht aber keineswegs, «dass dieselben deshalb bloß ein Unsriges und nicht auch Bestimmungen der Gegenstände selbst wären».[74]

1.5.2 Kants zu große «Zärtlichkeit für die weltlichen Dinge»

Kant habe vollkommen recht, «dass die Gegenstände, von denen wir unmittelbar wissen, bloße Erscheinungen sind, d. h. dass dieselben den Grund ihres Seins nicht in sich selbst, sondern in einem anderen haben».[75] Nicht überzeugend sei aber seine Behauptung, dass die Dinge «nur Erscheinungen für uns» seien und «das Ansich derselben [...] für uns ein unzugängliches Jenseits»[76] bleibe. Dem-

---

67 Werke 8, § 38, 111.
68 Werke 8, § 40, 112.
69 Werke 8, § 40, 112.
70 Werke 8, § 42, 118.
71 Werke 8, § 42, 118.
72 Werke 8, § 42, 119.
73 Werke 8, § 42, 118.
74 Werke 8, § 42, 119.
75 Werke 8, § 45, 122.
76 Werke 8, § 45, 122.

gegenüber behauptet Hegel: «Das wahre Verhältnis ist in der Tat dieses, dass die Dinge [...] nicht nur für uns, sondern an sich bloße Erscheinungen sind».[77] Sie haben ihren Grund nicht in sich selbst, «sondern in der allgemeinen göttlichen Idee».[78] Dies sei die Auffassung des absoluten Idealismus, dies sei aber auch die Grundlage allen religiösen Bewusstseins, sofern dieses «die vorhandene Welt als von Gott erschaffen und regiert betrachtet».[79]

Kants Problem bestehe darin, dass er angesichts der Widersprüche des Daseins eine unangemessene «Zärtlichkeit für die weltlichen Dinge»[80] empfinde. «Das weltliche Wesen soll es nicht sein, welches den Makel des Widerspruchs an ihm habe, sondern derselbe nur der denkenden Vernunft, dem Wesen des Geistes zukommen.»[81] Auch Kants Kritik der Gottesbeweise sei unzureichend, die des ontologischen Gottesbeweises sogar «eine Barbarei».[82] Solange der Mensch denke, so Hegel, werde er es sich nicht nehmen lassen, Gott zu denken. Der Mensch lasse sich nicht auf das Sinnliche reduzieren. Er denke immer darüber hinaus. «Wenn solcher Übergang nicht gemacht werden soll, so heißt dies, es soll nicht gedacht werden. In der Tat machen Tiere diesen Übergang nicht; sie bleiben bei der sinnlichen Empfindung und Anschauung stehen; sie haben deswegen keine Religion.»[83] Religion denkt über die vorfindliche Welt hinaus. Sie negiert die Welt. Religion ist so eine kritische Kraft, die sich vom Endlichen nicht schrecken lässt. «Der Sinn der Erhebung des Geistes ist, dass der Welt zwar Sein zukomme, das aber nur Schein ist, nicht das wahrhafte Sein, nicht absolute Wahrheit, dass diese vielmehr jenseits jener Erscheinung nur in Gott ist, Gott nur das wahrhafte Sein hat.»[84]

1.5.3 Von der Skepsis zur unmittelbaren subjektiven Innerlichkeit

Kants Skepsis gegenüber der Erkennbarkeit des Absoluten hat, so Hegel, zum Bewusstsein einer «absoluten Innerlichkeit»[85] geführt. An diese Innerlichkeit knüpft eine Philosophie an, die Kants Differenzierungen dazu nutzt, ein unmittelbares, subjektives, innerliches, gefühltes Wissen des Absoluten und Unbedingten gegenüber den Reflexionsbestimmungen des Verstandes zu behaupten. Da die Kategorien des Verstandes nur beschränkte Bestimmungen, nur Formen des Bedingten und Abhängigen seien, seien diese außerstande, Gott zu erkennen.

---

77   Werke 8, § 45, 122.
78   Werke 8, § 45, 123.
79   Werke 8, § 45, 123.
80   Werke 8, § 48, 126.
81   Werke 8, § 48, 126 f.
82   Werke 8, § 51, 136.
83   Werke 8, § 50, 131.
84   Werke 8, § 50, 132.
85   Werke 8, § 60, 146.

Dazu sei nur der Glaube fähig, der als ein «unmittelbares Wissen»[86] aufgefasst werden müsse.

Hegel hat gegen dieses «gläubige Philosophieren», das «fromm und christlich-fromm aussieht»,[87] größte Vorbehalte: «Der Glaube aber jenes philosophierenden Standpunktes ist [...] nur die Autorität der eigenen subjektiven Offenbarung.»[88] Jeder hat dann seinen eigenen Gott, der subjektive Wille eines jeden ist sein ganz eigenes Himmelreich. Da das unmittelbare Wissen sein eigenes Wahrheitskriterium ist, so folgt daraus, «dass aller Aberglaube und Götzendienst für Wahrheit erklärt wird und der unrechtlichste und unsittlichste Inhalt des Willens gerechtfertigt ist».[89] Der Gott des unmittelbaren Wissens ist inhaltsleer. Das Wissen von Gott weiß nur, «dass Gott ist, nicht[,] was Gott ist».[90]

Dem Theologen Hegel ist ein solch unbestimmter Gottesbegriff ein Gräuel: «[S]o wäre sich nur über die Armut der Zeit zu verwundern, welche das Dürftigste des religiösen Wissens für einen Gewinn halten lässt und dahin gekommen ist, in ihrer Kirche zu dem Altar zurückzukehren, der sich längst in Athen befand, welcher *dem unbekannten Gotte!* gewidmet war.»[91] Hegel spielt hier auf die Rede des Paulus auf dem Areopag in Athen an, von der die Apostelgeschichte im siebzehnten Kapitel berichtet. Hegel hält das für einen erschreckenden Rückfall hinter die Trinitätslehre, die er als glückliche Vermählung von Christentum und platonisch-aristotelischer Philosophie verstand. Anstatt also Gott zu einem unbestimmten Wesen zu machen, komme es darauf an, Gott als Geist zu wissen. «Geist aber kann Gott nur heißen, insofern er als sich in sich selbst mit sich vermittelnd gewusst wird. Nur so ist er konkret, lebendig und Geist; das Wissen von Gott als Geist enthält eben damit Vermittlung in sich.»[92] Der trinitarische Gott ist der sich vermittelnde, nicht der unmittelbare Gott.

Zwar könne man der Philosophie des unmittelbaren Wissens und auch der des unmittelbaren Gefühls oder der unmittelbaren Anschauung zubilligen, dass sie gegenüber der Reduktion der Philosophie auf nur endliche Gegenstände das Bewusstsein für die Bezogenheit des Subjekts auf das Unendliche wachhalte. Aber die Philosophie des unmittelbaren Wissens überlasse sich «der wilden Willkür der Einbildungen und Versicherungen, einem Moralitäts-Eigendünkel und Hochmut des Empfindens oder einem maßlosen Gutdünken und Räsonne-

---

86   Werke 8, § 63, 150.
87   Werke 8, § 63, 152.
88   Werke 8, § 63, 152.
89   Werke 8, § 72, 162.
90   Werke 8, § 73, 163.
91   Werke 8, § 73, 163.
92   Werke 8, § 74, 163.

ment».⁹³ Gegen solch wildes Meinen helfe nur ein prinzipieller Skeptizismus, der «das Zweifeln an allem, d. i. die gänzliche Voraussetzungslosigkeit»,⁹⁴ pflege.

1.5.4 Spekulation als Mystik

Bevor Hegel seine Logik entfaltet, will er deren Einteilung plausibel machen. Das Logische habe drei Zugänge: den Verstand, die Dialektik und die Vernunft. Der Verstand beharre auf festen Bestimmungen und Unterscheidungen. Er gewährleistet Festigkeit. Wer etwa ein Haus bauen will, der muss sich auf die Beschaffenheit der Stoffe, die Techniken und die Berechnungen verlassen können. «Der Verstand ist hiernach als demjenigen entsprechend zu betrachten, was man die Güte Gottes nennt, insofern darunter dies verstanden wird, dass die endlichen Dinge sind, dass sie ein Bestehen haben.»⁹⁵ Der Verstand nimmt das, was der gütige Gott schenkt, als ein Vorgegebenes.

Die Dialektik hebt solch endliche und feste Bestimmungen auf. Zumal die Skepsis erkennt die Widersprüchlichkeit des Vorfindlichen und erhebt den Zweifel an allem zum Prinzip. «Alles Endliche ist dies, sich selbst aufzuheben.»⁹⁶ Die Dialektik bringt diesen Prozess der Aufhebung auf den Begriff. Es ist der Skepsis zu verdanken, dass wir wissen, dass alles Endliche, «anstatt ein Festes und Letztes zu sein, vielmehr veränderlich und vergänglich ist, und dies ist nichts anderes als die Dialektik des Endlichen».⁹⁷ Die Dialektik sei weniger an den Gütern des gütigen Gottes interessiert als vielmehr an Gottes vernichtender Allmacht. «Wir sagen, dass alle Dinge [...] zu Gericht gehen, und haben hierbei die Anschauung der Dialektik als der allgemeinen, unwiderstehlichen Macht, vor welcher nichts, wie sicher und fest dasselbe sich auch dünken möge, zu bestehen vermag.»⁹⁸ Insofern ist auch der Skeptizismus nicht nur eine Zweifelslehre, vielmehr weiß er schlechthin um die «Nichtigkeit alles Endlichen».⁹⁹ Man könne die Dialektik und den Skeptizismus deshalb auch das Denken der Allmacht Gottes nennen, die – anders als die Bestand gewährende Güte Gottes – alles neu machen will und nichts so lässt, wie es ist.

Das Problem des modernen Skeptizismus besteht im Unterschied zur Dialektik darin, dass er die Wahrheit des Übersinnlichen und Unendlichen leugnet und meint, sich an das Sinnliche und die unmittelbare Empfindung halten zu müssen. Dort findet der nihilistische und verzweifelte Skeptizismus aber nur

---

93   Werke 8, § 77, 167.
94   Werke 8, § 78, 168.
95   Werke 8, § 79, 170.
96   Werke 8, § 81, 172 f.
97   Werke 8, § 81, 174.
98   Werke 8, § 81, 175.
99   Werke 8, § 81, 175.

«das leere, abstrakte Nichts»[100] – und empfiehlt, diese Wahrheit heroisch auszuhalten. Tatsächlich, so Hegel, sei aber jede Negation eine Negation von etwas – und dieses Etwas werde durch die Negation zwar transformiert, aber nicht vernichtet. Die wahrhafte dialektische Negation ende also nicht im Nichts, vielmehr werde das Negierte als Aufgehobenes erhalten.

Die Einheit des Widerspruchs zwischen dem das Vorfindliche ordnenden Verstand und dessen Negation durch die Dialektik ist die spekulative Vernunft. Der Mensch weiß vom Vernünftigen, «insofern er von Gott und diesen als den schlechthin durch sich selbst Bestimmten weiß».[101] Gott ist, wie die Vernunft, ein Unbedingtes. Die spekulative Vernunft ist «ausdrücklich dasjenige, welches jene Gegensätze, bei denen der Verstand stehenbleibt, (somit auch den des Subjektiven und Objektiven), als aufgehoben in sich enthält und eben damit sich als konkret und als Totalität erweist».[102]

Kann man die Tätigkeit des Verstandes theologisch als ein Verstehen der Güte Gottes deuten und die Tätigkeit der Dialektik als ein Begreifen der negierenden Allmacht Gottes, so ist die spekulative Vernunft für Hegel dasselbe, «was früher [...] als das Mystische bezeichnet zu werden pflegte».[103] Die Bewegung des Denkens ist ein beständiges Aufheben eines Unmittelbaren und das Umschlagen in sein Entgegengesetzes. Das Vernünftige besteht nun darin, «die Entgegengesetzten als ideelle Momente in sich zu enthalten».[104] Und so beschließt Hegel seine Erläuterungen zum Aufbau der *Logik* mit einem Bekenntnis zur Mystik: «Alles Vernünftige ist somit zugleich als mystisch zu bezeichnen, womit jedoch nur so viel gesagt ist, dass dasselbe über den Verstand hinausgeht und keineswegs, dass dasselbe überhaupt als dem Denken unzugänglich und unbegreiflich zu betrachten sei.»[105]

2. Vom Sein über das Wesen zum Begriff

Die Logik der *Enzyklopädie* ist genauso aufgebaut wie die 1810 verfasste *Wissenschaft der Logik*. Hegel bestimmt zunächst das Sein, dann das Wesen und schließlich den Begriff, der sich als die Wahrheit des Seins und des Wesens erweist. Erweisen heißt für Hegel zeigen, «wie der Gegenstand durch und aus sich selbst sich zu dem macht, was er ist».[106] Der Vorzug der *Enzyklopädie* gegenüber der *Logik* besteht für den Zweck dieser Untersuchung darin, dass Hegel hier ex-

---

100 Werke 8, § 82, 177.
101 Werke 8, § 82, 177.
102 Werke 8, § 82, 178.
103 Werke 8, § 82, 178.
104 Werke 8, § 82, 179.
105 Werke 8, § 82, 179.
106 Werke 8, § 83, 180.

plizit philosophische und theologische Traditionen miteinander verschränkt. Immer wieder finden sich religionsgeschichtliche Exkurse, die das philosophische Argument veranschaulichen sollen. Dass etwa das unwahre Sein und das unwahre Wesen erst im Begriff zu ihrer Wahrheit kommen, entspreche «der Art, dass Gott, der die Wahrheit ist, d. h. als absoluter Geist, nur insofern von uns erkannt wird, als wir zugleich die von ihm erschaffene Welt, die Natur und den endlichen Geist, in ihrem Unterschied von Gott als unwahr anerkennen».[107]

2.1 Seinslogik: Sein, Dasein, Fürsichsein

Wie stets bei Hegels triadischen Beziehungen erweist sich erst das dritte Glied als das Konkrete, während es sich bei den beiden ersten um sich aufhebende Momente handelt, die für sich keinen Bestand haben. «Das Werden ist der erste konkrete Gedanke und damit der erste Begriff, wohingegen Sein und Nichts leere Abstraktionen sind.»[108] Hegel zeigt die Abstraktheit des Seins und des Nichts am mittelalterlichen und am buddhistischen Gottesverständnis. Im Christentum werde Gott als das *ens realissimum*, als der Inbegriff allen Seins, aufgefasst, während im Buddhismus das Nichts als das Prinzip von allem verehrt werde.[109] Beide Bestimmungen seien aber leer. «Das wahre Verhältnis ist dagegen dieses, dass das Sein nicht ein Festes und Letztes, sondern vielmehr als dialektisch in sein Entgegengesetztes umschlägt, welches [...] das Nichts ist.»[110] Insofern seien das christliche und das buddhistische Gottesverständnis gleichermaßen berechtigt, aber auch gleichermaßen nichtssagend. Erst das Werden erweist die Wahrheit des Seins und des Nichts. Werden aber ist «die Unruhe in sich».[111] Im Werden geht das Nichts in Sein und das Sein in Nichts über.

Das Werden als Gewordenes ist das Dasein. Sein und Nichts sind in ihrer Widersprüchlichkeit im Dasein aufgehoben. Und so «ist überall gar nichts, worin nicht der Widerspruch, d. i. entgegengesetzte Bestimmungen aufgezeigt werden können und müssen».[112] Veränderlichkeit und Endlichkeit sind die Qualitäten des Daseins. Dem Menschen fällt es freilich schwer, sich selbst zu verendlichen. «Der Mensch, insofern er wirklich sein will, muss dasein und zu diesem Ende muss er sich begrenzen. Wer gegen das Endliche zu ekel ist, der kommt zu gar keiner Wirklichkeit, sondern er verbleibt im Abstrakten und verglimmt in sich.»[113]

---

107 Werke 8, § 83, 180.
108 Werke 8, § 88, 192.
109 Vgl. Werke 8, §§ 85–87.
110 Werke 8, § 86, 185.
111 Werke 8, § 88, 191.
112 Werke 8, § 89, 194.
113 Werke 8, § 92, 197.

Im Dasein gibt es etwas. Wenn es etwas gibt, dann gibt es auch ein Anderes. Zwischen dem Etwas und dem Anderen spielen sich Prozesse der Repulsion, also der Abstoßung, wie auch der Attraktion, also der Anziehung, ab. Das Dasein ist eine Welt der Beziehungen und der Wechselwirkungen. Ein Atomismus, der sowohl in den Naturwissenschaften wie auch in der Anthropologie vertreten werde, sei unzureichend. Die Materie besteht nicht aus einzelnen, selbstständigen Atomen, sie ist vielmehr die Einheit von Repulsion und Attraktion. Auch das Ich muss erkennen, dass sein Fürsichsein nicht in der Selbstisolation besteht, sondern in seiner unhintergehbaren Relationalität.

Die Qualität des singulären Eins geht über in die Quantität vieler Einsen. Die Quantität ist kontinuierlich und diskret zugleich. Sie kann aus vielen Einsen eine Einheit bilden. Gezählte und vermessene Qualitäten sind für den technischen und wissenschaftlichen Fortschritt unerlässlich. Aber Hegel warnt:

> Es wäre in der Tat übel beschaffen mit unserem Erkennen, wenn solche Gegenstände wie Freiheit, Recht, Sittlichkeit, ja Gott selbst, darum, weil diese nicht gemessen und berechnet oder in einer mathematischen Formel ausgedrückt werden können, wir uns [...] bloß mit einer unbestimmten Vorstellung zu begnügen hätten und dann [...] dem Belieben eines jeden Einzelnen überlassen bliebe, daraus zu machen, was er will.[114]

2.2 Wesenslogik

2.2.1 Ist Gott ein höchstes Wesen?

Worin besteht der Unterschied zwischen Sein und Wesen? Das Wesen ist das «in sich gegangene Sein».[115] Es reflektiert über das Sein, leuchtet es aus und versucht zwischen dem Schein des Seins und dem Wesentlichen des Seins zu unterscheiden. Man kann sich den Begriff des Wesens auch aus der Vergangenheitsform des Verbs «sein», also «gewesen sein», erschließen. Wesen wäre dann das gewesene, «das vergangene Sein»,[116] das im Gegensatz zum vergänglichen Schein aber Bestand hat, nachhaltig ist, wirksam ist.

Ist es dann sinnvoll, zu behaupten, es gebe ein höchstes Wesen – und dieses höchste Wesen sei Gott? Hegel stört sich bereits an der Formulierung «es gibt». Denn wenn es *etwas* gibt, dann gibt es daneben auch *etwas Anderes*.

> Nun aber ist Gott als der schlechthin Unendliche nicht ein solcher, den es nur gibt und außer und neben welchem es auch noch andere Wesen gibt. Was es außer Gott sonst noch gibt, dem kommt in seiner Trennung von Gott keine Wesentlichkeit zu, vielmehr ist

---

114 Werke 8, § 99, 211.
115 Werke 8, § 112, 231.
116 Werke 8, § 112, 232.

dasselbe in dieser Isolierung als ein Halt- und Wesenloses, als ein bloßer Schein zu betrachten.[117]

Ferner impliziert das Adjektiv «höchstes Wesen», dass Gott nur das *höchste* Wesen ist, als solches aber nur eines neben vielen anderen, niedrigeren Wesen ist. «Gott ist indes nicht bloß *ein*, auch nicht das *höchste*, sondern vielmehr *das* Wesen.»[118] Allerdings macht Hegel hier sofort die Einschränkung, dass diese Einsicht noch nicht die höchste Form der Gotteserkenntnis sei. «Betrachten wir Gott nur als das Wesen schlechthin und bleiben wir dabei stehen, so wissen wir ihn nur erst als die allgemeine, widerstandslose Macht, oder anders ausgedrückt, als den Herrn. Nun ist aber die Furcht des Herrn wohl der Anfang, aber auch nur der Anfang der Weisheit.»[119] Die Vorstellung von einem abstrakten Herrn leide darunter, dass das Endliche dem Herrn gegenüber zum Knecht gemacht werde. Die Heilsgeschichte habe aber die Freiheit aller zum Ziel. Gott muss also mehr sein als nur das Wesen. Dieses Mehr ist für Hegel Gott als Geist – also Gott, der als göttlicher Geist im endlichen Geist der Menschen gegenwärtig ist.

Die Aufklärung konzediere zwar, dass es ein höchstes Wesen, ein *être suprême*, gebe. Dieses sei aber unerkennbar. «Wenn [...] Gott nur als das höchste jenseitige Wesen betrachtet wird, so hat man die Welt in ihrer Unmittelbarkeit vor sich als etwas Festes, Positives und vergisst dabei, dass das Wesen gerade die Aufhebung aller Unmittelbarkeit ist.»[120] So wie das Wesen das unmittelbare Sein als Schein entlarvt, so fängt auch die Erkenntnis Gottes damit an, «zu wissen, dass die Dinge in ihrem unmittelbaren Sein keine Wahrheit haben».[121] Hegel warnt aber zugleich davor, sich das Wesen als ein selbstständig Seiendes vorzustellen, das unabhängig vom Dasein Bestand habe. Es dürfe nicht übersehen werden, «dass das Wesen und dann weiter das Innere sich eben nur dadurch als solche bewähren, dass sie in die Erscheinung hinaustreten».[122] Theologisch gewendet: Gott muss erscheinen, wenn er sich als das Wesen des Seins erweisen will. Das christliche Narrativ von der Menschwerdung Gottes, seiner Inkarnation, trägt dem Rechnung.

2.2.2 Das Wesen muss erscheinen

Konnte man in der Seinslogik den Satz A = A als Ausdruck inhaltlicher Identität nehmen, so macht die Wesenslogik sogleich darauf aufmerksam, dass zwischen Subjekt und Prädikat ein Unterschied besteht, die behauptete Identität also gar

---

117 Werke 8, § 112, 233.
118 Werke 8, § 112, 233.
119 Werke 8, § 112, 233.
120 Werke 8, § 112, 234.
121 Werke 8, § 112, 234.
122 Werke 8, § 112, 234.

keine unmittelbare sein kann, sondern nur eine vermittelte, d. h. eine um den Widerspruch zwischen A als Subjekt und A als Prädikat wissende. Wer nach dem Wesen fragt, der fragt nach der Einheit der Differenz von Identität und Nicht-Identität. Das Alltagsbewusstsein betrachtet diese Unterschiede als gleichgültig gegeneinander.

> Man sagt so: ich bin ein Mensch und um mich herum ist Luft, Wasser, Tiere, Anderes überhaupt. Alles fällt da auseinander. Der Zweck der Philosophie ist dagegen die Gleichgültigkeit zu verbannen und die Notwendigkeit der Dinge zu erkennen, so dass das Andere als seinem Anderen gegenüberstehend erscheint.[123]

Der Mensch lebt nicht in einer «Umwelt» – er lebt in *seiner* Welt, sie ist *sein* Anderes, mit dem er untrennbar verwoben ist. «Alles, was irgend ist, das ist ein Konkretes, somit in sich selbst Unterschiedenes und Entgegengesetztes.»[124] Die Wesenslogik als die Reflexion des unmittelbaren Seins deckt die Widersprüchlichkeit des Seins auf. Die Widersprüchlichkeit der Welt beruht aber nicht auf einem Denkfehler. Die Einsicht in die Widersprüchlichkeit der Welt ist vielmehr die Erkenntnis ihres Wesens. «Was überhaupt die Welt bewegt, das ist der Widerspruch, und es ist lächerlich zu sagen, der Widerspruch lasse sich nicht denken.»[125]

Was in der Seinslogik das Werden ist, das ist in der Wesenslogik der Grund. Alles muss einen zureichenden Grund haben. Wer nach dem Grund von etwas fragt, der geht davon aus, dass dieses Etwas sein Wesen in einem Anderen hat.[126] Da aber ein Grund nur dann ein Grund ist, sofern er tatsächlich begründet, d. h. dem aus dem Grunde Hervorgegangenen zu seiner Identität verhilft, hat der Grund gar keinen eigenen Inhalt, sondern ist letztlich nur ein Platzhalter für die Einsicht, dass alles vermittelt ist, also nichts für sich besteht.

Ein Grund bringt nichts hervor, meist rechtfertigt er nur. Gründe könne man – so Hegel – für alles finden, «für das Unsittliche und Widerrechtliche nicht minder als für das Sittliche und Rechtliche».[127] Die Suche nach Gründen sei letztlich «Sophisterei», darauf hätten schon Sokrates und Platon aufmerksam gemacht. «Alles, was in der Welt verdorben worden ist, das ist aus guten Gründen verdorben worden.»[128]

Existenz ist «das aus dem Grunde hervorgegangene, durch Aufhebung der Vermittlung wiederhergestellte Sein».[129] In der Existenz geht das Wesen aus sich

---

123 Werke 8, § 119, 246.
124 Werke 8, § 119, 246.
125 Werke 8, § 119, 247.
126 Werke 8, § 121, 248.
127 Werke 8, § 121, 251.
128 Werke 8, § 121, 252.
129 Werke 8, § 123, 253.

heraus, scheint nicht nur nach innen, sondern auch nach außen. Die Existenz ist «eine Welt gegenseitiger Abhängigkeit»,[130] ein unendliches Netz von Gründen und Begründetem. Man kann das Verhältnis von Grund und Existenz deshalb auch so bestimmen: «Der Grund ist das Aufheben seiner selbst, und das, wozu er sich aufhebt, das Resultat seiner Negation, ist die Existenz.»[131]

Das Existierende existiert als Ding. Das Ding besteht aus Materie und Form. Allerdings lehnt Hegel die Vorstellung ab, dass die Materie etwas vorgängig Selbstständiges sei und die Form die nachträglich an die Materie herangetragene Gestalt. Der Materie als solcher kommt keine Selbstständigkeit zu, aber auch die Form wird nur zur Form, wenn sie etwas anderes formen kann. Beide sind aufeinander angewiesen. Das Wesen eines Dings ist nicht hinter oder jenseits seiner Erscheinung zu finden. Das Wesen existiert, es geht aus sich heraus und wird so zur Erscheinung. «Das Wesen muss erscheinen.»[132] Mit anderen Worten: Das Wesen existiert.

Nicht nur Form und Inhalt, auch Ganzes und Teil, Kraft und Wirkung, Innerliches und Äußerliches sind als dialektische Beziehungen zu denken, nicht als statische Oppositionen. Deren Verhältnis müsse als ein wechselseitiges Umschlagen gedacht werden. Weder sei die Form inhaltsleer noch der Inhalt formlos. Ähnliches gilt für das Verhältnis eines Teils zum Ganzen. So seien die Organe eines lebendigen Leibes nicht nur als dessen Teile anzusehen, vielmehr müsse von einer Wechselwirkung ausgegangen werden, bei der im Teil das Ganze ebenso gegenwärtig ist wie im Ganzen die Teile. Und beim Verhältnis von Kraft und Wirkung sei zu bedenken, dass es das eine nur als das andere gebe und beide Begriffe für sich abstrakt blieben. Eine Kraft sei gerade dies, sich zu entäußern. Ebendies sei aber zugleich ihre Wirkung.

Theologisch problematisch ist für Hegel die Annahme von Naturkräften, bei deren Wirkungen «für die göttliche Weltregierung nichts zu tun übrig bleibe und Gott somit zu einem müßigen Zuschauer bei solchem Spiel der Kräfte herabgesetzt werde».[133] Die Kirchen hätten freilich diese Herabsetzung Gottes zum bloßen Zuschauer des Naturschauspiels hingenommen und sich bei der Frage materialistischer Naturwissenschaftler, wo und wie denn Gott in der Natur am Werk sei, «auf die Unerforschlichkeit des göttlichen Ratschlusses»[134] berufen. Damit hätten sie aber nicht nur den Standpunkt der «Verstandesaufklärung»[135] eingenommen, sie hätten damit auch gegen ein elementares biblisches Gebot versto-

---

130 Werke 8, § 123, 253.
131 Werke 8, § 123, 254.
132 Werke 8, § 131, 261.
133 Werke 8, § 135, 272.
134 Werke 8, § 136, 273.
135 Werke 8, § 136, 273.

ßen. Denn Christen sollen «Gott im Geist und in der Wahrheit erkennen».[136] Diese Aufforderung steht aber im Widerspruch zum Rückzug der Kirchen aus den metaphysischen Debatten. Dieser Rückzug könne nur als «hoffärtig fanatische Demut»[137] bezeichnet werden.

Auch die Trennung zwischen einem Inneren und eine Äußeren sei nicht haltbar. «Das Äußere ist [...] derselbe Inhalt als das Innere. Was innerlich ist, ist auch äußerlich vorhanden und umgekehrt; die Erscheinung zeigt nichts, was nicht im Wesen ist, und im Wesen ist nichts, was nicht manifestiert ist.»[138] Es sei ein Fehler, das Wesen als ein Inneres zu nehmen. Ein Mensch, der sich handelnd äußert, ist sich zugleich innerlich. Ein Mensch freilich, der nur innerlich Absichten, Gesinnungen und Tugenden hat, sich aber nicht äußert, ist und bleibt hohl und leer. Das gelte auch für Gott: «Was Gott ist, das teilt er mit, das offenbart er und zwar zunächst durch die Natur und in derselben.»[139] Auch der Mensch muss sich zeigen und entäußern. «[W]as der Mensch tut, das ist er, und der lügnerischen Eitelkeit, welche sich am Bewusstsein innerlicher Vortrefflichkeit wärmt, ist jener Spruch des Evangeliums entgegenzuhalten: ‹An ihren Früchten sollt ihr sie erkennen›.»[140]

2.2.3 Die Wirklichkeit als die Einheit des Äußeren und des Inneren

Die Wirklichkeit ist die «Einheit des Wesens und der Existenz oder des Inneren und Äußeren».[141] Die Wirklichkeit wirkt. In ihr entfaltet sich das Wesentliche. Sie ist die Identität von Äußerem und Innerem. Hegel ist sich sehr wohl bewusst, dass sein Wirklichkeitsverständnis dem gesunden Menschenverstand widerspricht. Denn dieser geht davon aus, dass sich Äußeres und Inneres, Wirklichkeit und Gedanke gegenüberstehen. Genau dies sei aber nicht der Fall. Eine Wirklichkeit gebe es nur, weil in ihr die Idee als eine Energie wirke, die sich unablässig realisiert. Die Idee ist «das Innere, welches schlechthin heraus ist».[142] Es verhalte sich auch nicht so, dass Ideen in unseren Köpfen produziert würden. Die Idee sei keineswegs «etwas so Ohnmächtiges, dessen Realisierung nach unserem Belieben erst zu bewerkstelligen oder auch nicht zu bewerkstelligen wäre, sondern dieselbe ist vielmehr das schlechthin Wirkende».[143]

Zwischen zufälligen Erscheinungen und dem wirklich Wirkenden muss aber unterschieden werden. Ein wirklicher Dichter oder ein wirklicher Staats-

---

136 Werke 8, § 136, 273.
137 Werke 8, § 136, 273.
138 Werke 8, § 139, 274.
139 Werke 8, § 141, 276.
140 Werke 8, § 141, 277.
141 Werke 8, § 142, 279.
142 Werke 8, § 142, 281.
143 Werke 8, § 142, 280.

mann entfaltet Wirkungen – einer, der es nur gerne möchte, tut das nicht. Die Wirklichkeit ist eine realisierte Möglichkeit. Die Möglichkeit selbst ist aber leer. Die Behauptung, dass alles möglich sei, habe der Behauptung, dass alles unmöglich sei, nichts voraus. «[A]ber der Scharfsinn des leeren Verstandes gefällt sich am meisten in dem hohlen Ersinnen von Möglichkeiten und recht vielen Möglichkeiten».[144] Viel Energie werde darauf verwandt, auch das Absurdeste und Widersinnigste als möglich anzusehen. Ein Erkenntnisgewinn sei von solchen Gedankenspielen aber nicht zu erwarten.

Hegel bezweifelt auch, dass die Möglichkeit Voraussetzung und Grund der Wirklichkeit sei. Vieles Wirkliche sei eigentlich unmöglich. «So ist z. B. nichts unmöglicher als dies, dass ich bin, denn Ich ist zugleich einfache Beziehung auf sich und schlechthin Beziehung auf Anderes.»[145] Und selbst die Materie sei «unmöglich, denn diese ist die Einheit von Repulsion und Attraktion. Dasselbe gilt vom Leben, vom Recht, von der Freiheit, vor allem aber von Gott selbst, als dem wahren, d. h. als dem dreieinigen Gott, welcher Begriff dann auch von der abstrakten Verstandesaufklärung ihrem Prinzip nach als angeblich dem Denken widersprechend verworfen worden ist».[146]

Möglich ist auch der Zufall. Das Zufällige kann sein oder auch nicht sein, es kann so oder anders sein, in jedem Fall ist das So- oder Anderssein des Zufalls nicht in ihm selbst, sondern in anderem begründet. Dem Zufall in der Natur entspricht im menschlichen Handeln die Willkür. Willkür ist «der Wille in der Form der Zufälligkeit».[147] Ein freier Wille unterscheidet sich von der Willkür dadurch, dass er weiß, was er tut. Die Willkürfreiheit ist eine von Trieben getriebene Freiheit, eine Freiheit des Wählens, die lediglich «eine bloß gemeinte Freiheit»[148] ist.

Der Zufall ist ein Moment der Wirklichkeit, aber ein unwesentlicher. Für Hegel ist offensichtlich, dass in der Natur «die Zufälligkeit ihr freies Ergehen hat, welches dann auch als solches anzuerkennen ist».[149] Aber auch in der Kultur spielt der Zufall eine Rolle, und es ist sinnlos, dem Zufall entkommen zu wollen, indem man Gründe konstruiert, die aber nur nachträglich an den Zufall herangetragen werden. «So spielt z. B. in der Sprache, obschon dieselbe gleichsam der Leib des Denkens ist, doch unbedenklich auch der Zufall seine entschiedene Rolle, und ebenso verhält es sich mit den Gestaltungen des Rechts, der Kunst usw.»[150] Zwar sei es die Aufgabe der Wissenschaft, im Zufall verborgene Notwen-

---

144 Werke 8, § 143, 282.
145 Werke 8, § 143, 283.
146 Werke 8, § 143, 284.
147 Werke 8, § 145, 285.
148 Werke 8, § 145, 286.
149 Werke 8, § 145, 286.
150 Werke 8, § 145, 286.

digkeiten aufzudecken. Das könne aber nicht heißen, den Zufall beseitigen zu wollen. Unter Möglichkeit kann man auch eine Bedingung verstehen. Wer nach der Bedingung von etwas fragt, der nimmt die Wirklichkeit nicht mehr als eine unmittelbare, sondern als eine von anderem abhängige. Als bedingte ist die Wirklichkeit nicht mehr die unmittelbare, sondern «das Hervorgehen einer neuen Wirklichkeit, welche die erste unmittelbare Wirklichkeit zu ihrer Voraussetzung hatte».[151] Die Wirklichkeit hebt ihre Unmittelbarkeit so auf und vermittelt sich mit ihren Bedingungen. Die Wirklichkeit wird dann Notwendigkeit.

2.2.4 Trostlose Notwendigkeit und der Trost göttlicher Vorsehung

Wer behauptet, etwas sei notwendig, der muss die Frage beantworten, warum es so sei. Zunächst finden sich lediglich verstreute Umstände, von denen man noch nicht weiß, ob sie tatsächlich notwendige Bedingungen sind. Es trägt sich vieles zu, dessen Notwendigkeit nicht erwiesen ist, dessen Zweck dunkel bleibt. Die Religion beschäftigt sich mit der Notwendigkeit in der Lehre von der göttlichen Vorsehung. «Das unbefangene religiöse Bewusstsein spricht von Gottes ewigen und unverbrüchlichen Ratschlüssen, und darin liegt die ausdrückliche Anerkennung der Notwendigkeit als zum Wesen Gottes gehörig.»[152] Hegel rechtfertigt diesen unbefangenen Glauben damit, dass Gott – im Unterschied zum Menschen – «weiß, was er will, in seinem ewigen Willen nicht durch inneren oder äußerlichen Zufall bestimmt wird, und das, was er will, auch unwiderstehlich vollbringt».[153]

Der Mensch erkennt die Notwendigkeit von alters her als Schicksal an. Das Schicksal ist die verhüllte Notwendigkeit, der man sich heroisch unterwirft. Das Schicksal ist freilich trostlos, Protest dagegen zwecklos. Hegel führt diesen Heroismus, wie wir ihn aus den griechischen Tragödien kennen, darauf zurück, dass in der griechischen Kultur «die Subjektivität noch nicht zu ihrer unendlichen Bedeutung gelangt ist. Dieser Gesichtspunkt ist es, welcher bei Vergleichung der antiken und unserer modernen, christlichen Gesinnung als der entscheidende ins Auge gefasst werden muss.»[154] Weil das einzelne, endliche Subjekt in der Antike nicht wirklich zählte, unterwarf es sich klaglos seinem Schicksal.

Ganz anders verhält es sich im Christentum. Das Christentum sei die Religion des absoluten Trostes. «Das Christentum enthält bekanntlich die Lehre, Gott wolle, dass allen Menschen geholfen werde, und damit ist ausgesprochen, dass

---

[151] Werke 8, § 146, 287.
[152] Werke 8, § 147, 290.
[153] Werke 8, § 147, 290.
[154] Werke 8, § 147, 291.

die Subjektivität einen unendlichen Wert hat.»[155] Mose und Hiob verhandeln oder hadern mit Gott. Gott wird angeklagt und er muss sich rechtfertigen. Der Trost des Christentums bestehe darin, «dass, indem hier Gott als die absolute Subjektivität gewusst wird, die Subjektivität aber das Moment der Besonderheit in sich enthält, damit auch unsere Besonderheit nicht bloß als ein abstrakt zu Negierendes, sondern zugleich auch als ein zu Konservierendes anerkannt wird».[156] Die Subjektivität eines jeden endlichen Menschen ist in der unendlichen göttlichen Subjektivität aufgehoben. Weiß der Mensch aber sein Geschick in Gott gut aufgehoben, so wird «durch das Missliebige, was ihm begegnet, die Harmonie seiner Seele, der Friede seines Gemüts nicht zerstört».[157]

2.2.5 Substanz und Subjekt

Die Substanz ist absolute Formtätigkeit und aller Inhalt zugleich. Sie ist das «Umschlagen der Form und des Inhalts ineinander».[158] Vor allem Spinoza hatte den Substanzbegriff stark gemacht. Hegel erkennt Spinozas Substanzbegriff als einen wichtigen Entwicklungsschritt hin zur absoluten Idee an, moniert aber zugleich, dass hier die Idee noch in der beschränkten Form der Notwendigkeit gefasst werde. «Nun ist Gott zwar allerdings die Notwendigkeit oder, wie man auch sagen kann, die absolute Sache, aber auch zugleich die absolute Person, und dies ist der Punkt, zu welchem Spinoza nicht gelangt ist».[159] Spinoza sei als Jude dem orientalischen Denken stärker verhaftet gewesen als dem «abendländischen Prinzip der Individualität».[160] Hegel nimmt Spinoza aber gegen den Vorwurf des Atheismus in Schutz, denn für Spinoza sei Gott selbstverständlich «der allein wahrhaft Seiende».[161] Weder Atheismus noch Pantheismus könne man Spinoza vorwerfen, sondern allenfalls «Akosmismus».[162] Denn für Spinoza komme den endlichen Dingen und der Welt keine Wahrheit zu. Für Spinoza sei die Substanz «die allgemeine negative Macht, gleichsam nur dieser finstere, gestaltlose Abgrund, der allen bestimmten Inhalt als von Haus aus nichtig in sich verschlingt und nichts, was einen positiven Bestand in sich hat, aus sich produziert».[163]

Hegel nennt die Substanz auch die Ur-Sache. Als ursprüngliche Sache ist sie absolut selbstständig, zugleich muss sie aber als Ursache in die Wirkung übergehen. Die Ursprünglichkeit der Ursache hebt sich in ihre Wirkung auf. Man hand-

---

155 Werke 8, § 147, 291.
156 Werke 8, § 147, 291.
157 Werke 8, § 147, 292.
158 Werke 8, § 151, 295.
159 Werke 8, § 151, 295.
160 Werke 8, § 151, 295.
161 Werke 8, § 151, 296.
162 Werke 8, § 151, 296.
163 Werke 8, § 151, 297.

le sich mit dem Denken in Ursache-Wirkung-Kategorien freilich schnell einen Progress ins Unendliche ein. Vernünftiger erscheint es Hegel deshalb, von Wechselwirkungen zu sprechen. Ob etwa die ökonomischen Verhältnisse die Ursache für die politischen Verhältnisse eines Volkes sind oder ob es sich umgekehrt verhält, ist abschließend nicht zu klären. Mit der Annahme von systemischen Wechselwirkungen komme man weiter als mit der Suche nach Ursachen.

Die Einsicht, dass die Notwendigkeit kein fremdes und feindliches Schicksal, sondern Moment eines großen Ganzen ist, führt zur «Verklärung der Notwendigkeit zur Freiheit, und diese Freiheit ist [...] konkrete, positive Freiheit».[164] Die Notwendigkeit ist nicht die Freiheit, aber «die Freiheit hat die Notwendigkeit zu ihrer Voraussetzung und enthält dieselbe als aufgehoben in sich».[165] Einen Gegensatz zwischen Notwendigkeit und Freiheit gibt es also nicht. Wenn Freiheit nicht bloße Willkür sein soll, dann empfindet der freie Mensch die Mitarbeit an einem Notwendigen nicht als Abbruch seiner Freiheit, sondern als deren Verwirklichung. «Überhaupt ist dies die höchste Selbständigkeit des Menschen, sich als schlechthin bestimmt durch die absolute Idee zu wissen, welches Bewusstsein und Verhalten Spinoza als den *amor intellectualis Dei* bezeichnet.»[166]

Die Macht der Notwendigkeit und die Macht der Substanz heben sich schließlich in den freien Begriff auf. Die Notwendigkeit wird zur Freiheit und die Substanz wird zum Begriff. Nur Subjekte können frei sein und etwas begreifen. Und so schließen die Kapitel über die Logik des Seins und die Logik des Wesens, in deren Verlauf die Substanz und alle Notwendigkeit in den freien Begriff aufgehoben werden, mit der fast hymnischen Feststellung: «Als für sich existierend heißt diese Befreiung Ich, als zu ihrer Totalität entwickelt freier Geist, als Empfindung Liebe, als Genuss Seligkeit.»[167]

2.3 Begriffslogik

2.3.1 Der Begriff als der präexistente Logos

Der Begriff wird nicht nachträglich vorfindlichen Gegenständen wie ein Namensschild aufgeklebt, vielmehr ist der Begriff die «unendlich schöpferische Form, welche die Fülle allen Inhalts in sich beschließt und zugleich aus sich entlässt».[168] Ausdrücklich weist Hegel auf die christliche Lehre vom präexistenten Logos hin, der das den Kosmos ordnende Prinzip ist und der in Jesus Christus Mensch geworden ist: «In der christlich-religiösen Lehre ist dies so ausgespro-

---

164 Werke 8, § 158, 303.
165 Werke 8, § 158, 303.
166 Werke 8, § 158, 304.
167 Werke 8, § 159, 306.
168 Werke 8, § 160, 307.

chen, dass Gott nicht nur eine Welt erschaffen hat, die ihm als sein Anderes gegenübersteht, sondern dass er auch von Ewigkeit her einen Sohn erzeugt hat, in welchem er als Geist bei sich selbst ist.»[169] Der ‹ewige Sohn› ist der göttliche Logos, der sich in Jesus Christus verendlicht hat.

2.3.2 Der Begriff als die Einheit von Allgemeinem, Besonderem und Einzelnem

Hegel unterteilt die Lehre vom Begriff in die Lehre vom subjektiven Begriff, die Lehre von der Objektivität und die Lehre von der Idee, «dem Subjekt-Objekte, der Einheit des Begriffs und der Objektivität, der absoluten Wahrheit».[170] Der subjektive Begriff besteht aus den Momenten der Allgemeinheit, der Besonderheit und der Einzelheit. Hegel warnt wieder einmal davor, das Allgemeine als das Soziale aufzufassen. «Es ist von der größten Wichtigkeit sowohl für das Erkennen als auch für unser praktisches Verhalten, dass das bloß Gemeinschaftliche nicht mit dem wahrhaft Allgemeinen, dem Universellen, verwechselt wird.»[171] Wie bei Rousseau die *volonté de tous* nicht die *volonté générale* sei, so sei auch der Begriff der Allgemeinheit kein sozialer Begriff. Es habe Jahrtausende gebraucht, bis sich der Gedanke eines Allgemeinen, das das gesellschaftliche Ganze übersteigt, durchgesetzt habe. Erst mit dem Sieg des Christentums über die Religionen der Antike sei dies gelungen. «Die sonst so hoch gebildeten Griechen hatten weder Gott in seiner wahren Allgemeinheit gewusst noch auch den Menschen.»[172] Das antike Athen und das antike Rom seien Sklavenhaltergesellschaften gewesen – und deren Götter hätten die gesellschaftlichen Verhältnisse selbstverständlich affirmiert. Das änderte sich mit dem Christentum: «Die christliche Religion ist die Religion der absoluten Freiheit und nur für den Christen gilt der Mensch als solcher in seiner Unendlichkeit und Allgemeinheit.»[173]

Gegen die landläufige Ansicht, dass erst die Gegenstände vorhanden seien und der Begriff als subjektives Deuten oder als gesellschaftliche Übereinkunft erst nachträglich hinzutrete, betont Hegel wieder und wieder: «Der Begriff ist vielmehr das wahrhaft Erste, und die Dinge sind das, was sie sind, durch die Tätigkeit des ihnen innewohnenden und in ihnen sich offenbarenden Begriffs.»[174] Hegel verschränkt seinen Begriff des Begriffs mit dem jüdisch-christlichen Schöpfungsgedanken:

---

169 Werke 8, § 161, 309.
170 Werke 8, § 162, 309.
171 Werke 8, § 163, 312.
172 Werke 8, § 163, 312.
173 Werke 8, § 163, 312.
174 Werke 8, § 163, 313.

In unserem religiösen Bewusstsein kommt dies so vor, dass wir sagen, Gott habe die Welt aus dem Nichts erschaffen oder, anders ausgedrückt, die Welt und die endlichen Dinge seien aus der Fülle der göttlichen Gedanken und der göttlichen Ratschlüsse hervorgegangen. Damit ist anerkannt, dass der Gedanke und näher der Begriff die unendliche oder die freie schöpferische Tätigkeit ist, welche nicht eines außerhalb ihres vorhandenen Stoffes bedarf, um sich zu realisieren.[175]

Das Verhältnis von Allgemeinheit, Besonderheit und Einzelheit bestimmt Hegel so: Das Allgemeine ist das mit sich Identische «ausdrücklich in der Bedeutung, dass in ihm zugleich das Besondere und Einzelne enthalten sei».[176] Das Besondere ist auf das Allgemeine und das Einzelne als das Unterschiedene und das Bestimmte bezogen. Das Einzelne schließlich ist Subjekt, enthält aber die Gattung und die Substanz in sich. Die drei Momente des Begriffs sind untrennbar. Der Begriff ist nichts Abstraktes, er ist «das schlechthin Konkrete, das Subjekt als solches», das gegenüber der äußerlichen Mannigfaltigkeit «innig identisch mit sich»[177] ist. Der Begriff ist «das den Dingen selbst Innewohnende, wodurch sie das sind, was sie sind, und einen Gegenstand begreifen heißt somit, sich seines Begriffes bewusst werden».[178]

Das Einzelne, das Besondere und das Allgemeine sind auch die drei Glieder des philosophischen Schlusses. An den drei Momenten der logischen Idee, der Natur und des endlichen Geistes zeigt Hegel die drei Möglichkeiten, wie die drei Glieder in Beziehung zueinander gesetzt werden können. Die Idee ist das Allgemeine, die Natur das Besondere und der Geist das Einzelne. Nimmt man die Natur als das mittlere, als das vermittelnde Glied, dann ließe sich die Beziehung als A – B – E beschreiben. Der Geist ist dann durch die Natur vermittelt. Man kann aber auch den Geist als das vermittelnd Tätige nehmen. Dann wären die Idee und die Natur die beiden Extreme: A – E – B. Und schließlich ist die Figur E – A – B denkbar. Hier ist die «logische Idee selbst die Mitte; sie ist die absolute Substanz des Geistes wie der Natur, das Allgemeine, Alldurchdringende. Dies sind die Glieder des absoluten Schlusses.»[179] Wie in der trinitarischen Perichorese, wo Vater, Sohn und Geist sich wechselseitig durchdringen, sind in Hegels *Enzyklopädie* das Allgemeine der Idee, das Besondere der Natur und die Einzelheit des Geistes in unaufhörlicher Kommunikation begriffen. Nur so verwirklicht sich der Begriff.

---

175 Werke 8, § 163, 313.
176 Werke 8, § 164, 314.
177 Werke 8, § 164, 314.
178 Werke 8, § 166, 318.
179 Werke 8, § 187, 339 f.

2.3.3 Ist Gott ein absolutes Objekt?

Einerseits hält Hegel den Glauben an Gott als Objekt für Aberglauben und für einen Standpunkt knechtischer Furcht. Andererseits gilt:

> Allerdings ist Gott das Objekt[,] und zwar das Objekt schlechthin, welchem gegenüber unser besonderes (subjektives) Meinen und Wollen keine Wahrheit und keine Gültigkeit hat. Aber eben als das absolute Objekt steht Gott nicht als eine finstere und feindliche Macht der Subjektivität gegenüber, sondern enthält vielmehr diese als wesentliches Moment in sich selbst.[180]

Dass Gott, das absolute Objekt, und das menschlichen Subjekt einander nicht fremd sind, werde in der christlichen Lehre so ausgedrückt, dass Gott wolle, dass allen Menschen geholfen werde, selig zu werden. «[D]ies geschieht dadurch, dass sie zu dem Bewusstsein ihrer Einheit mit Gott gelangen, und dass Gott aufhört, für sie bloßes Objekt und eben damit Gegenstand der Furcht und des Schreckens zu sein».[181]

Oft wird Hegel dafür kritisiert, dass bei ihm Gott und das Selbst identisch seien, mithin kein Unterschied mehr zwischen Gott und Mensch bestehe. Für diese Interpretation gibt es im Text keinen Anhaltspunkt. Zwar ist der Gegensatz zwischen Gott und Mensch von Gott selbst grundsätzlich aufgehoben. Vom Menschen aber ist weiterhin gefordert, «dass wir von unserer unmittelbaren Subjektivität ablassen (den alten Adam auszuziehen) und uns Gottes als unseres wahren und wesentlichen Selbsts bewusst werden».[182] Wohlgemerkt: Gott ist unser wahres und wesentliches Selbst, das empirische Selbst ist selbstverständlich nicht Gott. Das unmittelbare, empirische Selbst muss vielmehr negiert werden, es muss seine absonderliche Selbstbezüglichkeit hinter sich lassen, um sich der mystischen Einheit mit und in Gott bewusst zu werden. Der endliche Einzelne bleibt ein vereinzeltes Disparates, wenn er sich nicht mit Gott als dem absoluten Allgemeinen in Beziehung setzt. Der religiöse Kultus feiert die Überwindung des Gegensatzes von Subjektivität und Objektivität. Aber auch die Philosophie habe «keine andere Aufgabe als die, diesen Gegensatz durch das Denken zu überwinden».[183]

2.3.4 Der Endzweck der Welt und das Kommen des Reiches Gottes

Der Endzweck der Welt ist das Gute und das Wahre. «Das Gute, das absolut Gute, vollbringt sich ewig in der Welt, und das Resultat ist, dass es schon an und

---

180 Werke 8, § 194, 351.
181 Werke 8, § 194, 351.
182 Werke 8, § 194, 351.
183 Werke 8, § 194, 351.

für sich vollbracht ist und nicht erst auf uns zu warten braucht.»[184] Das Gute und das Wahre sind identisch. Ein wahrer Staat ist ein guter Staat, ein wahrer Mensch ist ein guter Mensch, nämlich einer, der sich seiner Bestimmung gemäß verhält. «So aufgefasst ist das Unwahre dasselbe, was sonst auch das Schlechte genannt wird.»[185] Das Schlechte als das Begriffswidrige hat keinen Bestand, es ist «ein in sich selbst Zerfallendes».[186]

Der *cantus firmus* Hegels lautet so: «Der Begriff allein ist es, wodurch die Dinge ihren Bestand haben, d. h. in der Sprache religiöser Vorstellung: die Dinge sind das, was sie sind nur durch den ihnen innewohnenden göttlichen und damit schöpferischen Gedanken.»[187] Gott hat die Welt nicht nur erschaffen, er regiert sie auch, «und darin liegt, dass das Außereinander der Welt ewig zur Einheit, aus der sie hervorgegangen ist, zurückgeführt wird und derselben gemäß erhalten wird».[188] Die Idee als die Einheit der Differenz von Subjekt und Objekt, von Leib und Seele, von Unendlichem und Endlichem ist eine negative Einheit, weil die Idee mit dem Vorfindlichen nie fertig ist, sondern dieses als absolute Negativität in den Prozess ihrer Vollendung hineinnimmt. In der christlichen Theologie wird dieser Prozess als das Kommen des Reiches Gottes vorgestellt.

Während eine Ethik des Sollens das Streben nach dem Guten auf Dauer stellt, verschwindet dieses «unbefriedigte Streben», «wenn wir erkennen, dass der Endzweck der Welt ebenso vollbracht ist, als er sich ewig vollbringt».[189] Das Gute als der Endzweck der Welt ist real, indem es sich realisiert.

3. Die Natur als das Andere des Geistes – Hegels Naturphilosophie

Die Logik begann mit dem Sein, aber nur mit dem abstrakten Sein. Am Ende kehrt sie an ihren Anfang zurück – nun aber nicht mehr an ihren abstrakten Anfang, sondern an das konkrete Sein, die Natur. Die Natur ist die Äußerlichkeit gewordene Idee. Nur deshalb ist eine Philosophie der Natur sinnvoll. Wäre die Natur geistlos, könnte sie der menschliche Geist nicht begreifen. Nach zweihundert Jahren umwälzender naturwissenschaftlicher Forschungserfolge sieht Hegels Naturphilosophie auf den ersten Blick alt aus. Vieles ist überholt, manches wirkt anachronistisch, Exkurse über die Galvanik und die Botanik sind überproportional lang. Hegel hat sich bemüht, auf dem neuesten Stand der naturwissenschaftlichen Forschung seiner Zeit zu sein – die heutige Naturwissenschaft ist darüber

---

[184] Werke 8, § 210, 367.
[185] Werke 8, § 213, 369.
[186] Werke 8, § 213, 369.
[187] Werke 8, § 213, 369.
[188] Werke 8, § 213, 369.
[189] Werke 8, § 234, 387.

hinaus. Aktuell sind und bleiben aber seine Anfragen an die unausgesprochenen metaphysischen Grundannahmen der Naturwissenschaften. So kritisiert Hegel etwa einen imaginären Chemiker, der ein Stück Fleisch untersuche, es auf vielfache Weise martere und dann stolz feststelle, «er habe gefunden, dass dasselbe aus Stickstoff, Kohlenstoff und Wasserstoff usw. bestehe. Diese abstrakten Stoffe sind dann aber kein Fleisch mehr.»[190] Bei solchen Abstraktionen gerate das konkrete Ganze aus dem Blick. Einerseits untersuchten die Naturwissenschaften die Natur als disparate Mannigfaltigkeit ohne die Annahme eines Gesamtzusammenhangs, andererseits würden der Natur Gesetzgebungs- und Handlungsfähigkeiten zugeschrieben, die sie aber nur als ein näher zu bestimmendes Subjekt haben könne. Hegel interessierten auch andere metaphysische Fragen: Wie verhalten sich Raum und Zeit zueinander? Was ist Schwere? Was unterscheidet die anorganische von der organischen Natur? Hat die Natur ein Ziel?

Bewegend ist die Poesie, mit der Hegel zuweilen seinen Lesern naturwissenschaftliche Phänomene veranschaulicht. Gravitation etwa sei die Sehnsucht der Materie nach ihrem verlorenen Mittelpunkt, Klang sei die Klage eines Gegenstandes angesichts eines Stoßes von außen und Elektrizität sei der Zorn der leitenden Stoffe angesichts eines durch Reibung erzeugten Angriffs auf ihren Ruhezustand. Vögel hätten deshalb die schönsten Stimmen, weil sie sich darüber freuten, im Fluge so elegant der Gravitation widerstehen zu können.

Wir haben uns heute daran gewöhnt, dass naturwissenschaftliche Forschung auf technische Verwertung zielt. Hegel interessiert sich nicht für die Natur als Objekt der Ausbeutung. Er will seine Leser daran erinnern, dass die Natur die Quelle ihres Lebens und ihres Todes ist. So wenig Hegel die Selbstgefälligkeit der Romantiker seiner Zeit schätzte, so romantisch und verklärend wirken viele Passagen seiner *Naturphilosophie*. Wer glaube, sich der natürlichen Welt wie ein Zuschauer von außen nähern zu können, der habe sich schon belogen: Als vermeintliche Beobachter der Natur haben wir immer schon Anteil an ihr und nehmen – im Guten wie im Schlechten – Einfluss auf sie.

3.1 Mensch und Natur

3.1.1 «Nichts ist ungeheurer als der Mensch.»

Die Natur ist aus der «ewigen Idee» hervorgegangen, mithin «Erschaffung».[191] Während sich die Physik, die Chemie und die Biologie auf empirische Phänomene und deren Gesetzmäßigkeiten beschränken könnten, müsse sich die Naturphilosophie der Frage stellen, was die Natur als solche sei. «Wir finden die Natur als ein Rätsel und ein Problem vor uns, das wir ebenso aufzulösen uns getrieben

---

190 Werke 8, § 226, 380.
191 Werke 9, 10.

fühlen, als wir davon abgestoßen werden: angezogen, denn der Geist ahnt sich darin; abgestoßen von einem Fremden, in welchem er sich nicht findet.»[192] Die Natur sei ein Proteus, ein Gott der Wandlungsfähigkeit – und die Naturphilosophie wolle «diesen Proteus nötigen, seine Verwandlungen einzustellen und sich uns zu zeigen und auszusprechen, [...] was er ist».[193]

Das praktische Verhalten der Menschen zur Natur sei durch selbstsüchtige Begierde bestimmt. «[D]as Bedürfnis geht darauf, die Natur zu unserem Nutzen zu verwenden, sie abzureiben, aufzureiben, kurz, sie zu vernichten.»[194] Wir nutzen und vernichten die Natur – damit aber auch uns selbst. Hegel zitiert aus der *Antigone* des Sophokles: «Nichts ist ungeheurer als der Mensch.» Welche Kräfte die Natur auch gegen den Menschen loslasse, er wisse immer ein Mittel dagegen und könne sich vor Naturkatastrophen aller Art schützen. «Aber der Natur selbst, des Allgemeinen derselben, kann er auf diese Weise nicht sich bemeistern, noch es zu seinen Zwecken abrichten.»[195] Der Mensch ist und bleibt bei aller Naturbeherrschung Teil der Natur und er muss sich als solcher auf sie einlassen.

Wir Menschen wollen uns die Natur aneignen, «dass sie uns nicht ein Fremdes, Jenseitiges sei».[196] Wie aber kommt der Mensch als beobachtendes Subjekt in eine Beziehung zum beobachteten Objekt der Natur? Der Mensch kann diese Entzweiung nur durch die Arbeit am Begriff überwinden. Welchen Begriff soll sich also der Mensch von der Natur machen? Gemeinhin werde angenommen, dass die natürlichen Dinge vorgegeben, beharrend und undurchdringlich seien. Der philosophische Idealismus hingegen sei davon überzeugt, «dass die Wahrheit der Dinge ist, dass sie [...] nur Schein, Erscheinung sind».[197] Einer «in unseren Zeiten grassierenden» Metaphysik, die behaupte, dass die Dinge als solche der menschlichen Erkenntnis unzugänglich seien, müsse man entgegenhalten, «dass nicht einmal die Tiere so dumm sind als diese Metaphysiker; denn sie gehen auf die Dinge zu, greifen, erfassen, verzehren sie».[198] Begreifen sei einem Verdauungsvorgang vergleichbar: Wir nehmen etwas Fremdes in uns auf, machen es uns zu eigen und transformieren es in Handlungsenergie. Wir machen durch den Begriff das Ding an sich zum Ding für uns.

---

192 Werke 9, 12.
193 Werke 9, 12.
194 Werke 9, § 245, 13.
195 Werke 9, § 245, 14.
196 Werke 9, § 246, 17.
197 Werke 9, § 246, 19.
198 Werke 9, § 246, 19.

3.1.2 Die Natur – der unaufgelöste Widerspruch

Der unbefangene Geist, der das Universum anschaue, ahne, dass er «ein organisches Ganzes und eine vernünftige Totalität»[199] vor sich hat. Zumal die Religionen bestehen auf der Vorstellung, dass die endliche Welt in der göttlichen Unendlichkeit aufgehoben ist. Wie ist aber Gott auf die Idee gekommen, eine Welt zu erschaffen? Hegel taucht tief in die christliche Trinitätstheologie ein, um diese Frage zu beantworten. Gott habe sich auf zweierlei Weise offenbart: einmal in der Natur und einmal als Geist. In beiden Gestalten sei Gott gegenwärtig. Der dreieinige Gott bringe als Schöpfer sein Anderes, die Natur, immer wieder neu hervor und führe mithilfe des Geistes dieses Andere immer wieder in die Einheit mit sich zurück. Hegel beschreibt das Verhältnis des Naturphilosophen zur Natur als das Verhältnis eines Bräutigams zu seiner Braut: «Der Geist hat die Gewissheit, die Adam hatte, als er Eva erblickte: ‹Dies ist Fleisch von meinem Fleisch, dies ist Gebein von meinem Gebein›. So ist die Natur die Braut, mit der der Geist sich vermählt.»[200] Nicht als ein Herr, der die Natur versklavt, sondern mit Zuneigung soll der Mensch der Natur begegnen.

Warum hat sich Gott als das Unbedingte und Allgenügende auf das Bedingte und Bedürftige eingelassen? Hegels theologische Antwort lautet so: «Die göttliche Idee ist eben dies, sich zu entschließen, dieses Andre aus sich herauszusetzen und wieder in sich zurückzunehmen, um Subjektivität, Geist zu sein.»[201] Im Verlauf des Schöpfungsprozesses entäußert sich das göttliche Allgemeine sowohl an die Besonderheit der Natur als auch an die Einzelheit des endlichen Geistes. In der Natur wie auch im Menschen ist Gott so gegenwärtig. Vom mit dem Geist begabten Menschen erwartet Gott aber, dass er sich als sein Mitarbeiter um dessen Schöpfung sorgt. «[U]nd das ist die ungeheuerste Zumutung, die an denselben gemacht werden kann.»[202] Der Mensch ist einerseits Natur, andererseits Geist, der die Natur begreift. Die Natur hingegen ist der sich entfremdete Geist, «ein bacchantischer Gott, der sich selbst nicht zügelt und fasst».[203]

Ist die Natur ewig? Als Materie, als Raum in Bewegung ist sie vergänglich, aber als Moment der absoluten Idee hat sie an der Ewigkeit des Absoluten Anteil. Als Idee ist die Natur ewig, als existierende herrschen in ihr Notwendigkeit und Zufall. Die vorfindliche Natur solle man deshalb nicht vergöttern. Ihrer Idee nach ist die Natur zwar göttlichen Ursprungs, «aber wie sie ist, entspricht ihr Sein ihrem Begriffe nicht, sie ist vielmehr der unaufgelöste Widerspruch».[204] In

---

199 Werke 9, § 246, 21.
200 Werke 9, § 246, 23.
201 Werke 9, § 247, 24.
202 Werke 9, § 247, 24.
203 Werke 9, § 247, 25.
204 Werke 9, § 248, 28.

der Natur herrsche «zügellose Zufälligkeit».²⁰⁵ «Das Höchste, zu dem es die Natur in ihrem Dasein treibt, ist das Leben, aber als nur natürliche Idee ist dieses der Unvernunft der Äußerlichkeit hingegeben.»²⁰⁶

3.1.3 Evolution, Emanation, «Involution»?

Die Natur ist für Hegel ein System von Stufen, deren eine aus der anderen notwendig hervorgeht. Allerdings hält Hegel eine vulgäre Evolutionstheorie, die die Vorstellung pflegt, dass Pflanzen und Tiere auseinander hervorgegangen seien, für «Unfug».²⁰⁷ Die Vorstellung eines «Hervorgehens» impliziere einen Nutzen und ein Ziel. Aber worin sollte etwa der Nutzen für ein Wassertier bestehen, sich zu einem Landtier zu entwickeln? «Aus dem Wassertier ist aber nicht natürlich ein Landtier hervorgegangen, dieses nicht in die Luft geflogen, noch der Vogel dann etwa wieder auf die Erde zurückgefallen.»²⁰⁸ Hegel sieht den Prozess der Evolution vielmehr als ein zunehmendes Sich-Innewerden der Natur, als eine Entwicklung von einem Universum aus Disparatem hin zu lebendigen Organismen, die sich ihrer selbst zunehmend bewusst werden.

Bisher habe man die Stufenfolge der Natur entweder als Evolution oder als Emanation gefasst. Die Evolutionstheorie sehe eine Entwicklung vom Unvollkommenen zum Vollkommenen, die Emanationstheorie beginne mit der göttlichen Vollkommenheit, die sich im Lauf der Naturgeschichte aber immer mehr verliere. An deren Ende stehe das Nichts. Hegels Fazit: «Beide Gänge sind einseitig und oberflächlich und setzen ein unbestimmtes Ziel.»²⁰⁹ Wer sich auf die Suche nach einer Stufenfolge der Natur mache, dem sei zu raten, mit religiösen, romantisierenden, aber auch utilitaristischen Zweckzuschreibungen zurückhaltend zu sein. Demgegenüber müsse daran erinnert werden, dass in der Natur als dem Anderen der Idee zwar Notwendigkeit, aber auch der Zufall und die Regellosigkeit herrschten. «Jene Ohnmacht der Natur setzt der Philosophie Grenzen und das Ungehörigste ist, von dem Begriffe zu verlangen, er solle dergleichen Zufälligkeiten begreifen.»²¹⁰

Hegel verwendet den Neologismus der «Involution»,²¹¹ um die Bewegung der Natur von der Äußerlichkeit lebloser Gegenstände hin zu einzelnen, für sich und in sich seienden Lebewesen zu kennzeichnen. Der Begriff, der sich zunächst an die Natur als sein Anderes entäußert hat, habe das Bestreben, «die ihm unangemessene Existenz der Unmittelbarkeit, Äußerlichkeit zur subjektiven Einheit,

---

205 Werke 9, § 248, 28.
206 Werke 9, § 248, 28.
207 Werke 9, § 249, 32.
208 Werke 9, § 249, 32.
209 Werke 9, § 249, 33.
210 Werke 9, § 250, 35.
211 Werke 9, § 252, 38.

zum Insichsein zu bringen. [...] Der Begriff will die Rinde der Äußerlichkeit zersprengen und für sich werden.»[212] So bekommt die Naturgeschichte Richtung und Ziel: Sie will sich ihres Ursprungs in der Idee immer mehr innewerden.

3.2 Mechanik und Physik

3.2.1 Die Raumzeit

Was Hegel «Mechanik» nennt, wird heute in der Kosmologie verhandelt. Das Universum sei nirgends mit Brettern zugenagelt, und der Raum sei auch kein Kasten. Raum sei lediglich die Einheit von Diskretion und Kontinuität. Er habe keine andere Qualität als die, unendliche Quantität zu sein. Der Raum ist nur wahrnehmbar als erfüllter Raum, aber als solcher ist er «die Äußerlichkeit an ihm selbst».[213]

Die Vorstellung, dass es *neben* dem Raum auch die Zeit gebe, hält Hegel für oberflächlich. Die Zeit ist vielmehr an den Raum gebunden. Deshalb seien räumlich ausgedehnte Gegenstände vergänglich. Ideen seien das nicht. «Die Wahrheit des Raumes ist die Zeit [...]; wir gehen nicht subjektiv zur Zeit über, sondern der Raum selbst geht über. In der Vorstellung ist Raum und Zeit weit auseinander, da haben wir den Raum und dann *auch* Zeit. Dieses ‹Auch› bekämpft die Philosophie.»[214] Die Zeit ist also Raumzeit. Stünde alles still, gäbe es keine Bewegung im Raum, dann gäbe es auch keine Zeit. Wenn wir von den Dingen sagen, dass sie zeitlich sind, dann meinen wir damit, dass sie der Bewegung und damit der Macht des Werdens und Vergehens unterworfen sind. Die Zeit «ist das Sein, das, indem es ist, nicht ist, und indem es nicht ist, ist; das angeschaute Werden».[215]

Die Macht der Zeit über die Dinge im Raum macht Hegel am griechischen Gott Kronos anschaulich: Dieser Gott gebiert die Dinge im Raum und verzehrt seine Geburten im gleichen Moment. Die Zeit hat aber nur Macht über die endliche Natur. «[D]as Wahre dagegen, der Geist, ist ewig».[216] Ewigkeit hat nichts mit Dauer zu tun, sie ist schlicht der Zeit nicht unterworfen. «Die Ewigkeit wird nicht sein, noch war sie, sondern sie ist.»[217] Und so hat die Zeit als das alles Verzehrende einerseits eine ungeheure Macht, zugleich ist sie aber auch ohnmächtig, wenn der Geist gegenwärtig ist.

---

212 Werke 9, § 251, 37.
213 Werke 9, § 254, 43.
214 Werke 9, § 257, 48.
215 Werke 9, § 258, 48.
216 Werke 9, § 258, 50.
217 Werke 9, § 258, 50.

3.2.2 Dunkle, schwere Materie und helles, schnelles Licht

Die Einheit des Jetzt und des Hier ist der Ort. Jeder Ort im Universum ist in Bewegung. Die Bewegung ist «das Bleiben des Verschwindens».[218] Es gibt keine Materie ohne Bewegung und es gibt keine Bewegung ohne Materie. Materie ist schwer, d. h., sie strebt einem Mittelpunkt zu. «Die Schwere [...] ist das Streben nach dem [...] außer ihr fallenden Mittelpunkt.»[219] Hegel beharrt darauf, dass dieser Mittelpunkt nicht als ein materieller angenommen werden darf, «denn das Materielle ist eben dies, seinen Mittelpunkt außer sich zu setzen».[220] Und so kommt Hegel zu folgender idealistischen Vorstellung: «Die Schwere ist sozusagen das Bekenntnis der Nichtigkeit des Außersichseins der Materie in ihrem Fürsichsein, ihrer Unselbständigkeit, ihres Widerspruchs.»[221] Die Materie sehnt sich nach einem Mittelpunkt, erreicht ihn aber nicht. «Wenn die Materie das erreichte, was sie in der Schwere sucht, so schwitzte sie in einem Punkt zusammen.»[222] Das kann man für eine frühe Intuition hinsichtlich der Existenz schwarzer Löcher halten.

Die Materie entreißt sich nach Hegel der allgemeinen Gravitation aber auch. Sie individualisiert sich und manifestiert sich in einer Vielzahl eigener Gestalten. Die Kraft, die sich der Gravitation am klarsten entgegenstellt, ist das Licht. Das Licht ist die «Kraft der Raumerfüllung, [...] die absolute Geschwindigkeit, [...] die Wirklichkeit als eine durchsichtige Möglichkeit».[223] Das Licht bringt alles in einen allgemeinen Zusammenhang, es ist als unendliche räumliche Zerstreuung auch die «unendliche Erzeugung des Raums».[224] Das Licht sei, so Hegel, «immaterielle Materie».[225] Für die Erde sei das Licht das Erregende und Belebende.

3.2.3 Luft und Wasser, Dichte und Klang

Hegel schreitet nun von der Mechanik der Himmelskörper zu jenen Elementen fort, die das Leben auf der Erde sicherstellen. Die Luft sei ein Verzehrendes, «ein schlafendes Feuer».[226] Dieses Feuer sei der Zeit vergleichbar: Es verzehre das Vorfindliche. Das Wasser hingegen neutralisiere das Feuer, es sei überhaupt das Element der Neutralität. «Das Wasser ist das Element des selbstlosen Gegensat-

---

218 Werke 9, § 261, 59.
219 Werke 9, § 262, 62.
220 Werke 9, § 262, 62.
221 Werke 9, § 262, 62.
222 Werke 9, § 262, 63.
223 Werke 9, § 275, 112.
224 Werke 9, § 275, 113.
225 Werke 9, § 276, 119.
226 Werke 9, § 282, 139.

zes, das passive Sein-für-Anderes».[227] Es will nichts Besonderes sein, es ist gerade deshalb das Element, in dem sich Besonderes entwickeln kann; «darum ist es früh Mutter alles Besonderen genannt worden».[228]

Durch ihre spezifische Dichte reißen sich Gegenstände von der allgemeinen Schwere ihres Zentralkörpers los und setzen «dem abstrakten Außereinander ein spezifisches Insichsein»[229] entgegen. Die spezifische Dichte ist gewissermaßen das Moment der Individualität eines Gegenstandes. Diese Dichte sei aber nichts Undurchdringliches, vielmehr zeige sich am Klang ein «inneres Erzittern des Körpers in ihm selbst»,[230] mithin eine Resonanzfähigkeit aller Gegenstände. «Der natürliche Mensch verwundert sich über einen Schall, weil sich darin ein Insichsein offenbart; er setzt dabei aber nicht ein Materielles, vielmehr ein Seelenhaftes voraus.»[231] Der Klang, so Hegel ganz poetisch, «ist die Klage des Ideellen in dieser Gewalt des Anderen, ebenso aber auch sein Triumph über dieselbe, indem es sich in ihr erhält».[232] Im Klang überwinde ein Köper seine Schwere und Dichte und teile sich anderen als Ideelles mit. In der Musik gelange diese ideelle Eigenschaft des Klangs als Wohlklang zu ihrer Vollkommenheit.

3.2.4 Magnetismus und Elektrizität

Der Magnetismus stellt für Hegel – wie könnte es anders sein – «auf eine einfache naive Weise die Natur des Begriffes, und zwar in seiner entwickelten Form als Schluss (§ 181) dar».[233] Die Pole eines Magneten seien untrennbar, zugleich aber verschieden. Die Dialektik des Magnetismus bestehe darin, dass das Ungleichnamige sich freundschaftlich begegne und das Gleichnamige feindschaftlich. Der Magnetismus vollbringe das, was auch der Begriff vollbringe, nämlich «das Identische different und das Differente identisch zu setzen».[234]

Durch ihre spezifische elektrische Ladung unterscheiden sich Körper von anderen Körpern und werden zu physikalischen Individualitäten. Wenn sich Körper berühren, dann entsteht Reibung, durch die Reibung entsteht eine Spannung. Hegel stellt sich die elektrische Spannung als eine Reiberei zwischen Körpern vor, die sich zu nahe kommen. Den elektrischen Strom könne man sich als Zorn eines Körpers wegen zu großer Aufdringlichkeit anderer vorstellen. «Sein

---

227 Werke 9, § 284, 141.
228 Werke 9, § 284, 141.
229 Werke 9, § 293, 159.
230 Werke 9, § 299, 171.
231 Werke 9, § 299, 173.
232 Werke 9, § 300, 174.
233 Werke 9, § 312, 203.
234 Werke 9, § 314, 215.

jugendlicher Mut schlägt aus, er stellt sich auf seine Hinterbeine.»[235] Jeder würde zornig, wenn er so gereizt würde.[236]

3.3 Chemie und Biologie

Selbst unter elektrischer Spannung bleiben Körper, was sie sind. Im chemischen Prozess hingegen treten Stoffe in Beziehung, lösen sich auf, vermischen sich, erzeugen Neues. Die Chemie offenbare die Bedürftigkeit der Stoffe. «Der chemische Prozess ist so ein Analogon des Lebens; die innere Regsamkeit des Lebens, die man da vor sich sieht, kann in Erstaunen versetzen.»[237] Allerdings fehlt dem chemischen Prozess die Fähigkeit, sich selbst durch sich selbst zu erhalten. Erst der Organismus ist imstande, sich in allen Veränderungen als konkrete Einheit zu erhalten und zu erneuern.

Der lebendige Organismus widersteht chemischen Prozessen, die ihn auflösen wollen. Erst im Tod nehmen diese Prozesse widerstandlos ihren Lauf. Solange ein Organismus lebt, gilt: «Das Lebendige begibt sich immer in die Gefahr, hat immer ein Anderes an ihm, verträgt aber diesen Widerspruch, was das Unorganische nicht kann.»[238] Das Leben sei deshalb höher als die Sterne, die wohl Individuen seien, aber keine Subjekte. «Das Leben ist die Vereinigung von Gegensätzen [...], wo Inneres und Äußeres, Ursache und Wirkung, Zweck und Mittel, Subjektivität und Objektivität usw. ein und dasselbe sind.»[239] Jedes Leben habe seine eigene Teleologie, seinen ganz eigenen Sinn. Der Übergang von der anorganischen Physik zur organischen sei wie der Übergang «von der Prosa zur Poesie der Natur».[240]

3.3.1 Die Seelen der Tiere

Die organische Individualität eines Tieres existiert als Subjektivität. Es ist ein einzelnes Selbst und zugleich subjektive Allgemeinheit. Weil das Tier Subjektivität besitzt, hat es auch eine Seele. «Man hat sich Mühe gegeben, die Seele zu finden; dies ist aber ein Widerspruch. Es sind Millionen Punkte, in denen überall die Seele gegenwärtig ist; aber doch ist sie nicht an einem Punkte, weil das Außereinander des Raumes eben keine Wahrheit für sie hat.»[241] Die Subjektivität des Tie-

---

235 Werke 9, § 324, 279.
236 Werke 9, § 324, 280.
237 Werke 9, § 326, 292.
238 Werke 9, § 337, 338.
239 Werke 9, § 337, 339.
240 Werke 9, § 336, 334.
241 Werke 9, § 350, 431.

res ist freilich noch keine denkende, sondern nur eine fühlende und anschauende.

Tiere haben Empfindungen. Und sie haben eine Stimme, um ihren Empfindungen Ausdruck zu verleihen. Tiere sind sensibel, irritabel und besitzen die Fähigkeit zur Reproduktion – ganz wie der Mensch. Tiere haben – anders als die leblose Materie – ihren Mittelpunkt in sich selbst. «Das Materielle hat Sehnsucht nach einem Mittelpunkt, die erst im Tiere, das seinen Mittelpunkt in sich hat, gestillt wird.»[242] Tiere sind wie Menschen Mängelwesen. Sie können ohne anderes nicht leben. «Ein solches, das den Widerspruch seiner selbst in sich zu haben und zu ertragen fähig ist, ist das Subjekt; dies macht seine Unendlichkeit aus.»[243] Tiere spüren nicht nur Mangel, sie empfinden auch Schmerz. «Es ist ein Vorrecht höherer Naturen, Schmerz zu empfinden; je höher die Natur ist, desto mehr Unglück empfindet sie. [...] Große Handlungen kommen nur aus tiefem Schmerz des Gemüts her.»[244] Tiere wie Menschen erhalten ihre Gattung, indem sie sich durch die Begattung reproduzieren. Die Gattung erhält sich «durch den Untergang der Individuen, die im Prozesse der Begattung ihre Bestimmung erfüllt haben und, insofern sie keine höhere haben, damit dem Tode zugehen».[245] Ist das Leben das Aushalten von Widersprüchen, so ist der Tod die Ruhe der Gegensatzlosigkeit. Der Tod des Natürlichen ist aber zugleich die Geburt des Geistes. «Über diesem Tode der Natur, aus dieser toten Hülle, geht eine schönere Natur, geht der Geist hervor.»[246]

3.3.2 Naturerkenntnis führt zur Gotteserkenntnis

«Das Ziel der Natur ist, sich selbst zu töten und ihre Rinde des Unmittelbaren, Sinnlichen zu durchbrechen, sich als Phönix zu verbrennen, um aus dieser Äußerlichkeit verjüngt als Geist hervorzutreten.»[247] Mit dieser Überlegung endet die *Naturphilosophie*. Der Zweck der Vorlesung sei es gewesen – so Hegel im Schlusssatz –, «Gott zu erkennen, nicht in der Betrachtung des Geistes, sondern in diesem seinen unmittelbaren Dasein».[248]

---

242 Werke 9, § 358, 466.
243 Werke 9, § 359, 469.
244 Werke 9, § 359, 472.
245 Werke 9, § 370, 519.
246 Werke 9, § 376, 537.
247 Werke 9, § 376, 538.
248 Werke 9, § 376, 539.

4. Der Geist

Die *Philosophie des Geistes* besteht aus drei Abteilungen, die ihrerseits aus drei Teilen bestehen. Die erste Abteilung handelt vom subjektiven Geist als Seele, Bewusstsein und Geist, die zweite Abteilung vom objektiven Geist als Recht, Moralität und Sittlichkeit und die dritte Abteilung vom absoluten Geist als Kunst, Religion und Philosophie. In der Abteilung vom subjektiven Geist findet sich vieles wieder, was Hegel bereits in der *Phänomenologie des Geistes* untersucht hat. In der Abteilung vom objektiven Geist findet sich vieles wieder, was aus der *Rechtsphilosophie* bekannt ist. Und auch die drei Formen, in denen sich der absolute Geist zeigt, nämlich Kunst, Religion und Philosophie, sind seit der *Phänomenologie* wohlbekannt.

Vertraut ist auch das Verfahren, dass sich die vollkommene Wahrheit erst am Ende zeigt. Die beiden endlichen Formen des Geistes, der subjektive und der objektive Geist, sind nur anfängliche Formen des Geistes, die erst im absoluten Geist ihre Vollendung finden.[249]

4.1 Konturen des Geistes

4.1.1 Die Geschichte des Geistes

Der Geist hat eine Geschichte. Die Geschichte des Geistes beginnt für Hegel mit der Aufforderung des Gottes Apollo am Orakel in Delphi: «Erkenne dich selbst!». Dies sei nie nur eine Aufforderung gewesen, die eigenen «partikulären Fähigkeiten, Charakter, Neigungen und Schwächen des Individuums»[250] zu erkennen – gewissermaßen eine Selbstoptimierungsmethode. Vielmehr gehe es um die Erkenntnis «des Wahrhaften des Menschen, wie des Wahrhaften an und für sich, – des Wesens selbst als Geist».[251] Die Einsicht, dass der Mensch selbst am Geist Anteil hat, ist ein geistesgeschichtlicher Prozess, bei dem Griechenland eine wesentliche Rolle spielte. Für Hegel ist es das Land der Geburt des Geistbegriffs.

Der griechische Begriff des Geistes sei jedoch ein endlicher gewesen und deshalb das Verhältnis des menschlichen Geistes zu den Göttern kein freies.

> Erst das Christentum hat durch die Lehre von der Menschwerdung Gottes und von der Gegenwart des Heiligen Geistes in der gläubigen Gemeine dem menschlichen Bewusstsein eine vollkommen freie Beziehung zum Unendlichen gegeben und dadurch die begreifende Erkenntnis des Geistes in seiner absoluten Unendlichkeit möglich gemacht.[252]

---

249 Werke 10, § 381, 22.
250 Werke 10, § 377, 9.
251 Werke 10, § 377, 9.
252 Werke 10, § 377, 10.

Wer wollte, der konnte seinen endlichen Geist fortan als Moment des göttlichen Geistes begreifen. Hegel wird immer wieder auf die Epochenwende aufmerksam machen, die durch das Christentum in die Welt kam. Seither sei die Freiheit des endlichen, menschlichen Geistes ein Moment der Freiheit des unendlichen göttlichen Geistes.

Immer wieder macht Hegel auch auf die Übereinstimmung zwischen seiner Philosophie des Geistes und der christlichen Trinitätstheologie aufmerksam. Bereits auf den ersten Seiten des dritten Teils der *Enzyklopädie* erinnert er daran, «dass auch die christliche Theologie Gott, d. h. die Wahrheit[,] als Geist auffasst und diesen nicht als ein Ruhendes, in leerer Einerleiheit Verbleibendes, sondern als ein solches betrachtet, das notwendig in den Prozess des Sich-von-sich-selbst-Unterscheidens, des Setzens seines Anderen eingeht und erst durch dieses Andere und durch die erhaltene Aufhebung – nicht durch Verlassung – desselben zu sich kommt».[253] Die Religion ist für Hegel ein notwendiges Moment im Prozess der Selbstverwirklichung des Geistes.

> Der Geist begnügt sich [...] nicht damit, als endlicher Geist durch seine vorstellende Tätigkeit die Dinge in den Raum seiner Innerlichkeit zu versetzen [...], sondern als religiöses Bewusstsein dringt er durch die scheinbar absolute Selbständigkeit der Dinge bis zu der in ihrem Innern wirksamen, alles zusammenhaltenden, einen, unendlichen Macht Gottes hindurch.[254]

Hegel war Mystiker und Philosoph in einem.

4.1.2 Von der Äußerlichkeit der Natur zur Innerlichkeit des Geistes

In der Natur herrscht ausgedehnte Äußerlichkeit. Alle Dinge sind im Raum verstreut. Selbst Atome beanspruchen Raum und sind der Gravitation sowie der Zeit, dem Werden und dem Vergehen unterworfen. Deshalb herrscht in der Natur nicht Freiheit, sondern Notwendigkeit. Im Geist wird die Äußerlichkeit und Endlichkeit des Daseins überwunden. Der Geist hebt die Äußerlichkeit auf, das macht seine «Idealität» aus. «Alle Tätigkeiten des Geistes sind nichts als verschiedene Weisen der Zurückführung des Äußerlichen zu der Innerlichkeit, welche der Geist selbst ist, und nur durch diese Zurückführung [...] wird und ist er Geist.»[255] Der Geist idealisiert die gegenständliche, unendliche Mannigfaltigkeit der Natur, d. h., er belässt sie nicht in ihrer Gegenständlichkeit, sondern macht sie sich als Gedanken zu eigen. Insofern wird die Natur vom Geist «zugleich ver-

---

253 Werke 10, § 381, 23.
254 Werke 10, § 381, 22.
255 Werke 10, § 381, 21.

giftet und verklärt», sie verliert ihr «vereinzeltes, selbständiges Bestehen und erhält ein geistiges Dasein».[256]

Der Mensch erkennt den Geist, wenn er innewird, dass er Ich ist. Sich selbst wirklich als Ich zu wissen, ist aber ein langwieriger und komplexer Prozess. Im Alter von etwa vier Jahren sagt ein Kind erstmals «Ich». Im Alter von etwa acht Jahren erkennt es, dass es sterblich ist. Erst im Alter von etwa zwölf Jahren tritt jene Entzweiung ein, die die Formel Ich = Ich nicht mehr als unmittelbare Identität begreift, sondern als eine Differenz: Das Ich als Subjekt macht sich selbst zum Gegenstand. Es ist sich nicht mehr nur gegeben, es ist sich aufgegeben. Die Aufforderung «Erkenne dich selbst!» ist zugleich die Aufforderung «Werde, der du bist!». «Wenn wir Ich sagen, meinen wir wohl ein Einzelnes; da aber Jeder Ich ist, sagen wir damit nur etwas ganz Allgemeines. Die Allgemeinheit des Ich macht, dass es von allem, selbst von seinem Leben, abstrahieren kann.»[257] Ich ist die Einheit einer Differenz.

Der Übergang von der Natur zum Geist ist nicht ein Übergang zu etwas gänzlich Anderem, denn die Natur selbst ist ja Geschöpf des göttlichen Geistes. Dieser Übergang ist vielmehr «nur ein Zusichselberkommen des in der Natur außer sich seienden Geistes».[258] Der Mensch unterscheidet sich von der Natur dadurch, dass er «der denkende Geist»[259] ist. Erst der Mensch ist imstande, von der «Einzelheit der Empfindung zur Allgemeinheit des Gedankens, zum Wissen von sich selbst, zum Erfassen seiner Subjektivität, seines Ichs»[260] fortzuschreiten. Als denkender Geist ist er «formell Freiheit, die absolute Negativität des Begriffs als Identität mit sich».[261]

Als denkender Geist empfindet der Geist auch. Er empfindet den unendlichen Schmerz der Entzweiung. Als Geist kann der Mensch «von allem Äußerlichen und seiner eigenen Äußerlichkeit, seinem Dasein selbst abstrahieren; er kann die Negation seiner unmittelbaren Unmittelbarkeit, den unendlichen Schmerz ertragen, d. i. in dieser Negativität affirmativ sich erhalten».[262] Der Preis der Freiheit ist der Schmerz der Entzweiung. Als Geist ist der Mensch frei, als Natur ist er abhängig. Freiheit ist «Sichaufsichselbstbeziehen».[263] Wer sich auf sich bezieht, der erkennt, dass er der Abhängigkeit von seiner Natur nicht entkommt. Er kann vor ihr nicht fliehen. Der Geist muss sich seiner Natur, seinem Anderen, aussetzen. «Das Andere, das Negative, der Widerspruch, die Entzwei-

---

[256] Werke 10, § 381, 21.
[257] Werke 10, § 381, 21.
[258] Werke 10, § 381, 25.
[259] Werke 10, § 381, 25.
[260] Werke 10, § 381, 25.
[261] Werke 10, § 382, 25.
[262] Werke 10, § 382, 25 f.
[263] Werke 10, § 382, 26.

ung gehört also zur Natur des Geistes.»[264] Der unendliche Schmerz des Geistes hat nichts mit einer Verletzung von außen zu tun. Es ist der Schmerz der Negativität des Geistes selbst: Er weiß, dass er in seiner Vorfindlichkeit nicht so bleiben kann, wie er ist.

4.1.3 Das Böse im Geist

Auch das Böse kommt nicht von außen an den Geist, sondern ist im Geist selbst angelegt. «Ebenso wenig wie der Schmerz kommt das Böse, das Negative des an und für sich seienden Geistes von außen an den Geist; es ist im Gegenteil nichts anderes als der sich auf die Spitze seiner Einzelheit stellende Geist.»[265] Der individuelle Geist glaubt dann, sich von allem anderen absondern zu können. Damit widerspricht er aber seiner Bestimmung. Hegel hält dennoch dafür, dass selbst der größte Irrtum des Geistes immer noch mehr Bewunderung verdiene als irgendein Naturschauspiel. «Selbst in dieser seiner höchsten Entzweiung, in diesem Sichlosreißen von der Wurzel seiner an sich seienden sittlichen Natur, in diesem vollsten Widerspruche mit sich selbst, bleibt der Geist doch mit sich identisch und daher frei.»[266]

Das Faszinierende des Geistes besteht für Hegel also darin, dass er sich in seinem Selbstwiderspruch erhält. «Der Geist aber hat die Kraft, sich im Widerspruche, folglich im Schmerz (sowohl über das Böse wie über das Üble) zu erhalten.»[267] Der Geist ist in allem Widerspruch, allem Irrtum, aller Bosheit dennoch der «Hervorbringer seiner Freiheit».[268] Als solcher will der Geist sich realisieren. «Die Bestimmung des Geistes ist daher die Manifestation.»[269] Der Geist offenbart sich nicht nur anderen, er offenbart sich zuerst sich selbst. Der Geist ist der «sich selber Selbstoffenbarende».[270] Sein Tun ist «Selbstoffenbarung».[271]

4.1.4 Der Geist vernichtet das Nichtige und vereitelt das Eitle

Der subjektive und der objektive Geist sind Formen des endlichen Geistes, mithin unvollkommene Formen. Warum beginnt Hegel mit dem Unvollkommenen? Man müsse mit den unangemessenen Formen beginnen, weil der Geist zwar schon im Anfang Geist ist, «aber er weiß noch nicht, dass er dies ist».[272] Die

---

264 Werke 10, § 382, 26.
265 Werke 10, § 382, 26.
266 Werke 10, § 382, 26.
267 Werke 10, § 382, 26 f.
268 Werke 10, § 382, 27.
269 Werke 10, § 383, 27.
270 Werke 10, § 383, 28.
271 Werke 10, § 383, 28.
272 Werke 10, § 385, 33.

Geschichte des Geistes ist keine Aneinanderreihung von Zufälligkeiten. «Der Geist ist wesentlich nur das, was er von sich selber weiß.»[273] Anfangs ist der Geist nur Naturgeist. Als objektiver Geist erschafft er sich dann eine sittliche Welt, die der natürlichen entgegensteht. Auch über diese Stufe geht der Geist hinaus. Er erkennt, dass die scheinbar objektive, sittliche Welt ihrerseits nur eine vom ihm hervorgebrachte ist. Der absolute Geist, der sich in der Kunst, der Religion und der Philosophie manifestiert, ist einerseits die Kritik des subjektiven und des objektiven Geistes; andererseits versöhnt der absolute Geist den sittlichen Geist mit dem Naturgeist.

Die Stufen des Geistes sind also Stufen seiner Befreiung. Der Verstand will den «Standpunkt der Endlichkeit als einen letzten»[274] festhalten. Gegen ein Denken, das «das Endliche zu einem schlechten Festen, zu einem Absoluten macht»,[275] besteht Hegel darauf, «dass das Endliche nicht ist, d. i. nicht das Wahre, sondern schlechthin nur ein Übergehen und ein Übersichhinausgehen ist».[276] Der Geist selbst ist es, der das Endliche nicht bestehen lässt. Ihm gelingt es, «dieses Vernichten des Nichtigen, das Vereiteln des Eitlen in sich zu vollbringen».[277]

Würde sich der Geist seiner Unendlichkeit lediglich so vergewissern, dass er der abstrakte Gegensatz zum Endlichen ist, dann wäre er selbst nur ein anderes Endliches. Das Unendliche muss das Endliche als eines seiner Momente in sich enthalten. Die Rede von einer Schranke zwischen dem Endlichen und dem Unendlichen ist für Hegel gerade der Beweis einer Beziehung zwischen Endlichem und Unendlichem. «Schon, dass wir von einer Schranke wissen, ist Beweis unseres Hinausseins über dieselbe, unserer Unbeschränktheit.»[278] Nur der Unwissende sei beschränkt; umgekehrt gelte: «von seiner Schranke wissen, heißt daher, von seiner Unbeschränktheit wissen».[279] Der unendliche, absolute Geist hat sich verendlicht. «Der Geist ist daher *sowohl* unendlich *als* endlich und *weder* nur das eine *noch* nur das andere; er bleibt in seiner Verendlichung unendlich, denn er hebt die Endlichkeit in sich auf; nichts ist ihm ein Festes, Seiendes, alles vielmehr nur ein Ideelles, ein nur Erscheinendes.»[280]

Dementsprechend ist auch der Gottesbegriff so zu fassen, dass Gott sich inkarniert, dem Endlichen nicht als ein Fremder gegenübersteht, sondern sich auf seine Welt ganz und gar einlässt. «So muss Gott, weil er Gott ist, sich bestimmen, Endlichkeit in sich setzen (sonst wäre er nur eine tote, leere Abstraktion); da

---

273 Werke 10, § 385, 33.
274 Werke 10, § 386, 35.
275 Werke 10, § 386, 35.
276 Werke 10, § 386, 35.
277 Werke 10, § 386, 35.
278 Werke 10, § 386, 36.
279 Werke 10, § 386, 36.
280 Werke 10, § 386, 37.

aber die Realität, die er sich durch sein Sichbestimmen gibt, eine ihm vollkommen gemäße ist, wird Gott durch dieselbe nicht zu einem Endlichen.»[281] Während die Aufklärung den Weg ging, das Unendliche in ein Jenseits zu verbannen, liegt der spekulativen Philosophie daran, im Endlichen das Unendliche zu erkennen.

4.2 Der subjektive Geist

4.2.1 Die Seele als der Schlaf des Geistes

Der Geist, der sich nur allmählich aus der Natur erhebt, nimmt sich zunächst als Seele wahr. Die Seele ist aber nur «der Schlaf des Geistes».[282] Als Schlafender ist sich ein Mensch seiner selbst nicht bewusst. Als Seele hat das Subjekt noch kein Selbstbewusstsein, sie empfindet vielmehr ihre intensive Nähe zur Natur. Besonders die Jugend fühle sich «mit der ganzen Natur verbrüdert» und habe somit «ein Empfinden von der Weltseele, von der Einheit von Geist und Natur, von der Immaterialität der letzteren».[283] Die Intuition, als Mensch integraler Bestandteil der Natur zu sein, stehe am Anfang der Entwicklung des Geistes. Der Geist will aber mehr. Es geht ihm darum, «sich über das Befangensein in dem bloßen Naturleben zu erheben».[284] So sehr man naturromantische Aufwallungen auch verstehen könne, so sehr müsse sich der Mensch als an sich frei von den Naturverhältnissen begreifen.

Das Überwinden des Natürlichen sei besonders auf dem Feld der Politik wichtig.

> Aus der Abstammung kann kein Grund für die Berechtigung oder Nichtberechtigung der Menschen zur Freiheit oder zur Herrschaft geschöpft werden. Der Mensch ist an sich vernünftig; darin liegt die Möglichkeit der Gleichheit des Rechts aller Menschen – die Nichtigkeit einer starren Unterscheidung in berechtigte und rechtlose Menschengattungen.[285]

Hegel war ein Kritiker rassistischen Denkens. Das gilt es angesichts mancher kruder Einlassungen Hegels über sogenannte «Nationalgeister» (§ 394) zu erinnern. Die Eindrücke, Vermutungen und Vorurteile, die Hegel dort kolportiert, befanden sich für ihn ohnehin nur in der Sphäre vergänglicher Zufälligkeiten, die die Natur zwar hervorbringt, die für den Geist aber belanglos sind. Entsprechend

---

281 Werke 10, § 386, 37.
282 Werke 10, § 389, 43.
283 Werke 10, § 389, 46.
284 Werke 10, § 392, 53.
285 Werke 10, § 393, 57 f.

sorglos fabuliert Hegel drauflos. Hegels Gesamtwerk ist dadurch aber nicht desavouiert.

4.2.2 Bildung als Aufstand gegen das Vorfindliche

Gerade diesem Zufälligen will der Geist entkommen. Weitaus wichtiger als geografische, biologische, kulturelle und soziale Zufälle sei deshalb Bildung. Bildung ist der Prozess, durch den die individuelle Seele «dem Allgemeinen entsprechend gemacht wird».[286] Das dauert. Aber bereits ein schreiendes Kleinkind «zeigt sich von der Gewissheit durchdrungen, dass es von der Außenwelt die Befriedigung seiner Bedürfnisse zu fordern das Recht habe».[287] Das Lernen des Stehens und Gehens sei ein Aufstand des Kindes gegen die Schwerkraft. Mit dem Erlernen der Sprache gewinne es die Fähigkeit zur Verallgemeinerung und gelange «zum Bewusstsein seiner eigenen Allgemeinheit, zum Aussprechen des Ich».[288] In der Pubertät entwickelt dann der junge Mensch Ideale «und fühlt sich deshalb berufen und befähigt, die Welt umzugestalten oder wenigstens die ihm aus den Fugen gekommen scheinende Welt wieder einzurichten».[289] Der Frieden aber, in dem das Kind mit der Welt lebte, zerbricht im Jugendalter. Die Versöhnung des individuellen Subjekts mit seiner Welt wird zur bleibenden, oft schmerzhaften Aufgabe. Zu Verzweiflung bestehe aber kein Anlass:

> Das Vernünftige, Göttliche besitzt die absolute Macht, sich zu verwirklichen, und hat sich von jeher vollbracht; es ist nicht so ohnmächtig, dass es erst auf den Beginn seiner Verwirklichung warten müsste. Die Welt ist diese Verwirklichung der göttlichen Vernunft; nur auf ihrer Oberfläche herrscht das Spiel vernunftloser Zufälle.[290]

4.2.3 Von der Empfindung zum Selbstgefühl

Empfindung ist unmittelbare Wahrnehmung der Welt. «Alles ist in der Empfindung und, wenn man so will, alles, was im geistigen Bewusstsein und in der Vernunft hervortritt, hat seine Quelle und Ursprung in derselben.»[291] Allerdings hält Hegel diese Einsicht für trivial – und nutzt die Gelegenheit zu einem Seitenhieb auf die Theologie seiner Zeit:

> In solchen Zeiten, in welchen das Herz und die Empfindung zum Kriterium des Guten, Sittlichen und Religiösen von wissenschaftlicher Theologie und Philosophie gemacht wird, wird es nötig, an jene triviale Erfahrung zu erinnern, [...] dass das Denken das

---

[286] Werke 10, § 396, 75.
[287] Werke 10, § 396, 79.
[288] Werke 10, § 396, 80.
[289] Werke 10, § 396, 83.
[290] Werke 10, § 396, 84.
[291] Werke 10, § 400, 97.

eigenste ist, wodurch der Mensch sich vom Vieh unterscheidet, und dass er das Empfinden mit diesem gemein hat.[292]

Im Übrigen sei eine zur Sprache gebrachte Empfindung ohnehin schon ein Gedanke. Nur so sei der Mensch überhaupt fähig, seine inneren Empfindungen mit anderen zu teilen.

Empfindungen erinnern den Menschen an seine Leiblichkeit. Eingehend beschäftigt sich Hegel mit Empfindungen des Zorns, des Neids, der Scham, der Reue, aber auch der Angst und des Mutes, des Kummers und der Freude, dem Lachen und dem Weinen. Empfindungen hätten meist einen äußeren Anlass. Die fühlende Seele empfinde aber auch sich selbst und entwickelt so ein ganz individuelles Selbstgefühl. Hegels Betrachtungen zur fühlenden Seele erinnern an wesentliche Einsichten der Psychoanalyse. Jedes Individuum besitze einen unendlichen Reichtum von Empfindungen, Gefühlen, Vorstellungen, Kenntnissen, Gedanken in sich – diese seien dort aber wie in einem «bestimmungslosen Schacht»[293] versenkt. Der Mensch wisse sie nicht, «sie gehören nicht seiner Wirklichkeit, nicht seiner Subjektivität als solcher, sondern nur seinem an sich seienden Sein an».[294] Die Psychoanalyse nennt diesen «bestimmungslosen Schacht» das «Es», zu dem das «Ich» keinen direkten Zugang hat und das es nicht vollständig kontrollieren kann. Hegel nennt dies auch den «Genius»[295] des Menschen. «Diese Besonderheit meines Innern macht mein Verhängnis aus, denn sie ist das Orakel, von dessen Ausspruch alle Entschließungen des Individuums abhängen».[296] Selbst das wache Bewusstsein werde oft vom Genius auf eine so übermächtige Weise bestimmt, dass das Individuum anderen als unselbstständig erscheine, was diesem aber gar nicht bewusst ist.

Je tiefer der Mensch in sein Selbstgefühl eintaucht, umso dringlicher wird die Aufgabe, sich zu sich selbst zu verhalten. Wer bin ich? Je tiefer das Subjekt sich als ein abstraktes Ich zu fassen sucht, umso mehr droht sein Ich ihm zu entgleiten. Er wird anfällig für den Wahnsinn. Der Mensch, der den Widerspruch von Geist und Natur zu tief empfindet, kann geisteskrank werden. Zu den Geisteskrankheiten rechnet Hegel auch die Eitelkeit, den Hochmut, den Lebensüberdruss, die Melancholie, die Hypochondrie, die Mordlust und den Sadismus. Über die Heilungsmethoden, die Hegel vorschlägt, breitet man besser den Mantel des Schweigens. Richtig ist freilich, dass Gewohnheiten und Routinen helfen können, dem subjektiven Geist eine Richtung und ein Ziel zu geben. Die Gefahr, sich selbst zu verlieren, ist aber allezeit präsent.

---

292 Werke 10, § 400, 98 f.
293 Werke 10, § 403, 122.
294 Werke 10, § 403, 123.
295 Werke 10, § 405, 125.
296 Werke 10, § 405, 132.

Die Seele vermittelt zwischen Leib und Geist. Es ist die Wirkung der Seele, dass wir beim Anblick eines Menschen einen «über das Ganze ausgegossenen geistigen Ton»[297] wahrnehmen. Menschen sind uns bereits auf den ersten Blick angenehm oder unangenehm, wirken auf uns stark oder schwach. Präziser wird der Mensch freilich daran erkannt, wie er handelt, nicht wie er aussieht oder spricht. Handeln setzt aber voraus, dass die Seele zum Ich erwacht ist. Dieses Erwachen nennt Hegel Bewusstsein. Im Bewusstsein schaut sich das Ich als sein Anderes an. «Das Ich ist der durch die Naturseele schlagende und ihre Natürlichkeit verzehrende Blitz.»[298]

Das unmittelbare Selbstbewusstsein ist zunächst nur Begierde. Als triebhaft Handelndes nimmt das einzelne Selbstbewusstsein das Objekt seiner Begierde in Besitz und verleibt es sich ein. Die Befriedigung der Begierde zerstört das begehrte Objekt. Und da die Befriedigung nur vorübergehend ist, erzeugt die Befriedigung neue Begierde. «Das Verhältnis der Begierde zum Gegenstand ist noch durchaus das des selbstsüchtigen Zerstörens, nicht das des Bildens.»[299] Dem Selbstgefühl wird bei der Befriedigung seiner Begierde zunehmend bewusst, dass es in der «Selbstsucht der bloß zerstörenden Begierde»[300] nicht zu sich selbst kommen kann. Es nimmt sich dann selbst als entzweit wahr. Es kommt, wie Hegel es nennt, zu einer «Diremption» des Selbstbewusstseins. Das Selbstbewusstsein weiß, dass in der Formel Ich = Ich zwei Ichs vorhanden sind, deren Beziehung der Klärung bedarf. Das Ich der unmittelbaren Begierde wird vom Ich der Vernunft in seiner Destruktivität erkannt. Als erkennendes Ich ist es über das bloß begehrende hinaus.

4.2.4 Der Kampf um Anerkennung

Das Selbstbewusstsein entwickelt sich auch im Umgang mit anderen von einem begehrenden zu einem anerkennenden. Ich schaue im Anderen einerseits mich selbst an, zugleich erkenne ich aber auch ein Ich, das ein «gegen mich selbständiges anderes Objekt»[301] ist. Dieser Prozess der Anerkennung des Anderen als Subjekt ist kein respektvolles, tolerantes Miteinander, vielmehr handelt es sich um einen «Kampf», in dem zwei Individuen «in vollkommener Starrheit und Sprödigkeit gegeneinander, jedes als ein in sich Reflektiertes, von dem Anderen absolut Unterschiedenes und Undurchbrechbares bestehen».[302] Dieser Widerspruch lässt sich nur auflösen, wenn sich die Menschen nicht nur als begehrende, son-

---

297 Werke 10, § 411, 192.
298 Werke 10, § 412, 198.
299 Werke 10, § 248, 218.
300 Werke 10, § 429, 219.
301 Werke 10, § 430, 219.
302 Werke 10, § 430, 219.

dern als freie Wesen denken. «Diese Freiheit des einen im anderen vereinigt die Menschen auf innerliche Weise, wogegen das Bedürfnis und die Not dieselben nur äußerlich zusammenbringt. Die Menschen müssen sich daher ineinander wiederfinden wollen.»[303] Voraussetzen oder erwarten kann man das aber nicht.

Anerkennung ist für Hegel keine natürliche Neigung. Es handelt sich auch nicht um höflichen Respekt. Menschen müssen vielmehr «im einzelnen unmittelbaren Handeln das eigene und das fremde Leben für die Erringung der Freiheit»[304] aufs Spiel setzen. Der Kampf um Anerkennung, der früher ein Kampf auf Leben und Tod war, wurde mit der Entstehung des Staates und der bürgerlichen Gesellschaft freilich zivilisiert. Es herrscht nicht mehr der Kampf, es herrscht das Gesetz. Jedes menschliche Wesen wird als frei und vernünftig anerkannt. Und der Einzelne macht sich dieser Anerkennung dadurch würdig, dass er seine besondere Natürlichkeit überwindet und die Allgemeinheit des Gesetzes anerkennt.

Neben der Anerkennung durch den Staat muss der Einzelne sich auch um Anerkennung in den gesellschaftlichen Herrschaftsverhältnissen bemühen. Hegel beschreibt den gesellschaftlichen Kampf um Anerkennung – wie bereits in der *Phänomenologie* – als das dialektische Verhältnis von Herr und Knecht. Beide haben ein Interesse daran, dass ihre natürlichen Lebensgrundlagen gesichert bleiben. Der Unterschied zwischen dem Herrn und dem Knecht besteht darin, dass jener nur ein Begehrender ist, während der Knecht, indem er für den Herrn arbeitet, die Unmittelbarkeit seiner Begierde aufhebt und so «den Übergang zum allgemeinen Selbstbewusstsein»[305] vollzieht. Der Knecht ist mithin dem Herrn überlegen, denn der Herr bleibt in seiner Selbstsucht befangen, während der Knecht sie überwindet. «Jene Unterwerfung der Selbstsucht des Knechtes bildet den Beginn der wahrhaften Freiheit des Menschen.»[306] Der Knecht besitzt die «Fähigkeit zur Selbstregierung»[307] und ist deshalb dem Herrn überlegen. Der Herr hingegen ist «noch nicht wahrhaft frei, denn er schaute im anderen noch nicht durchaus sich selbst an. Erst durch das Freiwerden des Knechtes wird folglich auch der Herr vollkommen frei.»[308]

Ungerechte Herrschaftsverhältnisse können nur so überwunden werden, dass alle Beteiligten sich wechselseitig als Freie anerkennen. Das individuelle Selbstbewusstsein muss mithin zu einem allgemeinen Selbstbewusstsein werden. «Das allgemeine Selbstbewusstsein ist das affirmative Wissen seiner selbst im anderen Selbst, deren jedes als freie Einzelheit absolute Selbständigkeit hat, aber

---

303 Werke 10, § 431, 220.
304 Werke 10, § 431, 220.
305 Werke 10, § 435, 224.
306 Werke 10, § 435, 225.
307 Werke 10, § 435, 225.
308 Werke 10, § 436, 226 f.

[...] sich nicht vom anderen unterscheidet».³⁰⁹ Das Selbstbewusstsein erkennt, dass es nur dann vollkommen frei und selbstständig sein kann, wenn es sich darin mit allen anderen identisch weiß. Es weiß sich als Einzelnes als ein Allgemeines. Subjektivität und Objektivität schließen einander nicht aus. Die Einheit des Selbstbewusstseins mit seinem Objekt ist die Vernunft. Das Selbstbewusstsein als Vernunft gewinnt die Gewissheit, dass seine eigenen Gedanken auch Bestimmungen des Wesens der Dinge sind. «Diese wissende Wahrheit ist der Geist.»³¹⁰

4.2.5 Der göttliche und der menschliche Geist

Der Geist besitzt «die Zuversicht, dąss er in der Welt sich selber finden werde, dass diese ihm befreundet sein müsse, dass, wie Adam von Eva sagt, sie sei Fleisch von seinem Fleische, so er in der Welt Vernunft von seiner Vernunft zu suchen habe».³¹¹ Der Geist weiß sich «als die sich wissende Wahrheit».³¹² Ohne diese Gewissheit gäbe es keine Wissenschaft. Die Behauptung, der Mensch könne die Wahrheit nicht erkennen, hält Hegel für «die äußerste Lästerung. Die Menschen wissen dabei nicht, was sie sagen. [...] Die moderne Verzweiflung an der Erkennbarkeit der Wahrheit ist aller spekulativen Philosophie wie aller echten Religiosität fremd.»³¹³

Der Geist ist «die vollkommene Einheit des Subjektiven und Objektiven, der Form und des Inhalts, folglich absolute Totalität und somit unendlich und ewig».³¹⁴ Man kann ihn «das vollkommen Selige und Heilige nennen».³¹⁵ Der Geist, sofern er im Menschen wirksam ist, muss «für das Ebenbild Gottes, für die Göttlichkeit des Menschen erklärt werden».³¹⁶ Der Mensch ist aber beides: Natur und Geist, menschlich und göttlich. Im endlichen Geist des Menschen ist der göttliche Geist nicht vollkommen realisiert. «Darin liegt, dass der endliche Geist unmittelbar ein Widerspruch, ein Unwahres und zugleich der Prozess ist, diese Unwahrheit aufzuheben. Das Ringen mit dem Endlichen, das Überwinden der Schranke macht das Gepräge des Göttlichen im menschlichen Geiste aus und bildet eine notwendige Stufe des ewigen Geistes.»³¹⁷ Gottes Geist offenbart sich dem endlichen Geist als Wissen. Und der menschliche Geist *will* wissen – so verändert er die Welt. Die Seele ist passiv, der Geist hingegen ist produktiv – er bringt eine Welt der Freiheit hervor.

---

309 Werke 10, § 436, 226.
310 Werke 10, § 438, 229.
311 Werke 10, § 440, 230.
312 Werke 10, § 440, 231.
313 Werke 10, § 441, 231.
314 Werke 10, § 441, 232.
315 Werke 10, § 441, 232.
316 Werke 10, § 441, 233.
317 Werke 10, § 441, 233.

4.2.6 Der Geist als Gefühl, Anschauung, Erinnerung und Gedächtnis

Als Anschauender ist der Geist zunächst ein Fühlender. Hegel warnt zwar vor einer Überbetonung des Gefühls, stellt aber zugleich unmissverständlich fest: «In der Empfindung ist die ganze Vernunft – der gesamte Stoff des Geistes vorhanden. Alle unsere Vorstellungen, Gedanken und Begriffe von der äußeren Natur, vom Rechtlichen, vom Sittlichen und vom Inhalte der Religion entwickeln sich aus unserer empfindenden Intelligenz».[318] Empfindungen sind keine beliebigen, willkürlichen, innerlichen Gefühlsaufwallungen, die mit den Objekten nichts zu tun haben. Vielmehr darf der menschliche Geist davon ausgehen, dass seine Empfindungen von den Objekten selbst ausgelöst werden.

Der anschauende Geist lässt sich auf seinen Gegenstand als ein Ganzes ein. «Dazu gehört, dass der Mensch mit Geist, Herz und Gemüt, kurz in seiner Ganzheit sich zur Sache verhält, im Mittelpunkt derselben steht und sie gewähren lässt.»[319] Während der Verstand sich und seine Erkenntnisobjekte auseinanderreißt und so nicht dazu kommt, die konkrete Natur des Gegenstandes zu begreifen, vermag die Anschauung eine Fülle von Bestimmungen zusammenzuhalten und das geistige Band zwischen Subjekt und Objekt zumindest zu erahnen. Insofern ist die bewundernde oder auch verwunderte Anschauung ein richtiger Beginn des Erkennens, aber eben nur ein Beginn.

Wenn sich die Anschauung erinnert, dann bilden sich Vorstellungen. Wer sich etwa einen Löwen vorstellt, der braucht ihn nicht mehr vor sich zu sehen. Die Intelligenz ist «dieser nächtliche Schacht, in welchem eine Welt unendlich vieler Bilder und Vorstellungen aufbewahrt wird».[320] Die Erinnerung besteht im Unterschied zum Gedächtnis aus Bildern. «Niemand weiß, welche unendliche Menge von Bildern der Vergangenheit in ihm schlummert, zufälligerweise erwachen sie wohl dann und wann, aber man kann sich, wie man sagt, nicht auf sie besinnen.»[321] In der Vorstellung werden äußere bildhafte Eindrücke zu inneren Bildern.

> Je gebildeter ein Mensch ist, desto mehr lebt er nicht in der unmittelbaren Anschauung sondern [...] zugleich in Erinnerungen, so dass er wenig durchaus Neues sieht, der substantielle Gehalt des meisten Neuen ist ihm vielmehr schon etwas Bekanntes. [...] Das neugierige Volk dagegen läuft immer wieder dahin, wo es etwas zu begaffen gibt.[322]

Die Fantasie lässt unbewusste Bilder in das Ich aufsteigen. Sie ist gleichsam eine «innere Werkstätte»,[323] in der der Einzelne seine inneren Bilder zu einer Gestalt

---

318 Werke 10, § 447, 248.
319 Werke 10, § 449, 254.
320 Werke 10, § 453, 260.
321 Werke 10, § 453, 261.
322 Werke 10, § 454, 262.
323 Werke 10, § 457, 267.

formt, die dann mitgeteilt werden kann. Symbole, wie etwa Flaggen, mit deren Hilfe sich eine Gesellschaft über die in ihr geltende Ordnung verständigt, sind letztlich willkürliche Verbindungen eines sinnlichen Stoffes mit einem allgemeinen Zweck. Symbole kann man nur verstehen, wenn man gelernt hat, was sie bedeuten.

In den Sprachzeichen ist die Willkür der Beziehung von Zeichen und Sinngehalt noch gesteigert. Eine Sprache muss man erlernen, sonst versteht man sie nicht. Das Gedächtnis, die Mnemosyne, hat es nicht mehr mit Bildern, sondern nur noch mit Zeichen zu tun. Die Buchstabenschrift ist ein mehrfach verschlüsseltes Zeichensystem. Denn die Buchstaben bezeichnen Töne, die selbst schon Zeichen sind. Eine Schrift besteht also aus Zeichen von Zeichen. Menschen, die noch nicht gut lesen können, müssen sich deshalb das Gelesene laut vorlesen, um es zu verstehen.

Die willkürliche Beziehung von Wort und Gehalt hält Hegel für einen Fortschritt in der Menschheitsgeschichte. «Es ist in Namen, dass wir denken.»[324] Namen sind an sich sinnlose Äußerlichkeiten, erst als Zeichen bekommen sie eine Bedeutung. Es ist die Vorstellungskraft des Menschen, die aus der bloßen Äußerlichkeit eines Namens ein sinnvolles Ganzes gestaltet. Das Wort als solches ist bloße Äußerlichkeit, aber als Träger eines Gedankens ist es unerlässlich. Die geläufige Ansicht, dass das Unaussprechliche angeblich das Vortrefflichste sei, hält Hegel für wenig überzeugend, «da das Unaussprechliche in Wahrheit nur etwas Trübes, Gärendes ist, das erst, wenn es zu Worte zu kommen vermag, Klarheit gewinnt».[325]

4.2.7 Denken und freier Wille

Wer denkt, der hat Gedanken. Sie sind Inhalt und Gegenstand des Denkens. Gedanken werden im Gedächtnis aufbewahrt. Wer denkt, der weiß, dass er Gedanken hat. Das heißt aber auch: Das, was gedacht wird, *ist*. Wer denkt, der geht von der Einheit des Subjektiven und des Objektiven aus. Warum sollte er sich sonst die Mühe des Denkens machen? «Diejenigen, welche von der Philosophie nichts verstehen, schlagen zwar die Hände über dem Kopf zusammen, wenn sie den Satz vernehmen: Das Denken ist das Sein. Dennoch liegt allem unserem Tun die Voraussetzung der Einheit des Denkens und des Seins zugrunde.»[326] Hegel unterteilt das Denken in den Verstand, das Urteil und die Vernunft. Erst auf der letzten Stufe der Vernunft «wird der Begriff als solcher erkannt».[327] Da Denken Ver-

---

324 Werke 10, § 462, 278.
325 Werke 10, § 462, 280.
326 Werke 10, § 465, 284.
327 Werke 10, § 467, 286.

allgemeinern ist, lässt es seinen Gegenstand nicht in seiner Besonderheit bestehen, sondern macht ihn zum Moment eines Allgemeinen.

Das Denken bemächtigt sich seines Gegenstandes; deshalb muss es auch als Wille gefasst werden. Allerdings mahnt Hegel die Unterscheidung zwischen einem selbstsüchtigen und einem allgemeinen Willen an.

> Die wahre Freiheit ist als Sittlichkeit dies, dass der Wille nicht subjektiven, d. h. eigensüchtigen, sondern allgemeinen Inhalt zu seinen Zwecken hat; solcher Inhalt ist aber nur im Denken und durch das Denken; es ist nichts geringeres als absurd, aus der Sittlichkeit, Religiosität, Rechtlichkeit das Denken ausschließen zu wollen.[328]

Andererseits gilt auch: Es gibt kein Denken ohne ein Interesse. Interesse muss keine Selbstsucht sein, es kann auch Hingabe sein. Hingabe entsteht aus Leidenschaft. Und so ist auch dies richtig: «Es ist nichts Großes ohne Leidenschaft vollbracht worden, noch kann es ohne solche vollbracht werden.»[329]

4.2.8 Der Geist der Freiheit

Der Wille ist frei. Als Willkür ist er aber nur subjektiver und zufälliger Wille. Keine Idee sei so vielen Missverständnissen ausgesetzt wie die Idee der Freiheit. Weder Platon noch Aristoteles, weder die Griechen noch die Römer hätten eine vollkommene Idee der Freiheit gehabt.

> Diese Idee ist durch das Christentum in die Welt gekommen, nach welchem das Individuum als solches einen unendlichen Wert hat, indem es [als] Gegenstand und Zweck der Liebe Gottes dazu bestimmt ist, zu Gott als Geist sein absolutes Verhältnis, diesen Geist in sich wohnen zu haben, d. i. dass der Mensch an sich zur höchsten Freiheit bestimmt ist.[330]

Diese Begründung der Freiheit des Menschen gehe über die Vorstellung eines angeborenen Rechtes hinaus. Die theologische Begründung bringe eine Unbedingtheit ins Spiel bringt, die der Berufung auf ein natürliches Recht fehle.

Gott als Geist ist absolute Negativität. Wer die Freiheit des Menschen auf das Gottesverhältnis gründet, der lässt sich auf eine revolutionäre Dynamik ein. «Wenn in der Religion als solcher der Mensch das Verhältnis zum absoluten Geist als sein Wesen weiß, so hat er weiterhin den göttlichen Geist auch als in die Sphäre der weltlichen Existenz tretend gegenwärtig, als die Substanz des Staats, der Familie usf.»[331] Das vorfindliche Gemeinwesen hat sich dann vor dem göttlichen Geist, der die Freiheit will, zu verantworten. Die Menschen wissen nun,

---

328 Werke 10, § 469, 288 f.
329 Werke 10, § 474, 296.
330 Werke 10, § 482, 301 f.
331 Werke 10, § 482, 302.

«dass ihr Wesen, Zweck und Gegenstand die Freiheit ist».[332] Dieses geistige Bewusstsein ist zunächst nur Prinzip, es will sich aber realisieren – «zur rechtlichen, sittlichen und religiösen wie wissenschaftlichen Wirklichkeit».[333]

4.3 Der objektive Geist

Der objektive Geist realisiert den Geist der Freiheit als einen sozial verbindlichen. Der objektive Geist gewährt Anerkennung und fordert Anerkennung. Die wechselseitige Anerkennung konstituiert ein gesellschaftliches Machtgefüge. Manche Subjekte genießen mehr Anerkennung als andere. Gesellschaftliche Verhältnisse genügen selten den Ansprüchen subjektiver Moral. Der objektive Geist ist mit vielen Unzulänglichkeiten behaftet. Er gehört der Sphäre äußerlicher Endlichkeit an. Gleichwohl ist der objektive Geist für ein produktives menschliches Miteinander unverzichtbar.

Der objektive Geist bildet und prägt sich in den subjektiven Geist ein, als Konvention und Mode, als Gewohnheit und Sitte, als Akzeptanz der Geltung des Gesetzes. Der objektive Geist vermittelt dem Subjekt, dass das Recht das «Dasein des freien Willens» ist, «welches nicht nur als das beschränkte juristische Recht, sondern als das Dasein aller Bestimmungen der Freiheit umfassend zu nehmen ist».[334] Das Recht ist für den objektiven Geist die Sozialform der Freiheit. Jedes Recht ist eine Pflicht und jede Pflicht ist ein Recht. Wer keine Rechte hat, der hat auch keine Pflichten, und wer Rechte hat, der hat Pflichten.

Ein Naturrecht hält Hegel ebenso für eine Erdichtung wie einen angeblichen Naturzustand. «In der Tat aber gründen sich das Recht und alle seine Bestimmungen allein auf die freie Persönlichkeit, eine Selbstbestimmung, welche vielmehr das Gegenteil der Naturbestimmung ist.»[335] Auch die Meinung, dass die subjektive Moral gegen das Recht eine höhere Legitimität in Anspruch nehmen könne, weist Hegel zurück. Für das Recht ist das Individuum nur Person. Vor dem Gesetz sind alle Personen gleich, jeder hat den gleichen Personalausweis und jeder wird gleich behandelt. Individuen aber sind – anders als Personen – nicht gleich, jedes Individuum ist anders. Moralische Subjekte, die eine Rechtsgemeinschaft bilden, sehen gleichwohl ein und stimmen zu, dass das Gesetz von ihrer Besonderheit abstrahiert und alle gleichmacht. Diese Einsicht stellt sich nicht von selbst ein. Dazu braucht es politische Bildung. Das Gemeinwesen muss sich darauf verlassen können, dass die subjektive Moral dieses anspruchsvolle Arrangement des Rechtsstaats, der alle als Gleiche anerkennt, auch versteht.

---

[332] Werke 10, § 482, 302.
[333] Werke 10, § 482, 302.
[334] Werke 10, § 486, 304.
[335] Werke 10, § 502, 311.

4.3.1 Moral oder Sittlichkeit?

Das Gute ist «der absolute Endzweck der Welt».[336] Das Subjekt, das dies eingesehen hat, wird es sich zur Pflicht machen, das Gute durch seine eigene Tätigkeit hervorzubringen. Dabei macht es freilich die Erfahrung, dass es mancherlei Gutes gibt, ja dass Güter miteinander kollidieren können. Es ist zudem zufällig, ob das, was dem subjektiven Geist im Moment als gut erscheint, auch objektiv gut ist. Zufällig ist ferner, ob sich ein Subjekt in seiner Gesellschaft wohlfühlt. Es gibt keine Garantie dafür, dass «das gute Subjekt in ihr glücklich und das böse unglücklich wird».[337] Die Erwartung, dass Böse bestraft und Gute belohnt werden, hält Hegel für kindisch. Der Gute tut nicht das Gute, um belohnt zu werden, sondern um des Guten selbst willen. Gutes kann auch zu Bösem werden. Das Streben nach Gerechtigkeit kann in Selbstgerechtigkeit umschlagen. Das Böse ist nämlich «die innerste Reflexion der Subjektivität in sich gegen das Objektive und Allgemeine».[338] Eine hypertrophe Moral kann im Terror enden.

Der Vorzug der Sittlichkeit gegenüber der Moral besteht darin, dass die Sittlichkeit kein abstraktes Wollen des Guten ist. Sie ist das Sein des Sollens. Sittlichkeit ist die gelebte Einheit des subjektiven und des objektiven Geistes. Dazu braucht es freilich Wohlwollen, Gerechtigkeitsgefühl, Opferbereitschaft, vor allem aber Vertrauen als «die wahrhafte sittliche Gesinnung».[339] Ohne Institutionen können subjektive Gesinnungen nicht generationenübergreifend tradiert werden. Die sittliche Substanz eines Gemeinwesens braucht deshalb die Familie, die Gesellschaft und den Staat.

4.3.2 Familie, Gesellschaft, Staat – die realisierte Trinität des objektiven Geistes

Der Geist der Familie ist ein empfindender Geist. In der Familie werden Kinder geboren, versorgt und in ihrer ganz eigenen und besonderen Subjektivität gestärkt – körperlich wie geistig. Führt das Zeugen eines Kindes zu seiner ersten Geburt, so zielt die Erziehung auf seine zweite Geburt. «Die mit der natürlichen Erzeugung verbundene [...] Sittlichkeit realisiert sich in der zweiten Geburt der Kinder, der geistigen, – die Erziehung derselben zu selbständigen Personen.»[340] Ist dies gelungen, können die Kinder in die bürgerliche Gesellschaft entlassen werden. Diese ist ein System der Bedürfnisse, in der jeder einerseits nach Wohlstand strebt, aber auch nach Rechtschaffenheit, Anerkennung und Ehre.

---

336 Werke 10, § 507, 314.
337 Werke 10, § 510, 316.
338 Werke 10, § 512, 317.
339 Werke 10, § 515, 319.
340 Werke 10, § 521, 320.

Weil in der bürgerlichen Gesellschaft das «Prinzip der zufälligen Besonderheit»[341] herrscht, braucht es eine Rechtspflege, die Streit schlichtet und Konflikte durch Beschlüsse beendet. Hegel macht sich keine Illusionen über die Willkür und Zufälligkeit geltender Gesetze und deren Anwendung in der Rechtsprechung. «[U]nd doch ist das Höhere, dass entschieden wird».[342] Das positive Recht ist unvollkommen, manchmal ungerecht. Deshalb sind Reformen des Rechts immer wieder nötig. Hegel hält es aber für anmaßend, ein Gesetz nur dann anerkennen zu wollen, wenn es vor dem Forum der individuellen Moral bestehen kann. «Es ist die leere Meinung von Vollkommenheit, solche Forderungen an die Sphäre des Endlichen zu machen.»[343] Über jedes Gesetz kann ein Streit darüber entbrennen, ob sein Inhalt vernünftig ist oder nicht. Letztlich gehe es aber nur darum, dass ein Gesetz bekannt gemacht werde und für alle gelte. Es gilt «durch die Förmlichkeiten seiner allgemeinen Garantie».[344] In der bürgerlichen Gesellschaft sind die Einzelnen sich selbst der moralisch berechtigte Zweck – das ist ihre Stärke und ihre Schwäche zugleich. Hegel nennt die bürgerliche Gesellschaft einen «äußerlichen Staat»,[345] weil sie nur individuellen Bedürfnissen dient.

Der wahre Staat hingegen «ist die selbstbewusste sittliche Substanz – die Vereinigung des Prinzips der Familie und der bürgerlichen Gesellschaft».[346] Hegel beklagt, dass die Vorstellung geläufig geworden sei, «dass jeder seine Freiheit in Beziehung auf die Freiheit der anderen beschränken müsse und der Staat der Zustand dieses gegenseitigen Beschränkens und die Gesetze die Beschränkungen seien».[347] Das fatale Problem dieser Auffassung sei ihr Freiheitsbegriff. Unter Freiheit werde nur zufälliges Belieben und Willkür verstanden. Hegels Staatsverständnis ist dem diametral entgegengesetzt. Der Staat ist eine Institution der Freiheit. Er hat kein Interesse an der Einschränkung wahrer Freiheit. Jedes Gesetz sollte ein Gesetz der Freiheit sein, das darauf zielt, die Freiheit der Bürger nicht nur zu bewahren, sondern auch zu vermehren. Vor dem Gesetz des sittlichen Staates sind alle als Personen gleich. Zugleich will der sittliche Staat aber auch die Subjektivität seiner Subjekte fördern und steigern. Er tut dies vor allem durch Bildungsangebote. Nur so konnten die modernen Staaten so machtvoll werden. Ein liberaler Staat, der sich nur um die Gleichheit vor dem Gesetz, nicht aber um die konkrete Subjektivität und Freiheit seiner Bürger durch Bildung kümmert, ist für Hegel nur die Karikatur eines Staates.

---

341 Werke 10, § 529, 323.
342 Werke 10, § 529, 324.
343 Werke 10, § 529, 324.
344 Werke 10, § 530, 326.
345 Werke 10, § 534, 329.
346 Werke 10, § 535, 330.
347 Werke 10, § 539, 333 f.

Hegel widerspricht also dem liberalen Narrativ, dass Ausdifferenzierung und Wohlstand der Gesellschaft am besten durch die Beschränkung staatlicher Macht gewährleistet werden. Ohne ein kollektives Bewusstsein, ohne einen objektiven Geist führt die liberale Utopie zur Ausbeutung und zum Bürgerkrieg. Ein Volk, das sich nicht in einem Staat aufgehoben weiß, ist und bleibt *vulgus*; es wird nicht zum prosperierenden *populus*. «Solcher Zustand eines Volkes ist der Zustand der Unrechtlichkeit, der Unsittlichkeit, der Unvernunft überhaupt; das Volk wäre in demselben nur als eine unförmige, wüste, blinde Gewalt.»[348] Noch das 21. Jahrhundert bietet für solche staatlichen Zustände hinreichend Anschauungsmaterial.

Hegel schwebt als Ideal eine konstitutionelle Monarchie vor. Der Monarch repräsentiert das Volk und signalisiert so anderen Staaten, dass das staatlich organisierte Volk als ein kollektives Subjekt anzuerkennen ist. Jeder Staat steht in Beziehung zu anderen staatlich organisierten Völkern. Hegel begegnet der Idee einer Weltregierung, an die alle existierenden Völker ihre Souveränität abtreten, mit Skepsis. Das Völkerrecht beruhe auf dem Anerkanntsein der Staaten und damit letztlich «überhaupt auf den Sitten».[349]

4.3.3 Weltgeschichte, Weltgericht, Weltgeist

Der objektive Geist eines Staates ist endlich und vergänglich. Das lehrt ihn bereits seine Geschichte. Er muss anerkennen, dass er «in die allgemeine Weltgeschichte» übergeht, die sein «Weltgericht» ist.[350] Das Ziel der Weltgeschichte und des Weltgerichts ist das Erscheinen des Weltgeistes. Hegel wörtlich:

> Diese Bewegung ist der Weg der Befreiung der geistigen Substanz, die Tat, wodurch der absolute Endzweck der Welt sich in ihr vollführt, der nur erst an sich seiende Geist sich zum Bewusstsein und Selbstbewusstsein und damit zur Offenbarung und Wirklichkeit seines an und für sich seienden Wesens bringt und sich auch zum äußerlich allgemeinen, zum Weltgeist wird.[351]

Theologen ist die Vorstellung, dass die Weltgeschichte ein Ziel hat, wohlvertraut. Skeptikern unter den Historikern will dieser Gedanke hingegen nicht einleuchten. Hegel weiß das und er versucht die skeptische Haltung mit folgender Argumentation zu erschüttern. Historiker, so Hegel, scheuten vor der Annahme eines Endzwecks der Geschichte zurück, weil sie unparteiisch sein wollten. So wie ein Richter sich für keine der streitenden Parteien entscheide, so wollten sich auch die Historiker jeden Urteils über den Verlauf der Geschichte enthalten. Das sei

---

[348] Werke 10, § 544, 341.
[349] Werke 10, § 547, 346.
[350] Werke 10, § 548, 347.
[351] Werke 10, § 549, 347.

aber eine Selbsttäuschung, denn bereits bei der Auswahl seiner Stoffe verfolge der Historiker einen Zweck. Jeder Gegenstand, den ein Historiker der Untersuchung für würdig befinde, sei Gegenstand eines vorausgesetzten Zwecks. «Eine Geschichte ohne solche Zwecke und ohne solche Beurteilung wäre nur ein schwachsinniges Ergehen des Vorstellens, nicht einmal ein Kindermärchen, denn selbst Kinder fordern in den Erzählungen ein Interesse.»[352] So wie der Richter Partei für das Recht ergreift, so müssten auch die Historiker Partei für die Wahrheit ergreifen. Wenn freilich die Grundüberzeugung herrsche, dass es gar keine Wahrheit gibt, dann könne das Ergebnis historischer Forschung auch kein anderes sein, als dass alles beliebig und alles Zufall ist. Für Hegel besteht die Wahrheit der Geschichte in der Durchsetzung der Freiheit. Was das Subjekt als seine Wahrheit weiß und lebt, nämlich seine Freiheit, kann und darf es der Geschichte nicht vorenthalten.

Die Weltgeschichte ist die Geschichte der Befreiung des Geistes. Die besonderen Volksgeister können vor ihm nicht bestehen. Auch die großen Gestalten der Weltgeschichte sind lediglich Werkzeuge der Selbstdurchsetzung des Geistes. In allem Kampf und bei aller Kontingenz erhebt sich der Geist der Weltgeschichte «zum Wissen des absoluten Geistes, als der ewig wirklichen Wahrheit, in welcher die wissende Vernunft frei für sich ist und die Notwendigkeit, Natur und Geschichte nur seiner Offenbarung dienend und Gefäße seiner Ehre sind».[353]

4.3.4 Der Protestantismus als die Zivilreligion des sittlichen Staates

Der Staat beruht auf der sittlichen Gesinnung seiner Bürger. Die sittliche Gesinnung aber beruht auf deren Religion. «Indem die Religion das Bewusstsein der absoluten Wahrheit ist, so kann das, was als Recht und Gerechtigkeit, als Pflicht und Gesetz, d. i. als wahr in der Welt des freien Willens gelten soll, nur insofern gelten, als es Teil an jener Wahrheit hat, unter sie subsumiert ist und aus ihr folgt.»[354] Es ist also ganz und gar nicht belanglos, welche Religion die Bürger haben. «Es kann nicht zweierlei Gewissen, ein religiöses und ein [...] davon verschiedenes sittliches geben.»[355] Religion und Sittlichkeit gehören beide einem Denken und einem Wissen an. «Es ist der ungeheure Irrtum unserer Zeiten gewesen, diese Untrennbaren als voneinander trennbar, ja selbst als gleichgültig gegeneinander ansehen zu wollen.»[356]

Eine solche Trennung lege sich nur dann nahe, wenn eine Religion Gott nicht im Geist und in der Wahrheit anbete, sondern ihren eigenen Geist dem

---

352   Werke 10, § 549, 349f.
353   Werke 10, § 552, 353.
354   Werke 10, § 552, 355.
355   Werke 10, § 552, 355f.
356   Werke 10, § 552, 356.

Geist der Freiheit in aller Starrheit und Unbeweglichkeit gegenüberstelle. Dies sei etwa beim Katholizismus der Fall. Dieser binde den Geist unter «ein Außersichsein, wodurch sein Begriff im Innersten verkannt und verkehrt und Recht und Gerechtigkeit, Zurechnungsfähigkeit und Pflicht in ihrer Wurzel verdorben sind».[357] Konsequenterweise werde die katholische Frömmigkeit nun vor allem von solchen Staaten gepriesen, in denen Unfreiheit und Untertanengeist herrsche. Es sei dann auch nicht verwunderlich, wenn sich gegen diese Knechtschaft des Geistes die «Weltweisheit»[358] in den Völkern erhebe. Eine Religion der Unfreiheit und ein politischer Geist der Freiheit können nicht koexistieren. «Es ist nur für eine Torheit neuerer Zeit zu achten, [...] eine Revolution ohne Reformation gemacht zu haben.»[359]

Der Protestantismus als die Religion individueller Freiheit eröffne hingegen die Möglichkeit, «dass Staatsmacht, Religion und die Prinzipien der Philosophie in eins zusammenfallen, die Versöhnung der Wirklichkeit überhaupt mit dem Geiste, des Staats mit dem religiösen Gewissen, ingleichen dem philosophischen Wissen sich vollbringt».[360] Die Religion wird dann integrales Moment der Sittlichkeit und der staatlichen Macht. «So wird zuletzt das Prinzip des religiösen und des sittlichen Gewissens ein und dasselbe in dem protestantischen Gewissen – der freie Geist in seiner Vernünftigkeit und Wahrheit sich wissend.»[361]

Eine ins Sittliche aufgelöste Religion wird aber angesichts einer Vielzahl kompetenter sittlicher Akteure heute nicht mehr gebraucht. Insofern hat sich Hegels Idee, dass der Protestantismus in sein ethisches Zeitalter eingetreten sei, eher als Sackgasse für den Protestantismus erwiesen. Was Hegel als den Höhepunkt der Versöhnung von Religion und Politik imaginierte, kann auch als das absehbare Ende der Religion gedeutet werden. Sie wird schlicht nicht mehr gebraucht. Vater Staat erledigt in der Moderne die Aufgaben, die jahrhundertelang Mutter Kirche anvertraut waren. In der *Rechtsphilosophie* wird Hegel die Rolle der Religion im Staat anders bestimmen. Dort legt er weitaus mehr Wert auf die Unterscheidung der politischen von der religiösen Sphäre.

4.4 Der absolute Geist

4.4.1 Kunst als Religion?

Die Kunst macht das Verhältnis der Menschen zum Absoluten anschaulich. Hegel unterscheidet – wie in seiner *Ästhetik* – zwischen der symbolischen, der klas-

---

[357] Werke 10, § 552, 357.
[358] Werke 10, § 552, 358.
[359] Werke 10, § 552, 360.
[360] Werke 10, § 552, 364.
[361] Werke 10, § 552, 365.

sischen und der romantischen Kunst. Die symbolische Kunst sucht den absoluten Geist in den Gegenständen, die klassische Kunst sucht ihn in der Schönheit. Die romantische Kunst ist eine ganz und gar verinnerlichte Kunst, die das Göttliche «als Innigkeit in der Äußerlichkeit»[362] darstellt. Darin sei die Kunstgeschichte der Religionsgeschichte gefolgt.

Die schöne Kunst im Dienste der Religion hat eine ambivalente Wirkung. Einerseits verleiht sie der Religion Glanz. Andererseits ist jedes Kunstwerk aber ein Werk freier Willkür, der Künstler mithin «ein Meister des Gottes».[363] Deshalb führe die Kunst im Dienste der Religion letztlich zum «Untergang einer an sinnliche Äußerlichkeiten noch gebundenen Religion».[364] Denn das Sinnliche und Anschauliche ist das Werk des Künstlers, nicht ein Werk Gottes. Die Kunst habe insofern einen wichtigen Dienst zur Befreiung des Geistes geleistet. Denn nicht im Sinnlichen, sondern im Geist offenbart sich Gott. Sie sei aber nicht die höchste Stufe der Befreiung. Sie biete die *Anschauung* des absoluten Geistes, mache ihn aber noch nicht offenbar.

4.4.2 Die geoffenbarte Religion

Das Gegenteil des Sich-Offenbarens ist das Sich-Verschließen. Eine Religion, in der Gott sich verschließt, ist keine Offenbarungsreligion. Die Nemesis etwa, die Platon und Aristoteles kritisiert hatten, weil Gott nicht neidisch sein könne, war eine verschlossene Gottheit. Die Religion des absoluten Geistes hingegen ist die Religion der Selbstoffenbarung Gottes: «Wenn aber [...] das Wort Geist einen Sinn haben soll, so enthält derselbe das Offenbaren seiner.»[365] Gott offenbart sich nicht nur ein bisschen, nicht nur hier und da oder gar nur einigen wenigen, vielmehr offenbart er sich ganz. Die Rede von einem verborgenen Gott, dessen Ratschlüsse unbegreiflich seien, hält Hegel für einen Rückfall hinter den revolutionären Gedanken der Selbstoffenbarung Gottes. Es sei auch keine fromme Demut, wenn man behaupte, der Mensch könne von Gott nichts wissen. Das sei entweder Bequemlichkeit oder Verstocktheit.

Wie soll man sich einen Gott vorstellen, der sich den Menschen ganz und gar offenbart, der sich zeigt, wie er ist? Dazu muss zunächst Gott selbst wissen, wer er ist und was er will. Erst dann kann er sich den Menschen mitteilen. Die Selbsterkenntnis Gottes wird in der christlichen Theologie in der sogenannten immanenten Trinitätslehre entfaltet. Äußerst kompakt fasst Hegel diese so zusammen: Der absolute Geist werde als einer gefasst, der nicht in sich verschlossen bleiben will, sondern sich selbst als seinen Unterschied setzt, in diesem Ande-

---

362 Werke 10, § 562, 370.
363 Werke 10, § 559, 369.
364 Werke 10, § 562, 371.
365 Werke 10, § 564, 373.

ren sich seiner selbst bewusst wird und «als konkrete Einzelheit und Subjektivität der Geist ist».[366] Die innergöttliche Kommunikation zwischen Vater, Sohn und Heiligem Geist ziele darauf, Gott als selbstmitteilungsfähiges Subjekt zu fassen.

Der absolute Geist strebt über eine nur innergöttliche Kommunikation hinaus. Er erschafft sich eine Welt als sein Anderes. Dies ist «die Erschaffung der Erscheinung, das Zerfallen des ewigen Moments der Vermittlung, [...], in den selbständigen Gegensatz, einerseits des Himmels und der Erde, [...], andererseits [...] des endlichen Geistes, welcher als das Extrem der in sich seienden Negativität sich zum Bösen verselbständigt».[367] Der endliche Geist ist zwar «auf das Ewige gerichtet»,[368] zieht es aber vor, sich in sich zu «verhausen», sich vom Guten zu separieren, mithin böse zu sein.

Die Versöhnung von absolutem und subjektivem Geist ereignete sich in der Menschwerdung Gottes in Jesus Christus. Der absolute Geist setzte sich der sinnlichen Existenz und damit dem «Schmerz der Negativität» aus. Er stirbt dieser Negativität ab und kehrt in sich selbst so zurück, dass er nun die «Einheit der allgemeinen und einzelnen Wesenheit für sich geworden ist – die Idee des ewigen, aber lebendigen und in der Welt gegenwärtigen Geistes».[369]

Das endliche Subjekt, das sich «als das Nichtige und Böse bestimmt», wird durch das Zeugnis des Geistes ermutigt, «seiner unmittelbaren Naturbestimmtheit und des eigenen Willens sich zu entäußern und mit jenem Beispiel [...] in dem Schmerz der Negativität sich zusammenzuschließen und so als vereint mit dem Wesen sich zu erkennen».[370] In der Identifikation mit dem Mensch gewordenen und leidenden Gottessohn erkennt sich das einzelne Subjekt vereint mit dem absoluten Geist, der «sich als inwohnend im Selbstbewusstsein bewirkt und die wirkliche Gegenwärtigkeit des an und für sich seienden Geistes [...] ist».[371]

4.4.3 Philosophie als der selige Genuss des absoluten Geistes

Die Philosophie als die Einheit von Kunst und Religion erkennt einerseits deren beider Inhalte als notwendig an, geht aber über deren Formen der Anschauung und der Vorstellung hinaus. Die Philosophie erhebt deren Inhalte in die Form des Begriffs.

Bevor Hegel das expliziert, nutzt er die letzten Seiten der *Enzyklopädie* dazu, noch einmal das Verhältnis der Philosophie zur Religion zu bestimmen. Der Inhalt der Religion und der Philosophie sei derselbe. Die Theologie habe es eigent-

---

366 Werke 10, § 567, 375.
367 Werke 10, § 568, 375.
368 Werke 10, § 568, 376.
369 Werke 10, § 569, 376.
370 Werke 10, § 570, 376.
371 Werke 10, § 570, 376 f.

lich gar nicht nötig, der Philosophie feindselig zu begegnen – vor allem nicht der spekulativen Philosophie. Völlig zu Unrecht werde gegen sie der Vorwurf des Pantheismus erhoben. Hegel macht seiner Enttäuschung über die Feindseligkeit der Theologie sarkastisch Luft: «Besonders die Frömmigkeit, die in ihrer frommen Vornehmigkeit sich des Beweisens ohnehin entübrigt glaubt, überlässt im Einklange mit der leeren Verstandesphilosophie [...] sich der Versicherung [...], dass die Philosophie die All-Eins-Lehre oder Pantheismus sei.»[372]

Eine Theologie aber wie die gegenwärtige, «welche die Religion nur zu einem subjektiven Gefühle macht und die Erkenntnis der Natur Gottes leugnet, behält damit weiter nichts als einen Gott überhaupt ohne objektive Bestimmungen».[373] Wenn aber der Gottesgedanke «verdünnt und ausgeleert» ist, dann hat dieser keine Kraft mehr, die «weltliche Existenz der Dinge, welche hierdurch in fester, ungestörter Substantialität verbleibt»,[374] als bloßen Schein zu entlarven.

Die wahren Pantheisten seien, so Hegel, all jene, die «nicht zur Bestimmung der Substanz als Subjekt und als Geist»[375] fortschreiten. Gott wird dann als der Unendliche vom Endlichen geschieden und als «das Unbegreifliche»[376] vorgestellt. Gott wird zum leeren Absoluten. Demgegenüber besteht die spekulative Philosophie darauf, dass das Absolute die konkrete Einheit des absoluten Geistes ist, der als Prozess seines Zu-sich-Kommens und damit als gegenwärtiger und lebendiger Geist begriffen werden muss.

Nach diesem Exkurs stellt Hegel die Philosophie als «die sich denkende Idee» vor, die im Durchgang durch die Logik als das Allgemeine, die Natur als das Besondere und den Geist als das Einzelne zu dem Schluss kommt, dass das Allgemeine Wirklichkeit geworden ist. Dieser Prozess vom Allgemeinen über das Besondere zum Einzelnen lässt sich auf dreifache Weise fassen. Einmal als der Schluss, «welcher das Logische zum Grunde als Ausgangspunkt und die Natur zur Mitte hat, die den Geist mit demselben zusammenschließt. Das Logische wird zur Natur und die Natur zum Geiste».[377] Dann als der Schluss, der die Natur voraussetzt und den Geist als die Vermittlung der Natur und der Logik versteht. Der dritte Schluss ist «die Idee der Philosophie, welche die sich wissende Vernunft, das Absolut-Allgemeine zu ihrer Mitte hat, die sich in Geist und Natur entzweit».[378] Der Begriff aber überwindet die Entzweiung und erkennt, dass «die

---

372 Werke 10, § 573, 380 f.
373 Werke 10, § 573, 381.
374 Werke 10, § 573, 382.
375 Werke 10, § 573, 389.
376 Werke 10, § 573, 389.
377 Werke 10, § 575, 393.
378 Werke 10, § 577, 394.

ewige an und für sich seiende Idee sich ewig als absoluter Geist betätigt, erzeugt und genießt».³⁷⁹

Die *Enzyklopädie* schließt mit einem Aristoteles-Zitat in griechischer Sprache aus dem zwölften Buch der *Metaphysik* des Aristoteles. Aristoteles führt dort Folgendes aus: Wenn sich die menschliche Vernunft bei ihrer eigenen Tätigkeit beobachte, dann stelle sie fest, dass nicht sie als denkende Tätigkeit die Welt bewege, sondern dass dies durch die Gedanken, die sie denke, geschehe. Diese seien das Göttliche. Deren Anschauung (*theoria*) sei dem Philosophen das Lustvollste und Beste. Das Ewige und Beste aber sei Gott.

---

379   Werke 10, § 577, 394.

Kapitel 6
Das Recht als Sozialform der Freiheit:
Hegels *Rechtsphilosophie*

1. Vorrede

An Hegels *Grundlinien der Philosophie des Rechts*, die 1821 erstmals erschienen, scheiden sich bis heute die Geister. Es gibt Leser, die halten die *Rechtsphilosophie* für einen Verrat an Hegels früherem revolutionären Pathos, für ein Produkt der Restauration, für eine peinliche und staatsfromme Verbeugung vor dem preußischen Monarchen, Hegels neuem Arbeitgeber. Es gibt aber auch Leser, die in der *Rechtsphilosophie* eine Weiterentwicklung des Freiheitsbegriffs sehen und im sittlichen Staat eine Institution der Freiheit. Heutige Leser stehen unter dem Eindruck der Versuche von Rechtspopulisten weltweit, die Geltung des Gesetzes auszuhebeln. Wer die Wiederkehr des Faschismus als Triumph des Willens zur Macht über die Wahrheit miterlebt, der wird Hegels Versuch, das Recht als die Sozialform der Freiheit zu fassen, plausibler finden als die Altachtundsechziger, die es sich zur Lebensaufgabe gemacht hatten, staatliche Institutionen zu de(kon)struieren.

Es war vor allem die 1820 verfasste Vorrede, die Empörung hervorrief. Hegel selbst meinte zwar am Ende der Vorrede, dass seine Kommentare zur Zeit subjektiv seien und keinen Anspruch auf wissenschaftliche Gültigkeit erhöben. Und überhaupt sollten es Philosophen unterlassen, der Welt vorzuschreiben, wie sie zu sein habe, denn die «Eule der Minerva» beginne ihren Flug erst mit Einbruch der Dämmerung.[1] Ratschläge zu erteilen sei nicht ihr Geschäft. Sie werde aber dringend benötigt, um zu begreifen, was gegenwärtig der Fall ist. Die Philosophie sei nämlich «ihre Zeit in Gedanken erfasst».[2]

---

1   Georg Wilhelm Friedrich Hegel, Grundlinien der Philosophie des Rechts oder Naturrecht und Staatswissenschaft im Grundrisse, Mit Hegels eigenhändigen Notizen und den mündlichen Zusätzen, Werke 7, 15. Auflage, Frankfurt am Main 2017, 28. (Im Folgenden: Werke 7.)
2   Werke 7, 26.

1.1 Gesinnung oder Gesetz?

Am 23. März 1919 wurde der Schriftsteller August von Kotzebue von dem Theologiestudenten Karl Sand ermordet. Sympathisierten bis dahin eine ganze Reihe von Professoren mit den politischen Anliegen der Burschenschaftler, so stellte sich nun die Frage, ob eine politische oder eine religiös motivierte Gesinnung ein höheres Recht für sich in Anspruch nehmen könne als das geltende Gesetz. Hegel hatte für heiligen Terror kein Verständnis. «Mit der Gottseligkeit und der Bibel» in der Hand sähen sich manche berechtigt, «die sittliche Ordnung und die Objektivität der Gesetze zu verachten».[3] Sie verstünden nicht, dass das Gesetz kein «toter, kalter Buchstabe»[4] oder gar eine Fessel sei. Der Fromme, der seine religiösen Gefühle über das Gesetz stelle, erkenne nicht, dass «das Gesetz die Vernunft der Sache ist und diese dem Gefühle nicht verstattet, sich an der eigenen Partikularität zu wärmen».[5] Den religiösen und politischen Romantikern schreibt Hegel darum ins Stammbuch: «Das Gesetz ist [...] das Schib[b]oleth, an dem sich die falschen Brüder und Freunde des sogenannten Volkes abscheiden.»[6]

Den Traum der jungen Burschenschaftler von einem Volk, das «durch die heilige Kette der Freundschaft»[7] unverbrüchlich vereint sei, nennt Hegel einen «Brei des Herzens, der Freundschaft und Begeisterung».[8] Es handele sich um eine Gefühlswallung, der es an Vernunft mangele. Ein sittlicher Staat hingegen zeichne sich gerade durch «die Architektonik seiner Vernünftigkeit»[9] aus. Es herrsche eine Strenge des Maßes, die dafür sorge, dass das Ganze stabil bleibe. Immer wieder betont Hegel, dass ein guter Staat wisse, was er tue. Nicht auf vergänglichen Gefühlen beruhe die Stabilität eines Gemeinwesens, sondern auf der vernünftigen Einsicht, dass Recht und Gesetz Formen der Freiheit sind. Zu dieser Einsicht aber sei die gegenwärtige Bewegung, die das Wort «Volk» stets im Munde führe, nicht fähig. «Das eigentümliche Wahrzeichen aber, das sie an der Stirne trägt, ist der Hass gegen das Gesetz.»[10]

Hegels vehemente Zurückweisung der enthusiastischen Burschenschaftler erhält dialektische Tiefe, wenn man Hegels Lob des Gesetzes in der *Rechtsphilosophie* mit seiner Haltung zu Staat und Gesetz in seinen Frühschriften vergleicht. Im «Ältesten Systemprogramm des deutschen Idealismus», das in einer Handschrift Hegels überliefert ist, heißt es unmissverständlich: «Denn jeder Staat muss freie Menschen als mechanisches Räderwerk behandeln; und das soll er

---

3   Werke 7, 19.
4   Werke 7, 20.
5   Werke 7, 20.
6   Werke 7, 20.
7   Werke 7, 18.
8   Werke 7, 19.
9   Werke 7, 19.
10 Werke 7, 20.

nicht; also soll er aufhören.»[11] Und weiter: «Nur was Gegenstand der Freiheit ist, heißt Idee. Wir müssen also über den Staat hinaus!»[12] Wie ist aus dem Staatskritiker ein Apologet des Staates geworden? Beide Male geht es Hegel um die Freiheit. Was befreit das Subjekt? Diese Frage durchzieht das gesamte Werk Hegels. Die Antworten wandeln sich. Sukzessive hat Hegel eingesehen, dass das freiheitsliebende Subjekt seine individuelle Freiheit nur realisieren kann, wenn es von Institutionen der Freiheit beschützt wird. Das heißt aber, dass sich der subjektive Geist bewusst wird, dass er auf den objektiven Geist als einen Garanten seiner Freiheit angewiesen ist. Das Recht ist für den Hegel der *Rechtsphilosophie* die objektive Form der Freiheit. Als solches – und nur als solches – verdient das Recht die Anerkennung freier Subjekte.

1.2 «Was wirklich ist, ist auch vernünftig!»

Die zweite Gruppe, mit der sich Hegel in der Vorrede anlegt, sind die Skeptiker. Hegel unterstützt zwar den Grundimpuls des Skeptizismus, im Namen der subjektiven Freiheit alles Bestehende infrage zu stellen. Er kritisiert aber einen prinzipiellen Skeptizismus, der in Dogmatismus umschlägt, wenn er meint, «dass das Wahre selbst nicht erkannt werden könne, sondern dass dies das Wahre sei, was jeder über die sittlichen Gegenstände, vornehmlich über Staat, Regierung und Verfassung, sich aus seinem Herzen, Gemüt und Begeisterung aufsteigen lasse».[13] Der Skeptizismus verkomme so zu einem Subjektivismus selbstgefälligen Meinens. Es gebe zwar einen breiten Konsens, dass die Naturwissenschaften imstande seien, die Natur so zu erkennen, wie sie ist. Der Philosophie aber werde die Fähigkeit abgesprochen, die sittliche Welt so zu verstehen, wie sie ihrem Begriff nach ist. Wenn schon der Natur unterstellt wird, dass sie sich der Vernunft gemäß verhält, um wie viel mehr müsste man das doch von der geistigen Welt erwarten. Ebendies werde von den Skeptikern bezweifelt. «Das geistige Universum soll vielmehr dem Zufall und der Willkür preisgegeben sein, es soll gottverlassen sein, so dass nach diesem Atheismus der sittlichen Welt das Wahre sich außer ihr befinde».[14]

Das will Hegel nicht hinnehmen. Die Philosophie ist für ihn eine Wirklichkeitswissenschaft, «weil sie das Ergründen des Vernünftigen ist, eben damit das Erfassen des Gegenwärtigen und Wirklichen, nicht das Aufstellen eines Jenseitigen».[15] Der oft zitierte Satz, dass das Vernünftige wirklich und die Wirklichkeit vernünftig sei, war keine Aufforderung, alles Vorfindliche für vernünftig und

---

11 Werke 1, 234 f.
12 Werke 1, 234.
13 Werke 7, 18.
14 Werke 7, 15 f.
15 Werke 7, 24.

richtig zu halten. Vielmehr komme es darauf an, «in dem Scheine des Zeitlichen und Vorübergehenden die Substanz, die immanent und das Ewige, das gegenwärtig ist, zu erkennen».[16] Nicht jede zufällige Erscheinung ist vernünftig, sondern nur das, was auf die sich entwickelnde Wirklichkeit einwirkt und sie bestimmt.

Die Philosophie müsse «den inneren Puls»[17] der Zeit aufspüren. Dabei bleibe den Philosophen der Schmerz angesichts allseitiger Unvernunft nicht erspart. Gerade dann komme es darauf an, die Gegenwart nicht nur als ein Kreuz zu empfinden, sondern in aller Unvernunft «die Vernunft als die Rose im Kreuze der Gegenwart» zu erkennen und sich ihrer zu erfreuen.[18] Ein verzweifelter Philosoph bleibe deprimierter Zuschauer. Wer handeln wolle, der brauche Mut und das Vertrauen, dass der Geist gegenwärtig ist und begriffen werden kann. Es gebe das Sprichwort, dass eine halbe Philosophie von Gott wegführe, die wahre Philosophie aber zu Gott hinführe. Hegel ergänzt: «[S]o ist es dasselbe mit dem Staate».[19]

2. Einleitung

2.1 Das Denken schaut der Tätigkeit der Vernunft nur zu!

Wer mit Hegels Begriff des Begriffs und seiner Idee der Idee nicht vertraut ist, dem wird sich der Gedankengang in der Einleitung (§ 1–32) nur schwer erschließen. Der Begriff ist für Hegel keine willkürliche Bezeichnung, die sich ein Subjekt für ein Objekt ausdenkt. Solche von außen an einen Gegenstand herangetragenen Namen sind nicht mehr als momentane Meinungen oder gar manipulative Täuschung. Ein Begriff ist das Konstruktionsprinzip eines Gegenstands. Ein Subjekt, das ein Objekt begreifen will, muss sich das Konstruktionsprinzip des Objektes erschließen. Erst so wird ein Gegenstand zu einem Gedanken, durch den sich das Subjekt seinen Gegenstand anverwandeln kann. Das gelingt aber nur, wenn sich das Subjekt auf sein Objekt einlässt, oder in Hegels Terminologie: wenn es sich an sein Objekt entäußert. Im Prozess des Begreifens verändert das Subjekt sein Objekt, es wird aber seinerseits auch vom begriffenen Objekt verändert. Hegels Begriff des Begriffs lässt sich am Spracherwerb gut veranschaulichen: Wer eine Sprache lernen will, muss sich an die Vokabeln und die Grammatik entäußern, bevor er sie sich anverwandeln und mit ihr die Welt verstehen und verändern kann.

---

16 Werke 7, 25.
17 Werke 7, 25.
18 Werke 7, 26.
19 Werke 7, 27.

Eine Idee ist für Hegel ein ins Dasein getretener Begriff. Es handelt sich bei einer Idee also nicht um einen Gedankenblitz, sondern um einen vorfindlichen, Gegenstand gewordenen Begriff. Die Idee ist gewissermaßen die Inkarnation des Begriffs. Der Begriff ist die Seele, die Idee ist der Leib; der Begriff ist die Form, die Idee die Gestalt. Der Begriff will sich verwirklichen. Insofern strebt der Begriff immer schon zur Gestaltung, will immer schon über das reine Denken hinaus, mit anderen Worten: Der Begriff will wirken, will sich als Idee verwirklichen. Ein denkendes Subjekt, das etwas begreift, trägt seine Ansichten nicht von außen an den Gegenstand heran. Vielmehr offenbart sich dem Subjekt der Begriff seines Gegenstandes, sofern es sich auf ihn einlässt. «Etwas vernünftig betrachten heißt, nicht an den Gegenstand von außen her eine Vernunft hinzubringen und ihn dadurch bearbeiten, sondern der Gegenstand ist für sich vernünftig».[20] Es gilt, die «Vernunft der Sache»[21] zu verstehen. Das Denken schaut der Tätigkeit der Vernunft eigentlich nur zu.[22]

2.2 Die Idee des Rechts ist die Freiheit

Der Gegenstand der *Rechtsphilosophie* ist die *Idee des Rechts*.[23] Was ist die Idee des Rechts? «Die Idee des Rechts ist die Freiheit».[24] Das ist eine anspruchsvolle Aussage, für deren Herleitung Hegel alle 32 Paragrafen der Einleitung benötigt. Das positive, vorfindliche Recht kann nicht Gegenstand der Philosophie sein, denn es ist politisch, kulturell, historisch bedingt und es findet sich viel Zufälliges darin. Um darin den Begriff der Freiheit aufzuspüren, bedarf es der gedanklichen Abstraktion. Das Recht ist ein Gedanke, sodass das subjektive Rechtsgefühl, der gesunde Menschenverstand, der Wille eines Volkes nicht die Quelle des Rechts sein können. Das Recht kann nicht unmittelbar gefühlt, es muss gedacht werden.

Als Ausgangspunkt wählt Hegel den freien Willen. Jeder Mensch hat einen freien Willen, denn jeder Mensch mit Selbstbewusstsein ist ein selbstbestimmtes Wesen. Allerdings ist der Begriff des freien Willens noch ganz inhaltsleer. Das Ich kann viele Dinge wollen. Es hat Bedürfnisse, es hat Begierden, es hat Triebe. Es kann fanatisch sein wollen. Selbst die «Furie des Zerstörens»[25] ist ein Moment des freien Willens. Der freie Wille ist zunächst Wahlfreiheit. Das Subjekt bestimmt selbst, wovon es sich bestimmen lässt. Allerdings klären sowohl der Determinismus als auch die Erbsündenlehre die Menschen darüber auf, dass ihr freier Wille an die Natur gebunden ist. Es sind nicht nur die Triebe, Bedürfnisse

---

20 Werke 7, § 31, 85.
21 Werke 7, § 31, 85.
22 Werke 7, § 31, 84 f.
23 Werke 7, § 1, 29.
24 Werke 7, § 1, 30.
25 Werke 7, § 5, 50.

und Begierden, es sind auch die genetischen Anlagen und sozialen Prägungen, die den freien Willen beeinflussen. Wer sich dieser Einsicht verweigert, der glaubt nur, dass er aus freiem Willen handelt, in Wirklichkeit ist er fremdbestimmt. Ein freies Subjekt muss sich seiner Abhängigkeit bewusst sein, um von seinem freien Willen vernünftig Gebrauch machen zu können. Nur dann ist es imstande, sich von den zerstörerischen Formen des freien Willens zu befreien.

Der freie Wille ist deshalb mehr als Willkür- und Wahlfreiheit. Die Idee des freien Willens ist vielmehr «der freie Wille, der den freien Willen will».[26] Nur der Wille ist wirklich frei, der die Freiheit des Willens will. Ein unmittelbares und willkürliches Handeln ist noch kein freier Wille. Nur ein Handeln, das weiß, was es tut, ist frei. Wer handelt, ent-schließt sich. Das Subjekt ver-schließt sich nicht, sondern geht aus sich heraus und über sich hinaus. In seinem Handeln verwirklicht sich das Subjekt – es verendlicht sich damit aber zugleich. Im Denken kann sich das Subjekt alle Möglichkeiten offenhalten; hat es sich zu einer Handlung entschlossen und diese ausgeführt, dann hat es seine eigene Endlichkeit verwirklicht.[27] Die Flucht in frühere Möglichkeitsräume ist versperrt.

Der Entschluss zum Handeln ist «der Urkeim alles Daseins».[28] Durch seine Tat zerreißt das Subjekt das Vorhandene und erschafft eine neue Wirklichkeit. Durch seine Tat setzt sich das Subjekt selbst und damit zugleich gegen anderes. In seiner Selbstsetzung erkennt sich das Subjekt als ein Besonderes. Als denkendes erkennt das Subjekt aber zugleich, dass es sich von einem Allgemeinen besondert hat. Es erkennt, dass Ich nicht nur ein besonderes Einzelnes, sondern auch ein Allgemeines ist. «Wenn ich Ich sage, so lasse ich darin jede Besonderheit fallen, den Charakter, das Naturell, die Kenntnisse, das Alter. Ich ist ganz leer, punktuell, einfach, aber tätig in dieser Einfachheit.»[29]

2.3 Das Rechtssystem als die zweite Natur des Menschen

Die Fähigkeit, mich in meiner Besonderheit als ein Allgemeines zu denken, erwerbe ich durch Bildung. Bilden kann ich mich aber nur, wenn ich Institutionen vorfinde, an denen sich mein Ich bilden und formen kann. Das Rechtssystem mit seinen drei Elementen der Gesetze, der Moralität und der Sittlichkeit in Familie, Gesellschaft und Staat ist jene Institution, die das Subjekt aus seiner natürlichen Unmittelbarkeit befreit. Deshalb nennt Hegel das Rechtssystem ein «Reich der verwirklichten Freiheit [...] als eine zweite Natur».[30] In der Objektivität der vorfindlichen Welt verwirklicht sich das Subjekt. Das kann es aber nur, wenn die

---

26 Werke 7, § 27, 79.
27 Werke 7, § 13, 64.
28 Werke 7, § 12, 63.
29 Werke 7, § 4, 47.
30 Werke 7, § 4, 46.

objektive Welt rechtlich organisiert ist. Eine Welt der Willkür und der Fremdherrschaft verhindert die Selbstverwirklichung des Subjekts. Mithin ist das Recht die Bedingung subjektiver Freiheit.

Für völlig verfehlt hält Hegel deshalb eine Rechtslehre, die das Recht als Beschränkung und nicht als Ermöglichung individueller Freiheit fasst. Dies sei ein «ungeheurer Irrtum»[31] und eine «Fürchterlichkeit».[32] Das Recht sei vielmehr etwas «Heiliges»,[33] denn es ermögliche Freiheit. Jede Stufe der Entwicklung der Idee des Rechts, von der Positivität der Gesetze über den Widerspruch der Moralität gegen das Vorfindliche bis hin zur Sittlichkeit als verinnerlichter Allgemeinheit und als Ethos einer Gemeinschaft, habe ihr ganz eigentümliches Recht. Jede Form des Rechts leiste ihren spezifischen Beitrag zur Entwicklung der Idee der Freiheit. Dabei könne es zwar zu Kollisionen kommen, diese Kollisionen hätten aber den Zweck, jede einzelne Rechtsform zu relativieren, damit der Organismus als ganzer sich entwickeln kann.

3. Das abstrakte Recht

Der erste Teil der *Rechtsphilosophie* beschäftigt sich mit dem Eigentumsrecht, dem Vertragsrecht sowie dem Unrecht und seiner Bestrafung. Die Person hat in Ausübung ihres freien Willens das Recht, sich eine «äußere Sphäre ihrer Freiheit»[34] zu schaffen. Das Subjekt ist zwar ein endliches, von seiner Willkür und seinen Begierden Getriebenes, doch als Person ist es vom Gesetz in seiner Willkürfreiheit als selbstbestimmt und frei anerkannt. Vor dem Gesetz ist jeder gleich, mithin Person. Die Persönlichkeit eines Subjekts macht seine Rechtsfähigkeit aus. Das allgemeine Rechtsgebot lautet deshalb: «Sei eine Person und respektiere die anderen als Personen.»[35]

3.1 Das Eigentum als die äußere Sphäre der Freiheit

Der Mensch hat ein Recht auf Eigentum, weil er als Naturwesen seine Freiheit nur im Gebrauch und Verbrauch von Dingen und Sachen realisieren kann. Die Person hat das Recht, eine Sache zu einer *meinigen* zu machen. Schon Tiere nehmen sich das Recht, Dinge aufzuzehren, um ihre eigene Selbstständigkeit zu erhalten. Eigentum ist also kein Diebstahl, sondern das notwendige Mittel zur

---

31 Werke 7, § 29, 82.
32 Werke 7, § 29, 81.
33 Werke 7, § 30, 83.
34 Werke 7, § 41, 102.
35 Werke 7, § 36, 95.

Selbstverwirklichung des freien Willens. «Der freie Wille ist somit der Idealismus, der die Dinge nicht, wie sie sind, für an und für sich hält».[36]

Auch der eigene Leib und das eigene Leben gehören der Person. «Ich habe diese Glieder, das Leben nur, insofern ich will; das Tier kann sich nicht selbst verstümmeln oder umbringen, aber der Mensch.»[37] Weil die Person als freie nur mit und in ihrem Körper lebendig ist, darf sie nicht versklavt werden. «Meinem Körper von anderen angetane Gewalt ist Mir angetane Gewalt.»[38] Der Gedanke, dass jeder Mensch frei ist, sei im Christentum erblüht und habe seine weltweite Verbreitung noch vor sich. Der Gedanke der Freiheit des Eigentums sei hingegen noch sehr jungen Datums.

3.2 Der Vertrag

Im Vertrag verständigen sich zwei oder mehrere Personen darauf, dass ein gemeinsamer Wille sie verbindet und bindet. Eheleute und Staatsbürger können nach Hegels Überzeugung ihre Beziehung nicht als ein Vertragsverhältnis verstehen. Weder sind Eheleute einander wechselseitiges Eigentum, noch lässt sich das Verhältnis der Bürgerinnen und Bürger zum Staat als ein Eigentumsverhältnis begreifen. Während in der Ehe die Ähnlichkeit zum Vertrag immerhin in der gleichberechtigten Willkür beider zu einem gemeinsamen Leben bestehe, so sei ein Vertrag zwischen Bürgern und Staat ausgeschlossen, weil ein Mensch sich immer schon in einem Staat vorfindet. Vertragstheorien wie die Rousseaus gingen von einem illusionären Naturzustand aus.

3.3 Das Strafrecht als die Negation der Negation

Wer Unrecht tut, stellt seinen eigenen besonderen Willen über den allgemeinen Willen des Rechts und erschafft sich so sein ganz eigenes, besonderes Recht mit dem Anspruch auf allgemeine Geltung. Unrecht ist das besondere Recht Einzelner, die ihr Unrecht durch ihre Tat für sich zu einem allgemeinen Recht machen. Wer Unrecht tut, hält sich für seinen eigenen Gesetzgeber. Er übt Gewalt an Freien aus, deren Freiheit aber unbedingten Respekt verdient. Ein Verbrechen hebt dieses vorgängige, unbedingte Recht auf. «Die Tat des Verbrechens ist nicht ein Erstes, Positives, zu welchem die Strafe als Negation käme, sondern ein Negatives, so dass die Strafe die Negation der Negation ist.»[39] Die Strafe stelle das Recht wieder her, das vom Straftäter negiert wurde. Hegel meint, dass der Straftäter ein

---

36 Werke 7, § 44, 107.
37 Werke 7, § 47, 110 f.
38 Werke 7, § 48, 112.
39 Werke 7, § 97, 186.

Recht auf Bestrafung habe. Denn er war es ja, der sein ganz eigenes Recht aufgerichtet hat. Als sein eigener Gesetzgeber hat er Anspruch auf eine Reaktion durch das geltende Gesetz. Das Strafrecht nimmt mithin den Straftäter als einen Vernünftigen ernst und erinnert ihn daran, dass seine Tat unvernünftig war. Der Übergang von einem rächenden zu einem strafenden Recht sei ein wesentlicher zivilisatorischer Fortschritt.

4. Die Moralität

Vor dem Gesetz ist das Individuum als Person allgemein anerkannt. Als moralisches Subjekt mit einem freien Willen will man aber nicht nur als ein Allgemeines, sondern auch als ein Besonderes anerkannt werden. Das Gewissen ist die Instanz, die das eigene Handeln beurteilt. Hegel unterteilt das Kapitel über die Moralität in die drei Abschnitte «Der Vorsatz und die Schuld», «Die Absicht und das Wohl», «Das Gute und das Gewissen». Die beiden ersten Abschnitte sind sehr kurz gehalten, erst im dritten Abschnitt arbeitet Hegel die Stärke und die Schwäche des moralischen Standpunktes heraus.

Die Sphäre der Moralität sei «die reine Unruhe».[40] Jede Tat werde als ein willentliches Zerreißen des Vorfindlichen wahrgenommen. Ein handelndes Subjekt ist mithin immer schuld an einem neuen Zustand der Welt. Diese Schuld kann dem Subjekt freilich nur dann zugerechnet werden, wenn es weiß, was es getan hat. Ödipus könne nicht als Vatermörder angeklagt werden. Das Recht muss die Absicht einer Handlung in Betracht ziehen. Der Beweggrund für eine Tat spielt für die Zurechnung eine bedeutsame Rolle. Freilich kann man mit besten Absichten handeln und dennoch Schaden anrichten.

4.1 Das Gute und das Böse des Gewissens

Was ist das Gute? Das Gute ist «die realisierte Freiheit, der absolute Endzweck der Welt».[41] Der Wille weiß vom Guten und er sucht das Gute, denn das Gute ist das Wesen des Willens. Das Gute kann erkannt werden – freilich nur durch das Denken. «Das Gute ist [...] schlechthin nur im Denken und durch das Denken.»[42] Dem denkenden Subjekt erscheint das Gute als Pflicht. Dabei handelt es sich nicht um eine leere Pflicht, die im «perennierenden Sollen»[43] endet, sondern um eine Pflicht, das Gute zu wollen und es zu realisieren.

---

40 Werke 7, § 108, 207.
41 Werke 7, § 129, 243.
42 Werke 7, § 132, 245.
43 Werke 7, § 135, 253.

Ein Gewissen ohne den objektiven Inhalt des Guten weiß nichts anderes als nur sich selbst. Zwar werde das Gewissen zu Recht als ein Heiligtum angesehen, «welches anzutasten Frevel wäre»;[44] zugleich müsse sich das Gewissen aber fragen lassen, ob seine Berufung auf sich selbst durch einen objektiven Inhalt gerechtfertigt sei. Die Berufung auf das Gewissen ist so lange leer, bis nicht der Inhalt der Gewissensentscheidung plausibel gemacht ist. Das Gewissen als nur formelle Subjektivität sei immer «auf dem Sprunge [...], ins Böse umzuschlagen».[45]

Der Mensch als Naturwesen ist nach Hegels Überzeugung böse. Als geistbegabtes Wesen weiß er aber, dass das Böse nicht sein soll. Was ist das Böse? Das Böse ist die Absonderung des Einzelnen vom Allgemeinen. Ein empirisches Ich, das nicht erkennt, dass Ich ein Allgemeines ist, ist beziehungsunfähig. Ein Subjekt, das auf seiner Besonderheit beharrt, sich nicht mit dem Guten vermittelt, verfehlt sein Wesen und entkommt der Bosheit nicht.[46] Das Gute wie das Böse haben aber im Willen ihren Ursprung. Muss man also nicht «gute Absicht» bei der Beurteilung einer Handlung in Rechnung stellen? Hegel ist skeptisch: «In der Tat ist mein Überzeugtsein etwas höchst Geringfügiges, wenn ich nichts Wahres erkennen kann».[47] Religiöse Überzeugungen oder auch politische Programme sind letztlich nur individuelle Meinungen, die sich die Frage gefallen lassen müssen, ob sie wirklich dem Guten dienen. Das Gewissen neigt dazu, sich zu verabsolutieren. Die daraus resultierende «absolute Selbstgefälligkeit» werde dann zu einem «einsamen Gottesdienst seiner selbst» und die «schöne Seele» stehe in der Gefahr, «in der Unwirklichkeit ihrer selbst verglimmenden, edleren Subjektivität» zu enden.[48] Darüber habe er aber schon in der *Phänomenologie des Geistes* das Nötige gesagt.

5. Die Sittlichkeit

5.1 Sittlichkeit als innere Allgemeinheit und Gewohnheit des Herzens

Wer Hegels Begriff der Sittlichkeit verstehen will, der muss alle Konnotationen, die heute mit dem Begriff der Sittlichkeit verbunden sind, hinter sich lassen. Weder will Hegel sexuelles Verhalten normieren, noch will er Anweisungen zu schicklichem Benehmen geben. Der Begriff der Sittlichkeit ist den objektiven Gesetzen ebenso wie der subjektiven Moral insofern überlegen, als in der Sittlichkeit

---

44 Werke 7, § 137, 255.
45 Werke 7, § 139, 261.
46 Werke 7, § 139, 262.
47 Werke 7, § 140, 276.
48 Werke 7, § 140, 279.

die Objektivität ein Moment der Subjektivität geworden ist. Sittlichkeit ist die Einheit von Substanz und Subjekt, von Objektivität und Subjektivität. Die Substanz der Gesetze und die Moral der Subjekte stehen in der Sittlichkeit einander nicht mehr unverbunden gegenüber. Sittlichkeit ist die vom Subjekt anverwandelte und gelebte Substanz. Deshalb kann Hegel die Sittlichkeit auch die «innere Allgemeinheit»[49] nennen. Ein sittliches Ich will das Allgemeine, nicht nur sich als ein Besonderes. Das sittliche Subjekt sieht sich nicht mehr einem abstrakten Gesetz und einem abstrakten Guten gegenüber, sondern empfindet das Allgemeine als sein Eigenes, nicht mehr als ein ihm Fremdes. Selbstgefühl und der Wille zum Allgemeinen verschmelzen in der Sittlichkeit zu einer Einheit. Und so kann Hegel sagen: «Was das Recht und die Moral noch nicht sind, das ist die Sitte, nämlich Geist.»[50]

Nicht als eine fremde Pflicht oder als eine erst noch zu erwerbende Tugend begegnet die Sittlichkeit dem Subjekt. Sie erscheint ihm vielmehr als «Gewohnheit» und als «eine zweite Natur».[51] Die Sitte als das Ethos einer Gesellschaft oder eines Volkes benötigt den Begriff des Gewissens nicht, um das Rechte zu tun. Das objektiv Sittliche wird durch Gewohnheit und Erziehung erworben. «Die Pädagogik ist die Kunst, die Menschen sittlich zu machen; sie betrachtet den Menschen als natürlich und zeigt den Weg, ihn wiederzugebären, seine erste Natur zu einer zweiten, geistigen umzuwandeln, so dass das Geistige ihm zur Gewohnheit wird.»[52] Die Pädagogik ist die Geburtshelferin des sittlichen Menschen.

5.2 Sittlichkeit als realisierte Freiheit

Die Realität sittlicher Gesetze kann schlechterdings nicht bezweifelt werden. Wie niemand die Realität der Sonne und des Mondes, der Berge und der Flüsse bezweifelt, so wird auch die Realität sittlicher Gesetze von der Vernunft unmittelbar erkannt. Ein sittliches Subjekt empfindet die Pflicht nicht als eine fremde Last, sondern als eine Befreiung – als eine Befreiung von der Abhängigkeit von den eigenen natürlichen Trieben, aber auch als eine Befreiung von «den Reflexionen des Sollens und Mögens» und von einer Subjektivität, die sich nicht zum Handeln durchringen kann und nur «in sich und als eine Unwirklichkeit bleibt».[53] Blieb das Gute in der Sphäre der Moralität abstrakt, so ist das Sittliche «in inten-

---

49 Werke 7, § 153, 303.
50 Werke 7, § 151, 302.
51 Werke 7, § 151, 301.
52 Werke 7, § 151, 302.
53 Werke 7, § 149, 298.

sivem Sinne wirklich».⁵⁴ In der Sphäre der Sittlichkeit fallen Reche und Pflichten in eins. «In der Pflicht befreit das Individuum sich zur substantiellen Freiheit.»⁵⁵

5.3 Die Familie als der sich empfindende Geist der Liebe

Die Familie hat die Bestimmung, eine liebende Gemeinschaft zu sein. Die Familienmitglieder begegnen sich nicht als Personen, also als Rechtssubjekte, sondern in ihrer elementaren Natürlichkeit. In der Familie herrscht die Sittlichkeit in der Form des Natürlichen. Liebe ist das Bewusstsein meiner Einheit mit einem Anderen. Ich bin kein isoliertes Subjekt, sondern weiß mich in Einheit mit dem geliebten Anderen. Die Familie hat zunächst die Gestalt der Ehe, sie muss Sorge für ihren Erhalt tragen und sie übergibt durch die Erziehung der Kinder diese an die bürgerliche Gesellschaft und hat dann ihren sittlichen Auftrag erfüllt. Sie ist so ein Vorübergehendes.

Die Ehe ist die Rechtsform der Liebe, «wodurch das Vergängliche, Launenhafte und bloß Subjektive derselben aus ihr verschwindet».⁵⁶ In der Familie herrscht ein Geist der Pietät. Die Familienangehörigen verdienen unbedingten Respekt. Darum beerdigt Antigone ihren Bruder, auch wenn das Gesetz es verbietet. Das Recht der Familie ist elementarer als das Recht des Staates. Die Penaten machen den Herd des Hauses zu einem Altar. Hegels Vorstellung von einer Familie ist patriarchalisch. Der Zeitgeist ist über sein Familienbild hinweggegangen.

Ausgesprochen zeitgemäß sind allerdings seine Überlegungen zur Rolle der Kinder in einer Familie. «Die Kinder sind an sich Freie, [...] sie gehören daher weder Anderen noch den Eltern als Sachen an.»⁵⁷ Hegel betont dies, um die Differenz zum römischen Recht zu markieren, wo die Kinder Besitz des Vaters waren. Die für ein Gemeinwesen unerlässliche Funktion der Familie besteht darin, «die Kinder aus der natürlichen Unmittelbarkeit [...] zur Selbständigkeit und freien Persönlichkeit und damit zur Fähigkeit, aus der natürlichen Familie zu treten, zu erheben».⁵⁸ Wie jede wahre Institution hat auch die Familie eine dienende Funktion: Sie hilft den heranwachsenden Subjekten, eine neue Stufe ihres Selbstbewusstseins zu erklimmen. Dies ist auch der Grund, warum Eltern ihre Kinder mehr lieben als diese ihre Eltern. Denn die Kinder gehen der Selbstständigkeit entgegen. Sie blicken nach vorne und lassen ihre Eltern hinter sich.

Darum ist Hegel auch eine «spielende Pädagogik» suspekt. «Die spielende Pädagogik nimmt das Kindische schon selbst als etwas, das an sich gelte». Sie

---

54 Werke 7, § 156, 305.
55 Werke 7, § 149, 298.
56 Werke 7, § 161, 310.
57 Werke 7, § 175, 327.
58 Werke 7, § 175, 327 f.

spielt den Kindern vor, dass ihre Unfertigkeit, die diese sehr deutlich empfinden, gar keine Unfertigkeit sei, sondern schon ein Vollkommenes. Weil die Kinder aber ganz genau wissen, dass sie groß werden wollen, also keine Kinder bleiben wollen, bewirke die angeblich kindgerechte Pädagogik bei den Kindern «Interesselosigkeit und Stumpfheit für die substantiellen Verhältnisse der geistigen Welt», Verachtung der Lehrkräfte, die sich so kindisch aufführen, und schließlich eine «sich an der eigenen Vortrefflichkeit weidende Eitelkeit und Eigendünkel».[59]

5.4 Die bürgerliche Gesellschaft als ein System allseitiger Abhängigkeit

Die bürgerliche Gesellschaft ist der Ort, an dem das Subjekt seine ganz eigenen Bedürfnisse befriedigt und sich in seiner Besonderheit verwirklicht. Sie ist ein System von Bedürfnissen, in denen Naturnotwendigkeit und Willkür herrschen. Die Realisierung individueller Willkürfreiheit ist freilich nur möglich, wenn sie allen zugestanden wird und wenn jeder ein Bewusstsein von der Abhängigkeit aller von allen hat. «Der selbstsüchtige Zweck [...] begründet ein System allseitiger Abhängigkeit».[60] Liberale Gesellschaftstheoretiker gehen über diese Dialektik der bürgerlichen Gesellschaft gerne hinweg und betonen einseitig die individuellen Entfaltungsmöglichkeiten und schweigen über die wachsende Abhängigkeit.

Das Prinzip individueller Besonderheit ist im Gesellschaftssystem allgemeines Prinzip. Die Individuen dürfen sich nicht nur frei entfalten – sie müssen es. Selbstoptimierung ist eine gesellschaftliche Erwartung an alle. Weil diese Dialektik aber nicht von allen durchschaut wird, bietet die bürgerliche Gesellschaft «das Schauspiel ebenso der Ausschweifung, des Elends und des [...] physischen und sittlichen Verderbens dar».[61] Hegel klingt wie ein marxistischer Kapitalismuskritiker und hellsichtiger Gegenwartsdiagnostiker zugleich, wenn er feststellt:

> Das Herabsinken großer Massen unter das Maß einer gewissen Subsistenzweise, die sich von selbst [...] reguliert – und damit zum Verluste des Gefühls des Rechts, der Rechtlichkeit und der Ehre, durch eigene Tätigkeit und Arbeit zu bestehen – bringt die Erzeugung des Pöbels hervor, die hinwiederum zugleich die größere Leichtigkeit, unverhältnismäßige Reichtümer in wenigen Händen zu konzentrieren, mit sich führt.[62]

Die Frage, «wie der Armut abzuhelfen sei», sei eine «die modernen Gesellschaften bewegende und quälende».[63] Auch den Kolonialismus und die Sklaverei hält Hegel für eine Folge des selbstsüchtigen Prinzips der bürgerlichen Gesellschaft.

---

59 Werke 7, § 175, 328.
60 Werke 7, § 183, 340.
61 Werke 7, § 185, 341.
62 Werke 7, § 244, 389.
63 Werke 7, § 244, 390.

Mit Blick auf die Befreiung der englischen und spanischen Kolonien stellt er fest: «Die Befreiung der Kolonien erweist sich selbst als der größte Vorteil für den Mutterstaat, so wie die Freilassung der Sklaven als der größte Vorteil für den Herrn.»[64]

5.4.1 Bildung als Befreiung

Wenn die bürgerliche Gesellschaft an ihrem Prinzip subjektiver Besonderung nicht zerbrechen will, dann braucht sie Subjekte, die wissen, dass ihr subjektives Wollen und Tun immer auch ein Beitrag zum gesellschaftlichen Ganzen sein muss. Im Bildungsprozess kann das bürgerliche Subjekt seine ganz eigenen Besonderheiten ausbilden. Zugleich sollte es aber erkennen, dass die Ausbildung individueller Freiheiten die Bereitschaft impliziert, allen anderen die gleichen Freiheiten zuzugestehen und in diesem Anerkennungsprozess das gesellschaftliche Ganze zu stärken.

Bildung ist Befreiung. Diese Befreiung ist für das Subjekt aber zunächst «die harte Arbeit gegen die bloße Subjektivität des Benehmens, gegen die Unmittelbarkeit der Begierde sowie gegen die subjektive Eitelkeit der Empfindung und die Willkür des Beliebens».[65] Gebildete Subjekte sind fähig, ihre Naturbedürfnisse ebenso wie ihr Bedürfnis, etwas Besonderes zu sein, mit den Interessen eines allgemeineren Zwecks abzugleichen. Sie verstehen gesellschaftliche Prozesse und können sie verbessern. «Durch diese Arbeit der Bildung ist es aber, dass der subjektive Wille selbst in sich die Objektivität gewinnt, in der er seinerseits allein würdig und fähig ist, die Wirklichkeit der Idee zu sein.»[66] Zur Bildung gehört für Hegel insbesondere die Anerkennung eines allgemeinen Menschenrechts, auch wenn er den Begriff selbst nicht verwendet. Er fasst den Gedanken der Gleichheit aller Menschen so: «Der Mensch gilt so, weil er Mensch ist, nicht weil er Jude, Katholik, Protestant, Deutscher, Italiener usf. ist – dies Bewusstsein [...] ist von unendlicher Wichtigkeit».[67]

5.5 Der Staat – das Nervensystem eines Gemeinwesens

In der Natur schläft der Geist nur, im Staat hingegen ist er als wacher Geist wirksam. Es ist ein Geist, «der sich denkt und weiß, und das, was er weiß und insofern er es weiß, vollführt».[68] Wer den Staat mit der bürgerlichen Gesellschaft verwechsle und vom Staat nur den Schutz des Eigentums und seine persönliche

---

64 Werke 7, § 248, 393.
65 Werke 7, § 187, 345.
66 Werke 7, § 187, 345.
67 Werke 7, § 209, 360 f.
68 Werke 7, § 257, 398.

Sicherheit erwarte, der habe die Interessen Einzelner zum letzten Zweck des Staates gemacht. Wenn ein solcher Staat diese partikularen Interessen nicht mehr bediene, dann sähen sich die Individuen nach einem besseren Beschützer um. Staatsbürgerschaft werde dann beliebig; das Interesse am Staat werde abhängig vom privaten Vorteil.

Hegel konzipiert den Staat anders. Der Staat als objektiver Geist ermöglicht es dem subjektiven Geist des Individuums, sich zu verwirklichen. Er gewährleistet die Einheit von Allgemeinheit und Einzelheit – und nur so ist objektive Freiheit möglich. Im Staat ist der Mensch nicht nur ein *bourgeois*, der seine privaten Interessen verfolgt, sondern als solcher zugleich *citoyen*, der neben seiner subjektiven Freiheit auch die objektive Freiheit aller will. Substanz und Subjekt sind dann gleichermaßen wichtig und anerkannt. Das ist das Kennzeichen verfasster Staaten. «Das Prinzip des modernen Staates hat diese ungeheure Stärke und Tiefe, das Prinzip der Subjektivität sich zum selbständigen Extreme der persönlichen Besonderheit vollenden zu lassen und zugleich es in die substantielle Einheit zurückzuführen und so in ihm selbst diese zu erhalten.»[69]

Das Faszinierende des modernen Staates besteht also darin, dass er sich über die Subjektivität seiner Bürgerinnen und Bürger nicht hinwegsetzt. Es gibt keine staatliche Substanz ohne seine Subjekte. Hegel ist dieser Gesichtspunkt so wichtig, dass er ihn immer wieder in verschiedenen Variationen wiederholt:

> Das Wesen des neuen Staates ist, dass das Allgemeine verbunden sei mit der vollen Freiheit der Besonderheit und dem Wohlleben der Individuen, dass also das Interesse der Familie und bürgerlichen Gesellschaft sich zum Staate zusammennehmen muss, dass aber die Allgemeinheit des Zwecks nicht ohne das eigene Wissen und Wollen der Besonderheit, die ihr Recht behalten muss, fortschreiten kann.[70]

Der Staat könne mit einem Nervensystem verglichen werden, das für alle Interessen seiner Glieder sensibel ist, zugleich aber die Einheit und die Handlungsfähigkeit des gesamten Organismus sicherstellt.[71] Patriotismus ist für Hegel deshalb kein besonderer Erregungszustand, sondern eine Gesinnung, die unter ganz gewöhnlichen Lebensumständen ihren Beitrag zum guten Leben aller leistet.

5.5.1 Der Staat ist zu seiner Begründung nicht auf die Religion angewiesen

In § 270 der *Rechtsphilosophie* beschäftigt sich Hegel ausführlich mit dem Verhältnis des Staates zur Religion überhaupt und zu den Religionsgemeinschaften im Besonderen. Hegel will die oft wiederholte Behauptung widerlegen, dass die

---

69   Werke 7, § 260, 407.
70   Werke 7, § 260, 407.
71   Werke 7, § 263, 411.

Religion die Grundlage des Staates sei.⁷² Es sei keine Behauptung mehr geeignet, «so viel Verwirrung hervorzubringen, ja die Verwirrung selbst zur Verfassung des Staats [...] zu erheben».⁷³ Der Staat bedarf keiner Begründung von außen, denn der Staat weiß selbst, was er will. Er kennt seinen Zweck und er handelt nach allseits bekannten Regeln und Gesetzen. Der Zweck eines selbstbewussten Staates besteht «in der Erhaltung der besonderen Interessen»,⁷⁴ also im Schutz und in der Förderung der bürgerlichen Gesellschaft – heute würde man sagen: der Zivilgesellschaft – sowie im Schutz und in der Förderung individueller Freiheit. Als solcher hält er Gegensätze und Differenzen geduldig aus, hebt sie auf und bemüht sich, sie zu versöhnen. Religionen hingegen wollen eine einheitliche Gesinnung und ein harmonisches Miteinander erzeugen. Das kann und das darf der Staat nicht.

Hegel hält es für zynisch, die Religion zum Trost für Unrecht, Unterdrückung und Elend zu instrumentalisieren. Das verhöhne die Elenden und Unterdrückten. Gegen die Tyrannei müsse man sich empören und solle sich nicht vertrösten lassen. Der Staat wird bei solchen Empfehlungen aber auch gerne als ein Unrechtsregime imaginiert und die Bürgerinnen und Bürger werden zur inneren Migration aus dem Gemeinwesen animiert. Bedenke man ferner, dass die Religion Formen annehmen könne, «welche die härteste Knechtschaft unter den Fesseln des Aberglaubens»⁷⁵ zur Folge habe, so bedürfe vielmehr die Religion des Staates als einer rettenden Macht, «die sich der Rechte der Vernunft und des Selbstbewusstseins annehme».⁷⁶

Diejenigen, die behaupten, der Staat sei auf die Religion angewiesen, stellen sich den Staat als einen Laien vor, der wie ein Blinder in Wahrheitsfragen agiere und auf die Anleitung durch die Kirchen angewiesen sei. Das hält Hegel für anmaßend. Denn der Staat ist der freie, vernünftige und sittliche Geist, der sich ohne kirchliche Anleitung realisieren kann. Der Staat hat eine von den Kirchen unabhängige Beziehung zum Absoluten. «Der Staat ist göttlicher Wille als gegenwärtiger, sich zur wirklichen Gestalt und Organisation einer Welt entfaltender Geist.»⁷⁷ Der Staat rechtfertigt und begründet sich durch die Realisierung seines Zwecks. Die Kirchen kämen aber ohnehin nicht als Legitimationsgrundlage des Staates infrage, weil diese selbst ausdrücklich erklärt hätten, dass ihnen das Weltliche gleichgültig und ihr Reich nicht von dieser Welt sei. Der Zweck des Staates ist aber gerade die Ordnung des Weltlichen, also gerade desjenigen, wofür sich die Religionen zu schade sind.

---

72 Werke 7, § 270, 415.
73 Werke 7, § 270, 416.
74 Werke 7, § 270, 415.
75 Werke 7, § 270, 416.
76 Werke 7, § 270, 416.
77 Werke 7, § 270, 417 f.

Nicht für den Staat, sehr wohl aber für den Einzelnen und sein Verständnis von Freiheit hat die Religion aber eine zentrale zivilgesellschaftliche Funktion: «Die Religion hat die absolute Wahrheit zu ihrem Inhalt, und damit fällt auch das Höchste der Gesinnung in sie.»[78] Sie gewährt dem Einzelnen ein Bewusstsein der «höchsten Freiheit und Befriedigung».[79] Dieses Bewusstsein kann sich freilich auch in religiösen Fanatismus verwandeln. Das Gefühl subjektiver Freiheit suggeriere dem Frommen dann, dass ihm kein Gesetz gegeben sei: «[S]eid fromm, so könnt ihr sonst treiben, was ihr wollt, – ihr könnt der eigenen Willkür und Leidenschaft euch überlassen und die anderen, die Unrecht dadurch erleiden, an den Trost und die Hoffnung der Religion verweisen oder, noch schlimmer, sie als irreligiös verwerfen und verdammen».[80]

Der Staat hingegen habe solch subjektive Willkür hinter sich gelassen. Was den objektiven Geist des Staates vom subjektiven Meinen unterscheidet, ist «der ungeheure Überschritt des Innern in das Äußere».[81] An diesem Schritt der Vernunft in die soziale und politische Realität habe «die ganze Weltgeschichte gearbeitet», wodurch «die gebildete Menschheit die Wirklichkeit und das Bewusstsein des vernünftigen Daseins, der Staatseinrichtungen und der Gesetze gewonnen hat».[82] Diese Errungenschaften, für die der Geist Jahrtausende brauchte, darf sich der sittliche Staat nicht streitig machen lassen. «Von denen, die den Herrn suchen und in ihrer ungebildeten Meinung alles unmittelbar zu haben sich versichern, [...] kann nur Zertrümmerung aller sittlichen Verhältnisse, Albernheit und Abscheulichkeit ausgehen».[83] Die faschistischen und fundamentalistischen Bewegungen unserer Tage sind Beleg für die Aktualität der Warnungen Hegels.

Religiöse und andere Terroristen sind außerstande, eine in sich vielfältig widersprüchliche Welt auszuhalten. Gerade dies ist das Kennzeichen eines sittlichen Staates: Er ist fähig, die Widersprüche in sich zu ertragen, diese anzuerkennen und geduldig auf eine Versöhnung hinzuarbeiten. Ungeduldige Ideologen halten das geduldige Aushalten von Widersprüchen und die Suche nach Kompromissen nicht aus und verlangen «radikale» Lösungen. Dem sittlichen Staat, dessen Wesen gerade die Versöhnung des Allgemeinen mit dem Einzelnen, der Substanz mit dem Subjekt ist, ist ein solches Vorgehen fremd.

---

78 Werke 7, § 270, 417.
79 Werke 7, § 270, 417.
80 Werke 7, § 270, 418.
81 Werke 7, § 270, 419.
82 Werke 7, § 270, 419.
83 Werke 7, § 270, 419.

5.5.2 Religiöse Pluralität als Staatsinteresse

Während Hegel religiöse Fanatiker für staatsgefährdend hält, sind Kirchengemeinden und etablierte Religionsgemeinschaften in seinen Augen förderungswürdig. Es sei die Pflicht des Staates, «der Gemeinde für ihren religiösen Zweck allen Vorschub zu tun und Schutz zu gewähren».[84] Hegel geht sogar noch einen Schritt weiter und rät dem Staat, seine Bürgerinnen und Bürger aufzufordern, «dass sie sich zu einer Kirchengemeinde halten».[85] Denn die Pflege ihrer innersten Gesinnungen leiste einen wesentlichen Betrag zu deren Freiheitsbewusstsein. Durch den Schutz der Religionsgemeinschaften demonstriere der sittliche Staat ferner, dass er die Gewissen und die tiefsten Überzeugungen seiner Bürger respektiert. Deshalb dürfe der Staat auch nicht zur Mitgliedschaft in einer bestimmten Religionsgemeinschaft raten, «denn auf den Inhalt, insofern er sich auf das Innere der Vorstellung bezieht, kann sich der Staat nicht einlassen».[86] Nachdrücklich setzt sich Hegel für die Anerkennung des Judentums, aber auch der Baptisten und der Quäker ein. Das «erhobene Geschrei» gegen die Gleichstellung jüdischer Staatsbürger übersehe, «dass sie zuallererst Menschen sind».[87]

Eine Religionsgemeinschaft als Korporation tritt «aus dem Innern in das Weltliche und damit in das Gebiet des Staates herüber und stellt sich dadurch unmittelbar unter seine Gesetze».[88] Die Kirchen können für sich keinen von staatlicher Jurisdiktion exemten Status reklamieren. «Insofern die religiöse Gemeinschaftlichkeit von Individuen sich zu einer Gemeinde, einer Korporation erhebt, steht sie überhaupt unter der oberpolizeilichen Oberaufsicht des Staates.»[89] Hegels Einordnung der Kirchengemeinden in das weite Feld zivilgesellschaftlicher Korporationen war und ist für Protestanten kein Problem. Die katholische Kirche allerdings musste Hegels Überlegungen als direkten Angriff auf ihre Rechte als *civitas Dei* empfinden, die – so die katholische Theorie – von den vielen *civitates terrenae* unabhängig sei. Seit Augustinus hatte die Aufteilung der Machtsphären in ein *Imperium* und ein davon unabhängiges *Sacerdotium* die politische Geschichte Europas bestimmt.

Hegel hingegen hält eine Vielzahl von Religionsgemeinschaften auf einem Staatsgebiet für einen Glücksfall. «Es ist daher so weit gefehlt, dass für den Staat die kirchliche Trennung ein Unglück wäre oder gewesen wäre, da er nur durch sie hat werden können, was seine Bestimmung ist, die selbstbewusste Vernünftigkeit und Sittlichkeit.»[90] Gerade die konfessionelle Spaltung habe den Staat ge-

---

84 Werke 7, § 270, 420.
85 Werke 7, § 270, 420.
86 Werke 7, § 270, 420.
87 Werke 7, § 270, 421.
88 Werke 7, § 270, 421.
89 Werke 7, § 270, 422.
90 Werke 7, § 270, 428.

zwungen, sich auf seinen eigenen Zweck, nämlich die Freiheit, zu konzentrieren. Der Staat benötigt die Religionsgemeinschaften nicht mehr, um sich seiner Beziehung auf das Absolute zu vergewissern. Aber auch die Kirchen profitierten von der Trennung des Staates von den Kirchen. So könnten sie sich auf ihr Kerngeschäft konzentrieren, nämlich die Pflege der subjektiven Gesinnungen und der nun von staatlicher Überwachung freien Gewissen.

5.5.3 Die Kollision zwischen kirchlicher und staatlicher Lehre

War es nach dem Ende der Staatskirche 1919 kirchenrechtlicher Konsens, dass der Staat religiös-weltanschaulich neutral sei und sich jeder Lehre enthalte, so stellt Hegel eine solch schiedlich-friedliche Aufteilung der Sphären infrage. Zwar seien die Lehren der Kirchen als Sphäre der Innerlichkeit vor staatlicher Einflussnahme geschützt. Aber der Staat sei religiös-weltanschaulich nicht blind, sondern habe als sittlicher Staat selbstverständlich eine eigene Lehre. Das könne auch gar nicht anders sein, denn der sittliche Staat sei «kein Mechanismus, sondern das vernünftige Leben der selbstbewussten Freiheit, das System der sittlichen Welt».[91] Der Staat vergewissert sich der Wahrheit seiner Lehre durch die Wissenschaft. Deshalb unterhält er Schulen und Universitäten.

Der Staat kann gar nicht gesinnungslos sein, denn die Pflege der Gesinnung der Staatsbürger im Bildungswesen ist «ein wesentliches Moment im wirklichen Staate».[92] Auf dem Feld der Gewissens- und Gesinnungsbildung treffen Staat und Kirche also «direkt zusammen oder gegeneinander».[93] Kirche und Staat haben angesichts dieser Kollisionsgefahr verschiedene Möglichkeiten, ihr Verhältnis zu bestimmen. «Die Verschiedenheit beider Gebiete kann von der Kirche zu dem schroffen Gegensatz getrieben werden, dass sie [...] sich als das Reich Gottes [...], den Staat aber als das Reich der Welt, d. i. des Vergänglichen und Endlichen [...] begreift.»[94] Daraus leite die Kirche dann die Forderung ab, dass der Staat die Kirche auf dem Gebiet ihrer Lehre «nicht nur mit vollkommener Freiheit gewähren lasse, sondern unbedingten Respekt vor ihrem Lehren, wie es auch beschaffen sein möge»,[95] zeigen müsse. Diese Forderung weist Hegel zurück.

Die Pflege der Religionsfreiheit und die Pflege der Wissenschaftsfreiheit seien gleichermaßen elementar. Die Kirche könne keinen privilegierten Zugang zum Absoluten für sich beanspruchen. Eine kirchliche Lehre, die sich der Wissenschaft verschließe, verdiene keinen staatlichen Respekt. Der Staat könne sub-

---

91 Werke 7, § 270, 422.
92 Werke 7, § 270, 422 f.
93 Werke 7, § 270, 423.
94 Werke 7, § 270, 423.
95 Werke 7, § 270, 423.

jektivem Meinen gegenüber zwar «eine unendliche Gleichgültigkeit ausüben»;[96] wenn aber schlechte Grundsätze verbreitet werden, dann habe der Staat «die objektive Wahrheit und die Grundsätze des sittlichen Lebens in Schutz zu nehmen».[97] Dabei unterstützt die Wissenschaft den Staat. Zwar gebe es auch schlechte Wissenschaft, die «in das Meinen und in das Räsonieren»[98] herabsinke, aber ohne objektive Wahrheit und die Freiheit des Denkens könne ein sittlicher Staat nicht existieren.

Hegel kommt auf das Verhältnis von Staat und Kirche noch einmal im letzten Paragrafen der *Rechtsphilosophie* zu sprechen. Die mittelalterliche Zwei-Reiche-Lehre, also die Unterscheidung eines geistlichen von einem weltlichen Reich, die bis in die Gegenwart die politische Ethik der Kirchen bestimmt, hält er für einen Anachronismus. An sich sei dieser Gegensatz «zur marklosen Gestalt geschwunden».[99] Wie sich die Kirche als geistliches Reich im Mittelalter verweltlicht habe, so habe sich der Staat in der Neuzeit als sittlicher Staat vergeistigt. Die «wahrhafte Versöhnung» sei nun objektiv geworden. Die Kirche kümmere sich um die Gewissen Einzelner, der Staat hingegen «ist göttlicher Wille als gegenwärtiger, sich zur wirklichen Gestalt und Organisation einer Welt entfaltender Geist».[100] Die Trennung von Kirche und Staat begründet Hegel also nicht so, dass der Staat für das Endliche und Irdische, die Kirche hingegen für das Unendliche und Himmlische da sei. Vielmehr sind beide, Staat und Kirche, auf das Absolute bezogen – die Kirche, die den subjektiven Geist pflegt, und der Staat als die Institution des objektiven Geistes. «Es ist die philosophische Einsicht, welche erkennt, dass Kirche und Staat nicht im Gegensatze des Inhalts der Wahrheit und Vernünftigkeit, aber im Unterschied der Form stehen.»[101]

5.5.4 Der Gottesbezug der Verfassung

Einem Volk eine vorgefertigte Verfassung geben zu wollen – so vernünftig sie auch sei –, übersehe, dass eine Verfassung mehr als ein «Gedankending»[102] ist. Jedes Volk brauche eine Verfassung, die historisch gewachsen ist, die in seiner Sittlichkeit verankert und ihm deshalb angemessen ist. Das Volk brauche eine Verfassung, in der es sich wiedererkennt. Der Geist der Verfassung, ihre Gesetze und die impliziten sittlichen Erwartungen müssen Ausdruck des Selbstbewusstseins des Volkes sein. Sich eine eigene Verfassung geben zu können, sei ein ganz besonderer Moment im Leben eines Volkes. Eine Verfassung dürfe nicht nur

---

96   Werke 7, § 270, 427.
97   Werke 7, § 270, 427.
98   Werke 7, § 270, 427.
99   Werke 7, § 270, 512.
100 Werke 7, § 270, 417f.
101 Werke 7, § 270, 425.
102 Werke 7, § 270, 440.

nach Nützlichkeitserwägungen geschrieben werden – und «noch viel weniger aus dem Gemüt, der Liebe und der Begeisterung»,[103] am allerwenigsten auf einer religiösen Grundlage.

Gleichwohl möchte Hegel die Verfassung am liebsten mit einer Aura des Göttlichen umgeben. Eine Verfassung sei für ein Volk «das schlechthin an und für sich Seiende, das darum als das Göttliche und Beharrende und als über der Sphäre dessen, was gemacht wird, zu betrachten ist».[104] Hegel spricht deshalb denjenigen ein Mitspracherecht ab, «welche das Göttliche für unbegreiflich und die Erkenntnis des Wahren für ein nichtiges Unternehmen halten».[105] Der Staat sei nämlich das «Irdisch-Göttliche».[106] Diese Aussage darf nicht als eine Sakralisierung des Staates aufgefasst werden. Der Begriff des «Irdisch-Göttlichen» ist für Hegel vielmehr die präzise Bestimmung eines idealen Staates, der die Freiheit aller garantiert. Denn als solcher tut der Staat in der irdischen Wirklichkeit genau das, was die göttliche Trinität im Reich des Geistes tut. Beide entäußern sich an das Besondere und das Einzelne und kommen gerade so zu ihrer Allgemeinheit – nun aber als einer realisierten Allgemeinheit – zurück. Der Vorwurf der Sakralisierung an die Adresse Hegels geht aber ohnehin ins Leere, weil Hegel die mittelalterliche Unterscheidung von Säkularem und Sakralem längst schon eingezogen hat. Seit der Reformation gebe es keine «Laien» mehr. Alle Menschen sind Priester ihrer gelebten Freiheit. Alles kann ihnen heilig werden. Und ein Staat, der seine Bestimmung vollkommen realisiert – freilich nur ein solcher! –, ist ein Reich Gottes auf Erden, mithin ein «Irdisch-Göttliches».

Hegels Begriff des Staates nimmt seinen Ausgangspunkt nicht beim Negativen. Ein Staatsverständnis, wie man es etwa bei Thomas Hobbes finde – so Hegel –, mache «das Wollen des Bösen und das Misstrauen» zum Ersten und klügele auf dieser Voraussetzung «nun pfiffigerweise Dämme»[107] aus. Wer den Staat aber als bittere Medizin gegen die Bosheit der Menschen konzipiert, der wird aus einem Staat niemals ein Reich der Freiheit machen können. Dann bleiben das Misstrauen, die Angst und die Gewalt das Bestimmende. Auch eine nur negative Begründung der Gewaltenteilung hält Hegel für unzureichend. Wer den Sinn der Gewaltenteilung nur darin sehe, dass die eine Gewalt die andere beschränkt, der wird Misstrauen und Feindseligkeit schüren, nicht aber «eine lebendige Einheit bewirken».[108] Gerade das aber sei der positive Sinn der Gewaltenteilung: dass alle zum Wohle des Staates – also der Gewährleistung objektiver Freiheit – zusammenwirken.

---

103 Werke 7, § 272, 432.
104 Werke 7, § 273, 439.
105 Werke 7, § 272, 432 f.
106 Werke 7, § 272, 434.
107 Werke 7, § 272, 434.
108 Werke 7, § 272, 433.

6. Der Monarch, das exemplarische Individuum

Eine Verfassung muss die staatliche Gewalt teilen. Hegel geht zunächst ganz konventionell von einer Dreiteilung aus. Er trennt die Legislative von der Exekutive. Dann aber setzt er an die Stelle der richterlichen Gewalt die «fürstliche Gewalt», «in der die unterschiedlichen Gewalten zur individuellen Einheit zusammengefasst sind».[109] Aus diesen drei Gewalten entsteht die konstitutionelle Monarchie. Die gesetzgebende Gewalt stehe für das Allgemeine, die ausführende Gewalt für das Besondere und die Gewalt des Monarchen für das Einzelne. Die Macht des Monarchen ist einerseits nur eine symbolische. «[M]an braucht zu einem Monarchen nur einen Menschen, der ‹Ja› sagt und den Punkt auf das I setzt».[110] Das Gesetz, das ein Monarch unterzeichne, repräsentiere den objektiven Geist des Staates, «zu welchem der Monarch nur das subjektive ‹Ich will› hinzuzusetzen hat».[111] Gerade dieser Moment des Subjektiven in den staatlichen Verwaltungsabläufen sei aber wichtig, weil so der Zweck des Staates, nämlich die Freiheit der Subjekte zu schützen, im Monarchen als exemplarischem Subjekt anschaulich werde.

Subjektivität gibt es nur als ein bestimmtes Subjekt, Individualität nur als ein besonderes Individuum, Persönlichkeit nur als einzelne Person. Wenn also der Zweck des Staates darin besteht, die Subjektivität, Individualität und Personalität aller zu bewahren und zu fördern, dann muss diese seine Bestimmung auch erscheinen. «Dies absolut entscheidende Moment des Ganzen ist daher nicht die Individualität überhaupt, sondern *ein* Individuum, der Monarch.»[112] Der Monarch ist der reale, leibhaftige Einzelne, der als individuelle Person den Zweck des Staates repräsentiert und den Gesetzen als Einzelner zustimmt. Kollektivsubjekte wie das Volk oder Regierungsformen wie die Demokratie oder die Republik können über die Rechte des Einzelnen hinweggehen. Der Monarch, der die letzte Entscheidung trifft und dafür die Verantwortung trägt, ist für Hegel ein besserer Garant individueller Freiheit als ein Volk, dessen kollektive Erregungszustände unberechenbar seien.

In der Antike habe man vor lebenswichtigen Entscheidungen des Gemeinwesens den Vogelflug beobachtet, Tiereingeweide analysiert oder das Orakel befragt. In einer konstitutionellen Monarchie übernimmt der Monarch die Verantwortung. Das ist kein harmloses Unterfangen. Wer ein Gesetz unterzeichnet, der vollzieht «das unmittelbare Umschlagen der reinen Selbstbestimmung des Willens [...] in ein Dieses und natürliches Dasein».[113] Jedes Gesetz, das unterzeich-

---

109 Werke 7, § 273, 435.
110 Werke 7, § 280, 451.
111 Werke 7, § 280, 451.
112 Werke 7, § 279, 444.
113 Werke 7, § 280, 450.

net ist, zerreißt eine alte und erschafft eine neue Wirklichkeit. Im Gesetzgebungsprozess ist ein Gesetz nur ein Text, mit seiner Unterzeichnung wird es Wirklichkeit. Für diesen Moment braucht ein Staat ein Individuum, das Staatsoberhaupt, das die Verantwortung übernimmt. Dieses ist es auch, das einen Staat gegenüber anderen Staaten repräsentiert.

Diese Überlegungen muten fremd an. In der Bundesrepublik Deutschland hat ein gewählter Bundespräsident die Rolle inne, die Hegel dem Monarchen zuschreibt. Bedenkt man freilich, dass es auch in Deutschland noch viele Bürgerinnen und Bürger gibt, die mit einer gewissen Bewunderung die Zeremonien europäischer Königshäuser verfolgen, dann kann man Hegels Gedanken zur Bedeutung «exemplarischer Individuen» vielleicht doch das eine oder andere abgewinnen. Allerdings scheint die Bewunderung exemplarischer Individuen heute von der Politik in die Popkultur abgewandert zu sein; und umgekehrt sind jene Politiker einflussreich, die sich als Pop-Ikonen darstellen können.

Vermutlich hätte Hegel seine Freude an der Krönungszeremonie von König Charles III. in der Westminster Abbey in London im Jahr 2023 gehabt. Die Untrennbarkeit von Allgemeinheit, Besonderheit und Individualität im königlichen exemplarischen Subjekt kam dort sinnfällig zum Ausdruck. Die Zeremonie begann mit dem Gruß eines Chorjungen: «Your Majesty, as children of the Kingdom of God we welcome you in the name of the King of Kings.» Der designierte Monarch musste antworten: «In his name and after his example I come not to be served but to serve.» Der Monarch herrscht also nicht über sein Volk, sondern dient ihm. Er kann auch gar nicht anders, denn sein Volk besteht aus Kindern Gottes. Sie erkennen den Monarchen nur insofern an, als dieser selbst sich in den Dienst des Königs der Könige stellt, also in den Dienst des dreieinigen Gottes.

Hegel war der Überzeugung, dass der Monarch so viel Identifikationspotenzial besitzt, dass er das Volk zu einem Staatsvolk formen kann. Ohne seinen Monarchen sei das Volk eine «formlose Masse».[114] Einem Volk ohne Form aber misstraute Hegel zutiefst. «Die Vielen als Einzelne, was man gerne unter Volk versteht, sind wohl ein Zusammen, aber nur als Menge – eine formlose Masse, deren Bewegung und Tun eben damit nur elementarisch, vernunftlos, wild und fürchterlich wäre.»[115] Dementsprechend kritisch äußert er sich auch zur Macht der «öffentlichen Meinung». Sie habe zu allen Zeiten eine wichtige Rolle gespielt. Sie habe Wichtiges angestoßen, aber auch vieles verhindert. Ihr wesentliches Problem bestehe darin, dass jeder meine, in öffentlichen Angelegenheiten Experte zu sein, obwohl das nicht zutreffe. «Die öffentliche Meinung verdient daher, ebenso geachtet als verachtet zu werden».[116] So willkürlich die öffentliche Meinung auch ist, Hegel verteidigt sie, denn sie nimmt das gleiche Recht in Anspruch, das auch

---

114 Werke 7, § 279, 447.
115 Werke 7, § 303, 473.
116 Werke 7, § 318, 485.

dem Monarchen zukomme: das Recht auf Subjektivität. Dessen Subjektivität sei freilich nicht Willkür, sondern auf das Ganze hin orientiert.[117]

7. Die Weltgeschichte ist das Weltgericht

In der Weltgeschichte verwirklicht sich der Geist. Das Gesetz seines Werdens ist seine Selbsterkenntnis. Er entäußert sich in der Geschichte und erkennt so sich selbst. Der Gedanke eines sich immer besser erkennenden Geistes finde sich auch in der Vorstellung von der Perfektibilität des Menschen. Denjenigen, die das nicht für möglich hielten, sei «die Geschichte ein oberflächliches Spiel zufälliger, sogenannter nur menschlicher Bestrebungen und Leidenschaften».[118] Für Hegel hingegen ist die Weltgeschichte ein vernunftgeleiteter Prozess.

Der Weltgeist habe sich im Verlauf seiner Geschichte immer wieder ein Volk als Subjekt seiner Selbstverwirklichung auserwählt. Dieses Volk wurde dann – zu einer gegebenen Epoche – das herrschende. Diese Herrschaft beruhte nicht auf äußerlicher Gewalt, sondern auf der Macht des Geistes, die von diesem Volk ausging. «Gegen dies sein absolutes Recht, Träger der gegenwärtigen Entwicklungsstufe des Weltgeistes zu sein, sind die Geister der anderen Völker rechtlos, und sie, wie die, deren Epoche vorbei ist, zählen nicht mehr in der Weltgeschichte.»[119] Alle Völker müssten sich um den Thron des Weltgeistes versammeln, um dort entweder Vollbringer seiner Wirklichkeit oder aber demütige Zeugen seiner Herrlichkeit zu sein.

Hegel identifiziert vier welthistorische Reiche, in denen sich der Weltgeist bisher verwirklicht habe. Das erste war das orientalische Reich. In der Pracht dieses Reiches sei die individuelle Persönlichkeit aber rechtlos geblieben. Das zweite war das griechische Reich. Hier wurde das Prinzip persönlicher Individualität entdeckt. Es waren aber nur einige, die in den Genuss subjektiver Freiheit kamen. Griechenland war letztlich doch eine Sklavenhaltergesellschaft. Im dritten, dem Römischen Reich war es zwar möglich, im Privaten seine Individualität zu entwickeln. Das öffentliche Leben aber war von «kalter, habsüchtiger Gewalt»[120] geprägt. Das führte zum Tod des sittlichen Lebens. Der Schmerz über diesen Zustand wurde im Volk Israel aufbewahrt und von der christlichen Gemeinde in das «Prinzip der Einheit der göttlichen und menschlichen Natur»[121] transformiert. Dies war der Beginn der Versöhnung von Freiheit und Substanz, von Subjektivität und Objektivität. Den germanischen Völkern war als dem vierten Reich aufgetragen, diese Versöhnung in allen Sphären des Lebens zu realisieren. Die

---

117 Werke 7, § 320, 490.
118 Werke 7, § 343, 504.
119 Werke 7, § 347, 506.
120 Werke 7, § 357, 511.
121 Werke 7, § 358, 511.

mittelalterliche Welt war freilich nicht imstande, diese Versöhnung zu vollbringen. Sie blieb im Gegensatz eines weltlichen und eines geistlichen Reiches stecken. Erst in der Neuzeit sei es gelungen, diesen Gegensatz als eine «marklose Gestalt»[122] erscheinen zu lassen. Nun sei die wahrhafte Versöhnung objektiv geworden. Der vernünftige Staat sei Wirklichkeit. Das Selbstbewusstsein sei frei und imstande, mithilfe der Religion und der Wissenschaft sein substanzielles Wissen und Wollen im Staat, in der Natur und in der ideellen Welt zu realisieren.[123]

---

[122] Werke 7, § 360, 512.
[123] Werke 7, § 360, 512.

Kapitel 7
Hegels *Geschichtsphilosophie* – eine Rechtfertigung Gottes

1. Geschichtsphilosophie als Geschichtstheologie

Hegels Geschichtsphilosophie ist eine Geschichtstheologie. Denn Hegel will «eine Theodizee, eine Rechtfertigung Gottes» vorlegen, «so dass das Übel in der Welt begriffen, der denkende Geist mit dem Bösen versöhnt werden sollte».[1] Die Durchsetzung der Idee der Freiheit ist für Hegel die «wahrhafte Theodizee, die Rechtfertigung Gottes in der Geschichte».[2] Und so schließt die *Geschichtsphilosophie* mit einem veritablen Bekenntnis zum Wirken Gottes in der Geschichte: «Nur *die* Einsicht kann den Geist mit der Weltgeschichte und der Wirklichkeit versöhnen, dass das, was geschehen ist, und alle Tage geschieht, nicht nur nicht ohne Gott, sondern wesentlich das Werk seiner selbst ist.»[3]

1.1 Die Geschichte – eine Schlachtbank

Gott müsse sich rechtfertigen, weil die Geschichte eine «Schlachtbank» sei, «auf welcher das Glück der Völker, die Weisheit der Staaten und die Tugend der Individuen zum Opfer gebracht worden sind».[4] Die Frage dränge sich notwendig auf, «wem, welchem Endzweck diese ungeheuersten Opfer gebracht worden sind».[5] Die Alternative wäre die Annahme, dass die Leidenschaften der Menschen, die keine Schranken achten und sich von Recht und Moral nicht beeindrucken lassen, den Gang der Geschichte bestimmten. Dann wäre das Studium der Geschichte freilich eine höchst deprimierende Angelegenheit:

> Wenn wir dieses Schauspiel der Leidenschaften betrachten und die Folgen ihrer Gewalttätigkeit, des Unverstandes erblicken, [...] so können wir nur mit Trauer über diese Ver-

---

1   Werke 12, 28.
2   Werke 12, 540.
3   Werke 12, 540.
4   Werke 12, 35.
5   Werke 12, 35.

gänglichkeit überhaupt erfüllt werden und [...] mit einer moralischen Betrübnis, mit einer Empörung des guten Geistes, wenn ein solcher in uns ist, über solches Schauspiel enden.⁶

Diese Empfindung kann sich zu einer so tiefen Trauer steigern, dass man sich am Ende auf sich und in sich selbst zurückzieht. Der nächste Schritt ist dann eine «Selbstsucht», «welche am ruhigen Ufer steht und von da aus sicher des fernen Anblicks der verworrenen Trümmermasse genießt».⁷ Wer sich aber selbst ernst nimmt und sein eigenes Leben für sinnvoll hält, der muss auch der Weltgeschichte einen Sinn abgewinnen. Sonst wäre alles eitel – auch man selbst.

Vor selbstgefälligem Nihilismus schützte Hegel die Überzeugung, dass die Weltgeschichte das Werk Gottes ist.

> Gott regiert die Welt, der Inhalt seiner Regierung, die Vollführung seines Plans ist die Weltgeschichte. Dieses will die Philosophie erfassen; denn nur, was aus ihm vollführt ist, hat Wirklichkeit, was ihm nicht gemäß ist, ist nur faule Existenz. Vor dem reinen Licht dieser göttlichen Idee, die kein bloßes Ideal ist, verschwindet der Schein, als ob die Welt ein verrücktes, törichtes Geschehen sei. Die Philosophie will den Inhalt, die Wirklichkeit der göttlichen Idee erkennen und die verschmähte Wirklichkeit rechtfertigen.⁸

Das ist eine anspruchsvolle Aufgabe.

Was befähigt die Philosophie dazu? Die Vernunft. «Denn die Vernunft ist das Vernehmen des göttlichen Werkes.»⁹ Wie kann sich aber die Vernunft gegen die Gewalt der Leidenschaften und das furchtbare Gemetzel, das sie erzeugen, durchsetzen? Es ist «die List der Vernunft»,¹⁰ dass sie die Leidenschaften für sich arbeiten lässt. Die Menschen glauben, dass sie *sich* verwirklichen, die Wahrheit aber ist, dass das Vergängliche und Partikulare gegen den Geist der Freiheit keine Chance hat. «[D]ie Individuen werden aufgeopfert und preisgegeben. Die Idee bezahlt den Tribut des Daseins und der Vergänglichkeit nicht aus sich, sondern aus den Leidenschaften der Individuen».¹¹

1.2 Die Geschäftsführer des Weltgeistes

Dieses Selbstopfer bringen auch und zumal die welthistorischen Persönlichkeiten. Sie sind «die Geschäftsführer des Weltgeistes».¹² Sie verfolgten wie andere auch ihre eigenen Interessen, folgten ihren Leidenschaften, sie hatten aber dar-

---

6   Werke 12, 34 f.
7   Werke 12, 35.
8   Werke 12, 53.
9   Werke 12, 53.
10 Werke 12, 49.
11 Werke 12, 49.
12 Werke 12, 46.

über hinaus ein Bewusstsein für das, «was an der Zeit war».[13] Glücklich waren sie nicht. «Zum ruhigen Genusse kamen sie nicht, ihr ganzes Leben war Arbeit und Mühe».[14] Früh seien sie gestorben oder sie seien ermordet worden. Aber sie hätten in der Gewissheit gelebt, dass sie einem Geist zum Dasein zu verhelfen hatten, der der Welt noch verborgen war. Die beharrenden Kräfte widersetzen sich. Nur als Widerspruch setzt sich ein neuer Geist durch. Glück ist auf der Bühne der Weltgeschichte nicht vorgesehen. «Die Weltgeschichte ist nicht der Boden des Glücks. Die Perioden des Glücks sind leere Blätter in ihr, denn sie sind die Perioden der Zusammenstimmung, des fehlenden Gegensatzes.»[15]

Die Weltgeschichte interessiert sich für diese Persönlichkeiten nicht als Einzelne, sondern nur insofern sie dem sittlichem Ganzen einen Dienst leisten.[16] Ein sittliches Ganzes ist ein Staat, und so kann in der Weltgeschichte «nur von Völkern die Rede sein, welche einen Staat bilden».[17] Der Staat ist die Realisierung der Freiheit, wie sie zu einem bestimmten Zeitpunkt der Weltgeschichte möglich war. In theologisch erhöhtem Ton behauptet Hegel: «Der Staat ist die göttliche Idee, wie sie auf Erden vorhanden ist.»[18] Allein im Staat kann die Freiheit objektiv werden. Erst im Staat erhält der Mensch seine «zweite Natur», die Sittlichkeit, während die erste Natur des Menschen «sein unmittelbares, tierisches Sein»[19] ist.

Der Naturzustand der Menschen besticht nicht durch Edelmut und unschuldige Reinheit. Der Naturzustand ist vielmehr «der Zustand des Unrechts, der Gewalt und des ungebändigten Naturtriebs, unmenschlicher Taten und Empfindungen».[20] Die Beschränkung der natürlichen Triebe, Begierden und Leidenschaften ist «schlechthin die Bedingung, aus welcher die Befreiung hervorgeht, und Gesellschaft und Staat sind die Zustände, in welchen die Freiheit [...] verwirklicht wird».[21] Der Staat ist Grundlage und Mittelpunkt «der Kunst, des Rechts, der Sitten, der Religion, der Wissenschaft».[22]

Die Religion spielt im Reigen dieser geistigen Tätigkeiten eine besondere Rolle, denn «in ihr wird der existierende, der weltliche Geist sich des absoluten Geistes bewusst, und in diesem Bewusstsein des an und für sich seienden Wesens entsagt der Wille des Menschen seinem besonderen Interesse; er legt dieses auf die Seite in der Andacht, in welcher es ihm nicht mehr um Partikuläres zu tun

---

13   Werke 12, 45.
14   Werke 12, 47.
15   Werke 12, 42.
16   Werke 12, 55.
17   Werke 12, 56.
18   Werke 12, 57.
19   Werke 12, 57.
20   Werke 12, 59.
21   Werke 12, 59.
22   Werke 12, 68.

sein kann».²³ Aber nicht nur das Individuum entäußert sich in der Religion seiner Partikularität, auch das Staatsvolk bringt in seinen öffentlich anerkannten Religionen das zum Ausdruck, «was es für das Wahre hält».²⁴ Die Vorstellungen, die ein Volk von Gott hat, sind Darstellungen seiner allgemeinen Grundlagen und Prinzipien. Deshalb steht die Religion «im engsten Zusammenhang mit dem Staatsprinzip».²⁵ Hegel meint damit keineswegs, dass Gottesfurcht die Bürger zu guten Untertanen mache, vielmehr diene die Religion dazu, den Freien ein Bewusstsein ihrer absoluten Freiheit zu geben: «Freiheit kann nur da sein, wo die Individualität als positiv im göttlichen Wesen gewusst wird.»²⁶ Deshalb sei es eine «Torheit», «die Staatsverfassungen unabhängig von der Religion zu erfinden und ausführen zu wollen».²⁷ In der *Rechtsphilosophie* hatte Hegel das Verhältnis von Staat und Religion differenzierter und kirchenkritischer bestimmt.

1.3 Die Freiheit aller als Ziel der Weltgeschichte

Aus der Geschichte können keine Lehren gezogen werden. Jede Zeit steht vor ganz eigenen Herausforderungen. Dennoch ist sich Hegel gewiss, dass der Weltgeist als Geist der Freiheit den unwiderstehlichen Drang hat, sich selbst zu verwirklichen. Der Geist treibt sich nicht in Zufälligkeiten herum. Allerdings muss der Geist der Freiheit erkennen, dass ihm die Natur und der endliche Geist der Menschen immer wieder im Wege stehen. Die Geschichte ist deshalb ein unablässiger Kampf. Der Geist der Freiheit muss sich immer wieder gegen Widerstände durchsetzen. Gerade in dieser Widersprüchlichkeit verwirklicht sich der Geist in der Geschichte.

Die Dreiteilung der Geschichtsphilosophie in die Darstellung der orientalischen, der griechisch-römischen und der germanisch-christlichen Welt begründet Hegel so: «Die Weltgeschichte ist die Zucht von der Unbändigkeit des natürlichen Willens zum Allgemeinen und zur subjektiven Freiheit. Der Orient wusste und weiß nur, dass Einer frei ist, die griechische und römische Welt, dass Einige frei seien, und die germanische Welt weiß, dass Alle frei sind.»²⁸ Den amerikanischen Kontinent ignoriert Hegel, denn Amerika habe noch keine Geschichte als Staat, es sei «das Land der Zukunft».²⁹ Und Afrika sei insofern ein geschichtsloser Kontinent, als es dort keine Geschichtsschreibung gegeben habe. Ein Volk ohne Geschichtsschreiber habe nun einmal keine Geschichte. Hegel schreibt sei-

---

23   Werke 12, 68.
24   Werke 12, 70.
25   Werke 12, 70.
26   Werke 12, 70.
27   Werke 12, 71.
28   Werke 12, 134.
29   Werke 12, 114.

ne Geschichtsphilosophie aus einer ganz unbefangenen eurozentrischen Perspektive. Viele Passagen kann man deshalb getrost überblättern. Sie sind es nicht wert, wiedergegeben zu werden.

2. Hegels Gang durch die Geschichte

2.1 Die orientalische Welt des Geheimnisses

Die Geschichte beginne mit China, weil chinesische Geschichtsschreiber sich sehr früh bemüht hätten, die Geschichte ihres Landes aufzuzeichnen – für Hegel eine zutiefst beeindruckende kulturelle Leistung. Auch andere Völker hätten Traditionen gepflegt, aber keines habe über eine so gut überlieferte Geschichtsschreibung verfügt. China sei auch «das einzige Reich der Dauer in der Welt».[30] Der Familiengeist bilde die Einheit des Individuellen und des Sozialen. «Ein Hauptbestreben der Chinesen ist es, Kinder zu haben, die ihnen die Ehre des Begräbnisses erweisen können, das Gedächtnis nach dem Tode bewahren und das Grab schmücken.»[31] Der Konfuzianismus unterstütze die Vorstellung, dass alle eine große Familie seien. Nur das Familienoberhaupt des Gemeinwesens, der Kaiser, sei frei – alle anderen seien in familiale Beziehungsgeflechte eingebunden.

Indien hingegen sei das Land «des träumenden Geistes».[32] Die «fast nicht irdische Schönheit»[33] des Landes spiegele sich in der Schönheit seiner Frauen. Die indische Mythologie sei «eine wilde Ausschweifung der Phantasie».[34] Dem Buddhismus fehle aber das Moment der Befreiung. Es herrsche das Dogma, «dass das Nichts das Prinzip aller Dinge sei, dass alles aus dem Nichts hervorgegangen sei und auch dahin zurückgehe».[35] Das Dasein werde verachtet – damit aber auch die Mitmenschen. Nur kurz streift Hegel die Geschichte der Assyrer, der Babylonier, der Meder und der Perser.

Ausführlich beschäftigt er sich hingegen mit Judäa – für einen ausgebildeten Theologen keine Überraschung. Das Grundbuch Judäas sei das Alte Testament. Es wende sich gegen eine Anbetung der Natur. «Die Natur, die im Orient das Erste und die Grundlage ist, wird jetzt herabgedrückt zum Geschöpf; und der Geist ist nun das Erste.»[36] Gott ist Einer. Er ist der Schöpfer der Natur und aller Menschen. «Das Geistige sagt sich hier vom Sinnlichen unmittelbar los, und die

---

30 Werke 12, 146.
31 Werke 12, 155.
32 Werke 12, 176.
33 Werke 12, 175.
34 Werke 12, 194.
35 Werke 12, 210.
36 Werke 12, 241.

Natur wird zu einem Äußerlichen und Ungöttlichen herabgesetzt.»[37] Gott ist der Erhabene und die Natur ist lediglich «Gottes Schmuck».[38] Allerdings, so die nachweislich falsche Behauptung Hegels, kenne das Alte Testament keine selbstständigen Subjekte.

Ägypten sei das Land, das man für seinen Totenkult und seinen kunstvollen Umgang mit Stein bewundern müsse. Beides zeige sich an den Pyramiden. Die Vorstellung eines Totenreiches sei in Ägypten erfunden worden. Jeder müsse nach seinem Tod ins Gericht und seine Seele von Osiris wiegen lassen. «Die Vorstellung, dass der Geist unsterblich ist, enthält dies, dass das menschliche Individuum einen unendlichen Wert in sich hat.»[39] Diese Vorstellung habe seine Wurzel in Ägypten. Allerdings sei die Religion mit einem Schleier des Geheimnisvollen umhüllt – wie man an den Sphinxen und den Hieroglyphen sehe. Ebendieses Geheimnis werde in der griechischen Kultur gelüftet. Ödipus besiege die rätselhafte Sphinx. Während sich die ägyptische Göttin Neith rühme, die Geheimnisvolle zu sein, rufe der griechische Gott Apoll dazu auf, sich selbst zu erkennen.

2.2 Die griechische Welt der Schönheit

Im griechischen Geist sei «die Freiheit des Geistes [...] in wesentlicher Beziehung auf eine Naturerregung».[40] Es sei zunächst die Schönheit der Natur gewesen, die den griechischen Geist angeregt habe. Dann aber habe sich dieser Geist die Freiheit genommen, die Schönheit aus sich selbst zu produzieren. Damit stehe die griechische Welt zwischen der naturhaften asiatischen Selbstlosigkeit und dem europäischen Gedanken unendlicher Subjektivität, «dass Ich der Boden für alles sei, was gelten soll».[41]

Das Verhältnis der Griechen zu ihren Göttern war ambivalent: «Die Menschen ehren das Göttliche an und für sich; aber zugleich als ihre Tat, als ihr Erzeugnis und ihr Dasein; so enthält das Göttliche seine Ehre vermittels der Ehre des Menschlichen und das Menschliche vermittels der Ehre des Göttlichen.»[42] Allerdings widerspricht Hegel Schillers von deutscher Griechenlandsehnsucht inspiriertem Satz: «Da die Götter menschlicher noch waren, waren Menschen göttlicher.» Denn die griechischen Götter seien nicht menschlicher gewesen als der christliche Gott. Die griechischen Götter waren aus Stein, nicht aus Fleisch und Blut. «Christus ist viel mehr Mensch: er lebt, stirbt, leidet den Tod am Kreuze,

---

37 Werke 12, 242.
38 Werke 12, 242.
39 Werke 12, 266.
40 Werke 12, 293.
41 Werke 12, 293.
42 Werke 12, 294.

was unendlich menschlicher ist, als der Mensch der griechischen Schönheit.»[43] Während in den griechischen Göttersagen die Vereinigung des Göttlichen und des Menschlichen zufällig sei, wisse der christliche Geist die «Vereinigung des Endlichen und Unendlichen [...] als das Absolute, als die ewige Idee selbst».[44] Auch der griechische Glaube an die Orakel zeige, dass das Verhältnis von menschlicher und göttlicher Subjektivität noch nicht als ein freies gedacht worden sei.

Alexander der Große steht für den Übergang der griechischen zur römischen Welt. Alexander sei vom «tiefsten und auch umfangreichsten Denker des Altertums, von Aristoteles»,[45] erzogen worden. Alexandria «wurde der Hauptmittelpunkt des Handels, der Vereinigungsort morgenländischer Sitte und Tradition und westlicher Bildung».[46]

2.3 Die römische Welt der Herrschaft

Was zeichnet den römischen Geist aus? Seine «geist- und herzlose Härte», mit der «die bloße Herrschaft» durchgesetzt wurde.[47] Bereits die Ursprungsmythen Roms berichteten von Gewalt: Romulus und Remus hätten nie elterliche Liebe erfahren. Die Frauen mussten geraubt werden, weil man zum liebenden Werben nicht imstande war. Empfindsamkeit und natürliche Sittlichkeit traten hinter die Idee der Herrschaft zurück. Der Vater hatte alle Gewalt über seine Frauen, Kinder und Sklaven.[48] Die Religion, das Sakrale, diente allein der Sicherung der Herrschaft. «Das römische Prinzip war ganz auf die Herrschaft und Militärgewalt gestellt; es hatte keinen geistigen Mittelpunkt in sich zum Zweck, zur Beschäftigung, zum Genuss des Geistes.»[49]

«Der Kaiser herrscht nur, er regiert nicht».[50] Es fehlt eine Verfassung, ein geistiges Band zwischen dem Herrscher und den Beherrschten. Die Illusionslosigkeit, die in solch einer geistigen Atmosphäre entsteht, spiegelt sich in der Philosophie wider: «Stoizismus, Epikureismus und Skeptizismus, obgleich in sich entgegengesetzt, gingen doch auf dasselbe hinaus, nämlich den Geist in sich gleichgültig zu machen gegen alles, was die Wirklichkeit darbietet.»[51] Insbesondere der Skeptizismus reflektiere die Erfahrung erlebter Zweck- und Sinnlosig-

---

43 Werke 12, 304.
44 Werke 12, 306.
45 Werke 12, 332.
46 Werke 12, 334.
47 Werke 12, 340.
48 Werke 12, 348.
49 Werke 12, 378.
50 Werke 12, 384.
51 Werke 12, 385.

keit. «Die Philosophie hat nur die Negativität allen Inhalts gewusst und ist der Rat der Verzweiflung gewesen für eine Welt, die nichts Festes mehr hatte. Sie konnte den lebendigen Geist nicht befriedigen, der nach einer höheren Versöhnung verlangte.»[52] Im römischen Geist waren «die Individuen als Atome gesetzt, zugleich aber stehen sie unter der harten Herrschaft des Einen, welcher als *monas monadum* die Macht über die Privatpersonen ist. Dies Privatrecht ist daher ebenso [...] die vollendete Rechtlosigkeit. Dieser Widerspruch ist das Elend der römischen Welt.»[53]

2.4 Die welthistorische Bedeutung des Judentums

Die römische Welt – in ihrer Ratlosigkeit und Verzweiflung – ist die Geburtsstätte «von einem anderen höheren Geist, der mit der christlichen Religion geoffenbart worden ist. Dieser höhere Geist enthält die Versöhnung und die Befreiung des Geistes, indem der Mensch das Bewusstsein vom Geiste in seiner Allgemeinheit und Unendlichkeit erhält.»[54] Unter Kaiser Augustus wurde «das Heil der Welt»[55] geboren. Die Menschwerdung Gottes ist für Hegel der Angelpunkt der Weltgeschichte. «Gott wird nur so als Geist erkannt, indem er als der Dreieinige gewusst wird. Dieses neue Prinzip ist die Angel, um welche sich die Weltgeschichte dreht.»[56]

Das Judentum, in dessen Mitte das Heil der Welt geboren wurde, kennt den Schmerz und das Leiden an der eigenen Entzweiung, es kennt aber mehr noch die Sehnsucht, diesen Zustand zu überwinden. Das gibt dem Judentum «seine welthistorische Bedeutung und Wichtigkeit».[57] Der Schmerz über die vorfindliche und die Sehnsucht nach einer besseren Welt komme am reinsten und schönsten in den Psalmen und in den Prophetenbüchern zum Ausdruck, «wo der Durst der Seele nach Gott, der tiefste Schmerz über ihre Fehler, das Verlangen nach Gerechtigkeit und Frömmigkeit den Inhalt ausmachen».[58]

Wirkmächtig bis heute sei vor allem die jüdische Erzählung vom Sündenfall. Das Paradies war nur ein Park für Tiere, in dem der Mensch nicht bleiben konnte. Denn der Mensch ist «Geist, d. h. für sich selbst. Dieses für sich sein, dieses Bewusstsein ist aber zugleich die Trennung von dem allgemeinen göttlichen Geist. [...] Der Sündenfall ist daher der ewige Mythus des Menschen, wodurch

---

52　Werke 12, 385.
53　Werke 12, 387.
54　Werke 12, 386.
55　Werke 12, 386.
56　Werke 12, 386.
57　Werke 12, 388.
58　Werke 12, 388 f.

er eben Mensch wird.»⁵⁹ Aber auch die Versöhnung von Gott und Mensch ist in der Sündenfallgeschichte schon angelegt. Denn Gott sagt ausdrücklich: ‹Siehe, Adam ist worden wie unsereiner, wissend das Gute und Böse›. Aber das ist nur die Perspektive Gottes, der Mensch hingegen fühlt sich von Gott getrennt und sehnt sich nach Versöhnung, wie etwa David, der bittet: ‹Herr, schaffe mit ein reines Herz und einen neuen gewissen Geist.› (Psalm 51,12)

Unter der römischen Herrschaft ist das jüdische Volk von der verheißenen Versöhnung mit Gott weiter entfernt denn je. «Der Tempel Zions ist zerstört, das Gott dienende Volk ist zerstäubt.»⁶⁰ Das Volk verzweifelt an Gott. Hegel identifiziert aber einen markanten Unterschied zur Verzweiflung des römischen Geistes.

> Das Elend ist also hier nicht Stumpfheit in einem blinden Fatum, sondern unendliche Energie der Sehnsucht. Der Stoizismus lehrte nur: das Negative ist nicht und es gibt keinen Schmerz; aber die jüdische Empfindung beharrt vielmehr auf der Realität und verlangt darin die Versöhnung; denn sie ruht auf der orientalischen Einheit der Natur, d. i. der Realität, der Subjektivität und der Substanz des Einen.⁶¹

Das Judentum habe den Schmerz der Trennung von Gott durch die Sünde, aber auch die Sehnsucht nach Einheit mit Gott zutiefst empfunden. «Aus der Unruhe des unendlichen Schmerzes [...] geht die Einheit Gottes und [...] der von ihm getrennten Subjektivität hervor.»⁶² Die Erkenntnis der eigenen Sünde als Trennung von Gott ist zugleich die Erkenntnis der Versöhnung. Der Geist des Judentums war der Boden, auf dem der Geist des Christentums gedieh.

2.5 Die Menschwerdung Gottes als Zeitenwende

Das trinitarische Dogma ist für Hegel eine welthistorische Leistung. «Die Identität des Subjektes und Gottes kommt in die Welt, als die Zeit erfüllt war: das Bewusstsein dieser Identität ist das Erkennen Gottes in seiner Wahrheit.»⁶³ Der endliche, menschliche Geist, das atomisierte Individuum, wird in der Trinitätslehre zu einem «Moment Gottes».⁶⁴ Der Mensch in all seinem Für-sich-sein-Wollen ist im Begriff Gottes aufgehoben.

Hegel warnt aber eindringlich davor, diese Einheit flach aufzufassen, «als ob Gott nur Mensch und der Mensch ebenso Gott sei».⁶⁵ Vielmehr müsse diese Einheit so gedacht werden, dass der Mensch nur insofern göttlich ist, «als er die

---

59   Werke 12, 389.
60   Werke 12, 390.
61   Werke 12, 390 f.
62   Werke 12, 391.
63   Werke 12, 391.
64   Werke 12, 392.
65   Werke 12, 392.

Natürlichkeit und Endlichkeit seines Geistes aufhebt und sich zu Gott erhebt. Für den Menschen nämlich, der der Wahrheit teilhaftig ist und das weiß, dass er selbst Moment der göttlichen Idee ist, ist zugleich das Aufgeben seiner Natürlichkeit gesetzt, denn das Natürliche ist das Unfreie und Ungeistige.»[66] Es handelt sich also um eine dialektische Einheit, die jeder Selbstvergottung einen Riegel vorschiebt. Die Einsicht in die Gotteskindschaft des Menschen setzt vielmehr einen Prozess kritischer Selbstreflexion in Gang, in dessen Verlauf alles Vorfindliche, sofern es nur Erscheinung ist, vergehen muss.

Jesus Christus ist erschienen als «ein Mensch, der Gott ist und Gott, der Mensch ist».[67] Die Anthropomorphismen der griechischen Götterwelt gingen nicht weit genug. Die Verwandlungen der Götter in Menschengestalten waren dort zufällig, willkürlich, vor allem aber nicht von Dauer. Das Besondere der Menschwerdung Gottes im Christentum besteht für Hegel darin, dass sie nur einmal geschehen ist, «denn Gott ist Subjekt und als erscheinende Subjektivität [...] *ein* Individuum».[68] Wenn Gott Mensch wird, dann muss er auch sterben. Das sinnliche Dasein ist aber für den Geist ohnehin nur ein vorübergehendes Moment. Gott als Mensch stirbt, als Geist aber bleibt er lebendig. «Christus ist gestorben; nur als gestorben ist er aufgehoben gen Himmel und sitzend zur Rechten Gottes und nur so ist er Geist. Er selbst sagt: Wenn ich nicht mehr bei Euch bin, wird euch der Geist in alle Wahrheit leiten.»[69]

2.5.1 Jesus, der Revolutionär

Mit Parrhesie habe Jesus seine Botschaft verkündet. Zumal die Seligpreisungen der Bergpredigt überzeugen Hegel. Besonders gefällt ihm diese: «Selig sind, die reinen Herzens sind, denn sie werden Gott schauen.» Das reine Herz sei der Boden, «auf dem Gott den Menschen gegenwärtig ist: wer von diesem Spruch durchdrungen ist, ist gegen alle fremden Bande und Aberglauben gewappnet».[70] Aber auch die Seligpreisung der Friedfertigen und derer, die um der Gerechtigkeit willen verfolgt werden, hätten zeitlose Gültigkeit. Dies gelte ebenfalls für Jesu Ermahnung, ‹vollkommen zu sein, wie euer Vater im Himmel vollkommen ist›. Er habe seine Zeitgenossen ermuntert, dass sie zuerst nach dem Reich Gottes trachten sollen, dann werde ihnen alles zufallen. Die Leiden dieser Zeit seien nicht der Rede wert gegenüber der Herrlichkeit, ein Kind Gottes zu sein. Der reiche Jüngling soll alles verkaufen, und die Armen sollen sich nicht sorgen.

---

[66] Werke 12, 392.
[67] Werke 12, 392.
[68] Werke 12, 393.
[69] Werke 12, 393.
[70] Werke 12, 395.

«Man kann sagen, nirgends sei so revolutionär gesprochen als in den Evangelien, denn alles sonst Geltende ist als ein Gleichgültiges, nicht zu Achtendes gesetzt.»[71] Die «Freunde Christi» erkannten nach Pfingsten, «dass in Christus der Mensch erlöst und versöhnt ist».[72] Ihnen wurde klar, «dass das Wesen des Menschen der Geist ist».[73] Das ist die Geburtsstunde des Christentums:

> Christus, der Mensch als Mensch, in dem die Einheit Gottes und des Menschen erschienen ist, hat an seinem Tode, an seiner Geschichte überhaupt, selbst die ewige Geschichte des Geistes gezeigt – eine Geschichte, die jeder Mensch an ihm selbst zu vollbringen hat, um als Geist zu sein oder Kind Gottes, Bürger seines Reiches zu werden.[74]

Karfreitag und Auferstehung gab es nicht nur einmal – in der Nachfolge Christi ereignen sich beide immer wieder und bringen so den Geist stets neu hervor. Dieser Geist ist der göttliche Geist der Freiheit.

2.5.2 Alexandria – der Ort der Versöhnung von Philosophie und Christentum

Hegel ist von der religiösen und philosophischen Vitalität Alexandrias begeistert. Zumal der Begriff des *Logos* habe enorme Wirkung entfaltet. «So haben auch die tiefen Denker zu Alexandria die Einheit der Platonischen und Aristotelischen Philosophie begriffen und ihr spekulativer Gedanke gelangte zu den abstrakten Ideen, welche ebenso der Grundinhalt der christlichen Religion sind.»[75] In Alexandria vereinigten sich nicht nur der Orient und der Okzident, sondern auch die griechische Philosophie und das Christentum. Für Hegel war die Versöhnung von platonisch-aristotelischer Philosophie und Christentum ein welthistorisches Ereignis, das sowohl der Philosophie wie auch der Religion unermessliche Möglichkeiten der Ausbreitung ermöglichte. Denn nun wurde das, was in den Akademien nur gedacht wurde, Gegenstand kultischer Handlungen, Gegenstand der Erziehung in der christlichen Welt. Diese Transformation einer Philosophie in eine Religion war für Hegel sensationell. Die Philosophie profitierte von ihrer Verbreitung, die Religion profitierte von der Vernunft, die mit der Trinitätslehre in den Kultus einkehrte. Es war nun die Vernunft, die die Werke Gottes vernahm und nicht irgendein dunkles Orakel. Das Geniale der christlichen Religion bestand für Hegel darin, dass sie bei aller Tiefe des Gedankens «leicht vom Bewusstsein in äußerlicher Weise aufzufassen ist und zugleich zum tieferen Ein-

---

71 Werke 12, 396.
72 Werke 12, 397.
73 Werke 12, 397.
74 Werke 12, 397.
75 Werke 12, 399.

dringen auffordert. Sie ist so für jede Stufe der Bildung und befriedigt zugleich die höchsten Anforderungen.»[76]

2.5.3 Das Reich Gottes und die Reiche der Welt

Die christliche Gemeinde war in ihren Anfängen, so Hegel, eine «vollkommene Demokratie».[77] Ihre Botschaft war einfach und erfolgreich: Der Mensch als Ebenbild Gottes hat unendlichen Wert. Dieses neu gewonnene Selbstbewusstsein der christlichen Gemeinden in einer römischen Welt der Herrschaft, der Sklaverei und der Abhängigkeit hatte politische Folgen. «[D]ie Sklaverei ist im Christentum unmöglich, denn [...] jeder Einzelne ist ein Gegenstand der Gnade Gottes und des göttlichen Endzwecks; Gott will, dass alle Menschen selig werden.»[78] Aber nicht nur die Sklaverei, alle Partikularität der Geburt, des Vaterlandes, des Standes geht im Wissen unter, dass jeder Mensch ein Geschöpf Gottes ist.

Die Christen fühlten sich innerlich unabhängig und frei. In der römischen Welt waren die Sitte, die Gewohnheit, die äußerliche Form bestimmend. Bei den Christen galt «das Prinzip der absoluten Freiheit in Gott».[79] Diese Freiheit äußerte sich in der Liebe, die aus dem Bewusstsein floss, in und aus Gott zu sein. Der Christenmensch war von Orakeln und Auspizien unabhängig. Von nun an galt: «[D]er Mensch ist als die unendliche Macht des Entschließens anerkannt».[80] Er ist dem blinden Schicksal nicht mehr ausgeliefert. Er kann selbst Einfluss auf die Gestalt seines Lebens nehmen.

Diese innere Überzeugung will sich verwirklichen. Der Geist will sich der vorfindlichen Welt einbilden. Ob er dies mithilfe religiöser Vorstellungen, philosophischer Spekulation oder mithilfe rationaler Planung tut, ist für Hegel unerheblich. Einen Gegensatz von Religion und Vernunft gibt es für ihn nicht.

> Der Unterschied von Religion und Welt ist nur der, dass die Religion als solche Vernunft im Gemüt und Herzen ist, dass sie ein Tempel vorgestellter Wahrheit und Freiheit in Gott ist, der Staat dagegen nach derselben Vernunft ein Tempel menschlicher Freiheit im Wissen und Wollen der Wirklichkeit ist, deren Inhalt selbst der göttliche genannt werden kann.[81]

Das Grundprinzip der neuen Religion ist der unendliche Wert des geistbegabten Einzelnen. Die Verwirklichung dieses Prinzips war im Römischen Reich nicht möglich. Dies gelang erst in «der germanischen Welt». Die Geschichte jedenfalls habe daran gearbeitet, «dass die Religion als menschliche Vernunft erscheine,

---

76   Werke 12, 401.
77   Werke 12, 403.
78   Werke 12, 403 f.
79   Werke 12, 404.
80   Werke 12, 404.
81   Werke 12, 405.

dass das religiöse Prinzip, das dem Herzen der Menschen inwohnt, auch als weltliche Freiheit hervorgebracht werde. So wird die Entzweiung zwischen dem Innern der Herzen und dem Dasein aufgehoben.»[82]

2.6 Der Islam – Aufklärung und Terror

Nur knapp geht Hegel auf den enormen Erfolg des Islam ein. Der Mohammedanismus, wie Hegel den Islam nennt, war für ihn «die Revolution des Orients, welche alle Partikularität und Abhängigkeit zerschlug und das Gemüt vollkommen aufklärte und reinigte».[83] Der Islam kenne nur einen einzigen Endzweck: die Verehrung des Einen. Diesem Einen habe sich jeder zu unterwerfen. Dann seien alle Schranken, alle Stammesunterschiede und Nationalitäten aufgehoben. Wert habe der Mensch freilich nur als Glaubender.[84]

Dieser Eine als der Vielnamige ist aber – so Hegel – etwas ganz und gar Abstraktes. «Diese Begeisterung war Fanatismus, d. i. eine Begeisterung für [...] einen abstrakten Gedanken, der negierend sich zum Bestehenden verhält. Der Fanatismus ist wesentlich nur dadurch, dass er verwüstend, zerstörend gegen das Konkrete sich verhält».[85] Allerdings sei der Islam auch zu einer Erhabenheit fähig gewesen, die alles Kleinliche vergessen ließ. Nach seinen von Begeisterung getragenen Eroberungen erreichten in der islamischen Welt «die Künste und Wissenschaften ihre höchste Blüte».[86] Inzwischen – so Hegels Fehlurteil – sei der Islam vom Boden der Weltgeschichte verschwunden und nur noch in Asien und Afrika und in einem kleinen Winkel Europas anzutreffen. Hegels Intuition, dass dem Islam eine ungeheure revolutionäre Kraft innewohne, ist spätestens seit der Iranischen Revolution 1979 und den Erfolgen des politischen Islam offensichtlich. Das Prinzip des Islam, so Hegel, könne man in Anlehnung an das Prinzip Robespierres – *la liberté et la terreur* – als das Prinzip *la religion et la terreur* bezeichnen.[87]

2.7 Die germanische Welt – Gemütlichkeit und Willkür

Germanen sehnen sich, so Hegel, nach Gemütlichkeit. Gemütlichkeit hat keinen bestimmten Zweck. Es handelt sich um ein unbestimmtes Gefühl der Zusammengehörigkeit und der Verbundenheit. Hegel ist weit davon entfernt, die Ge-

---

82 Werke 12, 405.
83 Werke 12, 428 f.
84 Werke 12, 430.
85 Werke 12, 431.
86 Werke 12, 432.
87 Werke 12, 431.

mütlichkeit als eine positive Eigenschaft zu charakterisieren. «Wo das Gemütliche die ganze Form des Zustandes ist, da erscheint es als ein Charakterloses und Stumpfes, und so sehen wir im ursprünglichen Zustande der Germanen eine barbarische Stumpfheit, Verworrenheit und Unbestimmtheit in sich.»[88] Die Germanen liebten die Freiheit und sehnten sich zugleich nach Treue. «Die Individuen schließen sich mit freier Willkür einem Subjekte an und machen dieses Verhältnis aus sich zu einem unverbrüchlichen.»[89] Genossenschaftliches Denken und Empfinden zeichne die Germanen aus. Dieses Gemeinschaftliche sei aber noch kein Allgemeines. Leidenschaft und Rohheit herrschten in den frühen fränkischen und germanischen Königshäusern.

Mit der Krönung Karls des Großen durch den Papst zum Kaiser gab es zwei Kaiserreiche in Europa und das Christentum trennte sich in zwei Kirchen: die römische und die griechische. Die fränkische Herrschaft und das Papsttum empfanden sich als legitime Erben des Römischen Reiches. So wohlgeordnet das Reich Karls des Großen aber auch war, so rasch zerbrach es. Der germanische Geist war noch unfähig, staatliche Macht als Schutz individueller Freiheit zu denken. Der Kaiser galt zwar als weltliches Oberhaupt der gesamten Christenheit, «je größer aber diese Vorstellung war, desto weniger galt die Macht der Kaiser in Wirklichkeit».[90] Die kaiserliche Macht sank vielmehr «zum leeren Schatten»[91] herab. Die Kirche hingegen war nur auf äußerliche Macht aus und hatte alle geistige Kraft verloren. Das war die Tragik des frühen Mittelalters. «In diesem Zustande war nichts als Rechtlosigkeit, viehische Begierde, roheste Willkür, Trug und List bei den Menschen anzutreffen.»[92]

2.8 Die Kreuzzüge – das Ende kirchlicher Macht

Papst Gregor VII. versuchte, die Kirche wieder als eine unabhängige geistliche Macht zu etablieren. Er setzte den Zölibat für die Geistlichkeit durch, er verbot die Simonie, den Kauf geistlicher Ämter. Die Kirche suchte aber auch die Herrschaft über die weltliche – mit weltlichen Mitteln. Die Folgen waren absehbar: «Was so die Päpste an Land und Gütern und an direkter Herrschaft gewannen, verloren sie an Ansehung und Achtung.»[93]

Die Macht der Kirche war auch in anderer Hinsicht teuer erkauft. Mit der Priesterweihe gelangte «das höchste Gut des Menschen»,[94] nämlich die Feier der

---

88 Werke 12, 424.
89 Werke 12, 425.
90 Werke 12, 447.
91 Werke 12, 449.
92 Werke 12, 450.
93 Werke 12, 453.
94 Werke 12, 454.

Einheit von Gott und Mensch in der Messe, in fremde Hände. Die Trennung einer *geistlichen* Sphäre von einer *weltlichen* hatte zur Folge, dass die *geistige* Kraft des christlichen Glaubens, die ja gerade die Einheit der Differenz des Geistlichen und des Weltlichen sein wollte, verloren ging. Die Zwangsbeichte war für Hegel eine Entmündigung. Die Kirche habe die Stelle des Gewissens vertreten wollen und die Gläubigen wie Kinder behandelt.[95]

Während die Kirche noch auf einer Überlegenheit des *Sacerdotium* gegenüber dem *Imperium* beharrte, war die Welt bereits auf dem besten und richtigen Wege, sich ihrer eigenen Gottunmittelbarkeit bewusst zu werden. Die anmaßenden Rituale einer Unfreiheit predigenden Kirche wurden nicht mehr ernst genommen. Nicht die Behauptung eines religiösen Herrschaftsanspruchs, sondern die Stärkung der religiösen Subjekte wäre eigentlich die Aufgabe der Kirche gewesen. «Der wahrhafte Geist existiert im Menschen, ist *sein* Geist, und die Gewissheit seiner Identität mit dem Absoluten gibt sich das Individuum im Kultus, während die Kirche nur das Verhältnis einer Lehrerin und Anordnerin dieses Kultus einnimmt.»[96] Mit der willkürlichen Aufteilung der Christenheit in Priester und Laien verweigerte sich die katholische Kirche dieser nur dienenden Rolle. Sie zog es vor, ihr römisches Erbe, das Herrschen, zu pflegen.

Das Ende der Kirche als geistige Macht sieht Hegel in den Kreuzzügen gekommen.

> Durch die Kreuzzüge vollendete die Kirche ihre Autorität; sie hatte die Verrückung der Religion und des göttlichen Geistes zustande gebracht, das Prinzip christlicher Freiheit zur unrechtlichen und unsittlichen Knechtschaft der Gemüter verkehrt und damit die rechtlose Willkür und Gewalttätigkeit nicht aufgehoben und verdrängt, sondern vielmehr in die Hände der Kirchenoberhäupter gebracht.[97]

Es gelang ihr, Jerusalem zu erobern und das Grab Christi zu ‹befreien›. Aber:

> Im Grabe sollte die Christenheit das Letzte ihrer Wahrheit nicht finden. An diesem Grabe ist der Christenheit noch einmal geantwortet worden, was den Jüngern [geantwortet wurde, R. S.], als sie dort den Leib des Herrn suchten: «Was sucht ihr den Lebendigen bei den Toten? Er ist nicht hier. Er ist auferstanden.» Das Prinzip eurer Religion habt ihr nicht im Sinnlichen, im Grabe, bei den Toten zu suchen, sondern im lebendigen Geist bei euch selbst.[98]

Am Grab Jesu in Jerusalem hatte sich die Kirche ihr eigenes Grab geschaufelt. «Der Untergang der Kirche sollte nicht durch offene Gewalt bewirkt werden, sondern von innen heraus, vom Geiste aus, und von unten herauf drohte ihr der

---

95 Werke 12, 456.
96 Werke 12, 458.
97 Werke 12, 473.
98 Werke 12, 471.

Sturz.»[99] Am Grab Jesu in Jerusalem fand man nur ein leeres Grab – der Geist Jesu war dort nicht zu finden. Diese Enttäuschung setzte die Suche nach dem wahren Geist in Gang. «So gewinnt die Welt das Bewusstsein, dass der Mensch das *Dieses*, welches göttlicher Art ist, in sich selbst suchen müsse; dadurch wird die Subjektivität absolut berechtigt und hat an sich selbst die Bestimmung des Verhältnisses zum Göttlichen.»[100] Das Resultat der Kreuzzüge war, dass nun «die Zeit des Selbstvertrauens, der Selbsttätigkeit»[101] begann.

Die Sehnsucht nach einer reineren Geistigkeit bricht sich vehement Bahn. Es entstehen die Universitäten, die Mönchs- und Ritterorden. Die Kunst und die Wissenschaft blühen auf.

> Der Menschengeist hat sich auf seine Füße gestellt. In diesem erlangten Selbstgefühle des Menschen liegt nicht eine Empörung gegen das Göttliche, sondern es zeigt sich darin die bessere Subjektivität, welche das Göttliche in sich empfindet, die vom Echten durchzogen ist und die ihre Tätigkeit auf allgemeine Zwecke der Vernünftigkeit und der Schönheit richtet.[102]

Die Kunst der Renaissance, der Humanismus, die Erfindung des Buchdrucks und der Magnetnadel, Investitionen in Bildungseinrichtungen durch selbstbewusste Staaten – all das kündigt eine neue Zeit an. «Man hat das Grab, das Tote des Geistes, und das Jenseits aufgegeben.»[103]

2.9 Die Reformation als Beginn der Neuzeit

Die Reformation ist für Hegel «die alles verklärende Sonne, die auf jene Morgenröte am Ende des Mittelalters folgt».[104] Die Kirche hatte sich selbst marginalisiert.

> Von jetzt an tritt sie hinter den Weltgeist zurück; er ist schon über sie hinaus, denn er ist dazu gekommen, das Sinnliche als Sinnliches, das Äußerliche als Äußerliches zu wissen, in dem Endlichen auf endliche Weise sich zu betätigen und eben in dieser Tätigkeit als eine gleichgültige, berechtigte Subjektivität bei sich selbst zu sein.[105]

Der Glaube, von dem Luther spricht, «ist überhaupt nicht Glaube an Abwesendes, Geschehenes und Vergangenes, sondern die subjektive Gewissheit des Ewi-

---

99 Werke 12, 473.
100 Werke 12, 472.
101 Werke 12, 472.
102 Werke 12, 488.
103 Werke 12, 488.
104 Werke 12, 491.
105 Werke 12, 492.

gen, der an und für sich seienden Wahrheit, der Wahrheit von Gott».[106] Dieser Glaube werde nach lutherischer Lehre vom Heiligen Geist bewirkt. Mit anderen Worten: Diese Gewissheit komme dem Individuum nicht «nach seiner partikulären Besonderheit, sondern nach seinem Wesen»[107] zu.

Das Individuum weiß, dass es mit dem göttlichen Geist begabt ist. Und so fallen alle äußerlichen Unterschiede weg; es gibt jetzt keinen Unterschied mehr zwischen Priestern und Laien. «[E]s ist das Herz, die empfindende Geistigkeit des Menschen, die in den Besitz der Wahrheit kommen kann und kommen soll, und diese Subjektivität ist die aller Menschen.»[108] Dem subjektiven Geist wird nun zugetraut, sich den Geist Christi einzubilden und so die Versöhnung an sich vollbringen zu lassen. Die Freiheit eines Christenmenschen besteht darin, dass der subjektive Geist seine Partikularität negiert und seine Wahrheit im Geist Christi findet. Das Prinzip des freien Geistes, so Hegel, wird von nun an das Prinzip der künftigen Weltgeschichte sein. «Dies ist der wesentliche Inhalt der Reformation; der Mensch ist durch sich selbst bestimmt, frei zu sein.»[109]

Das Weltliche weiß nun, dass es imstande ist, das Wahre und Gute zu erkennen und es auch zu verwirklichen. «Es wird nun gewusst, dass das Sittliche und Rechte im Staate auch das Göttliche und das Gebot Gottes ist, und dass es dem Inhalt nach kein Höheres, Heiligeres gibt.»[110] Allerdings wird auch gewusst, dass der Mensch nicht von Natur aus so ist, wie er sein soll.

2.10 Aufklärung und Französische Revolution

An sich ist mit der Reformation die Freiheit des Geistes errungen, doch waren die Jahrhunderte nach der Reformation von Rechthaberei, quälender Grübelei und der Angst vor der Macht des Bösen geprägt. Die Konfessionskriege hatten «ohne Idee»[111] geendet. Erst mit Friedrich dem Großen, dem «Held des Protestantismus»,[112] habe das «protestantische Prinzip» die notwendige staatliche Förderung erhalten. Die Aufklärung setzt die Herrschaft des Subjekts gegen den Glauben an eine Autorität durch, «und die Naturgesetze werden als das einzig Verbindende des Äußerlichen mit dem Äußerlichen anerkannt».[113] Katholiken wie Protestanten konnten nun wissen: «die Hostie ist nur Teig, die Reliquie nur

---

106 Werke 12, 495.
107 Werke 12, 495.
108 Werke 12, 496.
109 Werke 12, 497.
110 Werke 12, 502 f.
111 Werke 12, 516.
112 Werke 12, 519.
113 Werke 12, 522.

Knochen».[114] Recht und Sittlichkeit gründeten nicht mehr auf äußerlich auferlegten göttlichen Geboten, sondern auf dem Boden des Willens der Subjekte.

Allerdings setzte die Aufklärung allen Inhalt als einen endlichen. Sie verbannte «alles Spekulative aus menschlichen und göttlichen Dingen».[115] Hegel sieht aber einen großen Unterschied zwischen der französischen und der deutschen Aufklärung. «In Deutschland war die Aufklärung auf Seiten der Theologie; in Frankreich nahm sie sogleich eine Richtung gegen die Kirche. In Deutschland war in Ansehung der Weltlichkeit schon alles durch die Reformation gebessert worden.»[116] Im Protestantismus kann es nicht zweierlei Gewissen geben, im Katholizismus hingegen steht das Heilige dem Weltlichen scheinbar überlegen gegenüber. Der Protest der Wissenschaft gegen diese Heteronomie war vorhersehbar. Hegel beschreibt die Stimmung des Zeitalters der Aufklärung so: «Eine erhabene Rührung hat in jener Zeit geherrscht, ein Enthusiasmus des Geistes hat die Welt durchschauert. Als sei es zur wirklichen Versöhnung des Göttlichen mit der Welt gekommen.»[117]

So produktiv die Epoche der Aufklärung war, so abrupt kam ihr Ende mit der Französischen Revolution. Nicht mehr die Freiheit herrschte, sondern der Schrecken. Die subjektive Tugend, die als die Gesinnung von «Willensatomen»[118] nur noch Willkür war, brachte die «fürchterlichste Tyrannei» mit sich. «Sie übt ihre Macht ohne gerichtliche Formen, und ihre Strafe ist ebenso nur einfach – der Tod.»[119] Die Revolution zerbrach an tyrannischer Willkür.

Im Prinzip der atomisierten Einzelwillen sieht Hegel das Grundproblem der Französischen Revolution wie auch des politischen Liberalismus. Es sei ein falsches Prinzip gewesen, «dass die Fesseln des Rechts und der Freiheit ohne die Befreiung des Gewissens abgestreift werden, dass eine Revolution ohne Reformation sein könne».[120] Die Frage, wie aus einer *volonté de tous* eine *volonté générale* werden kann, hat Hegel ebenso umgetrieben wie J.-J. Rousseau. Man merkt ihm seine Ratlosigkeit an, wenn er sich Gedanken über die heraufziehenden Demokratien macht. Vor allem demokratische Wahlen, bei denen Parteien um die Regierungsmacht konkurrieren, bereiten ihm Kopfzerbrechen: «So geht die Bewegung und Unruhe fort. Diese Kollision, dieser Knoten, dieses Problem ist es, an dem die Geschichte steht und den sie in künftigen Zeiten zu lösen hat.»[121] Hegel hatte schlicht keine Erfahrungen mit demokratischen Prozessen der Entschei-

---

114 Werke 12, 522.
115 Werke 12, 524.
116 Werke 12, 526.
117 Werke 12, 529.
118 Werke 12, 527.
119 Werke 12, 533.
120 Werke 12, 535.
121 Werke 12, 535.

dungsfindung. Er war skeptisch. Zugleich vertraute er darauf, dass künftige Generationen eine Lösung finden würden.

Mit der politischen Lage in Deutschland zeigte er sich insgesamt zufrieden. Am Ende der Darstellung des geschichtlichen Verlaufes stellt er fest, dass in Deutschland die Versöhnung von Recht und Religion mithilfe des Protestantismus gelungen sei. «Es gibt kein heiliges, kein religiöses Gewissen, das vom weltlichen Recht getrennt oder ihm gar entgegengesetzt wäre.»[122] Bis hierher habe sich die Weltgeschichte entwickelt. Das Konstruktionsprinzip der Entwicklung sei «die sich verwirklichende Idee der Freiheit» gewesen, freilich nicht als individuelle Willkürfreiheit, sondern als reale und objektive Freiheit, die die «Unterwerfung des zufälligen Willens» erforderlich mache.[123]

3. Die Weltgeschichte – immer noch eine Geschichte der Freiheit?

Hegels Narrativ der Geschichte der Freiheit kann heute von so vielen Seiten kritisiert werden, dass es keinen Sinn hat, seine schlichte Anordnung des historischen Materials zu verteidigen. Man kann sie mit Interesse zur Kenntnis nehmen, ihr an manchen Stellen zustimmen – und muss an manchen Stellen den Kopf schütteln. Hegel hätte gegen eine solche Rezeption zweihundert Jahre später vermutlich auch gar nichts einzuwenden gehabt. Denn jede Zeit und jede Kultur muss ihre eigene Geschichte auf den Begriff bringen, wenn sie ihr Wesen (als ein Gewesenes, das bleibt) verstehen will. Hegels Narrativ zu wiederholen, wäre also ohnehin ein Anachronismus. Insofern ist Kritik an seiner Erzählung nicht nur berechtigt, sondern notwendig.

Billig und feige wäre es allerdings, die Kritik an Hegels Geschichtsphilosophie nur bis zur ersten Negation voranzutreiben. Skeptiker zu sein ist eine einfache Übung. Hegel hatte den Anspruch an sich selbst und hätte ihn auch an die ihm folgenden Generationen gehabt, dass sie, nachdem sie ein Narrativ als unzureichend kritisiert haben, zur Negation der Negation fortschreiten, das heißt, dass sie ihr eigenes Narrativ entwickeln. Dieses Narrativ kann auf nichts anderes hinauslaufen, als das in der Geschichte zu entdecken, was über die eigene Gegenwart aufklärt, sie erhellt und zukünftiges Handeln inspiriert. Jeder, der Hegel kritisiert, ist aufgefordert, seine bessere Alternative zu präsentieren. In fundamentalistischen und faschistischen Milieus sind heute apokalyptische Geschichtsphilosophien virulent, deren Zerstörungswut und deren Aufspaltung der Welt in Gute und Böse das Schlimmste befürchten lassen. Die wohlhabenden Mittelschichten haben sich in einer wohlfeilen Zuschauerposition eigerichtet, die zwi-

---

122 Werke 12, 539.
123 Werke 12, 540.

schen wohlwollender Skepsis und regelrechtem Zynismus oszilliert. In der jungen Generation sind Dystopien attraktiv, die freilich mehr depressive Verstimmung erzeugen, als dass sie zum Widerstand gegen lebensfeindliche Strukturen aktivieren. Wer beim Studium der Geschichte von deren Irrsinn ergriffen wurde, dem bleibt gar nichts anderes übrig, als in allem Irrsinn einen Sinn zu entdecken. Hegel hatte den Mut, seine Version vom Sinn der Geschichte vorzutragen. Sie erscheint uns an vielen Stellen mangelhaft. Gesucht sind Geschichtsphilosophen, die eine bessere Geschichte der Freiheit und der Vernunft erzählen können.

Kapitel 8
Die Anschauung des Absoluten: Hegels *Ästhetik*

1. Die Idee des Kunstschönen

Hegels *Ästhetik* besteht aus drei Teilen: erstens der Idee des Kunstschönen, zweitens der Entwicklung dieser Idee zu den drei Formen der symbolischen, klassischen und der romantischen Kunst und drittens der Analyse der einzelnen Künste, also der Architektur, der Skulptur, der Malerei, der Musik und der Poesie. Hegel interessiert sich nicht für das Schöne überhaupt, sondern für die schöne *Kunst*. «Belehrung, Reinigung, Besserung» oder «Gelderwerb, Streben nach Ruhm und Ehre, gehen das Kunstwerk als solches nichts an und bestimmen nicht den Begriff desselben».[1] Die Kunst muss von allen fremden Zwecken frei sein. Erst dann widmet sie sich ihrer höchsten Aufgabe. Diese Aufgabe besteht darin, «das Göttliche, die tiefsten Interessen des Menschen, die umfassendsten Wahrheiten des Geistes zum Bewusstsein zu bringen».[2] Sie teilt sich diese Aufgabe mit der Religion und der Philosophie. Sie stellt das Göttlichen *sinnlich* dar und macht es so der Empfindung zugänglich. Die Philosophie hingegen offenbart das Absolute *begrifflich* und die Religion *vorstellungshaft*. Inwiefern ist die Kunst imstande, das Absolute zu offenbaren?

1.1 Der Schein der Kunst offenbart das Wesentliche!

Die Kunst, die Schönes produziert, ist Schein. Ist sie also nur schöner Schein? Hegel widerspricht. Der Schein der Kunst durchbricht den Schein der unmittelbaren Realität und offenbart «eine höhere, geistgeborene Wirklichkeit».[3] Im Schein der Kunst erscheint das, was unter der «harten Rinde der Natur und gewöhnlichen Welt»[4] wesentlich ist. Das Wesen aber muss *er*scheinen, sonst ist es nicht. Ein nur innerlich Wesentliches, das sich nicht an die Wirklichkeit entäußert, mithin nicht erscheint, verglimmt wirkungslos in sich.

---

1 Werke 13, 82.
2 Werke 13, 21.
3 Werke 13, 22.
4 Werke 13, 23.

Ein Kunstwerk erkennt man daran, dass es den Geist erscheinen lässt. Die Natur ist dazu nicht imstande. Beeindruckende Naturerscheinungen werden erst durch die geistige Verarbeitung der Sinneseindrücke schön. Deshalb ist für Hegel die Erfindung von Hammer und Nagel ein größeres Kunstwerk als jedes Naturspektakel. Ist aber nicht die Natur ein Kunstwerk Gottes? Hegel entgegnet, dass auch und viel mehr der geistbegabte Mensch ein Kunstwerk Gottes sei. Das Göttliche sei im Menschen in einer viel anspruchsvolleren Weise tätig als in den Naturerscheinungen. Denn im Menschen wird sich der göttliche Geist seiner selbst bewusst, in der Natur ist er nur bewusstlos am Werk. «Gott ist Geist, und im Menschen allein hat das Medium, durch welches das Göttliche hindurchgeht, die Form des bewussten, sich tätig hervorbringenden Geistes; in der Natur aber ist dies Medium das Bewusstlose, Sinnliche und Äußerliche».[5] Gott ist zwar der Schöpfer der Natur ebenso wie der Schöpfer des Menschen, aber nur im Menschengeist kann sich Gottes Geist als sein Anderes anschauen und sich so seiner selbst bewusst werden. Der Mensch, nicht die Natur, ist das Ebenbild Gottes.

Die Kunst sublimiert das Verhältnis des Menschen zur vorfindlichen Welt. Im Alltag verzehrt der Mensch die begehrten Objekte. Er will sie sich gefügig machen – und bleibt gerade so von ihnen abhängig. Das Verhältnis des Menschen zum Kunstwerk ist ein anderes. Der Mensch lässt es frei für sich bestehen. «Denn nun betrachtet der Mensch seine Triebe und Neigungen, […] während sie ihn sonst reflexionslos fortrissen».[6] Die Kunst, die das Absolute sinnlich darstellt, befreit von der Macht der Sinnlichkeit und «hebt mit milden Händen über die Naturbefangenheit hinweg».[7]

Die Kunst darf nicht für moralische Zwecke instrumentalisiert werden. Denn die Moral macht einen Gegensatz zwischen Sein und Sollen, zwischen Neigung und Pflicht auf, der unversöhnt bleibt. Der Mensch wird dadurch zur «Amphibie», «indem er nun in zwei Welten zu leben hat, die sich widersprechen».[8] Die Kunst aber macht, wie die Religion und die Philosophie, auf die an sich schon vollbrachte Versöhnung der Gegensätze aufmerksam. Die Versöhnung von Sein und Sollen ist keine Forderung, «sondern das an und für sich Vollbrachte und stets sich Vollbringende».[9] Die Kunst versöhnt Substanz und Subjekt, Wesen und Erscheinung, Sinn und Sinnlichkeit.

---

5 Werke 13, 50.
6 Werke 13, 74.
7 Werke 13, 75.
8 Werke 13, 80 f.
9 Werke 13, 82.

1.2 Selbstgefällige Ironie als die Kunst der Vernichtung

Hegel setzt sich ausführlich mit der Frage auseinander, ob die Ironie eine Kunstform sei. Er bestreitet das. Die philosophische Wurzel der zeitgenössischen Ironie als Kunstform, die er vor allem bei Ludwig Tieck und Friedrich Schlegel am Werke sieht, findet er in Johann Gottlieb Fichtes Philosophie. Das Prinzip allen Wissens und aller Vernunft sei für Fichte das Ich. «Was ist, ist nur durch das Ich, und was durch mich ist, kann ich ebensosehr auch wieder vernichten.»[10] Dem Ich ist nichts an und für sich wertvoll. Alles ist durch die Subjektivität des Ich hervorgebracht. Dann gilt aber auch: Kunst ist das, was das Ich dafür hält – und die höchste Kunst ist ihm die Lebenskunst. Dem ironischen Künstler komme es vor allem darauf an, sich selbst als Kunstwerk zu inszenieren. Weil ein sich verabsolutierendes Ich aber einen verbindlichen Kunstbegriff gar nicht gelten lassen kann, ist es ihm mit der Kunst nicht wirklich ernst.

> Denn wahrhafter Ernst kommt nur durch ein substantielles Interesse, eine in sich gehaltvolle Sache, Wahrheit, Sittlichkeit usf. herein, durch einen Inhalt, der mir als solcher schon als wesentlich gilt, so dass ich mir für mich selber nur wesentlich werde, insofern ich in solchen Gehalt mich versenkt habe und ihm in meinem ganzen Wissen und Handeln gemäß geworden bin.[11]

Der Ironiker kann nicht wesentlich werden, denn ihm fehlt ein wesentliches Objekt, an das er sich entäußern könnte. Er hat nur sein scheinbar göttliches, in Wahrheit ephemeres Ich, das nichts und niemanden ernst nimmt. Alles erscheint ihm als ein Produkt seiner Macht und seines Beliebens. «Wer auf solchem Standpunkte göttlicher Genialität steht, blickt dann vornehm auf alle übrigen Menschen nieder, die für beschränkt und platt erklärt werden, sofern ihnen Recht, Sittlichkeit usf. noch als fest, verpflichtend und wesentlich gelten.»[12] Zwar habe der ironische Künstler Freunde und Bewunderer, aber er verhält sich auch ihnen gegenüber ironisch – er lebt in der «Seligkeit des Selbstgenusses».[13] Alles ist eitel – ausgenommen die eigene Subjektivität, die aber gerade «dadurch hohl und leer und die selber eitle wird».[14]

Das eitle Subjekt, das seiner Eitelkeit innewird, beginnt an seinem Nihilismus zu verzweifeln. Es sehnt sich nach Substanz und Wahrheit, kann sie aber nirgends finden. So entwickelt es eine «krankhafte Schönseelischkeit und Sehnsüchtigkeit», der «es an Kraft gebricht, dieser Eitelkeit zu entrinnen und mit substantiellem Inhalt sich erfüllen zu können».[15] Die Kunstwerke der Ironiker zielen

---

10 Werke 13, 93.
11 Werke 13, 94.
12 Werke 13, 95.
13 Werke 13, 95.
14 Werke 13, 96.
15 Werke 13, 96.

letztlich auf das Vernichten alles Substanziellen. Sie sind Vernichtungskunst. Was dem Menschen Wert und Würde gibt, soll als das Nichtige erwiesen werden. Substanziell ist nur noch das alles andere negierende Ich.

Hegel unterscheidet streng zwischen dem Ironischen und dem Komischen. Das Komische macht sich nur über ein an sich selbst Nichtiges lustig. Es kennt aber den Unterschied zwischen einem ernst zu nehmenden Wertvollen und einer lächerlichen Nichtigkeit. Dem Ironiker hingegen ist alles gleich wertlos. «Wird nun aber die Ironie zum Grundton der Darstellung genommen, so ist dadurch das Allerunkünstlerische für das wahre Prinzip des Kunstwerks genommen.»[16] Nicht ohne Sarkasmus notiert Hegel, dass die Ironiker gern über ein Publikum klagen, das ihre Ironie nicht verstehe, weil es keinen Kunstverstand besitze. Hegel hingegen nimmt Partei für das Publikum, dem «diese Gemeinheit und das zum Teil Läppische, zum Teil Charakterlose»[17] schlicht nicht gefalle. Künstler kann nur sein, wer sich selbst ernst nimmt und sich gerade deshalb ganz an seinen Gegenstand entäußert.

1.3 Kunst als die sinnliche Darstellung des konkreten Absoluten

Hegel gibt zunächst einen Überblick über den weiteren Verlauf seiner Argumentation. Kunst ist «die sinnliche Darstellung des Absoluten».[18] Was ist das Absolute? Das Absolute ist keine «tote Abstraktion»,[19] es ist vielmehr lebendig und konkret. Das Absolute ist das Allgemeine, das im Besonderen und im Einzelnen erscheint und sich dort offenbart. Ohne Selbstentäußerung an sein Anderes wäre das Absolute ein unwirkliches Fantasiegebilde. Das Absolute muss ins endliche Dasein treten und sich als dessen Wesen erweisen. Die Kunst, die Religion und die Philosophie sind gewissermaßen die Tore, durch die das Absolute ins menschliche Bewusstsein tritt. Deshalb stehen die Kunst, die Religion und die Philosophie seit jeher in intensivem Austausch.

Der Einfluss religiöser Vorstellungen auf die Formen der Kunst kann kaum überschätzt werden. Je nachdem, wie eine Kultur die Gegenwart Gottes konzipiert, ändern sich auch die Kunstformen. In der griechischen Klassik etwa wurden die Götter als in sich ruhende, Schönheit und Glückseligkeit ausstrahlende Menschengestalten dargestellt. Im Christentum wird Gott nicht als eine steinerne Statue dargestellt, sondern als lebender, leidender und auch sterbender Mensch. Erst der christlichen Kunst war diese Konkretion des Absoluten im Endlichen

---

16 Werke 13, 98.
17 Werke 13, 98.
18 Werke 13, 100.
19 Werke 13, 101.

möglich. Auf Resonanz stößt ein Kunstwerk nur im Medium des jeweils herrschenden Zeitgeistes. Auf diese Resonanz ist es angewiesen. Ein Kunstwerk ist immer «eine Anrede an die widerklingende Brust, ein Ruf an die Gemüter und Geister».[20]

2. Die symbolische, die klassische und die romantische Kunst

Hegel identifiziert drei einander ablösende Kunstformen: die symbolische, die klassische und die romantische. Die symbolische Kunstform sucht das Absolute in Naturerscheinungen oder einfachen Gegenständen, denen eine symbolische Bedeutung von außen zugeschrieben wird. Hegel findet diese Kunstform vor allem in Indien, Persien und Ägypten. Naturphänomenen, Tiergestalten und elementaren menschlichen Tätigkeiten wird durch die künstlerische Darstellung absolute Bedeutung gegeben. Form und Bedeutung bilden aber keine Einheit.

Die klassische Kunstform entsteht in Griechenland. Ihr gelingt es, das geistige Ideal und die sinnliche Darstellung in Übereinstimmung zu bringen. Das Kunstwerk als die Einheit von Idee und Darstellung überwältigt den Betrachter als Schönheit. Meist handelt es sich um Skulpturen, die Götter in menschlicher Gestalt darstellen. Das Personifizieren und Vermenschlichen des Absoluten ist aber keine Degradierung des Absoluten, denn die Darstellung des schönen Körpers will im Sinnlichen ein geistiges Dasein erscheinen lassen.

Die romantische Kunstform hebt die klassische Kunstform insofern auf, als sie die Differenz zwischen Äußerlichem und Innerlichem stark macht. Der Geist hat seinen Ort nicht mehr im schönen Äußerlichen, sondern im Innern des Menschen. Im Romantischen feiert die Innerlichkeit «ihren Triumph über das Äußere».[21] «Diese innere Welt macht den Inhalt des Romantischen aus».[22] Das äußere Dasein hingegen wird zur Zufälligkeit herabgesetzt. Nicht mehr in der schönen äußeren Gestalt, sondern im Gemüt realisiert sich der Geist.

2.1 Tempel – Skulptur – Gemeinde

Kunstgeschichte und Religionsgeschichte entwickeln sich analog. Die Kunstgeschichte schreitet von der «geistlosen Objektivität»[23] der symbolischen Kunst über die vollendete Darstellung des Geistes als menschliche Gestalt in der klassischen Kunst fort zur subjektiven Innerlichkeit der romantischen Kunst. Diesen

---

20 Werke 13, 102.
21 Werke 13, 113.
22 Werke 13, 113.
23 Werke 13, 116.

Weg legt auch die Religionsgeschichte zurück: Zunächst stehen sich Gott und Mensch unvermittelt gegenüber, dann wird Gott selbst Mensch, bis wir schließlich «von Gott als solchem zur Andacht der Gemeinde fortschreiten, als zu Gott, wie er im subjektiven Bewusstsein lebendig und präsent ist».[24] In der Kunstgeschichte wie in der Religionsgeschichte wird Gott zunächst verobjektiviert, dann als der sich selbst Verendlichende vorgestellt, bis er schließlich «in seiner Gemeinde» als Geist gegenwärtig ist.

In der Kunstgeschichte kann, so Hegels kühne Behauptung, dieser Prozess als die Entwicklung vom Tempel über die göttliche Skulptur bis hin zur Darstellung der Empfindungen der anbetenden Gemeinde in der Malerei, der Poesie und der Musik beschrieben werden. Zunächst ebne die Architektur, der Grundtypus der symbolischen Kunstform, «den Platz für den Gott, formt seine äußere Umgebung, baut ihm seinen Tempel als den Raum für die innere Sammlung».[25] Die Architektur schafft so dem Geist Raum, kann aber als äußere Form auf das innere Geistige nur hinweisen. Ist «der Tempel Gottes, das Haus seiner Gemeinde»[26] fertig, dann zieht in diesen Tempel Gott selbst als Skulptur ein. Die Skulptur ist der Grundtypus der klassischen Kunstform. Der «Blitz der Individualität»[27] sei hier eingeschlagen, und in der Skulptur würde nun «der Geist in seiner leiblichen Form in unmittelbarer Einheit still und selig dastehen».[28] Damit ist die Entwicklung aber noch nicht an ihr Ende gekommen: «Hat nun die Architektur den Tempel aufgeführt und die Hand der Skulptur die Bildsäule des Gottes hineingestellt, so steht diesem sinnlich gegenwärtigen Gott in den weiten Hallen seines Hauses drittens die Gemeinde gegenüber.»[29] Mit der Wahrnehmung der Gemeinde wird das Prinzip der Subjektivität bestimmend. Denn jeder Einzelne der Gemeinde erlebt in den Weiten des Gotteshauses sein ganz Eigenes. «Die gediegene Einheit [...] des Gottes in der Skulptur zerschlägt sich in die Vielheit vereinzelter Innerlichkeit, deren Einheit keine sinnliche, sondern schlechthin ideell ist.»[30] Ohne eine Gemeinde empfänglicher Subjekte gibt es keine Kunst.

Die Mannigfaltigkeit der Subjektivität wird in der romantischen Kunstform Gegenstand der künstlerischen Darstellung. In der Malerei, in der Musik und schließlich in der Poesie verleihen Künstler ihrer Innerlichkeit Ausdruck. Farbe, Ton und Wort sind deren Ausdrucksmittel. Dabei ist die Dichtkunst am wenigsten an ein sinnliches Material gebunden. «Doch gerade auf dieser höchsten Stufe steigt nun die Kunst auch über sich hinaus, indem sie das Element versöhnter

---

24 Werke 13, 116.
25 Werke 13, 117.
26 Werke 13, 117.
27 Werke 13, 118.
28 Werke 13, 118.
29 Werke 13, 119.
30 Werke 13, 119.

Versinnlichung des Geistes verlässt und aus der Poesie der Vorstellung in die Prosa des Denkens hinübertritt.»[31] Der Geist, wenn er sich in einer bestimmten Gestalt vollendet hat, strebt über diese hinaus. Die der Kunst am nächsten liegenden Formen sind die Religion und die Philosophie. Wenn Hegel am Ende seiner *Ästhetik* feststellt, dass sich die Kunst vollendet habe, so meint er damit nicht, dass es keine Kunst mehr geben könne. Er meint damit lediglich, dass der Kunst nicht mehr die Aufgabe zukommt, das Absolute sinnlich darzustellen. Sie kann sich nun weniger anspruchsvollen Zwecken wie der Unterhaltung, der Belehrung, der Vermarktung widmen.

2.2 Das Verhältnis von Kunst, Religion und Philosophie

In der Kunst kommt der absolute Geist dem Menschen als Anschauung und Empfindung zu Bewusstsein. In Griechenland galten deshalb die Dichter und Künstler noch als die «Schöpfer ihrer Götter».[32] Heute, so Hegel, gelte «die Kunst nicht mehr als die höchste Weise, in welcher die Wahrheit sich Existenz verschafft».[33] Die Kunst habe aufgehört, das höchste Bedürfnis der Menschen zu sein. «Mögen wir die griechischen Götterbilder noch so vortrefflich finden und Gottvater, Christus, Maria noch so würdig und vollendet dargestellt sehen – es hilft nichts, unsere Knie beugen wir doch nicht mehr.»[34]

Der absolute Geist, der das Reich der Kunst verlassen hat, findet seine neue Heimat im Reich der Religion. Die Religion verlegt das Absolute aus der Gegenständlichkeit der Kunst in die Innerlichkeit des Subjekts. Die Kunst stellt das Absolute als Objekt hin, die Religion aber bringt «die Andacht des zu dem absoluten Gegenstande sich verhaltenden Inneren hinzu».[35] Die Kunst zielt nicht auf Andacht. Denn in der Andacht wird das Objekt «gleichsam verzehrt und verdaut» und wird zum «Eigentum des Herzens und Gemüts».[36]

Die höchste Form der Innerlichkeit ist aber das «freie Denken».[37] Die Subjektivität andächtiger Frömmigkeit wird in der Philosophie zur Subjektivität des Denkens gesteigert. «Denn das Denken einerseits ist die innerste, eigenste Subjektivität, und der wahre Gedanke, die Idee ist zugleich die sachlichste und objektivste Allgemeinheit, welche erst im Denken sich in der Form ihrer selbst erfassen

---

31 Werke 13, 123.
32 Werke 13, 141.
33 Werke 13, 141.
34 Werke 13, 142.
35 Werke 13, 143.
36 Werke 13, 143.
37 Werke 13, 143.

kann.»[38] Der den Gedanken folgende Mensch versöhnt das Subjektive und das Objektive.

2.3 Die Idee des Schönen

In der «Prosa der Welt»[39] ist das einzelne Individuum abhängig und endlich. Es befindet sich in der widersprüchlichen Lage, einerseits «als dieses abgeschlossene Eins zu sein, doch ebensosehr von anderem abzuhängen, und der Kampf und dieser Widerspruch kommt nicht über den Versuch und die Fortdauer des steten Krieges hinaus».[40] In dieser verzweifelten Lage entsteht das Bedürfnis nach einer Freiheit, die auf einem anderen Boden angesiedelt ist. Dieser Boden ist die Kunst. «Die Notwendigkeit des Kunstschönen leitet sich also aus den Mängeln der unmittelbaren Wirklichkeit her».[41] Die Kunst soll vom Vorfindlichen befreien. Eine Kunst, die lediglich in einem «Hinaussichverlaufen in die Reihe der Endlichkeiten»[42] besteht, wird dieser Aufgabe nicht gerecht – ebenso wenig wie eine Kunst, die nur moralisiert.

Ein Kunstwerk offenbart die Wahrheit des endlichen Daseins als dessen Ideal.

> Die ideale Kunstgestalt steht wie ein seliger Gott vor uns da. Den seligen Göttern nämlich ist es mit der Not, dem Zorn und Interesse in endlichen Kreisen und Zwecken kein letzter Ernst, und dieses positive Zurückgenommensein in sich bei der Negativität alles Besonderen gibt ihnen den Zug der Heiterkeit und der Stille.[43]

Deshalb habe Schiller recht, wenn er meine, dass das Leben ernst, die Kunst aber heiter sei. Denn jedes Kunstwerk sei ein «Triumph der in sich konzentrierten, konkreten Freiheit».[44]

2.4 Die Originalität des Künstlers

Bereits in der Einleitung hatte sich Hegel kritisch mit dem Geniekult seiner Zeit auseinandergesetzt. Die Qualität eines Kunstwerkes hänge nicht vom vermeintlichen Genie des Künstlers ab, auch nicht von der anregenden Qualität des Champagners, den dieser beim Verfertigen seines Kunstwerks genossen habe.[45] Zwar

---

38 Werke 13, 144.
39 Werke 13, 199.
40 Werke 13, 199.
41 Werke 13, 202.
42 Werke 13, 202.
43 Werke 13, 208.
44 Werke 13, 208.
45 Werke 13, 46.

sei Talent nötig, vor allem aber komme es auf die Besonnenheit und Sorgfalt an, mit der der Künstler seinen Gegenstand bearbeite. Künstlerische Begeisterung bestehe in «nichts anderem, als von der Sache ganz erfüllt zu sein, ganz in der Sache gegenwärtig zu sein und nicht zu ruhen, als bis die Kunstgestalt ausgeprägt und in sich abgerundet ist».[46] Eine Begeisterung hingegen, «in welcher sich das Subjekt als Subjekt aufspreizt»,[47] ist keine Begeisterung, sondern einfach nur peinlich. Zwar muss der Künstler ganz und gar er selbst sein, aber so, dass er sich ganz dem Gehalt seines Gegenstandes hingibt und den Versuch macht, dessen Wesen erscheinen zu lassen. Dafür muss er aber «die zufälligen Partikularitäten seiner subjektiven Eigentümlichkeit»[48] in sich austilgen.

Die Originalität des Künstlers besteht auch nicht in der Willkür absonderlicher Einfälle. «Die echte Originalität des Künstlers wie des Kunstwerks liegt nur darin, von der Vernünftigkeit des in sich selber wahren Gehaltes beseelt zu sein.»[49] Homer, Sophokles, Raffael und Shakespeare etwa seien in diesem Sinne originelle Künstler gewesen. «Denn in allem wahrhaftigen Dichten, Denken und Tun lässt die echte Freiheit das Substantielle als eine Macht in sich walten, welche zugleich so sehr die eigenste Macht des subjektiven Denkens und Wollens selber ist, dass in der vollendeten Versöhnung beider kein Zwiespalt mehr übrigzubleiben vermag.»[50] Es ist der substanzielle Gehalt, der das formgebende Subjekt ergriffen haben muss, damit Form und Inhalt in vollendeter Schönheit erscheinen können. Originalität entsteht also aus der Versöhnung von Substanz und Subjekt.

3. Die symbolische Kunstform

3.1 Die Vieldeutigkeit der symbolischen Kunstform

Die ersten Kunstwerke sind mythologischer Art. Der Mensch ahnt in der Natur das Absolute und macht sich deshalb das Absolute in der Form von Naturgegenständen anschaulich. Die erste Dolmetscherin der Religion sei deshalb die Kunst gewesen.[51] In Ägypten sei die symbolische Kunst zu ihrer höchsten Blüte gelangt. An den Pyramiden, aber auch an den Göttern Isis und Osiris könne man ablesen, dass in Ägypten der Tod nicht nur als ein natürliches Vergehen verstanden wurde, sondern als notwendiges Moment des Absoluten. Einerseits sei der Tod unmittelbares Vergehen, zugleich aber die Geburt eines Höheren, eines Geistigen.

---

46   Werke 13, 372 f.
47   Werke 13, 373.
48   Werke 13, 377.
49   Werke 13, 385.
50   Werke 13, 385.
51   Werke 13, 410.

Die Pyramiden verbergen ein Inneres, das vor der Vergänglichkeit bewahrt werden soll.

In Ägypten sei «fast jede Gestalt Symbol und Hieroglyphe, nicht sich selbst bedeutend, sondern auf ein Anderes [...] hinweisend».[52] Das eindrücklichste Symbol der ägyptischen Kunst ist für Hegel deshalb die Sphinx – die Inkarnation der Rätselhaftigkeit. Aber ebendiese Rätselhaftigkeit werde später von Ödipus vom Felsen gestoßen. Nicht mehr die Rätselhaftigkeit wird dann für das Absolute gehalten, sondern die Erkenntnis. Deshalb forderte das Orakel von Delphi: «Erkenne dich selbst!».

3.2 Die Erhabenheit der symbolischen Kunstform

Hegel knüpft an Kants Begriff der Erhabenheit an, dem zufolge Erhabenheit ein Gemütszustand der Überlegenheit über die innere und äußere Natur ist. «Das Erhabene überhaupt ist der Versuch, das Unendliche auszudrücken, ohne in dem Bereich der Erscheinungen einen Gegenstand zu finden, welcher sich für diese Darstellung passend erwiese.»[53] Die Erhabenheit kann sich entweder pantheistisch Ausdruck verschaffen oder aber – wie im Judentum – als Entgötterung der Natur. Die hebräische Poesie ist für Hegel ein eindrückliches Beispiel für diese negative Form der Erhabenheit. Die Macht und die Herrlichkeit des einen Gottes werden gepriesen, zugleich aber wird die erscheinende Welt entgöttert. Zum ersten Mal liege die Natur «prosaisch vor uns da».[54] Im Schöpfungsbericht der hebräischen Bibel sei zum ersten Mal nicht mehr die Rede von einer Zeugung der Welt durch eine Vielzahl von Göttern wie etwa noch in der indischen Mythologie.

An die Stelle des *Zeugens* sei die Vorstellung eines göttlichen *Schaffens* getreten. Der Schöpfer wird nicht mehr in eine unendliche Folge von Emanationen hineingezogen. Der biblische Gott erschafft die Welt durch sein Wort. Er geht aber nicht in seiner Schöpfung auf. «Die Welt ist daher wohl als eine Offenbarung Gottes angesehen, und er selbst ist die Güte [...]; das Bestehen jedoch des Endlichen ist substanzlos, [...] das Verschwindende und Ohnmächtige, so dass sich in der Güte des Schöpfers zugleich seine Gerechtigkeit kundzutun hat.»[55] Der Schöpfer erhält und negiert sein Schöpfungswerk gleichermaßen. Als gütiger Gott bewahrt er, als gerechter Gott vernichtet er.

Trost kann das endliche, nichtige Subjekt nur im Loben und Preisen des Absoluten und Erhabenen finden. So sei die Kunstform der Psalmen entstanden. Ausführlich zitiert und kommentiert Hegel den 90. und den 104. Psalm. Der Mensch werde sich hier seiner Endlichkeit und Abhängigkeit von Gott bewusst.

---

52 Werke 13, 461.
53 Werke 13, 467.
54 Werke 13, 482.
55 Werke 13, 479.

«Seine Erhebung geschieht in der Furcht des Herrn, in dem Erzittern vor seinem Zorn».[56] Ganz richtig erkennt Hegel in der hebräischen Bibel aber eine Entwicklung. Es bleibe nicht bei der Einsicht in die eigene Nichtigkeit. Denn Gott offenbare sich durch sein Gesetz und schaffe so eine Beziehung zwischen sich und seinem Volk. Das Gesetz gibt den Menschen die Möglichkeit, im Befolgen der Gebote eine affirmative Beziehung zu Gott aufzubauen. Mithilfe des Gesetzes können die Menschen nun selbst entscheiden, welche Handlung gut und welche böse ist. Und schließlich sei im Hohelied die Beziehung Gottes zu den Menschen als eine Liebesbeziehung zwischen Bräutigam und Braut dargestellt.

4. Die klassische Kunstform

4.1 Die Religion der Schönheit

War der Gehalt der symbolischen Kunstform von der Vorstellung bestimmt, dass das Absolute die objektive Macht über das gesamte Dasein ist, der der Mensch mit Furcht und Zittern zu begegnen hat, so besteht der Fortschritt der klassischen Kunstform darin, dass sich das Absolute im menschlichen Subjekt selbst offenbart. Substanz und Subjekt, Allgemeines und Einzelnes, Unendliches und Endliches, Gott und Mensch werden nicht mehr als Gegensätze gedacht, sondern als dialektische Einheit – das eine kann ohne das andere nicht sein. Die klassische Kunstform will «nichts anderes darstellen als sich selbst»[57] – und deshalb macht das Menschliche den Mittelpunkt dieser Kunstform aus.[58]

4.2 Anthropomorphismus im Griechentum und im Christentum

Wer allerdings den Griechen vorwerfe (oder sie dafür bewundere), sie hätten Gott vermenschlicht und den Menschen vergöttlicht, der müsse sich vor Augen halten, dass das Christentum den Anthropomorphismus noch sehr viel weiter getrieben habe. «[D]enn der christlichen Lehre nach ist Gott nicht ein nur menschlich gestaltetes Individuum, sondern ein wirkliches einzelnes Individuum, ganz Gott und ganz ein wirklicher Mensch, hineingetreten in alle Bedingungen des Daseins und kein bloß menschlich gebildetes Ideal der Schönheit und Kunst.»[59] Die klassische Kunst habe die Versöhnung von Gott und Mensch nur als «ungetrübte Harmo-

---

56 Werke 13, 485.
57 Georg Wilhelm Friedrich Hegel, Vorlesungen über die Ästhetik II, Werke 14, 11. Auflage, Frankfurt am Main 2018, 18. (Im Folgenden: Werke 14.)
58 Werke 14, 19.
59 Werke 14, 23.

nie», als «ewige Heiterkeit und Seligkeit»[60] darzustellen vermocht. Im christlichen Anthropomorphismus versöhnen sich Gott und Mensch durch «den Schmerz der Entzweiung» hindurch. Die Vorstellung eines leidenden, gekreuzigten Gottes wäre in der Epoche der klassischen Kunst unvorstellbar gewesen. Und so lautet Hegels Fazit: «Die klassische Kunst hat sich in den Gegensatz, der im Absoluten begründet ist, nicht bis zur Tiefe hineingearbeitet und ihn ausgesöhnt.»[61] Sie gab sich mit der Anschauung des Schönen zufrieden.

Darum kennt die klassische Kunst auch das Böse nicht. Das selbstbewusste Subjekt kann sich aber verhärten, es kann sich gegen das Absolute wenden und sich absondern. «[D]ie Sünde und das Böse sowie das Verhausen der subjektiven Innerlichkeit in sich, die Zerrissenheit, Haltlosigkeit, überhaupt der ganze Kreis der Entzweiungen, welche [...] das Unschöne, Hässliche, Widrige nach der sinnlichen und geistigen Seite hin hereinbringen»,[62] komme in der bildenden Kunst der Griechen nicht vor. Das sei ihre Schwäche. Anders verhalte es sich bei den griechischen Tragödien. In der Tragödie der *Antigone* von Sophokles, einem «der allererhabensten, in jeder Rücksicht vortrefflichsten Kunstwerke aller Zeiten»,[63] kommt der Konflikt zwischen den «Tagesgöttern des freien selbstbewussten Staatslebens»[64] und den «unteren Göttern des Hades», den «inneren Empfindungen der Liebe, des Blutes»[65] zutage. Hier zeige sich, dass das Leben mehr ist als Schönheit und Harmonie.

Die Künstler vergegenwärtigen die Götter. Je größer freilich die Freude an der Anmut und der Schönheit ist, umso banaler drohen die Göttergestalten zu werden. Hegel mahnt: «Die Ruhe göttlicher Heiterkeit darf sich nicht zu Freude, Vergnügen, Zufriedenheit besondern, und der Friede der Ewigkeit muss nicht zum Lächeln des Selbstgenügens und gemütlichen Behagens herunterkommen.»[66] Die Komödien des Aristophanes und die Satiren sind für Hegel Hinweise darauf, dass die griechische Religion der Schönheit die Realitäten des Daseins nicht mehr darzustellen vermochte. «Der Untergang der schönen Götter der Kunst ist deshalb durch sich selbst notwendig, indem das Bewusstsein sich zuletzt nicht bei ihnen zu beruhigen vermag und sich deshalb aus ihnen in sich zurückwendet.»[67]

---

60 Werke 14, 24.
61 Werke 14, 24.
62 Werke 14, 24 f.
63 Werke 14, 60.
64 Werke 14, 60.
65 Werke 14, 60.
66 Werke 14, 85.
67 Werke 14, 109 f.

4.3 Griechenlandsehnsucht und Gottesentsagung

Hegel empfindet kein Bedauern darüber, dass die griechische Götterwelt untergegangen ist. Das war bei vielen seiner Zeitgenossen anders. Schillers Gedicht «Die Götter Griechenlands» aus dem Jahr 1788 brachte das Empfinden vieler zum Ausdruck. Schiller beklagt darin eine entgötterte Welt und sehnt sich nach einer Wiederkehr der Götter Griechenlands, denn als die Götter noch menschlicher waren, seien auch die Menschen göttlicher gewesen. Auf den Untergang der Götter Griechenlands könne man – so Schiller – eigentlich nur mit dem «Entsagen Gottes», also dem Verzicht auf den Gottesgedanken überhaupt, antworten. Hegel nimmt sich die Zeit, um sich mit der Sehnsucht und der Trauer Schillers ausführlich auseinanderzusetzen. Er hält Schillers Gedicht aber nicht für eine zutreffende Deutung der griechischen Kultur. Er nimmt es als Ausdruck des Leidens Schillers am Zustand des Christentums seiner Zeit. In der Tat sei seit der Aufklärung der Verlust der «wirklichen Menschengestalt und Erscheinung Gottes»[68] zu beklagen. Gott sei zu einem bloßen Gedankending verkommen, die Erscheinung seines Geistes in konkreter Wirklichkeit werde nicht mehr geglaubt. «Aus dieser von den Gedankenabstraktionen seiner Zeit zurückgestoßenen Sehnsucht ist das genannte Gedicht hervorgegangen.»[69]

Die Therapie, die Schiller vorschlage, verschärfe freilich die Krise. Denn Gottesentsagung sei gerade die Strategie der Aufklärung und des Deismus gewesen. Mit der These, dass Gott unerkennbar sei, habe die Aufklärung «dem Menschen die höchste Entsagung auferlegt, die Entsagung, von Gott nicht zu wissen, ihn nicht zu begreifen».[70] Schillers Behauptung, dass die griechischen Götter menschlicher gewesen seien als der christliche Gott, sei schon deswegen falsch, weil die griechischen Götter keine Götter aus Fleisch und Blut waren, sondern lediglich Götter aus Stein und Erz.

> Diese Wirklichkeit im Fleisch und Geist bringt erst das Christentum als Dasein, Leben und Wirken Gottes selbst herein. Dadurch ist nun diese Leiblichkeit, das Fleisch, wie sehr auch das bloß Natürliche und Sinnliche als das Negative gewusst wird, zu Ehren gebracht und das Anthropomorphistische geheiligt worden; wie der Mensch ursprünglich Gottes Ebenbild war, ist Gott ein Ebenbild des Menschen und wer den Sohn siehet, der siehet den Vater, wer den Sohn liebt, liebt auch den Vater; in wirklichem Dasein ist der Gott zu erkennen.[71]

Die Menschwerdung Gottes in Jesus Christus hat der klassischen Kunstform ein Ende bereitet, weil deren Götter nur Stein, nicht aber Fleisch geworden seien. «Das Göttliche, Gott selbst ist Fleisch geworden, geboren, hat gelebt, gelitten, ist

---

68 Werke 14, 113.
69 Werke 14, 114.
70 Werke 14, 115.
71 Werke 14, 112.

gestorben und auferstanden. Dies ist ein Inhalt, den nicht die Kunst erfunden, sondern der außerhalb ihrer vorhanden war und den sie daher nicht aus sich selbst genommen hat, sondern zur Gestaltung vorfindet.»[72] Wer die Kunstgeschichte nur als eine Entwicklung von Formen, nicht aber von Inhalten verstehe, dem bleibe diese Einsicht freilich verborgen.

5. Die romantische Kunstform

5.1 Das Prinzip innerer Subjektivität

Hegel ist davon überzeugt, dass die Menschwerdung Gottes in Jesus Christus der klassischen Kunstform ein Ende bereitet und die romantische Kunstform hervorbringt. Deren Prinzip ist die innere Subjektivität. Schönheit wird geistige Schönheit. Es geht nicht mehr um die die anmutige Harmonie von Innerem und Äußerem. Selbst wenn das Äußere hässlich ist, so hat die innere Subjektivität des Geistes die Möglichkeit, eine innere Schönheit daraus zu formen. «Der wahre Inhalt des Romantischen ist die absolute Innerlichkeit [...] als Erfassen ihrer Selbständigkeit und Freiheit.»[73] Äußerlichkeiten haben ihre Macht verloren. Die Macht subjektiver Innerlichkeit hat «alle Götter entthront, die Flamme der Subjektivität hat sie zerstört, und statt der plastischen Vielgötterei kennt die Kunst jetzt nur noch einen Gott, einen Geist, eine absolute Selbständigkeit, welche als das absolute Wissen und Wollen ihrer selbst mit sich in freier Einheit bleibt».[74]

Die Götter der griechischen Skulptur sind weder lebendig noch haben sie einen Blick. Man kann sie anschauen, aber sie blicken nicht zurück. «Der Gott der romantischen Kunst aber erscheint sehend, sich wissend, innerlich subjektiv und sein Inneres dem Inneren aufschließend.»[75] Die neue Subjektivität ist ein geistiges Licht, das von innen strahlt. «Hier wird die menschliche Gestalt so dargestellt, dass sie unmittelbar gewusst wird als das Göttliche in sich habend».[76]

So sehr der lebendige Mensch auch im Mittelpunkt der romantischen Kunst steht, so erscheint er doch nicht «in bloß menschlichem Charakter, beschränkter Leidenschaft, endlichen Zwecken und Ausführungen [...], sondern als der sich wissende, einzige und allgemeine Gott selber, in dessen Leben und Leiden, Geburt, Sterben und Auferstehen sich nun auch für das endliche Bewusstsein offenbar macht, was Geist, was das Ewige und Unendliche seiner Wahrheit nach

---

72 Werke 14, 111.
73 Werke 14, 129.
74 Werke 14, 130.
75 Werke 14, 132.
76 Werke 14, 132.

sei».⁷⁷ Wer Jesus Christus anschaut, schaut den wahren Mensch und den wahren Gott an. Und er schaut sich selbst als den an, der ihm nachfolgen kann.

> Denn insofern es Gott [...] ist, der in dem menschlichen Dasein erscheint, so ist diese Realität nicht auf das einzelne, unmittelbare Dasein in der Gestalt Jesu Christi beschränkt, sondern entfaltet sich zur gesamten Menschheit, in welcher der Geist Gottes sich gegenwärtig macht und in dieser Wirklichkeit mit sich in Einheit bleibt.⁷⁸

Die Geschichte Jesu Christi ist eine partikulare Geschichte mit universaler Absicht. Der endliche Mensch hat die Aufgabe, «sich zu Gott zu erheben, das Endliche von sich loszulösen, die Nichtigkeit abzutun und durch dieses Ertöten seiner unmittelbaren Wirklichkeit das zu werden, was Gott in seiner Erscheinung als Mensch als die wahrhafte Wirklichkeit objektiv gemacht hat».⁷⁹ Der Mensch ist zur *imitatio Christi* aufgerufen.

Ohne Schmerz gelingt das nicht. Diesen wagt die romantische Kunst auch darzustellen. Schmerz, Leid und Tod waren in der klassischen Kunst ausgeschlossen – sie hätten das Bedürfnis nach anmutiger Harmonie gestört.

> In der romantischen Kunst dagegen ist der Tod nur ein Ersterben der natürlichen Seele und endlichen Subjektivität, ein Ersterben, das sich nur gegen das in sich selbst Negative verhält, das Nichtige aufhebt und dadurch die Befreiung des Geistes von seiner Endlichkeit und Entzweiung sowie die geistige Versöhnung des Subjekts mit dem Absoluten vermittelt.⁸⁰

Schmerz und Tod werden nicht mehr schamhaft versteckt, sondern in das helle Licht der Aufmerksamkeit gerückt. «Der Schmerz und der Tod der ersterbenden Subjektivität verkehrt sich zur Rückkehr zu sich, zur Befriedigung, Seligkeit und zu jenem versöhnten affirmativen Dasein, das der Geist nur durch die Ertötung seiner negativen Existenz [...] zu erringen vermag.»⁸¹ Das Endliche ist zur bloßen Zufälligkeit herabgesetzt, die Natur ist entgöttert. Erst die romantische Kunst beschäftigt sich so facettenreich und eindringlich mit den Gemütsbewegungen des Menschen, mit seiner Sehnsucht, seinem Ringen, seiner Suche nach Gott. Sie will deshalb auch nicht mehr nur das Schöne darstellen. Vielmehr gönnt sie «den markierten Zügen des Unschönen einen ungeschmälerten Spielraum».⁸²

---

77 Werke 14, 132.
78 Werke 14, 133.
79 Werke 14, 134.
80 Werke 14, 135.
81 Werke 14, 135.
82 Werke 14, 139.

5.2 Die Selbstauflösung der romantischen Kunstform

Hegel unterscheidet in der Entwicklung der romantischen Kunstform drei Epochen. In der ersten fokussierte die romantische Kunstform auf das Leben, Sterben und Auferstehen Jesu Christi, aber auch auf Maria als ein Exempel hingebungsvoller Liebe sowie das Leben der Heiligen. Im Spätmittelalter tritt die Kunst dann aus der religiös-kirchlichen Sphäre hinaus in die Welt. Ehre, Liebe, Treue und Tapferkeit des Rittertums werden Gegenstand der Darstellungen. In der frühen Neuzeit schließlich kann prinzipiell jedes Individuum und jede Begebenheit Gegenstand der Kunst werden. Nicht mehr nur Jesus und die Heiligen, auch nicht nur eine bestimmte herrschende Klasse, jeder Mensch ist nun würdig, Gegenstand der Kunst zu sein. Allerdings sieht Hegel damit auch den «Endpunkt des Romantischen»[83] gekommen. Das Ideal der romantischen Kunst war die «Darstellung der absoluten Subjektivität als alle Wahrheit».[84] Je mehr der romantischen Kunst die absolute Subjektivität selbstverständlich wurde, umso mehr ging die Dialektik von absolutem und endlichem Geist verloren. Als eine Kunstform, die diesem Gegensatz versöhnen könnte, war die romantische Kunstform angetreten. Wenn sich aber der Gegensatz von Substanz und Subjekt, von Allgemeinem und Einzelnen in die Zufälligkeit, Abenteuerlichkeit und Banalität des Alltäglichen verflüchtigt hat, dann kann die Kunst den absoluten Geist im Alltag des Weltlichen nicht mehr zur Darstellung bringen. Sie stellt dann nur noch den Geist ihrer Zeit dar.

5.3 Der Tod Gottes als Voraussetzung der Versöhnung von Gott und Mensch

Hegel unterscheidet drei Themenkreise der religiösen Kunst der Romantik: die Darstellung des Lebens, Leidens, Sterbens und Auferstehens Jesu Christi, dann die Liebe als Ausdruck der Nachfolge Christi, wie sie vor allem in den Mariendarstellungen zum Ausdruck kommt, und schließlich Darstellungen der Wirkungen des Geistes in der Gemeinde.

Ausgangspunkt ist stets die Menschwerdung Gottes. Das absolute Subjekt tritt in die Welt und initiiert einen «Prozess, der sich in dem Leben, Leiden und Sterben Gottes für die Welt und Menschheit und deren mögliche Versöhnung mit Gott auseinanderlegt».[85] Diese Versöhnung der Menschheit mit Gott ist freilich nur möglich, wenn diese denselben Prozess wie der Mensch gewordene Gott durchzumachen bereit ist, «um das Ansich jener Versöhnung in sich selber wirk-

---

83 Werke 14, 142.
84 Werke 14, 142.
85 Werke 14, 146f.

lich werden zu lassen».[86] Der Inhalt der Versöhnung von Gott und Mensch «ist die Ineinssetzung der absoluten Wesenhaftigkeit und der einzelnen menschlichen Subjektivität; ein einzelner Mensch ist Gott und Gott ein einzelner Mensch».[87] Das heißt nun aber keinesfalls, dass jeder endliche Mensch unmittelbar Gott ist, der Unterschied zwischen Gott und Mensch also aufgelöst wäre. Es heißt aber sehr wohl, dass prinzipiell jeder Mensch sich als ein Geschöpf Gottes wissen kann. Jeder Mensch hat die unendliche Bestimmung, «ein Zweck Gottes und mit Gott in Einheit zu sein».[88] Ob der einzelne Mensch dieser Bestimmung gerecht wird oder nicht, das ist eine empirische Frage. «Hat er diese seine Bestimmung erfüllt, so ist er in sich freier, unendlicher Geist.»[89]

Die Einheit von Gott und Mensch ist in Jesus Christus nicht nur ein Gedanke. Sie ist «objektiv daseiend [...] als dieser einzelne, wirklich existierende Mensch».[90] Gerade auf dieses Moment realer Einzelheit aber komme es an, «damit jeder Einzelne darin die Anschauung seiner Versöhnung mit Gott habe, die an und für sich keine bloße Möglichkeit, sondern wirklich ist und um dessentwillen in diesem einen Subjekt als real vollbracht zu erscheinen hat».[91] Der göttliche Logos ist Fleisch geworden. Damit ist aber die Aufgabe Jesu Christi noch nicht erfüllt. Vielmehr, so Hegel, war von ihm gefordert, dass er seine natürliche Einzelheit aufgebe, also leide und sterbe, «umgekehrt aber durch den Schmerz des Todes aus dem Tode hervorgehe, auferstehe als der verherrlichte Gott, als der wirkliche Geist».[92]

Es sei deshalb sachgemäß gewesen, dass die romantische Kunst einen Schwerpunkt auf die Darstellung des Gekreuzigten gelegt habe. Denn die Versöhnung der einzelnen Subjektivität mit Gott tritt nicht «unmittelbar als Harmonie auf, sondern als Harmonie, welche erst aus dem unendlichen Schmerz, aus der Hingebung, Aufopferung, Tötung des Endlichen, Sinnlichen und Subjektiven hervorgeht».[93] Die «ganze Schärfe und Dissonanz des Leidens, der Marter und Qual»[94] gehört zum Wesen des Geistes. Was sich in und an Jesus Christus ereignet hat, soll sich als Negation der eigenen unmittelbaren Vorfindlichkeit in jedem individuellen Bewusstsein wiederholen. Golgatha ist nicht nur die Schädelstätte hingerichteter Leiber, sie ist auch «die Schädelstätte des Geistes»,[95] die Negation

---

86 Werke 14, 147.
87 Werke 14, 147 f.
88 Werke 14, 148.
89 Werke 14, 148.
90 Werke 14, 148.
91 Werke 14, 148.
92 Werke 14, 148 f.
93 Werke 14, 152.
94 Werke 14, 152.
95 Werke 14, 152.

des Geistes, ohne die er nicht zur Negation der Negation, also zu seiner Auferstehung, fortschreiten kann.

Ein gekreuzigter Gott «lässt sich in den Formen der griechischen Schönheit nicht darstellen» – die romantische Kunst ist dazu imstande, weil sie nicht auf die Harmonie des Inneren mit dem Äußeren aus ist, sondern in der Tiefe des Inneren, in der Unendlichkeit des Schmerzes ein «ewiges Moment des Geistes» erkennt.[96] Der Tod Jesu ist freilich «nur als ein Durchgangspunkt zu betrachten, durch welchen sich die Versöhnung des Geistes mit sich zustande bringt und die Seiten des Göttlichen und Menschlichen [...] sich affirmativ zusammenschließen».[97] Hegels Deutung des Todes Jesu hat mit kirchlichen Sühnopfervorstellungen nichts mehr zu tun. Im Tod Jesu hat sich der unendliche Gott ganz und gar an das Endliche, der Allumfassende ganz an einen Einzelnen entäußert und so jedem subjektiven Geist die Gewissheit gegeben, am absoluten Geist Anteil zu haben – sofern er zum Opfer seines natürlichen Selbst bereit ist.

5.4 Die religiöse Malerei als Ausdruck der Freiheit der Liebe

Die religiöse Malerei fordert das subjektive Gemüt auf, sich mit Gott zu versöhnen. Die menschliche Seele ist dazu bereit, weil sie ihre Partikularität überwinden will. «[S]ie gibt sich deshalb auf gegen Gott, um in ihm sich selber zu finden und zu genießen».[98] Es ist ein Genuss ohne Begierde, keine begehrliche Zuneigung, «nur ein Neigen der Seele».[99] Es ist Liebe in Freiheit. «Die Liebe nämlich gehört der Subjektivität an, das Subjekt aber ist dieses für sich bestehende Herz, das um zu lieben, von sich selbst ablassen, sich aufgeben, den spröden Punkt seiner Eigentümlichkeit opfern muss.»[100] Erst dann stellt sich ein Gefühl der Seligkeit ein. «Das wahrhafte Wesen der Liebe besteht darin, das Bewusstsein seiner selbst aufzugeben, sich in einem anderen Selbst zu vergessen, doch in diesem Vergehen und Vergessen sich erst selbst zu haben und zu besitzen.»[101] Diese Selbstbewegung der Liebe entspricht der Selbstbewegung des freien Geistes, der auch nur durch die Entäußerung an sein Anderes zu sich selbst kommt. Die religiöse Liebe hebt alle Besonderheit auf. Darum gilt: «[V]or Gott sind alle Menschen gleich, oder vielmehr die Frömmigkeit macht sie wirklich gleich.»[102]

---

96 Werke 14, 153.
97 Werke 14, 153.
98 Georg Wilhelm Friedrich Hegel, Vorlesungen über die Ästhetik III, Werke 15, 11. Auflage, Frankfurt am Main 2018, 41 f. (Im Folgenden: Werke 15.)
99 Werke 15, 42.
100 Werke 15, 43.
101 Werke 14, 155.
102 Werke 15, 44.

Der wesentliche Inhalt der romantischen Malerei ist die versöhnte Liebe. Sie kommt in der Darstellung des Christuskindes ebenso zum Ausdruck wie in den Passionsbildern, ganz besonders aber in den Darstellungen der Maria. In ihr komme die religiöse Liebe in ihrer innigsten menschlichen Form zur Geltung. Sei es als Mutter mit dem Kind, sei es als Himmelskönigin: stets erscheint sie als die Inkarnation der Liebe. «Am meisten real, menschlich, ist sie doch ganz geistig, ohne Interesse und Bedürftigkeit der Begierde, nicht sinnlich und doch gegenwärtig: die absolut befriedigte selige Innigkeit.»[103] Hegel kann darum gut verstehen, dass Maria als Madonna verehrt und dass sie im Katholizismus als die Höchste und Heiligste dargestellt worden ist. Der Protestantismus habe dann an die Stelle der Maria den Heiligen Geist gesetzt. Damit ging zwar die Anschaulichkeit der Liebe verloren, der Fortschritt bestand für Hegel aber darin, dass nun gewusst wurde, dass diese Liebe jedem geistbegabten Menschen und nicht nur der Mutter Gottes möglich ist.

Auch das Gebet und die Andacht sind häufig Gegenstand der romantischen Malerei. Hegel nutzt die Gelegenheit, um seinen Zuhörern seine Theologie des Gebetes zu erläutern. Das Gebet habe selbstverständlich nicht den Sinn, jemanden, von dem man vermute, dass er etwas habe, was einem selbst fehle, um ebendieses zu bitten, ohne aber selbst etwas dafür tun zu wollen. «Solcher Art ist nun das Beten nicht; es ist eine Erhebung des Herzens zum Absoluten, das an und für sich die Liebe ist und nichts für sich hat; die Andacht selbst wird die Gewährung, die Bitte selber die Seligkeit.»[104] Der Sinn des Gebets liege in der Gottesbeziehung, nicht in dem, was man gerne haben möchte. Im Gebet manifestiert sich das Zutrauen des Menschen, dass Gott ihm schon zuteilwerden lasse, was zu seinem Besten dient. Selbst wenn die besondere Bitte nicht erhört wird, so ist doch das Gebet selbst tröstlich. Das Beten selbst ist «die Befriedigung, der Genuss, das ausdrückliche Gefühl und Bewusstsein der ewigen Liebe».[105] Häufig wird bei Diskussionen über Hegels Gottesbegriff gefragt, ob man denn zu diesem abstrakten Gott überhaupt beten könne. Hegel jedenfalls konnte es – und er hat seine Studenten ermutigt, es auch zu tun.

5.5 Der Geist in seiner Gemeinde

Im dritten Glaubensartikel wird die unmittelbare Existenz Jesu in den Geist der Gemeinde aufgehoben. Hegel liest das Glaubensbekenntnis als ein Fortschreiten des Gottesbegriffs: Erst ist Gott absoluter Schöpfer eines unendlichen Universums, dann endlicher, einzelner Mensch und schließlich Heiliger Geist in seiner

---

103 Werke 14, 157.
104 Werke 15, 54.
105 Werke 15, 55.

Gemeinde. Erst im dritten Glaubensartikel wird die Wahrheit Gottes ganz offenbar: Er ist der gegenwärtige und lebendige Geist in der Gemeinde der Glaubenden. Das Dasein Gottes beschränkt sich nicht «auf diesen Einzelnen, welcher in seiner Geschichte die Versöhnung der menschlichen und göttlichen Subjektivität zur Darstellung gebracht hat, sondern erweitert sich zu dem mit Gott versöhnten Bewusstsein, überhaupt zur *Menschheit*, welche als die vielen Einzelnen existiert».[106]

Wenn Hegel von der «Gemeinde» spricht, dann denkt er nicht an eine Sekte, auch nicht an eine bestimmte Kirche oder Konfession – es ist die Menschheit überhaupt, in der der Geist Gottes am Werk ist. Ausdrücklich warnt Hegel aber vor einer Interpretation, wie sie in der Nachfolge Feuerbachs üblich geworden ist, dass nämlich das vorfindliche menschliche Subjekt unmittelbar göttlich sei, man also auf eine Unterscheidung von Gott und Mensch getrost verzichten könne: «Für sich jedoch, als einzelne Persönlichkeit genommen, ist der Mensch nicht etwa das Göttliche, sondern im Gegenteil das Endliche und Menschliche, das nur, insofern es sich als das Negative, das es an sich ist, wirklich setzt und somit als das Endliche aufhebt, zu der Versöhnung mit Gott gelangt.»[107] Nur durch eine «Konversion des Natürlichen und der endlichen Persönlichkeit zur Freiheit und zum Frieden in Gott»[108] kann der Mensch von den Gebrechen der Endlichkeit erlöst werden. Ohne eine individuelle Wiederholung der Leidensgeschichte Christi durch Reue, Buße und Bekehrung kann sich der Geist Gottes im Menschen nicht verwirklichen. Nur durch die Negation der eigenen Negativität kann sich «die Menschheit als das Dasein des absoluten Geistes, als der Geist der Gemeine, in welchem sich die Einigung des menschlichen und des göttlichen Geistes [...] vollbringt»,[109] verwirklichen.

6. Das weltliche Herz des Geistes

Das Prinzip unendlicher Subjektivität, das die romantische Kunst leitet, hatte sich bis hierhin fast ausschließlich mit dem Geist Gottes und seinen Vermittlungsgestalten im menschlichen Bewusstsein beschäftigt. Die religiöse Innigkeit bleibt aber letztlich abstrakt, «weil sie sich dem Weltlichen, statt es zu durchdringen und affirmativ in sich aufzunehmen, gegenüberstellt und [es] von sich weist».[110] Das Geistliche und das Weltliche wurden im Mittelalter als getrennte Welten aufgefasst. Dieser Zustand war auf Dauer nicht aufrechtzuerhalten. Die Weltlichkeit forderte ihren Platz in der Kunst. Das war ein machtvoller Prozess:

---

106 Werke 14, 159 f.
107 Werke 14, 160.
108 Werke 14, 160.
109 Werke 14, 160.
110 Werke 14, 169.

«Wenn aber das Reich Gottes Platz gewonnen hat in der Welt und die weltlichen Zwecke und Interessen zu durchdringen und dadurch zu verklären tätig ist [...], dann beginnt auch das Weltliche von seiner Seite her sein Recht der Geltung in Anspruch zu nehmen und durchzusetzen.»[111] Der ausschließlich negative Bezug der Kirche auf das Weltliche verliert dann seine Plausibilität. «Der Geist breitet sich aus, sieht sich um in seiner Gegenwart und erweitert sein wirkliches, weltliches Herz.»[112] Das Grundprinzip der Subjektivität hat sich nicht geändert, aber der Einzelne meint nun, der Vermittlung mit Gott nicht mehr zu bedürfen. «Fragen wir jedoch, wovon denn auf dieser neuen Stufe die menschliche Brust in ihrer Innigkeit voll sei, so betrifft der Inhalt nur die subjektive, unendliche Beziehung auf sich; das Subjekt ist nun voll von sich selbst als in sich unendlicher Einzelheit».[113] Hegel stellt das mit einem verstehenden, aber auch kritischen Unterton fest.

6.1 Ehre, Liebe und Treue als Selbstgefühle des Rittertums

In der weltlichen Kunst des Mittelalters identifiziert Hegel drei wiederkehrende Themen, die Ehre, die Liebe und die Treue. Es handelt sich dabei aber nicht um die Darstellung von Tugenden, sondern um «Formen der mit sich selbst erfüllten romantischen Innerlichkeit des Subjekts».[114] Der Mann von Ehre denkt vor allem an sich selbst. Er ist es, der bestimmt, wann seine Ehre verletzt ist, und er kann den Kreis der Ehrverletzungen beliebig und willkürlich erweitern. Und so ist «des Streitens und Haderns kein Ende».[115] Es ist belanglos, ob der Inhalt der Ehre sittlich und notwendig oder nur zufällig und bedeutungslos ist. Ähnliches gilt von der Liebe. Sie ist vor allem von sich selbst erfüllt und sehnt sich nach einer Seele, die die eigenen Empfindungen erwidert. Solche Liebe, «diese weltliche Religion der Herzen»,[116] ist ebenso willkürlich und zufällig wie die Ehre. Und auch die Treue, die gerne in Kollision mit der Ehre und Liebe gerät, ist in der Regel eine selbst gewählte. Hegel kann sich einen kritischen Kommentar zum Geist seiner eigenen Zeit nicht verkneifen: «[E]s ist, als wenn man das Mittelalter eben darum so hoch stellte, weil in solchem Zustande jeder gerechtfertigt und ein Mann von Ehre ist, wenn er seiner Willkür nachgeht, was ihm in einem vernünftig geordneten Staatsleben nicht gestattet sein kann.»[117]

---

111 Werke 14, 170.
112 Werke 14, 171.
113 Werke 14, 171.
114 Werke 14, 171.
115 Werke 14, 180.
116 Werke 14, 186.
117 Werke 14, 193.

6.2 Die Aktualisierung und Punktualisierung des Subjekts

Weder das Religiöse noch das Ritterliche hatten in der Entwicklung der romantischen Kunst Bestand. Mit der Renaissance stellt sich die Welt des Daseienden auf ihre eigenen Füße.[118] Man dürstet nach Gegenwärtigkeit. Man begnügt sich mit dem Partikularen und Endlichen. Die Porträtkunst ist exemplarischer Ausdruck dieser Mentalität. «Der Mensch will in seiner Gegenwart das Gegenwärtige selber [...] in präsenter Lebendigkeit von der Kunst wiedergeschaffen als sein eigenes geistiges menschliches Werk vor sich sehen.»[119] Dies ist, so Hegel, das Letzte in der romantischen Kunst, «zu dem der Mensch sich in sich vertieft und punktualisiert».[120] Um eine Vermittlung von Substanz und Subjekt bemüht sich die Kunst nun nicht mehr. Alles kann ihr Gegenstand werden, und es hängt an der Kunstfertigkeit und Geschicklichkeit des Künstlers, ob sein Werk als Kunst anerkannt wird.

> Das frohe, kraftvolle Aufsichberuhen der Bürger mit ihrer Betriebsamkeit, ihrem Handel und Gewerbe, ihrer Freiheit, ihrem männlichen Mut und Patriotismus, das Wohlsein in der lebensheiteren Gegenwart, dieses wiedererwachende Wohlgefallen des Menschen an seiner Tugend und witzigen Fröhlichkeit, diese Versöhnung mit dem Wirklichen von Seiten des inneren Geistes und der Außengestalt war es, welche auch in die künstlerische Auffassung und Darstellung hereintrat.[121]

Da Vinci, Raffael, Correggio nennt Hegel als Vertreter einer italienischen Malerei, deren Grundton der «Selbstgenuss der liebenden Seele»[122] ist. Auch in der niederländischen und deutschen Malerei entdeckt Hegel eine unbekümmerte Ausgelassenheit und einen fröhlichen bürgerlichen Stolz. Die Darstellungen des Alltags bilden diesen nicht nur ab – vielmehr verleihen der begeisterte Künstler und sein Werk Geist und Sinn. Sie laden zur Teilnahme an diesem Gottesdienst im Alltag der Welt ein.

6.3 Die Selbstständigkeit individueller Charaktere

Diese neue Stufe der Kunst charakterisiert Hegel so: «Was das Individuum ist, wird nicht durch das Substantielle [...], sondern durch die bloße Subjektivität des Charakters gehalten und getragen.»[123] Es geht nicht mehr um Substanz, sondern um Authentizität. Die partikularen Charaktere sind das, was sie sind, durch

---

118 Werke 14, 195.
119 Werke 14, 196.
120 Werke 14, 196.
121 Werke 15, 120 f.
122 Werke 15, 113.
123 Werke 14, 199.

ihre Willkür. «Von dieser Art sind hauptsächlich die Charaktere Shakespeares, bei denen eben die pralle Festigkeit und Einseitigkeit das vorzüglich Bewundernswerte ausmacht. Da ist nicht von Religiosität und von einem Handeln aus religiöser Versöhnung des Menschen und vom Sittlichen als solchem die Rede.»[124] Macbeth etwa weiche weder vor himmlischen noch menschlichem Recht zurück; es sei sein Beharrungsvermögen, das beeindrucke. Die Festigkeit und Verschlossenheit der Charaktere sei geradezu «steinern»[125] – eine objektive Versöhnung sei nicht mehr möglich. «Bei Shakespeare finden wir keine Rechtfertigung, keine Verdammnis, sondern nur Betrachtung über das allgemeine Schicksal, auf dessen Standpunkt der Notwendigkeit sich die Individuen ohne Klage und Reue stellen, und von ihm aus alles und sich selber, gleichsam außerhalb ihrer selbst, versinken sehen.»[126]

Mit der Abenteuerlichkeit kommt dann eine weitere Zufälligkeit der Zwecke und Kollisionen in Spiel, die noch einmal unterstreicht, dass es keine allgemeinen Zwecke mehr gibt. Das Subjekt muss jetzt mit der sinnlosen Zufälligkeit seiner Existenz zurechtkommen. Nicht nur die Natur ist entgöttert – auch das eigene Schicksal ist Zufall.

> Seiner Wahrheit nach ist der Geist zwar in sich mit dem Absoluten vermittelt und versöhnt; insofern wir hier aber auf dem Boden der selbständigen Individualität stehen, welche von sich, wie sie sich unmittelbar findet, ausgeht und so sich festhält, trifft diese Entgötterung auch den handelnden Charakter, der deshalb mit seinen selber zufälligen Zwecken in eine zufällige Welt hinaustritt, mit welcher er sich nicht zu einem kongruenten Ganzen in eins setzt.[127]

Hegel bedauert diese Entwicklung. Denn eigentlich hatte «die romantische Welt nur ein absolutes Werk zu vollbringen, die Ausbreitung des Christentums, die Betätigung des Geistes in der Gemeine».[128] Aber es sei die Kirche selbst gewesen, die den Geist ausgetrieben habe. Die Kreuzzüge seien ein einziger Verrat am Geist des Christentums gewesen, «eine Verwesung des Geistes».[129] Die Frömmigkeit sei in barbarische Grausamkeit umgeschlagen. Und so sei es nur folgerichtig gewesen, dass der Fokus auf das individuelle Subjekt gelenkt wurde, das sich zu bewähren hat. Dantes *Göttliche Komödie* ist für Hegel das klassische Beispiel für diese Entwicklung. Der Dichter nehme selbst die Schlüssel des Himmelreichs in die Hand und mache sich selbst zum Weltenrichter. Er weise ferner eindrücklich darauf hin, dass jeder Mensch sein ewiges Schicksal selbst bestimme. «Denn wie

---

124 Werke 14, 200.
125 Werke 14, 203.
126 Werke 14, 210.
127 Werke 14, 212.
128 Werke 14, 212.
129 Werke 14, 214.

die Individuen in ihrem Treiben und Leiden, ihren Absichten und [ihrem] Vollbringen waren, so sind sie hier für immer, als eherne Bilder versteinert, hingestellt.»[130] Das vergängliche Handeln endlicher Subjekte ist so «in ewiger Gerechtigkeit erstarrt und selber ewig».[131]

6.4 Das Drama – das «Göttliche in seiner Gemeinde»[132]

Das Drama ist für Hegel die höchste Stufe der Poesie. «Der wahrhafte Inhalt [...] sind [...] das Göttliche und Wahre, aber nicht in seiner ruhenden Macht [...], sondern das Göttliche in seiner Gemeinde als Inhalt und Zweck der menschlichen Individualität, als konkretes Dasein zur Existenz gebracht und zur Handlung aufgeboten und in Bewegung gesetzt.»[133] Das Drama versetzt das Göttliche in Aktion. Die Entscheidung über den Verlauf und Ausgang der Kollisionen und Konflikte kann deshalb nicht bei den Protagonisten selbst liegen, vielmehr müssen überindividuelle Mächte und Kräfte ihre Wirksamkeit entfalten. «An den dramatischen Dichter [...] ergeht deshalb vor allem die Forderung, dass er die volle Einsicht habe in dasjenige, was menschlichen Zwecken, Kämpfen und Schicksalen Inneres und Allgemeines zugrunde liegt.»[134] Zugleich muss er aber auch wissen, «welche die waltenden Mächte sind, die dem Menschen das gerechte Los für seine Vollbringung zuteilen».[135] Lobend erwähnt Hegel Shakespeare, Lessing, Schiller und Goethe.

6.4 Die Tragödie – das Substanzielle als das Sittliche

In der Tragödie ist das Göttliche als Sittlichkeit Thema. Es gehe nicht mehr um das Göttliche des religiösen Bewusstseins, sondern um das Göttliche, «wie es in die Welt, in das individuelle Handeln eintritt, in dieser Wirklichkeit jedoch seinen substantiellen Charakter weder einbüßt noch sich in das Gegenteil seiner umgewendet sieht. [...] Denn das Sittliche [...] ist das Göttliche in seiner weltlichen Realität.»[136]

Aristoteles habe darauf aufmerksam gemacht, dass die Tragödie Furcht und Mitleid erregen und so den Geist reinigen solle. Hegel warnt aber vor einem Missverständnis. Mitleid dürfe nicht mit mitleidigem Bedauern verwechselt wer-

---

130 Werke 15, 407.
131 Werke 15, 407.
132 Werke 15, 480.
133 Werke 15, 480.
134 Werke 15, 480f.
135 Werke 15, 481.
136 Werke 15, 522.

den, mit welchem «die kleinstädtischen Weiber gleich bei der Hand»[137] seien. Ein Held will weder bemitleidet noch bedauert werden. Er ist stolz auf sein Handeln, auch wenn es seinen Untergang bedeutet. Und auch bei der Furcht gelte es, genau hinzusehen. Der Mensch kann sich vor allem Möglichen fürchten. «Was nun der Mensch wahrhaft zu fürchten hat, ist nicht die äußere Gewalt und deren Unterdrückung, sondern die sittliche Macht, die eine Bestimmung seiner eigenen freien Vernunft und zugleich das Ewige und Unverletzliche ist, das er, wenn er sich dagegen kehrt, gegen sich selber aufruft.»[138] Letztlich ziele die Tragödie auf ein Gefühl der Versöhnung, das sie «durch den Anblick der ewigen Gerechtigkeit gewährt».[139]

6.5 Die Komödie – die Erhabenheit des Subjekts

Den Unterschied zwischen einer Tragödie und einer Komödie erläutert Hegel so: «Wenn nun in der Tragödie das ewig Substantielle in versöhnender Weise siegend hervorgeht, [...] so ist es in der Komödie umgekehrt die Subjektivität, welche in ihrer unendlichen Sicherheit die Oberhand gewinnt.»[140] Das Lachen über die Nichtigkeiten der Welt ist Ausdruck der Zuversicht. Das Subjekt bleibt Herr über die Wirklichkeit, so zudringlich sie auch sein mag. Nicht mit Bitterkeit und Trauer reagiert die Komödie auf die Missliebigkeiten des Lebens, sondern mit wohlgemutem Humor. Die Nichtigkeit des Endlichen wird nicht mit Erschütterung, sondern mit Gelassenheit zur Kenntnis genommen.

Zugleich leistet die Komödie aber auch einen Beitrag zur Auflösung der Kunst überhaupt. «Der Zweck aller Kunst ist die durch den Geist hervorgebrachte Identität, in welcher das Ewige, Göttliche, an und für sich Wahre in realer Erscheinung und Gestalt für unsere äußere Anschauung für Gemüt und Vorstellung geoffenbart wird.»[141] In der Komödie steht aber oft das seiner selbst gewisse Subjekt ohne eine Vermittlung mit dem Absoluten da. Die Gegenwart und Wirksamkeit des Absoluten ist vergessen, die «Versöhnung des Absoluten im Sinnlichen und Erscheinenden»[142] nicht mehr sichtbar und erfahrbar. Sie scheint nicht einmal mehr notwendig zu sein.

---

137 Werke 15, 525.
138 Werke 15, 525.
139 Werke 15, 526.
140 Werke 15, 527.
141 Werke 15, 572 f.
142 Werke 15, 573.

7. Die Auflösung der romantischen Kunstform in der neuesten Zeit

Das romantische Innere kann sich an allem zeigen und deshalb hat in den Darstellungen der romantischen Kunst alles Platz, das Große und das Kleine, das Gute und das Böse. Die Bewunderung gilt nicht mehr dem Gegenstand, sondern der Kunstfertigkeit des Künstlers. Die Subjektivität des Künstlers hat Vorrang vor seinem Stoff. Und so kommt es zu einem Spiel mit den Gegenständen. Es entstehe «ein Verrücken und Verkehren des Stoffs, sowie ein Herüberundhinüberschweifen, ein Kreuzundquerfahren subjektiver Äußerungen, Ansichten und Benehmungen, durch welche der Autor sich selbst wie seine Gegenstände preisgibt».[143]

Jeder Mensch ist ein Kind seiner Zeit und es ist seine Aufgabe, an der Gestalt des Geistes seiner Zeit mitzuarbeiten. Künstler haben die Aufgabe, diesem Geist künstlerisch Ausdruck zu verleihen. Den Stoff trägt der Künstler in sich und er wird von ihm dazu gedrängt, diesem seine Form zu geben.

> Nur dann ist der Künstler vollständig für seinen Inhalt und für die Darstellung begeistert, und seine Erfindungen werden kein Produkt der Willkür, sondern entspringen in ihm, aus ihm, aus diesem substantiellen Boden, aus diesem Fonds, dessen Inhalt nicht eher ruht, bis er durch den Künstler zu einer seinem Begriff angemessenen individuellen Gestalt gelangt ist.[144]

Künstler müssen nicht fromm sein. «Die Forderung ist nur die, dass der Inhalt für den Künstler das Substantielle, die innerste Wahrheit seines Bewusstseins ausmache und ihm die Notwendigkeit für die Darstellungsweise gebe.»[145]

Ebendies sei aber in der neuesten Zeit nicht mehr der Fall. Der Gehalt der Kunst sei erschöpft. Es sei evident, «dass alles heraus ist und nichts Dunkles und Innerliches mehr übrig bleibt».[146] Die Kultur der neuesten Zeit habe «tabula rasa»[147] gemacht.

> Das Gebundensein an einen besonderen Gehalt und eine nur für diesen Stoff passende Art der Darstellung ist für den heutigen Künstler etwas Vergangenes und die Kunst dadurch ein freies Instrument geworden, das er nach Maßgabe seiner subjektiven Geschicklichkeit in bezug auf jeden Inhalt, welcher Art er auch sei, gleichmäßig handhaben kann. Der Künstler steht damit über den bestimmten konsekrierten Formen und Gestaltungen und bewegt sich frei für sich, unabhängig von dem Gehalt der Anschauungsweise, in welcher sonst dem Bewusstsein das Heilige und Ewige vor Augen war.[148]

---

143 Werke 14, 229.
144 Werke 14, 233.
145 Werke 14, 233.
146 Werke 14, 234.
147 Werke 14, 235.
148 Werke 14, 235.

Der Stoff darf dem Künstler gleichgültig sein. Da helfe es auch nicht, nur deshalb katholisch zu werden, weil man als Künstler unter dem eigenen Subjektivismus leidet. Auch diese Konversion diene ja nur dazu, sich selbst «zu etwas Anundfürsichseiendem werden zu lassen».[149]

Der neue Heilige der gegenwärtigen Kunst sei «der *Humanus*»,[150] das Allgemeinmenschliche in seinen Freuden und Leiden, seinen Bestrebungen und Taten. «Hierdurch erhält der Künstler seinen Inhalt an ihm selber und ist der wirklich sich selbst bestimmende, die Unendlichkeit seiner Gefühle und Situationen betrachtende, ersinnende und ausdrückende Menschengeist, dem nichts mehr fremd ist, was in der Menschenbrust lebendig werden kann.»[151] Die einzige Forderung, die man angesichts der Fülle des Stoffes an den Künstler noch stellen kann, ist die geistesgegenwärtige Darstellung der Gegenwärtigkeit des Geistes.

> Kein Homer, Sophokles usf., kein Dante, Ariost oder Shakespeare können in unserer Zeit hervortreten; was so groß besungen, was so frei ausgesprochen ist, ist ausgesprochen; es sind dies Stoffe, Weisen, sie anzuschauen und aufzufassen, die ausgesungen sind. Nur die Gegenwart ist frisch, das andere fahl und fahler.[152]

Nur die Vergegenwärtigung des unvergänglich Menschlichen könne noch Aufgabe der Kunst sein. Die romantische Kunst nahm ihren Anfang mit der tiefen Entzweiung zwischen einer subjektiven Innerlichkeit und einer äußeren Welt, die dieser nicht entsprach. «Dieser Gegensatz hat sich im Verlauf der romantischen Kunst dahin entwickelt, dass wir bei dem alleinigen Interesse für die zufällige Äußerlichkeit oder für die gleich zufällige Subjektivität anlangen mussten.»[153]

Wenn aber sowohl die natürliche Existenz wie auch die individuelle Subjektivität zufällig geworden sind, dann gerät das Absolute aus dem Blick. Das Gemüt ergeht sich empfindsam in den Zufälligkeiten des Lebens, widmet sich ihnen entweder humorvoll oder einfühlend. Zumal Goethe habe es auf diesem Gebiet zur Meisterschaft gebracht. Das reine Gefallen an den Gegenständen, die Heiterkeit des Gestaltens, das unerschöpfliche Sich-Ergehen der Fantasie und die spielerische Freiheit des Dichters seien durchaus imstande, die Seele zu erheben. Es drohe aber auch Überdruss. «Denn der Gehalt ist es, der, wie in allem Menschenwerk, so auch in der Kunst, entscheidet.»[154]

Wie die *Religionsphilosophie* so endet auch die *Ästhetik* auf einem zeitkritischen Ton. So wie Kirche und Theologie sich nur noch für die religiösen Gefühle der Menschen interessierten, aber nicht mehr für Gott, so seien die Künstler nur

---

149 Werke 14, 236.
150 Werke 14, 237.
151 Werke 14, 238.
152 Werke 14, 238.
153 Werke 14, 239 f.
154 Werke 14, 242.

noch in die Zufälligkeiten des endlichen Lebens verstrickt und die sinnliche Darstellung des Absoluten sei aus dem Blick geraten. Von den drei Formen, mit deren Hilfe sich der Mensch zum Absoluten verhält, der Kunst, der Religion und der Philosophie, bleibt nur noch die Philosophie übrig, diese Aufgabe zu erfüllen. Und so kann Hegel trotz der Klage über die Auflösung der Kunst seine Vorlesung mit dem Hinweis beschließen, dass die Wissenschaft imstande sei, das Werk der Kunst zu vollenden. Und so hoffe er, dass seine wissenschaftliche Durchdringung der Kunstgeschichte «ein höheres, unzerstörliches Band der Idee des Schönen und Wahren geknüpft»[155] habe.

---

[155] Werke 15, 574.

Kapitel 9
Seligkeit als Ziel religiöser Praxis:
Hegels *Religionsphilosophie*

1. Die religiöse Signatur des Zeitgeistes

Hegels *Religionsphilosophie* endet – wie er ausdrücklich feststellt – «mit einem Misston».[1] Begonnen hatte sie hymnisch. Voller Enthusiasmus stimmte Hegel seine Hörer auf den Gegenstand seiner Vorlesung ein.

> Wir wissen, dass wir uns in der Religion der Zeitlichkeit entrücken und dass sie diejenige Region für unser Bewusstsein ist, in welcher alle Rätsel der Welt gelöst, alle Widersprüche des tiefer sinnenden Gedankens enthüllt sind, alle Schmerzen des Gefühls verstummen, die Region der ewigen Wahrheit, der ewigen Ruhe, des ewigen Friedens.[2]

Alle Völker hätten die Religion als den «Sonntag ihres Lebens» angesehen, mit deren Hilfe sie allen Kummer und alle Sorge «auf der Sandbank der Zeitlichkeit»[3] zurückgelassen und sich durch die Andacht des Absoluten den Genuss der Seligkeit gegönnt hätten.

Religion sei das Bewusstsein der Gegenwart Gottes. Für religiöse Menschen ist Gott «der Anfang von allem und das Ende von allem; wie alles aus diesem Punkte hervorgeht, so geht auch alles in ihn zurück; und ebenso ist er die Mitte, die alles belebt, begeistet, [...] beseelt».[4] In der Religion setze sich der Mensch in ein Verhältnis zu dieser Mitte. Die Härten und Missliebigkeiten des Daseins werden in der Religion als vergänglicher Schein entlarvt und die Dunkelheiten des Lebens «zum bloßen Umriss für den Lichtglanz der Ewigkeit verklärt».[5] Ganz unabhängig davon, wie das Absolute in den einzelnen Religionen konzipiert

---

1   Georg Wilhelm Friedrich Hegel, Vorlesungen über die Philosophie der Religion II, Vorlesungen über die Beweise vom Dasein Gottes, Werke 17, 10. Auflage, Frankfurt am Main 2018, 342. (Im Folgenden: Werke 17.)
2   Werke 16, 11.
3   Werke 16, 12.
4   Werke 16, 11 f.
5   Werke 16, 13.

wird, «immer bleibt es doch Gewissheit und strahlt es als ein Göttliches in die zeitliche Gegenwart».[6]

1.1 Am Ende: ein Misston

Woher kommt dann der Misston? Die Schwäche der Kirchen und die Macht der Aufklärung lassen Hegel daran zweifeln, dass auch in Zukunft die Religion noch als eine der höchsten Stufen des Bewusstseins angesehen wird. Wie in der Zeit des römischen Kaisertums sei «das Göttliche profaniert», das politische Leben «rat- und tatlos und zutrauenslos»,[7] das private Wohl zum Endzweck erhoben. Genusssucht, Moralismus und bloßes Meinen ohne jede Prüfung des Wahrheitsgehaltes seien an der Tagesordnung. Der Glaube als unmittelbares Bewusstsein der Einheit des Inneren und des Äußeren sei nicht mehr plausibel zu machen. Alles werde der Prüfung durch den endlichen Verstand unterworfen, auch die Religion.

Die Kirchen hätten diesen Prozess durch die Verbannung Gottes in ein Jenseits und durch die Abspaltung des Glaubens vom Denken noch beschleunigt. «Wenn den Armen nicht mehr das Evangelium gepredigt wird, wenn das Salz dumm geworden ist und alle Grundfesten stillschweigend hinweggenommen sind», dann fühle sich das Volk von seinen Lehrern verlassen. Diese könnten in der Virtuosität ihrer endlichen Subjektivität – «und eben damit im Eitlen»[8] – zwar ihre Befriedigung finden. Das Volk aber, das «dem unendlichen Schmerze»[9] über die Differenz zwischen vorfindlichem Dasein und dem Endzweck der Welt noch am nächsten stehe, benötige tragfähige Vorstellungsgehalte. Diese seien aber von den intellektuellen Eliten allesamt vernichtet worden.

Wie die Gegenwart sich aus dieser höchst problematischen Lage wieder befreien könne, sei nicht mehr Sache der Philosophie. Deren Aufgabe sei und bleibe es, trotz widriger Umstände «die Vernunft mit der Religion zu versöhnen».[10] Wenn dieses Bemühen im herrschenden Bewusstsein keine Resonanz mehr findet, dann müssen sich die Philosophen als «ein isolierte[r] Priesterstand» in ein «abgesondertes Heiligtum» zurückziehen und dort «das Besitztum der Wahrheit» hüten.[11] Die Philosophie ist für den späten Hegel also eine Art Untergrundkirche, die so lange in den Katakomben des Geistes ausharren muss, bis der Zeitgeist wieder die Kraft hat, sich von der Verabsolutierung des Endlichen zu

---

6 Werke 16, 13.
7 Werke 17, 342 f.
8 Werke 17, 343.
9 Werke 17, 343.
10 Werke 17, 343.
11 Werke 17, 344.

verabschieden und die Frage nach dem Endzweck des Daseins wieder ins öffentliche Bewusstsein zu heben.

1.2 Die Nacht der Aufklärung und die Verwüstungen der Theologie

Die Klage über den geistlosen Zustand seiner Zeit zieht sich durch die gesamte *Religionsphilosophie*. Bereits in der Einleitung rechnet Hegel mit der Philosophie und der Theologie seiner Zeit ab. Wahre Philosophie sei nicht Weltweisheit, sondern «Erkenntnis dessen, was ewig ist, was Gott ist und was aus seiner Natur fließt».[12] Philosophie und Religion hätten den gleichen Gegenstand: «Gott und nichts als Gott und die Explikation Gottes».[13] Philosophie und Religion lassen sich mithin schlechterdings nicht trennen. Hegel geht noch einen Schritt weiter: «So fällt Religion und Philosophie in eins zusammen; die Philosophie ist in der Tat selbst Gottesdienst.»[14]

Zumal in der angelsächsischen Welt wird Hegel wegen solcher Aussagen gerne als «religiöser Denker» bezeichnet, von dessen Religiosität man allerdings abstrahieren müsse, um zu seiner philosophischen Wahrheit vorzustoßen. Das ist aber ein grandioses Missverständnis, weil es gerade das trennt, was Hegel zusammenhalten will: die Religion und die Philosophie, den Glauben und das Wissen, das Gefühl und das Denken.

Hegel war sich bewusst, dass sich die Philosophie und die Theologie seiner Zeit in eine ganz andere Richtung entwickelten, als er es erhofft hatte. Atheistische Materialisten und Naturalisten hielten Gott für «ein historisches Produkt der Schwäche, der Furcht, der Freude oder eigennütziger Hoffnung oder Hab- und Herrschsucht».[15] Gott werde zwar als ein höchstes, jenseitiges Wesen noch anerkannt, zugleich werde aber behauptet, dass mehr über Gott nicht gesagt werden könne und auch nicht gesagt werden müsse. Gott sei so «hohl, leer und arm»[16] gemacht worden. Die «abstrakte Verstandesmetaphysik», die «in der Nacht, die sie Aufklärung nennt, bleiben will»,[17] sei außerstande, Gott als ein Konkretes, Bestimmtes und Gegenwärtiges zu fassen. Für sie sei Gott ein Abstraktes, Diffuses, Jenseitiges.

Und so wisse das gegenwärtige Zeitalter unendlich viel über das Endliche, «nur nichts von Gott».[18] Das bedaure man nicht einmal, sondern halte es für den Gipfel menschlicher Einsicht, dass Gotteserkenntnis gar nicht möglich sei. Aus

---

12 Werke 16, 28.
13 Werke 16, 28.
14 Werke 16, 28.
15 Werke 16, 57.
16 Werke 16, 37.
17 Werke 16, 40.
18 Werke 16, 43.

Gott habe man ein «unendliches Gespenst»[19] gemacht – damit aber auch die Wahrheit zu einem Jenseits. Hegel ist eine solche Gottesentsagung unbegreiflich. «Diesen Standpunkt muss man dem Inhalte nach für die letzte Stufe der Erniedrigung des Menschen achten, bei welcher er freilich umso hochmütiger zugleich ist, als er sich diese Erniedrigung als das Höchste und als seine wahre Bestimmung erwiesen zu haben glaubt.»[20]

Auch die gegenwärtige Theologie beteilige sich eifrig an der Auflösung aller Bestimmtheit Gottes. Religion sei nur noch ein Gefühl, der Glaube nicht mehr ein Glaube an Gott, sondern ein Glaube an den Glauben. Dogmen würden historisiert und damit nur noch als die Überzeugungen Fremder zur Kenntnis genommen; die historisch-kritische und philologische Bibelauslegung interessiere sich vornehmlich für Nebensächlichkeiten. Und so ist das Fazit Hegels angesichts der «Verwüstungen der Theologie»[21] vernichtend:

> Wird das Erkennen der Religion nur historisch gefasst, so müssen wir die Theologen, die es bis zu dieser Fassung gebracht haben, wie Kontorbedienstete eines Handelshauses ansehen, die über fremden Reichtum Buch und Rechnung führen. [...] Mit dem wahrhaften Inhalt, mit der Erkenntnis Gottes, hat es jene Theologie gar nicht zu tun. So wenig der Blinde das Gemälde sieht, wenn er auch den Rahmen betastet, so wenig wissen sie von Gott.[22]

Die spekulative Philosophie stehe mit ihrer Lehre vom Geist dem Trinitätsdogma und «der positiven Lehre unendlich näher»[23] als die historisch-kritische Theologie. Für die spekulative Philosophie gelte:

> Gott ist [...] nicht das Leere, sondern Geist; und diese Bestimmung des Geistes bleibt ihr nicht nur ein Wort oder eine oberflächliche Bestimmung, sondern die Natur des Geistes entwickelt sich für sie, indem sie Gott wesentlich als den Dreieinigen erkennt. [...] Ohne die Bestimmung der Dreieinigkeit wäre Gott nicht Geist und Geist ein leeres Wort.[24]

Zwischen dem unendlichen göttlichen Geist und dem endlichen menschlichen Geist muss zwar unterschieden werden, sie sind aber untrennbar miteinander verbunden. Gerade das will die Trinitätslehre zum Ausdruck bringen: die Einheit des Unterschieds zwischen Gott und Mensch. Das Absolute will nicht für sich bleiben, sondern sich offenbaren und sich entäußern. Und darum gilt: «Die Na-

---

19 Werke 16, 43.
20 Werke 16, 44.
21 Werke 16, 45.
22 Werke 16, 48.
23 Werke 16, 39.
24 Werke 16, 38.

tur, der endliche Geist, die Welt des Bewusstseins, der Intelligenz, des Willens sind Verleiblichungen der göttlichen Idee».[25]

1.3 Kann Gott überhaupt Gegenstand wissenschaftlicher Erkenntnis sein?

Die Aufklärung verbannte Gott in ein erkenntnistheoretisches Jenseits, die Romantik suchte Gott im Gefühl. Für sie ist Gott nicht der Jenseitige und unerkennbar Ferne, für sie ist Gott ein unmittelbares Gefühl, radikale Innerlichkeit, die aller Reflexion vorausliegt. Gottesbewusstsein und Selbstbewusstsein lassen sich zwar auch für Hegel nicht trennen; der Unterschied besteht aber darin, dass die Romantik die Beziehung von Gott und Selbst als eine unmittelbare konzipiert. Sie weiß dann zwar, *dass* Gott ist – *was* er aber ist, das soll dem menschlichen Bewusstsein verborgen sein. Gott könne nicht Gegenstand der Erkenntnis werden. «In diesem Sinne wird weiter gesagt: wir können nur unsere Beziehung zu Gott wissen, nicht, was Gott selbst ist».[26] Man gibt sich damit zufrieden, dass der Mensch ein religiöses Gefühl hat, der Gegenstand dieses Gefühls bleibt aber im Ungefähren. Jeder hat dann seinen eigenen gefühlten Gott.

Wenn aber das Bewusstsein Gottes «nur aus dem Gefühl quillt»,[27] dann ist ein unseliger Gegensatz zwischen Gefühl und Vernunft, zwischen Glauben und Denken aufgemacht. Der gefühlte Glaube, der sich vor den Einsprüchen des aufklärerischen Verstandes retten wollte, kommt nun erst recht unter Rechtfertigungsdruck. Denn nun muss gezeigt werden, «dass Gott nicht bloß das Gefühl zur Wurzel hat, nicht bloß mein Gott ist».[28]

Kann Gott überhaupt Gegenstand wissenschaftlicher Erkenntnis sein? Kant hatte gefordert, dass man erst einmal klären müsse, ob der Mensch zur Erkenntnis dieses Gegenstandes überhaupt in der Lage sei. Besitzt der Mensch das Vermögen, Gott zu erkennen? Hegels Replik auf Kants skeptische Frage ist verblüffend schlicht. Das könne man nur so herausfinden, indem man es versuche. Wer sich ebendies versage, weil er meint, dazu nicht das Vermögen zu besitzen, der handle unvernünftig. «Es ist dieselbe Forderung, die jener Gascogner machte, der nicht eher ins Wasser gehen will, als bis er schwimmen könne.»[29] Die Frage, ob man Gott erkennen kann, lässt sich nur so klären, dass man sich auf den Gottesgedanken einlässt und den Begriff Gottes sich entfalten lässt. Ein vorgängiges Denkverbot widerspräche jedenfalls der Forderung der Aufklärung, den Mut zu haben, selbst zu denken.

---

25 Werke 16, 34.
26 Werke 16, 51.
27 Werke 16, 57.
28 Werke 16, 57.
29 Werke 16, 59.

1.4 Die Religionsgeschichte als die Selbstoffenbarung Gottes

Hegels Gott ist gegenwärtig, wirksam und tätig. Sonst gäbe es keine Religion. Sie ist «nicht Erfindung des Menschen, sondern Werk des göttlichen Wirkens und Hervorbringens».[30] Und so habe der Religionsphilosoph bei der Betrachtung der Religionsgeschichte dem Wirken des göttlichen Geistes eigentlich nur zuzusehen. Die Abfolge des Entstehens und Vergehens der Religionen ist für Hegel kein Zufall. «Der Geist ist es, der das Innere regiert, und es ist abgeschmackt, nach Art der Historiker hier nur Zufälligkeit zu sehen.»[31] Die Religionsgeschichte ist die Selbstoffenbarung Gottes als Geist. Im Verlauf dieser Geschichte wird sich der göttliche Geist im Spiegel des endlichen Geistes der Menschen seiner Wirkung auf sein Anderes bewusst und entwickelt so ein eigenes Selbstbewusstsein weiter. Der absolute Geist ist nicht fertig wie ein Stein. Er durchläuft eine Entwicklung. Worauf läuft diese Entwicklung hinaus? «Das absolute Ziel, dass er sich erkennt, sich fasst, sich Gegenstand ist, wie er an sich selbst ist, zur vollkommenen Erkenntnis seiner selbst kommt, dies Ziel ist erst sein wahrhaftes Sein.»[32]

In der Religion interagieren göttlicher Geist und menschlicher Geist. Der göttliche Geist offenbart sich dem menschlichen Geist und der menschliche Geist öffnet sich dem göttlichen. Diese Erhebung über das Beschränkte zum Allgemeinen ist aber nur «durch das Denken und im Denken» möglich. Darum gilt für Hegel der Grundsatz: «Gott ist nicht die höchste Empfindung, sondern der höchste Gedanke.»[33] Denn wäre Gott nur eine Empfindung, dann wäre der Mensch ein bloß empfangendes Gefäß; Gott als Gedanke macht hingegen eine Selbsttätigkeit des Menschen erforderlich. Und es ist alles andere als unerheblich, wie der Mensch Gott denkt – die menschliche Antwort auf die Selbstoffenbarung Gottes bestimmt den Gang der Geschichte des göttlichen Geistes mit.

Wenn die Religionsgeschichte der Ort ist, an dem der göttliche Geist erscheint und sich darin auslegt, dann können andere Religionen nicht mehr als heidnische oder abergläubische angesehen werden. «Wir haben es [...] in ihnen nicht mit einem Fremden, sondern mit dem Unsrigen zu tun».[34] Das heißt nicht, dass alle Religionen gleich wahr wären, es gibt «Schauderhaftes, Furchtbares und Abgeschmacktes in ihnen».[35] Es waren aber vernunftbegabte Menschen, die sich zu ihrer Zeit ebendiesen Reim auf die Gegenwart des Absoluten gemacht haben. Dafür verdienen sie Respekt.

---

30 Werke 16, 40.
31 Werke 16, 80.
32 Werke 16, 79.
33 Werke 16, 67.
34 Werke 16, 81.
35 Werke 16, 82.

Das religiöse Subjekt will Gott wissen. Es weiß dabei zugleich sich selbst. Gottesbewusstsein und Selbstbewusstsein entsprechen einander. «Die Vorstellung, welche der Mensch von Gott hat, entspricht der, welche er von sich selbst, von seiner Freiheit hat.»[36] Am Beginn der Religionsgeschichte ist Gott noch ganz unbestimmt, verliert aber diese Unbestimmtheit, «und damit schreitet auch die Entwicklung des wirklichen Selbstbewusstseins weiter fort».[37] Die Arten des Erscheinens Gottes und das Selbstverständnis der Individuen korrelieren.

Hegels *Vorlesungen über die Philosophie der Religion* gliedern sich in drei Teile. Im ersten Teil entwickelt Hegels seinen Begriff der Religion. Anders als viele seiner Zeitgenossen besteht er darauf, dass ein Religionsbegriff von seinem Gegenstand, also von Gott aus zu entwickeln ist. Gott ist der höchste Gedanke – und indem der Mensch sich diesen Gedanken anverwandelt, wandeln sich sowohl der Gedanke wie auch das denkende Subjekt. Es gibt für Hegel keine Substanz ohne Subjekt. Religion ist die Art und Weise, wie sich Subjekte die göttliche Substanz aneignen. Die Religionsgeschichte zeichnet diesen Prozess nach.

Der zweite Teil zeichnet die Geschichte der bestimmten Religionen nach – von den Naturreligionen Chinas und Indiens über die Religionen des Übergangs im Iran, in Syrien und in Ägypten, bis hin zu den drei distinkten Religionen der geistigen Individualität, nämlich der Religion der Erhabenheit in Israel, der Religion der Schönheit in Griechenland und der Religion der Zweckmäßigkeit im Römischen Reich. Die Wurzel des Islam sieht Hegel im Judentum; der Islam habe aber mit dem ihm eigenen Universalismus sehr viel mehr missionarische Dynamik entwickeln können.

Der dritte Teil ist keine Philosophie der Religion mehr. Es handelt sich um eine explizite trinitarische Theologie. Der Philosoph Hegel versucht, das trinitarische Dogma als eine immer noch überzeugende Explikation der komplexen Wirkungsweisen des Geistes zu erweisen. Hegel hat sich keinen Gefallen damit getan, dass er in dieser theologischen Abhandlung das Christentum als «die absolute Religion» bezeichnete. Hegel wollte damit keinen Machtanspruch für das Christentum gegenüber anderen Religionen reklamieren. Es ist für ihn die absolute Religion nur deshalb, weil hier das Absolute dem Besonderen und dem Einzelnen nicht mehr abstrakt gegenübersteht, sondern als die Einheit des Allgemeinen, Besonderen und Einzelnen vorgestellt wird. Im Christentum wird Gott ein Einzelner. Die göttliche Substanz wird Subjekt. Jesus Christus ist der Subjekt gewordene Gott. Im Christentum wird Gott deshalb als der Absolute gedacht, weil er sich vorbehaltlos auf das Besondere und Einzelne ganz und gar eingelassen hat und immer wieder einlässt. Gott und Mensch stehen einander so nicht mehr unverbunden gegenüber. Im dreieinigen Gott sind alle Dichotomien aufgehoben. Va-

---

36 Werke 16, 83.
37 Werke 16, 84.

ter, Sohn und Geist – oder auch Substanz, Natur und Subjekt – bilden unvermischt und ungetrennt eine Einheit.

2. Der Begriff der Religion

Ein Begriff besteht für Hegel immer aus drei Teilen: a) einem Allgemeinen, b) einem Besonderen und c) einem Einzelnen. Dieses Schema scheint auch in den drei Kapiteln über den Begriff der Religion durch. Sie handeln a) von Gott, b) vom religiösen Verhältnis und c) vom Kultus. Im ersten Kapitel geht es um den Gottesbegriff an sich (Allgemeinheit), im zweiten Teil um die Beziehung Gottes zu den Menschen (Besonderheit) und im dritten Teil darum, wie die Einheit von Gott und Mensch von den Menschen ausgestaltet und vergegenwärtigt wird (Einzelheit).

2.1 Gott als Gegenstand der Religion

Womit soll eine Religionsphilosophie anfangen? Für Hegel muss sie mit Gott anfangen, denn Gott ist der Gegenstand der Religion. Religionsdefinitionen wie «Kontingenzbewältigungspraxis» (N. Luhmann) oder «Gefühl schlechthinniger Abhängigkeit» (F. Schleiermacher) oder «das, was mich unbedingt angeht» (P. Tillich) wären Hegel unzureichend erschienen, weil sie einseitig auf das menschliche Fühlen, den menschlichen Nutzen, nicht aber auf den Gegenstand, zu dem der religiöse Mensch eine Beziehung aufnehmen möchte, abheben.

Hegel rekurriert für die Explikation seines Gottesbegriffs zunächst auf das Alltagsbewusstsein. Für das Alltagsbewusstsein ist Gott nur ein allgemeiner, abstrakter Name. Für die Philosophie hingegen ist «Gott das absolut Wahre, das an und für sich Allgemeine, alles Befassende, Enthaltende und allem Bestandgebende».[38] Anders formuliert: «Gott ist die absolute Substanz, die allein wahrhafte Wirklichkeit.»[39] Und Gott ist «der absolute Schoß, der unendliche Trieb- und Quellpunkt, aus dem alles hervor- und in den alles zurückgeht, und ewig darin behalten ist».[40] Solche Formulierungen haben Hegel den Vorwurf des Pantheismus eingebracht. Diesen hält Hegel für albern. «Es ist nie einem Menschen eingefallen zu sagen: alles ist Gott, d. h. die Dinge in ihrer Einzelheit, Zufälligkeit.»[41] Wer nach Gott fragt, der fragt immer schon nach dem Wesen der Dinge, nicht nach der Zufälligkeit ihrer Erscheinung. Und wer nach dem Wesen fragt, der fragt nach dem, was in allem Zufälligen und Vorübergehenden bleibt, was im

---

[38] Werke 16, 92.
[39] Werke 16, 94.
[40] Werke 16, 97.
[41] Werke 16, 98.

Vergänglichen unvergänglich, im Vorfindlichen wirklich ist. Dieses Unvergängliche ist aber nichts Statisches. Gott selbst ist permanente Selbstüberschreitung, absolute Negativität. Gott will nicht bei sich bleiben. Er ur-teilt sich – d. h., er nimmt eine ursprüngliche Teilung in sich selbst vor, entäußert sich an ein Bestimmtes, an seine Schöpfung. Seine Geschöpfe sind fähig, eine Beziehung zu ihm als allgemeinem Absoluten aufzunehmen, weil ihr Wesen selbst am Allgemeinen Anteil hat.

2.2 Das religiöse Verhältnis

Warum sind Menschen religiös? Bloße Nützlichkeitserwägungen hält Hegel für unzureichend; sie machen die Religion zu einem Mittel für einen fremden Zweck. Für Hegel hingegen gilt: «Die Religion ist das Bewusstsein des an und für sich Wahren im Gegensatze der sinnlichen, endlichen Wahrheit und der Wahrnehmung.»[42] Die Religion überschreitet die Schranke zwischen Endlichem und Unendlichem.

> Das Unendliche [...] ist das Nichtendliche, Nichtbesondere, Nichtbeschränkte, das Allgemeine; das Endliche [...] ist [...] das Negative, Abhängige, was zerfließt im Verhältnis zum Unendlichen. Indem beide zusammengebracht werden, entsteht eine Einheit, durch das Aufheben des einen, und zwar des Endlichen, welches nicht aushalten kann gegen das Unendliche.[43]

Das Unendliche ist der (Ab-)Grund des Endlichen. Ohne ein Unendliches wäre das Endliche nur vergänglicher Schein. Nun aber ist es im Unendlichen aufgehoben, also negiert und erhalten zugleich.

Das Endliche ist das Abhängige. Endliche Dinge sind geschaffen. Das bringt das menschliche Erkennen in eine merkwürdige Lage. Einerseits weiß sich der Mensch als endlich, abhängig und vergänglich. Gleichzeitig aber gilt: «Ich bin, ich bestehe, ich bin auch das Affirmative; einerseits weiß ich mich als nichtig, andererseits als affirmativ, geltend, so dass das Unendliche mich gewähren lässt.»[44] Ebendiese Einsicht, dass das Unendliche mich gewähren lässt, erzeugt Gottesfurcht und Dankbarkeit.

2.3 Wo begegnen wir Gott – im Gefühl oder im Denken?

Gott ist für den Menschen der Gedanke des allumfassenden Allgemeinen. Dieser Gedanke löst Gefühle aus und etabliert Gewohnheiten. Aber zuerst muss der Ge-

---

42 Werke 16, 106.
43 Werke 16, 169.
44 Werke 16, 169.

danke Gott denkend angeeignet werden. Ohne Denken gibt es keine Gottesbeziehung. Einflussreiche Zeitgenossen Hegels, wie etwa Friedrich Schleiermacher, waren der Ansicht, dass Religion zuvörderst ein Gefühl sei und strikt von der Metaphysik und der Moralphilosophie unterschieden werden müsse. Gegen diese romantische Hochschätzung des Gefühls macht Hegel Front.

Wer sich auf das Gefühl berufe, der reklamiere für seine eigene zufällige und partikulare Subjektivität allgemeine Anerkennung. Diese komme aber dem Gefühl nicht zu. Es gebe eine Fülle von Gefühlen: Gefühle der Furcht, der Freude, des Schmerzes, der Dankbarkeit, der Trauer, des Neids, des Hasses, der Liebe. Gefühle kommen und gehen. «Wenn also das Sein Gottes in unserem Gefühl nachgewiesen wird, so ist es darin ebenso zufällig wie jedes andere».[45] Gefühle sind subjektiv. «Man beruft sich häufig auf sein Gefühl, wenn die Gründe ausgehen. So einen Menschen muss man stehenlassen; denn mit dem Appellieren an das Gefühl ist die *Gemeinschaft* zwischen uns abgerissen.»[46]

Gedanken können Gefühle auslösen. «Alles im Menschen, dessen Boden der Gedanke ist, kann in die Form des Gefühls versetzt werden. [...] Der gebildete Mensch kann ein wahres Gefühl von Recht, von Gott haben, aber dies kommt nicht vom Gefühl her, sondern der Bildung des Gedankens hat er es zu verdanken».[47] Die Metapher, dass man Gott in seinem Herzen haben müsse, interpretiert Hegel so, dass das Herz nicht eine Kammer zufälliger Gefühlswallungen ist, sondern das, «was ich im Allgemeinen bin, mein Charakter».[48] Aber selbst das Herz müsse gereinigt und gebildet werden. «Das Gefühl ist darum etwas so Beliebtes, weil der Mensch seine *Partikularität* darin vor sich hat.»[49] Der denkende Mensch hingegen, der sich einer Sache hingibt, muss sich in seiner Besonderheit vergessen, um zum Allgemeinen vorzudringen. In der Religion erhebt sich der Mensch über seine empirische Wirklichkeit – und gewinnt gerade so die Freiheit, sich von seinen Gefühlen nicht bestimmen zu lassen. «Eine Theologie aber, die nur Gefühle beschreibt, bleibt in der Empirie, Historie und dergleichen Zufälligkeiten stehen, hat es mit Gedanken, die einen Inhalt haben, noch nicht zu tun.»[50]

2.4 Die Religion für den Verstand: das Unendliche als ein Jenseits

Hegel wusste, dass sein Religionsbegriff mit «der Weisheit unserer Zeit» nicht kompatibel war. Hier bleibe man «bei der Endlichkeit des Subjekts stehen; sie gilt

---

45 Werke 16, 129.
46 Werke 16, 129.
47 Werke 16, 130.
48 Werke 16, 130.
49 Werke 16, 134.
50 Werke 16, 131.

hier als das Höchste, das Letzte, als Unverrückbares, Unveränderliches, Ehernes; und ihm gegenüber ist dann ein Anderes, an dem dies Subjekt ein Ende hat. Dies Andere, Gott genannt, ist ein Jenseits, wonach wir im Gefühl unserer Endlichkeit suchen, weiter nichts, denn wir sind in unserer Endlichkeit fest und absolut.»[51] Weil Gott in ein unerreichbares Jenseits verbannt worden ist, wird Religion zur in sich verglimmenden Sehnsucht. Das Problem ist nicht, dass Gott sich verbirgt; das Problem ist das Beharren des aufgeklärten Menschen auf seiner Endlichkeit. «Meine absolute, feste Endlichkeit hindert mich, das Jenseits zu erreichen; meine Endlichkeit aufgeben und es erreichen, wäre eins. Das Interesse, jenes *nicht* zu erreichen und *mich* zu erhalten, ist identisch.»[52]

Das Endliche, so Hegel, will sich eigentlich von sich befreien. Das Endliche tut auch genau das: Es befreit sich von seiner Endlichkeit im Tod. Der Tod ist «das Verzichtleisten auf das Endliche»,[53] der Verzicht auf Empfindungen, Begierden und Triebe. Aber der Tod ist selbst «ein Nichtiges, die offenbare Nichtigkeit».[54] Die andere, bessere Möglichkeit, vom Endlichen loszukommen, ist das Denken. Allerdings muss man dann streng zwischen dem denkenden Verstand und der denkenden Vernunft unterscheiden. Das Problem des Verstandes besteht darin, dass er am Gegensatz von Endlichem und Unendlichem «perennierend»[55] festhält. Das Unendliche wird als das Gegenteil des Endlichen gefasst, nicht aber als das, das das Endliche umfasst. Das vollbringt die Vernunft. Sie verweigert sich allen Dualismen, auch einem Dualismus von Endlichem und Unendlichem.

Der Rede von einem Jenseitigen begegnet Hegel mit Unverständnis. Das Jenseits ist ein vom endlichen Subjekt produzierter Gedanke. «Ich bin der, welcher jenes Jenseits produziert und mich dadurch als endlich bestimmt, beides ist mein Produkt; [...]; ich bin der Herr und Meister dieser Bestimmung.»[56] Das Jenseits ist mithin bloßer Schein. «Aller Inhalt ist darin verflüchtigt und vereitelt; es ist aber nur diese Eitelkeit, die nicht verschwindet.»[57] Das Bestimmende ist und bleibt das empirische Ich, das sich über alles erheben kann, wozu es seine Willkür treibt. «Aller objektive Inhalt, Gesetz, Wahrheit, Pflicht verschwindet für mich, ich anerkenne nichts, nichts Objektives, keine Wahrheit; Gott, das Unendliche ist mir ein Jenseits, abgehalten von mir. Ich allein bin das Positive, und kein Inhalt gilt an und für sich; [...] das Wahre und das Gute ist nur mein Über-

---

51 Werke 16, 170 f.
52 Werke 16, 171.
53 Werke 16, 175.
54 Werke 16, 175 f.
55 Werke 16, 176.
56 Werke 16, 180.
57 Werke 16, 181.

zeugtsein».[58] Das empirische Subjekt allein ist das Reale, «Ich, dies Endliche, bin das Unendliche.»[59] Die Rede vom Jenseits endet in der Selbstvergottung und Verabsolutierung des endlichen Subjekts.

Auch den Satz, dass das Endliche das Unendliche nicht fassen könne, der Mensch also gar nicht erst versuchen solle, Gott zu begreifen, hält Hegel nicht für Demut, sondern für Hochmut. «Das Ich heuchelt demütig, während es vor Stolz der Eitelkeit und der Nichtigkeit sich nicht zu lassen weiß.»[60] Das ist aber nicht nur ein religiöses Problem. Wenn es kein Objektives mehr gibt, dann ist auch das soziale Leben in Gefahr, und selbst die Identität der Individuen gerät ins Wanken. Ich als dieser bin die einzige Realität – einen objektiven Inhalt gibt es nicht mehr. Das empirische Ich hält sich für das Allgemeine – und verzweifelt an sich, wenn es gewahr wird, dass diese Annahme bloßer Schein, bloße Einbildung ist.

2.5 Die Religion für die Vernunft: das Endliche als Moment des Unendlichen

Wo der Verstand trennt, sucht die Vernunft die Einheit in der Differenz. Dem Verstand liegt an statischen Unterscheidungen, die Vernunft denkt die Einheit der Differenz als einen Prozess, als die Bewegung des Allgemeinen über das Besondere zum Einzelnen – und zurück. Der Verstand sistiert, die Vernunft dynamisiert. Der Verstand sichert dem Subjekt die Überlegenheit über das Objekt durch das Beobachten. Die Vernunft beobachtet nicht, sie begreift – was aber nur möglich ist, wenn sie sich zuvor von ihrem Objekt ergreifen lässt. Sie lässt sich auf ihr Objekt ein und sie lässt sich in einen Erkenntnisprozess hineinziehen, aus dem sie nicht unverändert hervorgeht. Immer wieder beharrt Hegel deshalb darauf, dass die Vernunft und die Religion gleichermaßen kein Beobachten von außen erlauben. Dem Beobachter bleibt die Religion äußerlich – und damit verschlossen. «Es folgt hieraus, dass, um den Boden der Religion zu finden, wir das Verhältnis des Beobachtens aufgeben müssen.»[61]

Wie kommt das Subjekt über das bloße Beobachten hinaus? Indem es ein Allgemeines anerkennt. Die Anerkennung eines Allgemeinen setzt die Bereitschaft des einzelnen Subjekts voraus, dass es «Verzicht auf sich tut»[62] – mit der Verheißung, dass es im Verzicht auf seine Partikularität sich in einem höheren Allgemeinen wiederfindet. Wie gelangt es dorthin? Durch das Denken. Denn Denken ist die Fähigkeit des Menschen zu verallgemeinern. Denken ist nicht bloß subjektiv – die Gedanken, die der Mensch denkt, sind objektiv. Ein Den-

---

58 Werke 16, 181 f.
59 Werke 16, 182.
60 Werke 16, 182.
61 Werke 16, 196.
62 Werke 16, 186.

kender verwandelt einen Gegenstand in einen Gedanken und kann sich so den Gegenstand anverwandeln. Hegel unterscheidet zwischen dem Reflektieren über eine Sache, bei dem das Subjekt zu seinem Gegenstand auf Distanz bleibt, und einem «die Sache denken». Wenn ich die Sache denke, dann geht es um die Sache, «ich habe darin Verzicht getan auf mich als Diesen nach seiner Partikularität und bin Allgemeines».[63] Im Denken negiere ich meine partikularen Interessen, entäußere mich an ein Anderes – und gewinne im Prozess des Begreifens mich selbst als Moment des Allgemeinen neu.

Auch den religiösen Begriff der Andacht leitet Hegel vom Denken her: In der Andacht denke ich Gott, der so *Gott für mich* wird.[64] In der Andacht bin ich das Partikulare gegen das Allgemeine, das Akzidentielle gegen die Substanz. Ich bin jemand, der Verzicht auf sich leistet und sich gerade so als Moment des Allgemeinen wiederfindet. Der Mensch kann sich im Allgemeinen wiederfinden, weil sein Geist deshalb am Geist Gottes Anteil nehmen kann, weil Gott selbst sich verendlicht hat. «Das Endliche ist also wesentliches Moment des Unendlichen in der Natur Gottes und so kann man sagen: Gott ist es selbst, der sich verendlicht, *Bestimmungen in sich setzt*.»[65]

2.6 Die Selbstverendlichung Gottes

Hegel ist immer wieder der Vorwurf gemacht worden, er hebe die Differenz zwischen Gott und Mensch, zwischen Unendlichem und Endlichem auf. Das sei anmaßend. Der Mensch könne Gott nicht erkennen. Hegels Antwort auf diesen Vorwurf lässt nichts an Deutlichkeit zu wünschen übrig: «Wer sich dieses Phantoms nicht entschlägt, der versenkt sich in die Eitelkeit; denn er setzt das Göttliche als die Ohnmacht, zu sich selbst kommen zu können, während er seine eigene Subjektivität festhält und aus dieser die Ohnmächtigkeit seines Erkennens versichert.»[66] Der Behauptung, dass es unmöglich sei, vom Absoluten zu wissen, widerspreche bereits die Tatsache, dass es so viele gottesfürchtige Menschen gebe. Deren Bewusstsein sei erfüllt von der Gewissheit, «dass Gott aller Inhalt, alle Wahrheit und Wirklichkeit selbst ist».[67] Eine Philosophie, die sich noch für Wahrheit interessiere, müsse sich mit der folgenden These auseinandersetzen: «Das Wahre ist die Einheit des Unendlichen, in der das Endliche enthalten ist.»[68]

Religion ist die Beziehung des endlichen Geistes auf den absoluten Geist. Dies ist aber nur möglich, weil sich der absolute Geist vorher auf den endlichen

---

63 Werke 16, 188.
64 Vgl. Werke 16, 189f.
65 Werke 16, 191.
66 Werke 16, 193.
67 Werke 16, 197.
68 Werke 16, 192.

Geist als das von ihm geschaffene Andere eingelassen hat. In der Religion verhält sich nicht nur der endliche Geist zum absoluten, sondern auch der absolute Geist zum endlichen. Hegel kann die Religion deshalb auch als «das Selbstbewusstsein des absoluten Geistes»[69] bezeichnen. Der absolute Geist will im endlichen Geist als dessen Wesen präsent sein. Warum will er das? Um sich selbst besser zu verstehen. «So ist die Religion Wissen des göttlichen Geistes von sich durch Vermittlung des endlichen Geistes.»[70]

3. Der Kultus als Glaube, als Ritual und als Sittlichkeit

Im Kultus feiert der Mensch die Gegenwart Gottes. Wie ist Gott gegenwärtig? Gott ist im Bewusstsein der Menschen gegenwärtig. Gott ist für das menschliche Bewusstsein mithin kein fremder Gegenstand. Der Glaubende weiß vielmehr, dass Gott das «Ansich des Selbstbewusstseins» ist, «der innerste, abstrakte Punkt der Persönlichkeit».[71] Die Einheit mit Gott, der sich der Mensch im Kultus vergewissert, wird nicht durch die äußere kultische Handlung hervorgebracht. Diese beruht vielmehr auf der vorgängigen Überzeugung, dass Gott als «Endzweck der Welt» immer schon gegenwärtig ist.

3.1 Der Glaube als das Zeugnis des Geistes vom Geist

Hegel definiert den Glauben als das «Zeugnis des Geistes vom absoluten Geist».[72] Wer bekennt, dass er glaubt, der bezeugt, dass sein endlicher Geist ein Moment im Wirken des absoluten Geistes ist. Die Gegenwart Gottes wird nur dann Ereignis für den Menschen, wenn er sich dieser Gegenwart öffnet. Er muss bereit sein, sich in Gott als dem Wesen seines Selbstbewusstseins zu versenken. Hegel beruft sich auf den Mystiker Meister Eckhart, um das Zusammenwirken von endlichem, menschlichem und absolutem, göttlichem Geist zu erläutern. Der Glaube sei nicht nur das passive Zeugnis vom göttlichen Geist, vielmehr komme es umgekehrt auch zum «Erzeugnis des absoluten Geistes», sofern nämlich der endliche Geist sich von diesem verändern lässt und so einen eigenen Beitrag zur Neugestaltung der Beziehung zwischen dem absoluten und dem endlichen Geist leistet. Im Verlauf der Religionsgeschichte verändert der endliche Geist den absoluten ebenso wie der absolute den endlichen.

Für die Moral ist die Welt gottverlassen – das Gute muss immer erst hervorgebracht und in sie hineingebracht werden. Die Religion hingegen geht von

---

69 Werke 16, 197f.
70 Werke 16, 198.
71 Werke 16, 204.
72 Werke 16, 203.

der Gegenwart und Wirklichkeit Gottes als der Gegenwart und Wirklichkeit des Guten aus. Das ist der Mehrwert der Religion gegenüber der Moral. Diese Grundüberzeugung hatte Hegel schon in der *Phänomenologie des Geistes* zum Ausdruck gebracht. In der *Religionsphilosophie* formuliert er pointierter:

> Der Kreis des moralischen Wirkens ist beschränkt. In der Religion hingegen ist das Gute, die Versöhnung absolut vollbracht und an und für sich selbst; es ist vorausgesetzt die göttliche Einheit der geistigen und natürlichen Welt – zu der letzteren gehört auch das besondere Selbstbewusstsein – und es handelt sich nur um mich und gegen mich, dass ich mich meiner Subjektivität abtue und mir an diesem Werk, das sich ewig vollbringt, meinen Anteil nehme und meinen Anteil daran habe. Das Gute ist demnach kein Gesolltes, sondern göttliche Macht, ewige Wahrheit.[73]

Und deshalb bedauert Hegel eine religiöse Praxis, in der die Gegenwart des Guten nicht vorausgesetzt und gefeiert wird. «Unglückselige Zeit, die sich damit begnügen muss, dass ihr immer nur vorgesagt wird, es sei ein Gott»[74] – aber nicht, was für einer.

3.2 Der Kultus als Ritual

In den Naturreligionen sind Kultus und Leben noch nicht unterschieden. Im Kultus wird das Leben selbst gefeiert. Eine Entzweiung zwischen den Menschen und ihren Göttern gibt es noch nicht – und so ist auch keine Versöhnung notwendig. Eine neue Stufe ist mit dem Ritual der Opferhandlung erreicht. Die frühen Opferrituale hatten allerdings noch nichts mit einer Umkehr des Gemüts zu tun – es handelte sich um Reinigungsopfer oder um Dankopfer. Ob diese Opfer das Schicksal, die unbekannte Macht, beeinflussen, war ungewiss. Die Nemesis «schwebt über dem Haupt von Göttern und Menschen».[75]

Erstmals im Judentum und dann vollends im Christentum kommt «die Subjektivität zum Bewusstsein ihrer Unendlichkeit in sich».[76] Die menschlichen Subjekte erhalten an der göttlichen Subjektivität so Anteil, dass sie ihre unmittelbare, natürliche Einzelheit freiwillig aufgeben und negieren. «Der Mensch, damit dass er zum Bewusstsein der Unendlichkeit seines Geistes gekommen ist, hat die höchste Entzweiung gegen die Natur überhaupt und gegen sich gesetzt.»[77] Der Preis der Freiheit ist die Entzweiung. «Die Natürlichkeit, das unmittelbare Herz ist das, dem entsagt werden muss».[78]

---

73 Werke 16, 220.
74 Werke 16, 219.
75 Werke 16, 232.
76 Werke 16, 232.
77 Werke 16, 233.
78 Werke 16, 233.

Hegel fordert aber keine mönchische Askese. Der Mensch solle keinesfalls gegen seine Natur als solche handeln. Weder soll er seine Triebe ausrotten, noch soll der freie Wille getötet werden. Besitz- und Ehelosigkeit ließen den Menschen der Versöhnung nicht teilhaftig werden. Man könne sonst ja auch verlangen, «dass der Mensch seine Freiheit, seinen Willen aufgebe, so dass er zu einem dumpfen, willenlosen Geschöpf herabsinkt».[79] Es geht Hegel vielmehr um die Bereitschaft zur Reue. «Wenn der Mensch in dieser Weise seiner Selbstsucht und Entzweiung mit dem Guten entsagt, dann ist er der Versöhnung teilhaftig geworden und durch die Vermittlung in sich zum Frieden gelangt.»[80] Ein priesterliches Handeln am sündigen Menschen ist nicht mehr notwendig.

3.3 Die Gesinnung der Subjekte und die Gesetze des Staates

So sehr Hegel den religiösen Menschen den Genuss der Anschauung Gottes in gottesdienstlichen Handlungen gönnt, so sehr betont er doch auch, dass das sittliche Handeln im Alltag der Welt der vernünftigere und nachhaltigere Gottesdienst sei. Weil es aber ohne sittliche Institutionen kein nachhaltiges sittliches Handeln der Individuen geben kann, kommt Hegel im letzten Kapitel über den Kultus auf das Verhältnis des Staates zur Religion zu sprechen.

Hegel freut sich darüber, dass die Welt gegenwärtig «voll vom Prinzip der Freiheit» ist. Aber er beklagt einen «Formalismus», der sich weigert, das Substanzielle der Freiheit in den Blick zu nehmen. Der Rechtspositivismus etwa wolle Gesinnung, Religion und Gewissen «gleichgültig auf die Seite stellen, indem es die Staatsverfassung nichts angehe, zu welcher Gesinnung und Religion sich die Individuen bekennen».[81] Das hält Hegel für kurzsichtig. Denn nicht die Gesetze sorgen für Recht und Ordnung, sondern die Parlamentarier, die Richter, die Polizisten, also stets Menschen, die eine je eigene (religiöse) Gesinnung haben, der gemäß sie die Gesetze auslegen, handhaben und anwenden. Gegen das Sinnen und Wollen der Menschen sind Verfassungen und Gesetze letztlich machtlos.

4. Die bestimmten Religionen

4.1 Die Religionsgeschichte als die Arbeit des Geistes an sich selbst

Im zweiten Teil seiner *Religionsphilosophie* bietet Hegel einen Gang durch die Religionsgeschichte: von den magischen Naturreligionen über die chinesische,

---

79 Werke 16, 235.
80 Werke 16, 235.
81 Werke 16, 245.

die indische, die persische, die ägyptische Religion bis hin zu den Religionen der Erhabenheit (Judentum), der Schönheit (Griechenland) und der äußeren Zweckmäßigkeit (Rom). Alle bestimmten Religionen sind die zu einem bestimmten Zeitpunkt möglichen Realisierungen des Begriffs der Religion. «Es ist die Arbeit des Geistes durch Jahrtausende gewesen, den Begriff der Religion auszuführen und ihn zum Gegenstand des Bewusstseins zu machen.»[82] Die Religionsgeschichte ist also keine zufällige Aneinanderreihung von religiösen Ausdrucksformen, vielmehr hat diese Geschichte eine Richtung und ein Ziel. Sie lässt sich als die Befreiung des Geistes von den Fesseln der Natur beschreiben. Der endliche Geist wird sich zunehmend bewusst, dass er nicht von bedrohlichen Naturgewalten abhängig ist, sondern dass sein endlicher Geist Moment des absoluten Geistes Gottes ist. Die Religionsgeschichte kann als ein Prozess der Befreiung, aber auch der Verinnerlichung verstanden werden. Hegel hat sich sein religionsgeschichtliches Wissen aus der ihm verfügbaren Literatur verschafft. Verglichen mit dem heutigen religionswissenschaftlichen Wissen müssen Hegels damalige Kenntnisse als unzureichend angesehen werden. Es lohnt sich deshalb nicht, auf Details seiner Darstellung einzugehen. Von Interesse ist letztlich lediglich das Konstruktionsprinzip seiner Religionsgeschichtstheorie.

4.2 Gott als das schlechthin Unbestimmte – die Religionen Asiens

An den Religionen Chinas beeindruckt Hegel die Hochschätzung des Maßes. In Indien sieht er eine Religion der Fantasie am Werk. Die Theorie, dass es in Indien mit Brahman, Krischna und Schiwa schon eine Trinitätslehre gegeben habe, weist er zurück. Brahman sei nur *das* Eine, nicht *der* Eine. Und Schiwa werde nicht als die Rückkehr in die Dreieinigkeit gedacht, sondern als «die wilde Naturlebenskraft überhaupt» – sein Symbol sei das Lingam. Gott ist dort die Negation von allem Besonderen. Er ist das ganz und gar Unbestimmte. Der religiöse Mensch vertieft sich deshalb in das Nichts. «Da ist von Tugend, Laster, Versöhnung, Unsterblichkeit keine Rede; die Heiligkeit des Menschen ist, dass er in dieser Vernichtung, in diesem Schweigen sich vereinigt mit Gott, dem Nichts, dem Absoluten.»[83]

4.3 Die erwachende Subjektivität in Persien, Syrien und Ägypten

Mit dem Dualismus von Licht und Finsternis tritt der Unterschied von Gut und Böse in die Religionsgeschichte ein. Das Licht darf nicht mit der Sonne verwechselt werden.

---

82 Werke 16, 252.
83 Werke 16, 386.

> Das Licht ist eine unendliche Expansion, es ist so schnell als der Gedanke, damit aber seine Manifestation real sei, muss sie auf ein Dunkles treffen. Durch das reine Licht wird nichts manifestiert, erst an diesem Anderen, dem Dunklen, tritt die bestimmte Manifestation ein und damit tritt das Gute in Gegensatz zum Bösen.[84]

Das dialektische Verhältnis von Licht und Finsternis wurde erstmals in Persien durchdacht.

Die syrische Religion bezeichnet Hegel als die Religion des Schmerzes. Hier sei der Kampf zwischen Gut und Böse zu einem Kampf auf Leben und Tod gesteigert. Das Bild des Phönix aus der Asche sei Symbol für den schmerzvollen Tod und die Wiederauferstehung des Guten.

Die Religion Ägyptens ist für Hegel die «Religion des Rätsels».[85] Hier sei die Vorstellung eines sterbenden Gottes, des Osiris, entstanden. Gott ist damit nicht nur allgemeine Substanz, sondern Subjekt. Ein Subjekt kennt sein Anderssein, geht durch seine Negation hindurch und kehrt so zu sich zurück. Der Tod wird Osiris nicht aufgedrängt, vielmehr geht er selbstbestimmt in den Tod – und stellt sich so wieder her. «Die Negation der Negation ist das Zurückkehren in sich, und der Geist ist das ewige In-sich-Zurückgehen.»[86] Osiris stirbt und lebt. Das Böse und der Tod werden nicht geleugnet und verdrängt, vielmehr als überwunden vorgestellt.

Auch die Vorstellung eines Totenreiches, in dem sich die individuellen Seelen der Toten versammeln und auf ihr Gericht warten, findet sich erstmals in Ägypten. Die Vorstellung eines Gerichts, in das die Toten zu gehen haben, war für Hegel der Beginn von Recht und Sittlichkeit. «Hier erst tritt Recht und Sittlichkeit ein in der Bestimmung der subjektiven Freiheit».[87] Jeder hat die Wahl – die Wahl aber hat Konsequenzen. Allerdings sei in Ägypten das Sinnliche noch nicht zum Geistigen verklärt. Es fehle die «Durchsichtigkeit». Die Sphinx sei das passende Sinnbild für die ägyptische Religion. Ein Menschenantlitz blickt uns hier aus einem Tierleibe an – und das Rätsel, das sie dem Griechen aufgibt, ist für diesen kein Rätsel mehr. Des Rätsels Lösung ist «der Mensch, der freie, sich wissende Geist».[88]

4.4 Die Selbstwirksamkeit Gottes und der Menschen

Eine neue Stufe der Religionsgeschichte sieht Hegel in Israel, in Griechenland und im Römischen Reich erklommen. Nun sind die Götter nicht mehr Symboli-

---

[84] Werke 16, 400.
[85] Werke 16, 409.
[86] Werke 16, 423.
[87] Werke 16, 425.
[88] Werke 16, 442.

sierungen von Naturerscheinungen, jetzt sind sie Gründer von Staaten, Gesetzgeber, Friedensstifter, Förderer der Kunst, des Rechts und der Sittlichkeit. «Die hellere Sonne des Geistes lässt das natürliche Licht erbleichen.»[89] Gott oder die Götter sind nun frei und selbstbestimmt. Sie handeln nach Zwecken – und nehmen Einfluss auf den endlichen Geist der Menschen. Wie Gottes Zweck der Same ist, so ist «der Boden für den göttlichen Zweck [...] der endliche Geist».[90] Endliches und Unendliches stehen einander nicht mehr unverbunden gegenüber, sie sind aufeinander bezogen. Als «gerechtfertigt in Gott»[91] wird sich der Mensch Selbstzweck, als «Boden der göttlichen Macht»[92] vertraut er seiner eigenen, wenn auch nur endlichen Macht.

4.5 Die Religion der Erhabenheit – das Judentum

Gott wird im Judentum als *Einer* gewusst, nicht als ein subjektloses *Eines*. Dieser Eine gibt seinem Volk ein Gesetz – «die Sittlichkeit bestimmt sich so als Heiligkeit».[93] Gott ist bild- und gestaltlos. Er ist damit «nicht für die sinnliche Vorstellung, sondern er ist nur für den Gedanken».[94] Der Monotheismus des Judentums sei unendlich wichtig, «denn dass Gott Einer ist, ist die Wurzel der Subjektivität, der intellektuellen Welt, der Weg zur Wahrheit».[95] Nach jüdischem Glauben wurde die Welt aus «ihrem Nichts»[96] erschaffen. «Das Nichts aber, aus welchem die Welt erschaffen ist, ist die Unterschiedslosigkeit.»[97] Gott als der Schöpfer macht einen Unterschied, er ur-teilt, er schafft Ordnung, er ist die «Fülle der Macht des Guten»[98] gegen die nichtige Bosheit des Chaos.

Der jüdische Gott ist sowohl gütig als auch gerecht. «Die Güte ist, dass die Welt ist.»[99] Weil sie aber nicht so bleiben kann, wie sie ist, muss sie sich wandeln und vergehen. Das ist die Gerechtigkeit Gottes. «Die Gerechtigkeit ist das Moment der Negation, d. h., dass die Nichtigkeit offenbar werde.»[100] Weil Gott der Welt gegenübersteht, ist die Welt selbst entgöttert. «Die Welt ist jetzt prosa-

---

89 Werke 17, 11.
90 Werke 17, 15.
91 Werke 17, 45.
92 Werke 17, 45.
93 Werke 17, 51.
94 Werke 17, 52.
95 Werke 17, 53.
96 Werke 17, 54.
97 Werke 17, 55.
98 Werke 17, 54.
99 Werke 17, 58.
100 Werke 17, 60.

isch.»[101] Das wahrhafte Naturwunder besteht darin, dass die chaotische Mannigfaltigkeit der Materie der Gesetzmäßigkeit der göttlichen Vernunft unterliegt. Das göttliche Wort bringt die materielle Welt in Ordnung. Hegel kommt angesichts des Schöpfungsberichtes im Alten Testament ins Schwärmen: «‹Gott sprach: es werde Licht, und es ward Licht.› Es ist dies eine der erhabensten Stellen.»[102] Die Natur gehorcht dem göttlichen Logos.

Der Mensch ist *an sich* das Ebenbild Gottes. Wie ist dann aber das Böse in die Welt gekommen? Davon berichtet die Geschichte vom Sündenfall. Der Mensch isst vom Baum der Erkenntnis und kommt damit zur Erkenntnis des Guten und des Bösen. Er tritt aus dem Zustand natürlicher Unschuld heraus und ergreift seine Freiheit – er will *für sich* sein. Freiheit impliziert stets die Möglichkeit, das Gute wie auch das Böse zu wählen.

Hegels kritische Kommentare zum Judentum verdienen es nicht, hier wiedergegeben zu werden. Sie sind Wiederholungen antijudaistischer Klischees, wie sie in Deutschland im 19. Jahrhundert üblich waren. Vor der düsteren Folie eines Volkes, das noch in der Knechtschaft des Gesetzesgehorsams lebt, kündigt Hegel seinen Hörern eine «Religion der Menschlichkeit und Freiheit»[103] an, die sich in Griechenland entwickelt habe. Nicht mehr das Verhältnis der Abhängigkeit des Geschöpfes von seinem Schöpfer sei nun die Grundbestimmung, sondern dass der Mensch «ein Freies und Entlassenes ist und Gott der Gott freier Menschen wird, die auch in ihrem Gehorsam gegen ihn für sich frei sind».[104]

4.6 Gott als der Gott freier Menschen – die griechische Religion der Schönheit

Das Verhältnis von Gott und Mensch ist nun nicht mehr ein Verhältnis der Abhängigkeit der Geschöpfe von ihrem Schöpfer. Vielmehr ist «die Menschlichkeit in Gott selbst» und umgekehrt das Menschliche «ein Moment des Göttlichen selbst».[105] Der Mensch ist Geist wie Gott – wenn auch nur endlicher Geist. Und so entsteht in Griechenland eine Religionskultur, in der der Mensch sich in Gott weiß. «Gott und der Mensch sagen voneinander: dies ist Geist von meinem Geist.»[106]

Allerdings handelt es nicht um nur einen Gott, sondern um einen ganzen Olymp systematisch ungeordneter Götter. Die griechischen Götter sind Gestalten menschlicher Fantasie, sie werden von den Dichtern produziert. «Diese Mensch-

---

101   Werke 17, 61.
102   Werke 17, 65.
103   Werke 17, 96.
104   Werke 17, 93.
105   Werke 17, 95.
106   Werke 17, 96.

lichkeit der Götter ist das, was das Mangelhafte, aber zugleich auch das Bestechende ist.»[107] Die Zuversicht der Götter ist zugleich die Zuversicht der Menschen. Die griechische Religion sei eine Religion der Heiterkeit, der unbefangenen Freiheit und der Kunst gewesen. Der Kult zielt nicht auf Opfer und Entsagung, sondern auf Genuss. Die Feiern zu Ehren des Dionysos sind ausgelassene Feste, bei denen man sich selbst ebenfalls feiert. «So wird denn das Göttliche geehrt und anerkannt, indem es in Festen, Spielen, Schauspielen, Gesängen, überhaupt in der Kunst vorstellig gemacht wird.»[108] Die Kunst selbst ist Gottesdienst. Das gilt auch für die Poesie. Die Tragödien und Komödien des Sophokles wollen versöhnen.

So sehr man Hegel seine alte Liebe für die griechische Kultur anmerkt, so klar stehen ihm auch deren gravierende Mängel vor Augen. Sie feiert die Freiheit und ist doch eine Sklavenhaltergesellschaft. Nicht das Gewissen, sondern die Willkür regiert. Die Götter sind aus Stein und dichterischer Fantasie gemacht. Die Orakel sind doppelsinnig. Dem Menschen wird nichts offenbart, er wird durch das Orakel nur an sein Nichtwissen erinnert. Die Götter des Olymp, so sympathisch sie auch sein mögen, vermögen nichts gegen die Notwendigkeit. Die Notwendigkeit, die Nemesis, ist eine «blinde, unverstandene, begriffslose Macht».[109] Es gibt keinen Trost. Die Frage nach einem gerechten Schicksal ist sinnlos. Es geht nur darum, das Schicksal heroisch auf sich zu nehmen. Es gibt keinen Schöpfer, dem man sein Leid klagen könnte. «Denn die Grundlage ist nicht das Selbst, sondern das Selbstlose, die Notwendigkeit, von der nur gesagt werden kann: sie ist.»[110] Kronos und Nemesis sind gleichermaßen unerforschlich.

4.7 Die römische Religion der Zweckmäßigkeit der Herrschaft

Oberflächlich und formal betrachtet weisen die Göttergestalten Griechenlands und Roms viele Ähnlichkeiten auf. Inhaltlich betrachtet könnte die Differenz zwischen den griechischen und den römischen Göttern nicht größer sein. Die griechischen Götter sind Fantasiegebilde der Poesie. Leichtsinn, Heiterkeit, unbekümmertes Dasein zeichnen sie aus. Mit den Göttern spielt man Komödie, mit ihnen feiert man die Schönheit. Die römischen Götter hingegen sind keine poetischen, sondern prosaische Gestalten. Sie haben einen Zweck. «Der Gott hat hier einen bestimmten Inhalt: dies ist die Herrschaft der Welt».[111] Jupiter Capitolinus ist ein ganz anderer Gott als Zeus, der Vater der Götter und der Menschen. Jupi-

---

[107] Werke 17, 127.
[108] Werke 17, 140.
[109] Werke 17, 109.
[110] Werke 17, 101.
[111] Werke 17, 165.

ter Capitolinus «hat nur den Sinn des Herrschens».[112] Die angebliche römische Toleranz gegenüber anderen Religionen deutet Hegel als Herrschaftsanspruch. Die Römer hätten «ganze Schiffsladungen von Göttern nach Rom geschleppt»,[113] aber nur, damit diese Götter nebeneinanderstehen, sich gegenseitig überflüssig machen und ansonsten dem Jupiter Capitolinus unterworfen sind. Das römische Pantheon fordere eine Unterwerfung, die sich als Toleranz tarne.

Die römischen Götter seien «geistlose Maschinen», «Verstandesgötter»[114] gewesen – darin den «ledernen Gestalten»[115] der Götter der Französischen Revolution nicht unähnlich. Neben dem Zweck der Herrschaft hatten die römischen Götter vor allem den Zweck, die Glückseligkeit der Individuen zu garantieren, die als Privatpersonen die Selbstsucht verehrten, letztlich aber machtlos und abhängig waren. Es gab eine ganze Fülle von Göttern, die das Gedeihen und die Wohlfahrt der Menschen sichern sollten. Sie konnten aber angesichts der Macht des Kaisers, dieses ungeheuren Individuums,[116] nichts ausrichten, denn das Glück der Individuen, Städte und Länder war seiner Willkür unterworfen. Das Römische Reich verdiene deshalb den Begriff Staat nicht. «[E]s ist nur Herrschaft, die Vereinigung der Individuen [...] unter eine Macht».[117] Das Römische Reich sei letztlich «nur eine rohe, geistlose Vereinigung»[118] gewesen.

Gerade weil das Individuum so abhängig war, sah es sich auf eine Vielzahl von Nothelfern angewiesen. Und so kam es, «dass der Geist ganz in das Endliche und unmittelbar Nützliche eingehaust ist, wie denn den Römern auch Geschicklichkeiten, die sich auf die unmittelbarsten Bedürfnisse und Befriedigungen beziehen, Götter sind».[119] Und dennoch blieb das empirische Individuum, je mehr es sich privatisierte, der despotischen Macht des Herrschers unterworfen. Oder besser: Gerade weil es sich privatisierte und seine selbstsüchtigen Zwecke verfolgte, sich einer «maßlosen Endlichkeit»[120] hingab, hatte der Despot leichtes Spiel. «Ein solches Zerfallen in lauter endliche Existenzen, Zwecke und Interessen kann freilich nur durch die in sich selbst maßlose Despotie eines Einzelnen zusammengehalten werden, dessen Mittel der kalte, geistlose Tod der Individuen ist.»[121]

Den Satz der Sophisten, dass der Mensch das Maß aller Dinge ist, hält Hegel für eine selbstzerstörerische Verabsolutierung des Menschen. Er sei Symptom für «ein menschliches Tierreich, in welchem alles Höhere, alles Substantielle ausge-

---

112 Werke 17, 166.
113 Werke 17, 172.
114 Werke 17, 166.
115 Werke 17, 167.
116 Werke 17, 171.
117 Werke 17, 161.
118 Werke 17, 162.
119 Werke 17, 171.
120 Werke 17, 180.
121 Werke 17, 181.

zogen ist».¹²² Und so feierte Rom einerseits die Subjektivität als Selbstzweck, andererseits verachtete man die menschliche Individualität auf das Ungeheuerlichste. Dies zeige sich an den abscheulichen Gladiatorenkämpfen.

> Es ist dies kalte Morden, welches zur Augenweide dient und die Nichtigkeit menschlicher Individualität und die Wertlosigkeit des Individuums, das keine Sittlichkeit in sich hat, anschauen lässt, das Anschauen des hohlen, leeren Schicksals, das als ein Zufälliges, als blinde Willkür sich zum Menschen verhält.¹²³

Die römische Religion der Zweckmäßigkeit hielt Hegel dennoch für einen Fortschritt gegenüber der griechischen Religion, die zwar die Heiterkeit des Lebens feierte, der Notwendigkeit gegenüber aber hilflos war. Rom war nicht hilflos. Der Nemesis, der göttlichen Notwendigkeit, setzte Rom individuelle Zwecke entgegen. Die Götter wurden so zwar zu bloßen Mitteln des subjektiven Zwecks erniedrigt, andererseits aber wurde sich das Subjekt seiner Selbstwirksamkeit bewusst. Das Problem Roms waren freilich die Begrenztheit seiner Zwecke und die Reduktion des Subjekts auf das nur endliche, willkürliche, von seinen Begierden abhängige Subjekt.

Der Kaiser von Rom war ein Gott. Das Endliche selbst war das Absolute. «Diese Vollendung der Endlichkeit ist nun zunächst das absolute Unglück und der absolute Schmerz des Geistes».¹²⁴ Denn dem Geist geht es um die Versöhnung des Endlichen mit dem Unendlichen, der Subjektivität mit der Substanz. In Rom war aber kein Allgemeines, keine Substanz mehr zu finden: Da war nur noch die geistlose Herrschaft endlicher Subjektivität, repräsentiert durch den Kaiser. Diese Situation hat «ungeheures Unglück und einen allgemeinen Schmerz hervorgebracht, einen Schmerz, der die Geburtswehe der Religion der Wahrheit sein sollte».¹²⁵

Und so führte die römische Herrschaft letztlich zum «Tod der Endlichkeit».¹²⁶ Eine allgemeine Verzweiflung hatte um sich gegriffen. Kaum jemand glaubte noch daran, «in der Zeitlichkeit und Endlichkeit Befriedigung zu finden».¹²⁷ Mit anderen Worten: Die Zeit war erfüllt. So konnte es nicht weitergehen. Die Welt wartete auf eine Revolution des Geistes. Woher sollte sie kommen? Sie konnte nur aus einem Volk kommen, das «die Endlichkeit völlig von sich geworfen hatte»¹²⁸ und dessen Gott als der unendlich Eine die Macht besaß, die Macht des nur endlich Einen auf dem römischen Kaiserthron zu brechen. «Das

---

122 Werke 17, 181.
123 Werke 17, 177 f.
124 Werke 17, 182.
125 Werke 17, 183.
126 Werke 17, 184.
127 Werke 17, 184.
128 Werke 17, 184.

jüdische Volk ist es, das sich Gott als den alten Schmerz der Welt aufbewahrt hat.»[129] Diesen Schmerz kann nur derjenige nachempfinden, der die Entzweiung zwischen den vielen Einzelnen und dem absoluten Einen, dem Endlichen und dem Unendlichen, dem Menschlichen und dem Göttlichen zutiefst empfindet und sich gerade deshalb nach Versöhnung sehnt. Dass diese Versöhnung schon vollbracht sei, das war die Botschaft des Juden Jesus.

5. Hegels Trinitätslehre – die Evolution und die Revolution des Geistes

Hegels Rekapitulation der Religionsgeschichte endet mit der Darstellung der römischen Religion. Deren Verabsolutierung der Endlichkeit machte einen revolutionären Neuanfang notwendig. Die Botschaft des gekreuzigten Juden Jesus aus der abgelegenen Provinz Palästina ließ auf dem Boden der römischen Religionskultur eine machtvolle Alternative entstehen. Hegel empfindet sich ganz selbstverständlich als Erbe dieser Alternative, des Christentums. Und so argumentiert er von nun an nicht mehr nur religionsgeschichtlich, auch nicht mehr nur philosophisch, sondern auch theologisch. Er will von nun an seinen Hörern den Sinn der christlichen Trinitätslehre erläutern.

Hegels Trinitätslehre behält einerseits die Form des orthodoxen Dogmas bei. Andererseits deutet er die Vorstellungsgehalte des Dogmas philosophisch. Sie stellen für ihn die Evolution (Entäußerung) und die Revolution (Rückkehr) des absoluten Geistes zu sich selbst dar. Das Trinitätsdogma ist ihm also Vorstellungshorizont und Plausibilitätsressource. Er sieht im Trinitätsdogma einen philosophischen Schluss in theologischem Gewand. Wie alle Begriffe, so ist auch der Begriff des Absoluten nur als dreistelliger Schluss fassbar. Die «absolute, ewige Idee» sei *erstens* Gott vor der Erschaffung der Welt, *zweitens* die Erschaffung der Welt, mithin der Natur und des endlichen Geistes, damit aber auch die Erschaffung einer Entzweiung, die nach Versöhnung verlangt, und *drittens* der Heilige Geist in seiner Gemeinde als die prinzipielle Einheit des göttlichen und des menschlichen Geistes. Diese drei Momente bilden eine Einheit. Es handelt sich also nicht um Unterschiede, die einander äußerlich bleiben. Vielmehr ist der ganze Prozess «das Tun, die entwickelte Lebendigkeit des absoluten Geistes selbst; das ist selbst sein ewiges Leben, das eine Entwicklung und Zurückführung dieser Entwicklung in sich selbst ist».[130] Der Geist erscheint also nicht erst an dritter Stelle nach dem Vater und dem Sohn. Vielmehr ist der gesamte trinitarische Prozess die Selbstunterscheidung und das Zusichkommen Gottes als Geist. Der Geist entwickelt sich, so «dass erst am Ende vollendet ist, was zugleich seine Vorausset-

---

[129] Werke 17, 184.
[130] Werke 17, 214.

zung ist».¹³¹ Der absolute Geist ist noch nicht dort, wo er hinwill. Das Reich Gottes ist an sich zwar schon präsent, es hat sich aber noch nicht vollendet. Gottes Versöhnungsgeschichte ist noch im Gang.

Die drei Formen des Geistes sind seine Allgemeinheit («In- und Beisichsein»), seine Besonderheit («Sein für Anderes») und die Einzelheit («Rückkehr aus der Erscheinung in sich selbst»). Da der Geist alles durchdringt und belebt, lassen sich seine drei Formen und Erscheinungsweisen aus verschiedenen Perspektiven beschreiben. Für das subjektive Bewusstsein ist Gott zunächst reiner Gedanke, dann Erscheinung in der sinnlichen Welt und schließlich Empfindung, Gemüt und Gedanke des endlichen Subjekts. Gott ist zunächst außer mir, dann für mich und schließlich in mir. Denkt man sich die Trinität räumlich, dann ist Gott zunächst raumlos, dann Äußerlichkeit und schließlich Innerlichkeit. Denkt man sich die Trinität zeitlich, dann ist sie zunächst zeitlos ewig, dann Geschichte und schließlich Gegenwart. Die Gemeinde, in der der Geist gegenwärtig ist, vollendet sich «durch die Negation ihrer Unmittelbarkeit zur Allgemeinheit, eine Vollendung, die aber noch nicht ist und die so als Zukunft zu fassen ist – ein Jetzt der Gegenwart, das die Vollendung vor sich hat».¹³²

5.1 Was ist das Absolute an der ‹absoluten Religion›?

Hegel nennt das Christentum die «absolute Religion»¹³³ – und hat sich damit viele Missverständnisse eingehandelt. Man sah darin einen Überlegenheits- und Herrschaftsanspruch, der durch nichts legitimiert ist. Hegel erhebt aber gar keinen Absolutheits*anspruch*. Ein Anspruch wäre eine Forderung – und nichts ist Hegel suspekter als bloßes Sollen. Für Hegel ist die gesamte Religionsgeschichte die Arbeit des einen Geistes Gottes, und so wäre es albern, dem Christentum eine ‹absolute› Überlegenheit zuzuschreiben.

Religion ist für Hegel «das Selbstbewusstsein Gottes».¹³⁴ Die christliche Trinitätslehre beschreibt, wie Gott sich seiner selbst bewusst wird. Gott hat die Welt erschaffen und ist Mensch geworden, um in seinem Anderen zu sich zu kommen. Die Religion ist insofern das Selbstbewusstsein Gottes, als Gott sich als Gegenstand des endlichen religiösen Bewusstseins erkennt. Die Religion der Menschen ist Geist von seinem Geist. In Hegels Worten klingt das so: «Gott ist Selbstbewusstsein, er weiß sich in einem von ihm verschiedenen Bewusstsein, das an sich das Bewusstsein Gottes ist, aber auch für sich, indem es seine Identität mit Gott weiß, eine Identität, die aber vermittelt ist durch die Negation der End-

---

131 Werke 17, 214.
132 Werke 17, 216.
133 Werke 17, 185.
134 Werke 17, 187.

lichkeit.»¹³⁵ Das Christentum ist deshalb die absolute Religion, weil die Trinitätslehre nicht nur die Struktur des Selbstbewusstseins Gottes nachzeichnet, sondern auch die unvermischte und ungetrennte Einheit von Gott und Mensch im Geist denkt. Das Absolute ist nun nicht mehr abstrakt, sondern konkret.

Von kirchlicher Seite wurde Hegel gerne der Vorwurf gemacht, Gott sei für ihn nichts anderes als das menschliche Selbstbewusstsein. Mithin habe er lediglich menschliche Denkprozesse hypostasiert und Gott zur bloßen Metapher für das Denken und die Vernunft gemacht. Hegel liegt nichts ferner; ja es verhält sich genau umgekehrt: «Das endliche Bewusstsein weiß Gott nur insofern, als Gott sich in ihm weiß; so ist Gott Geist, und zwar der Geist seiner Gemeinde, d. i. derer, die ihn verehren.»[136] Gott hat sich an seine Schöpfung entäußert, er ist Mensch geworden und ist – ganz im Sinne des dritten Glaubensartikels – als Geist bei den Menschen. Gott ist im Christentum «nicht mehr ein Jenseits, ein Unbekanntes, denn er hat den Menschen kundgetan, was er ist, und nicht bloß in einer äußerlichen Geschichte, sondern im Bewusstsein».[137] Gott ist schlechthin offenbar.

Die Initiative geht also vom göttlichen Geist aus, der nicht in sich und für sich bleiben will, sondern sich zeigt. «Der Geist ist dies, sich selbst zu erscheinen, dies ist seine Tat und Lebendigkeit; es ist seine einzige Tat, und er selbst ist nur seine Tat.»[138] Ein Geist, der nicht erscheint, ist kein Geist, sondern ein Gespenst, ein Unwirkliches. «Gott ist als Geist wesentlich dies Sichoffenbaren; er erschafft nicht *einmal* die Welt, sondern ist der ewige Schöpfer, dies ewige Sichoffenbaren, dieser *Aktus*. Dies ist sein Begriff, seine Bestimmung.»[139] Wenn Gott sich offenbart, dann handelt es sich also nicht um ein mirakulöses, unerklärliches Phänomen. «Was geoffenbart wird, ist dies, dass er für ein Anderes ist.»[140] Gott offenbart sich als absoluter Geist dem endlichen Geist. Nur so kann der endliche Geist Zeugnis vom absoluten Geist sein.

5.2 Gott als die ewige Liebe: das Reich des Vaters

Was Hegel zunächst expliziert, wird in der christlichen Theologie unter dem Begriff der «immanenten Trinitätslehre» entfaltet. Es handelt sich dabei um die Idee, dass Gott schon vor der Schöpfung ein dreieiniger Gott war, also ein Gott, der sich von sich selbst unterschied, an diesem Unterschied aber nicht zerbrochen ist, sondern sich so erst seiner selbst bewusst geworden ist. Gott hat den

---

135 Werke 17, 187.
136 Werke 17, 187.
137 Werke 17, 187.
138 Werke 17, 193 f.
139 Werke 17, 193.
140 Werke 17, 194.

Plan der Selbstunterscheidung erst an sich selbst erprobt, bevor er ihn mit der Erschaffung der Welt realisierte.

Was also hat sich Gott vor der Schöpfung gedacht? Gott ist zunächst reiner Gedanke, ewige Idee. Sein Denken ist absolute Einheit mit sich selbst, so «dass zwischen dem Subjekt und Objekt nichts ist, beide eigentlich noch gar nicht vorhanden sind. Dies Denken hat keine Beschränkung [...]; der Inhalt ist nur das Allgemeine selbst; es ist das reine Pulsieren in sich selbst.»[141] Dabei bleibt es aber nicht. Das Allgemeine Gottes, der reine Gedanke, wird sich selbst Gegenstand – unterscheidet sich so von sich selbst. Warum tut er das? Weil er nur so zum Bewusstsein seiner selbst kommen kann. Das reine Pulsieren in sich selbst wird Gegenstand göttlicher Betrachtung. Und so kommt es zur göttlichen Selbstunterscheidung. Das unmittelbar Allgemeine strebt über sich hinaus, wird Bewegung und Tätigkeit. Als tätiges Allgemeines macht es aber durch seine Tat Unterschiede, besondert sich in sich. Gott wird so «der allgemeine Geist, der sich besondert; dies ist die absolute Wahrheit und die Religion ist die wahre, die diesen Inhalt hat».[142] Diese Besonderung führt nicht zum Verlust der Allgemeinheit, sondern das Allgemeine erkennt sich überhaupt erst in seinem Unterschied. Das Besondere ist nun Moment des Allgemeinen geworden. Dass die Selbstunterscheidung Gottes nicht zum Bruch führt, sondern zu einer vertieften Einheit, dies bewirkt «der Geist selbst, oder nach der Weise der Empfindung ausgedrückt, die ewige Liebe. Der heilige Geist ist die ewige Liebe.»[143] Gott als Liebender ist ein tätiger Gott. Das ist die wesentliche Einsicht der Trinitätslehre. Gott kann nicht als ein statisches, sprödes Eins gefasst werden. Gott ist in unendlicher, schöpferischer Kommunikation begriffen.

Der Verstand hingegen tendiert dazu, Gott «unbeweglich fest»[144] zu machen. Dies geschieht etwa, wenn man Gott bestimmte Eigenschaften zuschreibt, die sich dann angeblich widersprechen, wie etwa seine Güte und seine Allmacht. Der Verstand beharrt auf Unterschieden, die im trinitarischen Selbstverständigungsprozess immer schon aufgehoben sind. «Gott setzt sich in diesen Widerspruch und hebt ihn ebenso auch auf.»[145] Die Gegner der Dreieinigkeitslehre seien «nur die sinnlichen und die Verstandesmenschen».[146] Im Sinnlichen herrscht entweder das räumliche «Außereinander», die Äußerlichkeit, oder aber das zeitliche Nacheinander. Die absolute Idee hingegen kennt keine raumzeitlichen Kategorien. In Gott ist alle Äußerlichkeit aufgehoben. Ebendies will der Verstand nicht akzeptieren, und so ist für den Verstand Gott nur «das Eine, das Wesen der

---

141 Werke 17, 220.
142 Werke 17, 221.
143 Werke 17, 221.
144 Werke 17, 224.
145 Werke 17, 225.
146 Werke 17, 229.

Wesen».[147] Wer Gott aber als ein absolut Selbstständiges definiert, der überlässt die Welt der Gottlosigkeit.

Der dreieinige Gott, der sich in sich unterscheidet, ist «die sich unmittelbar auf sich selbst beziehende Negativität».[148] Aber diese Negativität, diese Selbstunterscheidung, ist zugleich die «Vergewisserung seiner selbst».[149] Gott gewinnt die Gewissheit, dass er aus sich herausgehen muss. Er wäre unendlich selbstverliebt, wenn seine Liebe auf die innertrinitarische Beziehung beschränkt bliebe.

Die Trinität ist für Hegel «die allgemeine Grundlage von allem, was nach der Wahrheit betrachtet wird, zwar als Endliches, aber in seiner Endlichkeit als die Wahrheit, die in ihm ist».[150] Für Verstandesmenschen ist das schwer nachvollziehbar. Aber auch der Vernunftbegabte muss eine bestimmte Haltung einnehmen, um das zu verstehen: «Gott ist hier nur für den denkenden Menschen, der sich still für sich zurückhält. Die Alten haben dies Enthusiasmus geheißen; es ist [...] die höchste Ruhe des Denkens aber zugleich die höchste Tätigkeit, die reine Idee Gottes zu fassen und sich derselben bewusst zu werden.»[151] Statt Enthusiasmus kann man diese höchste Ruhe des Denkens, die zugleich höchste Tätigkeit ist, auch Mystik nennen. Und so wird denn auch der Mystiker Jakob Böhme am Ende des Kapitels über den innertrinitarischen Gott ausdrücklich lobend erwähnt. Zwar habe er auch fantastische und wilde Vorstellungen gehabt, «aber dies ist die Gründlichkeit seines Gärens und Kämpfens gewesen, die Dreieinigkeit in allem, überall zu erkennen».[152] Hegel stand ihm da in nichts nach.

5.3 Warum wurde Gott Mensch? Das Reich des Sohnes

Die innertrinitarische Differenz war freilich «nur ein Spiel der Liebe mit sich selbst, worin es nicht zur Ernsthaftigkeit des Andersseins, zur Trennung, zur Entzweiung»[153] kommt. Die Liebe im Reich des Vaters war letztlich noch Selbstliebe, weil das Andere nicht als wirklich Freies, für sich Seiendes zur Geltung kam. Wenn Gott wirklich die Liebe sein wollte, dann musste er sein Anderes nicht nur als Gedanken bei sich haben, es kam darauf an, dass er «das Andere als ein Freies, Selbständiges entlässt. Dieses Andere als ein Selbständiges entlassen, ist die Welt überhaupt.»[154]

---

147 Werke 17, 230.
148 Werke 17, 234.
149 Werke 17, 235.
150 Werke 17, 240.
151 Werke 17, 222.
152 Werke 17, 240.
153 Werke 17, 242.
154 Werke 17, 243.

Die Welt ist Geschöpf Gottes. Sie ist seine Idee und es ist ihre Bestimmung, «zurückzukehren zu ihrem Ursprung, in das Verhältnis des Geistes, der Liebe zu treten. Damit haben wir den Prozess der Welt, aus dem Abfall, der Trennung, zur Versöhnung überzugehen.»[155] Die endliche Welt ist das *Heteron*, das Andere Gottes. Sie ist «die Region des Widerspruchs».[156] Sie ist Erscheinung – aber sie ist immer noch Erscheinung Gottes. Als Natur hat sie keinen Bestand. Es ist ihre Bestimmung, «sich aufzuopfern [...] und zum Geiste zu werden».[157] Hegel widerspricht nachdrücklich einer Naturfrömmigkeit, die glaubt, dass wir Gott unmittelbar in den Naturphänomenen begegnen. Gott will als Geist erkannt werden. Und «um als Geist erkannt zu werden, muss Gott mehr tun als donnern».[158]

Nicht die Natur, die von Gott nichts wissen kann, sondern der endliche Geist des Menschen muss sich auf den Prozess der Versöhnung, also auf den Prozess der Rückkehr zu seinem Ursprung, einlassen. Wer freilich gar kein Bewusstsein von einer Entzweiung und einem Widerspruch zwischen dem, wie die Welt ist, und dem, was sie werden soll, hat, für den «ist dieser Gang, den wir hier betrachten, dieses Ganze etwas Überflüssiges».[159] Wer glaubt, dass der Mensch von Natur aus gut ist, der braucht keine Versöhnung. Der braucht sich auch keine Gedanken über das Böse zu machen. Das wäre freilich ein geistloses Verständnis vom Menschen. Denn das ist der Begriff des Geistes, «dass der Mensch nicht bleiben soll, wie er unmittelbar ist».[160]

Die Natur ist weder gut noch böse. Sie ist Notwendigkeit. Sie hat keine Wahl. Sie ist nicht frei. Der Mensch an sich, der Mensch als Ebenbild Gottes, sein Geist als «der Spiegel Gottes»,[161] ist gut. Das Problem ist nicht der Mensch als Idee Gottes, das Problem ist der Mensch, der in seiner Natürlichkeit für sich sein will. Der natürliche Mensch ist ein Wollender. Und wenn «der Inhalt seines Wollens nur der Trieb, die Neigung ist, so ist er böse».[162] Unschuldig sein heißt, willenlos zu sein. Wenn der Mensch etwas will, so riskiert er, schuldig zu werden. «Bösesein heißt abstrakt, mich vereinzeln, die Vereinzelung, die sich abtrennt vom Allgemeinen.»[163] Die biblische Sündenfallgeschichte berichtet exemplarisch vom Wunsch des Menschen, sich vom Allgemeinen zu trennen. Die Schlange hatte recht. Die Menschen erkannten tatsächlich, was gut und böse ist: *sie selbst*. Jeder Mensch, so Hegel, kann das wissen – und darüber einen «unendlichen

---

155 Werke 17, 244.
156 Werke 17, 247.
157 Werke 17, 248.
158 Werke 17, 250.
159 Werke 17, 251.
160 Werke 17, 252.
161 Werke 17, 251.
162 Werke 17, 253.
163 Werke 17, 257.

Schmerz»[164] empfinden. «Dies Ich ist mit dem natürlichen Willen, der Welt in unmittelbarer Beziehung und zugleich davon abgestoßen. Dies ist der unendliche Schmerz, das Leiden der Welt.»[165]

5.3.1 Die versöhnende Menschwerdung Gottes

Wie kann Versöhnung wirklich werden? Die an sich seiende Einheit der göttlichen und der menschlichen Natur ist dafür die notwendige Grundlage. «So kann der Mensch sich aufgenommen wissen in Gott, insofern ihm Gott nicht ein Fremdes ist, er sich zu ihm nicht als eine äußerliche Akzidenz verhält.»[166] Diese Einheit nur zu denken, genügt aber nicht. Sie «muss die Form unmittelbarer sinnlicher Anschauung, äußerlichen Daseins» erhalten. Nur so kann sie zur Gewissheit nicht nur für das spekulative Denken, sondern für alle Menschen werden.

> So muss sich diese Einheit in ganz zeitlicher, vollkommen gemeiner Erscheinung der Wirklichkeit, in einem, diesem Menschen für das Bewusstsein zeigen, in einem *Diesen*, der zugleich gewusst werde als göttliche Idee, nicht nur als höheres Wesen überhaupt, sondern als die höchste, absolute Idee, als Gottessohn.[167]

In der Anschauung dieses einen Menschen als Gottessohn kommt die Einheit von Gott und Mensch zur Erscheinung. Für die Griechen war die Materie das Gefängnis des Geistes. Das Christentum hat ein anderes Verhältnis zur Natürlichkeit menschlichen Lebens. Das Wort wird Fleisch. Gott ist in einem einzelnen Menschen ganz real und gegenwärtig. Das ist «der schönste Punkt der christlichen Religion», und «die absolute Verklärung der Endlichkeit ist in ihr zur Anschauung gebracht».[168]

5.3.2 Die revolutionäre Botschaft Jesu vom Reich Gottes

Das Besondere und Herausragende der Verkündigung Jesu war für Hegel die Botschaft, dass das Reich Gottes schon da ist. «Die neue Religion spricht sich aus als ein neues Bewusstsein – Bewusstsein der Versöhnung des Menschen mit Gott; diese Versöhnung als Zustand ausgesprochen ist das Reich Gottes, das Ewige als die Heimat für den Geist, eine Wirklichkeit, in der Gott herrscht.»[169] Das Reich Gottes stellt die Reiche dieser Welt radikal infrage. «Dieses Reich Gottes, die neue Religion, hat also an sich die Bestimmung der Negation gegen das Vor-

---

164 Werke 17, 267.
165 Werke 17, 267.
166 Werke 17, 273.
167 Werke 17, 274.
168 Werke 17, 276.
169 Werke 17, 280.

handene; das ist die revolutionäre Seite der Lehre, die alles Bestehende teils auf die Seite wirft, teils vernichtet, umstößt.»[170] Die Polemik gegen alles Bestehende zeichnete Jesu Verkündigung und sein Verhalten aus. Für seine revolutionären Lehren ist er dann auch hingerichtet worden.

Es gibt aber auch eine affirmative Seite der Verkündigung Jesu. Die Menschen sollen nach dem Reich Gottes trachten. «In dieses, als das Reich der Liebe zu Gott, hat sich der Mensch zu versetzen, so dass er sich unmittelbar in die Wahrheit werfe.»[171] Die Seligpreisungen hätten eine bis heute die Herzen bewegende Botschaft. «Der unendliche Wert der Innerlichkeit ist damit zuerst aufgetreten.»[172] Das Reich Gottes ist eine geistige, innere Welt, der «göttliche Himmel des Innern».[173] Wenn Jesus seine Hörer auffordert, nach dem Reich Gottes zu trachten, dann meinte er laut Hegel damit: «Werft euch in die Wahrheit.»[174]

Jesus war ein Märtyrer der Wahrheit. «So weit geht auch der Unglaube in dieser Geschichte mit.»[175] Auch Sokrates war ein Märtyrer der Wahrheit, der die Wahrheit seiner Lehre mit seinem Tod bekräftigt hat. Das ist aber nicht alles, was von Jesus zu sagen ist. Mit dem Tod Christi beginnt nämlich ein ganz neues Kapitel des Wirkens Jesu Christi. «Der Tod Christi ist der Mittelpunkt, um den es sich dreht.»[176]

5.3.3 Der Karfreitag – ein theologischer Revolutionsfeiertag

Wer im Tod Jesu nur den ungerechten Tod eines leidenden Gerechten sieht, der übersieht das Revolutionäre daran. Denn am Karfreitag ist «alle Größe, alles Geltende der Welt [...] ins Grab des Geistes versenkt. Dies ist das revolutionäre Element, durch welches der Welt eine ganz andere Gestalt gegeben wird.»[177] Das in der Vorstellung Niedrigste ist zum Höchsten verklärt, die Entehrung zur höchsten Ehre gelangt.

> Wenn das Kreuz zum Panier erhoben ist, und zwar zum Panier, dessen positiver Inhalt zugleich das Reich Gottes ist, so ist die innere Gesinnung in ihrem tiefsten Grunde dem bürgerlichen und Staatsleben entzogen und die substantielle Grundlage desselben hinweggenommen, so dass das ganze Gebäude keine Wirklichkeit mehr, sondern eine leere Erscheinung ist, die bald krachend zusammenstürzen [...] muss.[178]

---

170 Werke 17, 280.
171 Werke 17, 281 f.
172 Werke 17, 282.
173 Werke 17, 283.
174 Werke 17, 284.
175 Werke 17, 286.
176 Werke 17, 286 f.
177 Werke 17, 289.
178 Werke 17, 290.

Das Römische Reich, das seine Untertanen verachtete, weil es nur an Herrschaft interessiert war, machte es dem Christentum leicht, Individuen davon zu überzeugen, dass ein Leben im Reich Gottes einem Leben im Reich der Welt vorzuziehen war. «Alles Feste, Sittliche [...] war zerstört, und es blieb dem Bestehenden, gegen das sich die neue Religion richtete, nur die ganz äußerliche, kalte Gewalt, der Tod übrig, den das entwürdigte Leben, das sich im Innern unendlich fühlte, nun freilich nicht mehr scheute.»[179] Das ist die politische und weltgeschichtliche Bedeutung des Karfreitags.

Er hat aber auch eine theologische Bedeutung, die nicht weniger revolutionär ist. Denn am Karfreitag stirbt der Mensch gewordene Gott selbst. Es handelt sich nicht nur um den Tod eines jungen Mannes, es handelt sich zugleich um den Tod Gottes. Gott selbst hat sich zum Tod bestimmt. Es war sein freier Akt. Gerade so aber wird der Tod Gottes zum Tod des Todes. «In dem Tode Christi ist [...] die Endlichkeit des Menschen getötet worden. Dieser Tod des Natürlichen hat [...] allgemeine Bedeutung; das Endliche, Böse überhaupt ist vernichtet. Die Welt ist so versöhnt worden; der Welt ist durch diesen Tod ihr Böses an sich abgenommen worden.»[180]

Allerdings folgt Hegel nicht der alten Satisfaktionslehre, nach der Jesus sich für einen Menschenblut fordernden, rachsüchtigen Gott als Schlachtopfer, als Lamm hingibt. Es verhält sich vielmehr so, dass Gott selbst es ist, der sich opfert. Gott hatte sich zunächst ganz und gar auf sein Anderes, die Endlichkeit, das Menschliche eingelassen. Dieses Endliche und Menschliche kommt im Tod Jesu nun an sein Ende. «Diese Endlichkeit in ihrem Fürsichsein gegen Gott ist das Böse, ein ihm Fremdes, er hat es aber angenommen, um es durch seinen Tod zu töten.»[181] Nicht ein Menschenopfer verlangt Gott. Gott selbst opfert sich, um die Menschen vom Fluch der Endlichkeit und des Bösen zu erlösen. «Der schmachvolle Tod als die ungeheure Vereinigung dieser absoluten Extreme ist darin zugleich die unendliche Liebe, dass Gott sich mit dem ihm Fremden identisch gesetzt hat, um es zu töten.»[182] Der Mensch ist nun in seiner Endlichkeit nicht mehr gefangen, die Schranke zwischen Endlichem und Unendlichem ist aufgehoben, selbst der Tod ist nicht mehr gottlos. Am Kreuz ist «die Endlichkeit des Menschen getötet worden».[183] Das Böse ist vernichtet, «der Welt ist durch diesen Tod ihr Böses an sich abgenommen worden».[184] Die Versöhnung von Gott und Mensch ist anschaulich geworden. «Dieser Tod ist die Liebe selbst, als Moment

---

179 Werke 17, 290 f.
180 Werke 17, 295.
181 Werke 17, 292.
182 Werke 17, 292.
183 Werke 17, 295.
184 Werke 17, 295.

Gottes gesetzt, und dieser Tod ist das Versöhnende. Es wird darin die absolute Liebe angeschaut.»[185]

Karfreitag und Ostern, Tod und Auferstehung sind nicht zu trennen. Das eine ist die Negation, das andere die Negation der Negation.[186] Hegel behauptet die Auferstehung aber nicht als eine historische Tatsache. Christus sei nämlich nach seinem Tod nur seinen Freunden erschienen. «[D]ies ist nicht äußerliche Geschichte für den Unglauben, sondern nur für den Glauben ist diese Erscheinung.»[187] Sowenig die theologische Revolution am Kreuz einem Außenstehenden bewiesen werden kann, so wenig Sinn macht es, die Auferstehung Jesu, also den Tod des Todes, irgendwie beweisen zu wollen. Wem das alles fremd ist, dem wird es fremd bleiben. Wer freilich den unendlichen Schmerz über den Zustand der Welt spürt, der mag sich dafür sensibilisieren lassen. Jedenfalls gilt: «Das bloße Betrachten der Geschichte hört hier auf; das Subjekt selbst wird in den Prozess hineingezogen; es fühlt den Schmerz des Bösen und seiner eigenen Entfremdung, welche Christus auf sich genommen, indem er die Menschlichkeit angezogen, aber durch seinen Tod vernichtet hat.»[188]

Es braucht nun eine Gemeinde, die die revolutionäre Idee von der Einheit der göttlichen und menschlichen Natur weiterträgt. Gott hat gezeigt, dass das Menschliche ihm kein Fremdes ist, sondern ein Moment an ihm, «aber allerdings ein verschwindendes».[189] Die Rückkehr Jesu zur Rechten Gottes durch seine Himmelfahrt veranschaulicht den theologischen Gedanken, dass Gott als Mensch die Endlichkeit zwar angenommen hat, sie aber auch aufgehoben hat. Jesus Christus ist in seinen Ursprung zurückgekehrt. Das ist der Übergang der Geschichte Christi in die Geschichte des Geistes, der Übergang von der Erscheinung Gottes im Sohn in seine Erscheinung im Geist der Gemeinde.

5.4 Gott als Geist in seiner Gemeinde: das Reich des Geistes

Was ist eine Gemeinde? Eine Gemeinde sind viele verschiedene Individuen in der Einheit des Geistes. Die Einheit kommt nicht dadurch zustande, dass man einander mag oder miteinander befreundet ist. Alles Besondere ist wertlos. «Alle Unmittelbarkeit, in der der Mensch Wert hätte, ist hinweggeworfen»;[190] es sind «alle Unterschiede der Herrschaft, der Gewalt, des Standes, selbst des Geschlechtes aufgegeben: vor Gott sind alle Menschen gleich».[191] Wie schon die Verkündi-

---

185 Werke 17, 295.
186 Vgl. Werke 17, 295.
187 Werke 17, 291.
188 Werke 17, 296.
189 Werke 17, 298.
190 Werke 17, 302.
191 Werke 17, 303.

gung Jesu und sein Tod revolutionär waren, so ist nun auch die Vorstellung von einer Gemeinde, in der alle gleich sind, revolutionär – zumal in einer Sklavenhaltergesellschaft wie der römischen. Die christliche Gemeinde verstand sich als das realisierte Reich des Geistes. Sie war «gegen alle Herrlichkeit der Welt polemisch gerichtet».[192] Der Mensch, der in ihr zu Hause ist, weiß, dass er unendlichen Wert hat und absolut frei ist – nicht deshalb, weil er etwas Besonderes wäre oder es eine staatliche Garantie seiner Freiheit gäbe, sondern weil er sein individuelles Bewusstsein im allgemeinen Selbstbewusstsein des göttlichen Geistes aufgehoben weiß. Es ist die Vermittlung des Geistes, «in der ihm solcher Wert, aber ein unendlicher, zukommt und in der die Subjektivität wahrhaft unendlich und an und für sich wird».[193]

Die durch den Geist vermittelte Freiheit befähigt das Individuum, seinen Beitrag zur Einheit im Geist zu leisten, indem es liebt. Diese Liebe ist «weder menschliche Liebe, Menschliebe, Geschlechtsliebe, noch Freundschaft».[194] Der Gegenstand der gemeinsam geteilten Liebe ist der erhöhte Christus. «Aber diese Hoheit ist zugleich dem Subjekte unendliche Nähe, Eigentümlichkeit und Angehörigkeit, und was so zunächst als ein Drittes die Individuen zusammenschließt, ist auch das, was ihr wahrhaftes Selbstbewusstsein, ihr Innerstes und Eigenstes ausmacht.»[195] Die Gemeinde ist ein Ort kollektiver Innerlichkeit.

Nicht mehr der sinnlich wahrnehmbare Christus, sondern sein Geist ist gegenwärtig. Dies ist der Übergang in das Reich des Geistes: «Es ist der Übergang aus dem Äußeren, der Erscheinung, in das Innere. Um was es zu tun ist, das ist die Gewissheit des Subjekts von der unendlichen, unsinnlichen Wesenhaftigkeit des Subjekts in sich selbst – sich unendlich wissend, sich ewig, unsterblich wissend.»[196] Es handelt sich dabei nicht um ein unmittelbares Wissen, sondern um ein durch den heiligen, unendlichen Geist vermitteltes.

Die Innerlichkeit der christlichen Gemeinde ist eine andere Innerlichkeit als die stoische. Die Stoiker zogen sich aus der Welt in sich selbst zurück. Ihre Innerlichkeit war privat. Die Gemeinde hingegen zieht sich aus der Welt nicht zurück, sondern empfindet «den unendlichen Schmerz»[197] über den Zustand der Welt. Dieser Schmerz versenkt die Gemeinde aber nicht in Trauer und Depression. Denn der Geist, dessen Gegenwart sie gewiss sind, fürchtet sich vor nichts – «selbst nicht vor der sinnlichen Gegenwart».[198] Der Geist kennt keine «Feigheit des abstrakten Gedankens» und keine «ekle Vornehmigkeit gegen das Moment

---

[192] Werke 17, 300.
[193] Werke 17, 302 f.
[194] Werke 17, 304.
[195] Werke 17, 304 f.
[196] Werke 17, 302.
[197] Werke 17, 302.
[198] Werke 17, 300.

der sinnlichen Gegenwart».[199] Und so scheue er sich eben auch nicht, im endlichen Geist endlicher Menschen der Gegenwärtige und Wirkliche zu sein. «Das ist der Geist Gottes oder Gott als gegenwärtiger, wirklicher Geist, Gott in seiner Gemeinde wohnend.»[200]

5.4.1 Das Pfingstwunder

Der Mensch ist von Natur aus «Einzelnes, Ausschließendes, von anderen Verschiedenes».[201] Wenn er Subjekt in der Gemeinde und damit «Bürger des Reiches Gottes»[202] werden will, dann muss er sich auf einen Verwandlungsprozess einlassen, an dessen Ende die Gewissheit steht, dass der Geist Gottes in ihm wohnen kann. Dafür muss das Subjekt die eigene Unmittelbarkeit, Endlichkeit und Unvollkommenheit «zu einem Unwesentlichen»[203] herabsetzen. Und es muss daran glauben, «dass die Versöhnung vollbracht ist, d. h. sie muss vorgestellt sein als etwas Geschichtliches, als etwas, das vollbracht ist auf der Erde, in der Erscheinung».[204] Das trug sich am Pfingstfest in Jerusalem zu. «Da kommt der Geist hervor; denn da ist die ganze Geschichte vollendet und steht das ganze Bild des Geistes vor der Anschauung.»[205]

Ganz offensichtlich handelt es sich bei der Pfingstgeschichte um eine Erzählung. Inwiefern ist sie dann wahr? Hegels Argument für die Wahrheit des Pfingstwunders ist bemerkenswert. Glaubenswahrheiten könnten nicht historisch bewiesen, sie könnten nur durch die Philosophie gerechtfertigt werden. «Was der Geist tut, ist keine Historie, es ist ihm nur um das zu tun, was an und für sich ist, nichts Vergangenes, sondern schlechthin Präsentes.»[206] Und so besteht die Wahrheit des Pfingstwunders auch nicht darin, dass die Apostelgeschichte die damaligen Ereignisse in Jerusalem präzise wiedergibt. Seine Wahrheit besteht schlicht darin, dass der Geist als das dritte Moment der Trinität erscheinen muss. Pfingsten ist in der gleichen Weise wahr wie Weihnachten, Karfreitag und Ostern. An Pfingsten vollendet sich die Erscheinung des dreieinigen Gottes.

Das wahre Wunder ist das Wunder der Gegenwart des Geistes. Es braucht keinen Glauben an irgendwelche Naturwunder mehr. Es ist wunderbar genug zu wissen, dass der Geist Gottes die Welt bestimmt. Von nun an weiß der endliche Geist, dass Gott kein Abstraktum, sondern ein Konkretes ist. Er erscheint als

---

199 Werke 17, 300.
200 Werke 17, 305.
201 Werke 17, 307.
202 Werke 17, 306 u. ö.
203 Werke 17, 319.
204 Werke 17, 307.
205 Werke 17, 308.
206 Werke 17, 318.

Geist im Geist der Menschen. Weil aber Gott der Gott freier Menschen ist, erscheint der Geist Gottes im endlichen Geist der Menschen oft genug in höchst merkwürdigen Mischformen. Gleichwohl ist für Hegel die Weltgeschichte trotz aller Wirrungen und Irrungen die Geschichte des Wirkens des göttlichen Geistes im menschlichen Geist.

5.4.2 Die Gemeinde als Raum der Freiheit zur Freiheit

Der Geist verändert die Welt. Die Gemeinde kann sich von der unablässigen Arbeit des Geistes nicht abkoppeln. Auch ihr Bestehen ist deshalb ein fortdauerndes Werden. Wenn sie sich diesem Werden entziehen will, dann herrscht nicht mehr der Geist in ihr, sondern ein Geist der Herrschaft. Die Wahrheit, die eine Kirche zur Kirche macht, ist die Lehre von der Versöhnung. Sie ist an sich schon vollbracht. Diese Wahrheit muss gelehrt werden. Der Zweck der Kirche besteht für Hegel deshalb vornehmlich in der Lehre der schon vollbrachten Versöhnung. «Die Kirche ist wesentlich die Veranstaltung, dass ein Lehrstand sei, dem aufgetragen ist, diese Lehre vorzutragen.»[207]

Die Kirche vollzieht aber auch Rituale. Sie tauft. Was bedeutet dieses Ritual? «Die Taufe zeigt an, dass das Kind in der Gemeinschaft der Kirche nicht im Elend geboren wird, nicht antreffen werde eine feindliche Welt, sondern seine Welt die Kirche sei».[208] Der Mensch müsse zweimal geboren werden, einmal natürlich und dann geistig. Hegel verteidigt die Säuglingstaufe aus folgendem Grund: «Das Kind, insofern es in die Kirche geboren ist, ist in der Freiheit und zur Freiheit geboren.»[209] Das Böse ist als das Nichtige durchschaut. «Der Kampf ist vorbei.»[210]

Das Abendmahl ist für Hegel ein mystisches Ritual. Hier geht es um den sinnlichen Genuss der Gegenwart Gottes, um eine *unio mystica*. «Daher ist auch das Abendmahl der Mittelpunkt der christlichen Lehre und von hier aus erhalten alle Differenzen in der christlichen Kirche ihre Farbe und Bestimmung.»[211] In der katholischen Tradition werde «Gott als ein Ding» angesehen und denen, die die Hostie empfangen, bleibe der Vorgang ein Geheimnis. In der lutherischen Tradition sei die Hostie ein «gemeines sinnliches Ding» und erst «im Verzehren und Vernichten des Sinnlichen» komme es zur «Vereinigung mit Gott».[212] Die reformierte Tradition eines bloßen Erinnerungsmahls hält Hegel für geistlos. «Hier ist

---

207 Werke 17, 322.
208 Werke 17, 322 f.
209 Werke 17, 324.
210 Werke 17, 325.
211 Werke 17, 328.
212 Werke 17, 328 f.

das Göttliche, die Wahrheit in die Prosa der Aufklärung und des bloßen Verstandes heruntergefallen, ein bloß moralisches Verhältnis.»[213]

5.4.3 Der sittliche Staat als die Realisierung endlicher Freiheit

So genussvoll und wohltuend der Vollzug der Rituale der Freiheit und der Versöhnung in der Gemeinde auch ist, so fordert der Geist eine «erfüllte Gegenwart»[214] auch im Alltag der Welt. Der Geist strebt über die Kirche hinaus, will sich auch im Weltlichen bewähren, es durchdringen und formen. Die Gemeinde ist überzeugt, «dass das Subjekt als Gegenstand göttlicher Gnade [...] unendlichen Wert hat».[215] Seine Bestimmung zur Unendlichkeit ist seine Freiheit. Es ist damit auch frei gegenüber allen weltlichen Ordnungen und weiß sich als «in sich versöhnt seiende, schlechthin feste, unendliche Subjektivität».[216] Die Frage stellt sich dann aber, wie sich das freie religiöse Selbstbewusstsein zur Weltlichkeit überhaupt verhält.

Hegel skizziert drei Optionen. Die erste ist die Weltflucht, eine «mönchische Abstraktion».[217] Die zweite ist die der katholischen Kirche, die von der Welt die Unterwerfung fordert. Das führte aber zum Verderben der Kirche, weil sie sich so das weltliche Prinzip der Herrschaft zu eigen macht und damit ihren Ursprung verrät. Die wahre Versöhnung von Kirche und Welt, von Reich Gottes und Reich der Welt ist für Hegel die Sittlichkeit. Die Sittlichkeit ist «die konkret gewordene Freiheit».[218] In der Sittlichkeit ist die Versöhnung der Religion mit der Welt, des Geistes mit der Natur vollbracht.

Die für die Aufrechterhaltung der Sittlichkeit unerlässliche Institution ist der Staat. Und so kann Hegel emphatisch ausrufen: «In der Organisation des Staates ist es, wo das Göttliche in die Wirklichkeit eingeschlagen, diese von jenem durchdrungen und das Weltliche [von] nun an und für sich berechtigt ist; denn ihre Grundlage ist der göttliche Wille, das Gesetz des Rechts und der Freiheit.»[219] Dem Staat müsse diese seine theologische Dimension gar nicht bewusst sein. Es genüge, dass er das Recht und die Freiheit seiner Bürgerinnen und Bürger für unantastbar hält. So garantiere der Staat nicht nur die Freiheit seiner Bürger, sondern auch die Freiheit des Geistes.

---

213 Werke 17, 329.
214 Werke 17, 329.
215 Werke 17, 330.
216 Werke 17, 330.
217 Werke 17, 331.
218 Werke 17, 332.
219 Werke 17, 332.

6. Welchen Sinn haben Gottesbeweise?

Immer wieder kommt Hegel in seinen Vorlesungen auf die sogenannten Gottesbeweise zu sprechen. Mit den mittelalterlichen Gottesbeweisen könne man Skeptiker selbstverständlich nicht vom Dasein Gottes überzeugen. Sie seien Versuche der Glaubenden, sich die Vernunft des Gottesgedankens zu erweisen. In den Gottesbeweisen kann es auch gar nicht darum gehen, Gott zu «beweisen». Gelänge so ein Beweis, dann wäre die Bedingung der Existenz Gottes dieser Beweis. Gott wäre dann aber nicht mehr das Unbedingte, sondern ein von diesem Beweis Abhängiges. In den Gottesbeweisen geht es für Hegel vielmehr um die Verhältnisbestimmung von Unendlichem und Endlichem, von Sein und Dasein, von Substanz und Akzidenz, von Allgemeinem und Einzelnem. Das Nachdenken über diese Übergänge ist für Hegel kein genuin religiöser Akt, es handelt sich dabei um eine Tätigkeit des Denkens selbst. «Wir denken einen Gegenstand; damit bekommen wir sein Gesetz, sein Wesen, sein Allgemeines vor uns. Der denkende Mensch ganz allein ist es, der Religion hat, das Tier hat keine, weil es nicht denkt.»[220]

Dass das Endliche nicht bleiben kann, was es ist, «ist ganz der logischen Betrachtung angehörig».[221] Das Endliche vergeht. Wohin geht es? Für den Dialektiker Hegel geht das Endliche, wenn es vergeht, in das Un-endliche über. Das Endliche findet seine Wahrheit im Unendlichen. Wenn religiöse Menschen nach dem Unendlichen fragen, dann haben sie in der Regel eine schmerzhafte Erfahrung mit ihrer eigenen Endlichkeit gemacht. Sie suchen nach dem Grund für ihre Unselbstständigkeit – und sie finden Beruhigung in der Vorstellung eines unendlichen Gottes, der das Endliche erschaffen hat. Als Endliche fühlen sie sich im Unendlichen aufgehoben. Der Übergang endlicher religiöser Menschen zum Unendlichen benötigt kein logisches Kalkül. Der Gedanke drängt sich schlicht auf.

Die mittelalterlichen Gottesbeweise versuchten, die Vernunft dieses religiösen Impulses zu erweisen. Dabei machten sie nach Hegel aber einen fundamentalen Fehler. Der Fehler bestand darin, dass alle diese Beweise einen affirmativen Begriff vom Endlichen haben. Die Schlüsse haben die folgende Struktur: 1. Das Endliche setzt Unendlichkeit voraus. 2. Es gibt Endliches. 3. Also gibt es auch Unendliches. Die Schlüsse übersehen aber, dass das Unendliche die Negation des Endlichen ist. «Nicht durch das Sein des Endlichen geht das Unendliche hervor, sondern aus dem Nichtsein des Endlichen: dies ist das Sein des Unendlichen.»[222] Das vorfindliche Endliche ist vom Unendlichen immer schon negiert, im Vergehen begriffen. «[D]as Endliche ist nur dies: überzugehen ins Unendliche.»[223] So falsch die vorausgesetzte Affirmation auch ist, so stimmt Hegel doch dem –

---

220 Werke 16, 309.
221 Werke 16, 309.
222 Werke 16, 314.
223 Werke 16, 314.

wenn auch unzureichend hergeleiteten – Grundanliegen zu, dass es einen notwendigen Übergang des Unendlichen ins Endliche und des Endlichen ins Unendliche gibt.

Für die Gottesbeweise ist Gott das an und für sich Notwendige, die Substanz. Diese Bestimmung Gottes ist aber noch nicht hinreichend. Bei Spinoza, so Hegels Kritik, sei Gott als Substanz nicht als eine Tätigkeit, nicht als ein Geist, der einen Unterschied macht, gefasst, sondern als eine «in sich zwecklose, leere Macht».[224] Die Substanz ist, sie tut aber nichts. Gott ist zwar als Allheit gefasst, aber die Allheit ist nur da, nicht tätig. So ist sie die bloße Affirmation des Vorfindlichen. Hegel hingegen fasst die Substanz als die «Macht des Vergehens, so dass das Vergehen vergeht».[225]

Am meisten überzeugt Hegel noch der sogenannte ontologische Gottesbeweis Anselms von Canterbury. Er fasst den Beweis so zusammen:

> Anselm von Canterbury, ein gründlich gelehrter Theologe, hat den Beweis so vorgetragen: Gott ist das Vollkommenste, der Inbegriff aller Realität. Ist Gott bloß Vorstellung, subjektive Vorstellung, so ist er nicht das Vollkommenste; denn wir achten nur das für vollkommen, was nicht bloß vorgestellt ist, sondern auch Sein hat.[226]

Wenn Gott der Inbegriff aller Realität ist, dann enthält sein Begriff selbstverständlich auch das Sein.

Genau diese affirmative Einheit kritisiert Hegel aber. Begriff und Sein seien gerade nicht identisch. Der Begriff ist vielmehr die Negation des vorfindlichen Seins. Der Begriff Gottes ist absolute Negativität, ewige Selbstüberschreitung – und gerade so das Allerrealste. Gott stellt alles vorfindliche Sein infrage, lässt nichts, wie es ist. Darin besteht die Wirklichkeit und Wirksamkeit Gottes gegenüber allem vorfindlichen Sein. Das Sein ist in Gott aufgehoben, also negiert. Und das ist gut zu wissen.

Kant hat bekanntlich Anselms ontologischen Gottesbeweis mit dem Argument kritisiert, dass man sich hundert Taler zwar denken könne. Damit stünden sie einem aber noch lange nicht zur Verfügung. Hegel empörte sich über Kants Gleichsetzung des Gedankens Gottes mit hundert vorgestellten Talern. Kants Vergleich habe «den großen Haufen für sich gewonnen».[227] Dabei sei sein Argument einfach nur ein Appell «an etwas Populäres»: «Dies wissen wir freilich, dass man sich Luftschlösser bauen kann, die deshalb noch nicht sind.»[228] Populär sei auch die Behauptung, es handle sich beim Begriff ja «nur um einen Be-

---

224 Werke 16, 316.
225 Werke 16, 316.
226 Werke 17, 209.
227 Werke 17, 209.
228 Werke 17, 209.

griff».[229] Was Kant gegen den ontologischen Gottesbeweis vorgebracht habe, sei leider «das Vorurteil der Welt geworden».[230] Die Grundannahme sei, dass der sinnliche Mensch der Inbegriff aller Realität sei und seinen Gedanken, weil man sie ja weder sehen noch schmecken kann, keine Wirklichkeit zukomme. Der Begriff wird dann als das Gegenteil des Konkreten gefasst. Das Sein bestimmt angeblich das Bewusstsein. Damit haben die Kritiker Anselms das gleiche Problem wie Anselm selbst: Das Sein wird nicht als das immer schon vom Begriff Negierte begriffen.

---

[229] Werke 17, 212.
[230] Werke 17, 208.

Kapitel 10
Selbsterkenntnis als Ziel philosophischer Praxis: Hegels *Geschichte der Philosophie*

1. Einleitung

1.1 Der Geist – ein Maulwurf

Endet auch Hegels Geschichte der Philosophie – wie seine Geschichte der Ästhetik und seine Geschichte der Religion – auf einem Misston? Auf den ersten Blick sieht es nicht so aus. Hegel vertraut dem Geist, der – wie ein Maulwurf – zwar träge und langsam, aber unablässig und zielstrebig die Fundamente alles Bestehenden unterhöhlt und Geistloses zum Einsturz bringt. Auch wenn es oft so scheine, dass der Geist sich selbst vergessen und verloren habe, so müsse die Philosophie doch darauf vertrauen, dass er innerlich weiterarbeite, «bis er in sich erstarkt, [...] die Erdrinde, die ihn von seiner Sonne, seinem Begriffe, schied, aufstößt, dass sie zusammenfällt».[1] Allerdings braucht der absolute Geist dafür subjektive Geister, die ihm Aufmerksamkeit schenken und mithelfen, dass er sein Werk vollenden kann.

Der Geist sendet Impulse aus, die unsere Aufmerksamkeit verdienen. «Auf sein Drängen – wenn der Maulwurf im Innern fortwühlt – haben wir zu hören und ihm Wirklichkeit zu verschaffen».[2] Der Geist als Maulwurf höhlt nicht nur Institutionen aus, er erzeugt auch in den Subjekten eine beständige Unruhe und drängt sie, das Gute und das Richtige zu tun. Dem Maulwurf kommt man durch eine gesteigerte Aufmerksamkeit für den Zeitgeist auf die Spur, in dem – wie verborgen und dialektisch auch immer – der absolute Geist erscheint. Und so beschließt Hegel seine Vorlesung mit einer bewegenden Aufforderung an seine Hörer:

> Ich wünsche, dass diese Geschichte der Philosophie eine Aufforderung für Sie enthalten möge, den Geist der Zeit, der in uns natürlich ist, zu ergreifen und aus seiner Natürlich-

---

[1] Georg Wilhelm Friedrich Hegel, Vorlesungen über die Geschichte der Philosophie III, Werke 20, 9. Auflage, Frankfurt am Main 2019, 456. (Im Folgenden: Werke 20.)
[2] Werke 20, 462.

keit, d. h. Verschlossenheit, Leblosigkeit hervor an den Tag zu ziehen und – jeder an seinem Orte – mit Bewusstsein an den Tag zu bringen.[3]

Jede Philosophie sei ihrer Zeit gemäß. «Keine Philosophie geht über ihre Zeit hinaus.»[4] Die Philosophie ist zu ihrer Zeit und an ihrem Ort aber aufgefordert, die Arbeit des Geistes nicht nur intuitiv zu spüren, sondern das Prinzip der Tätigkeit des Geistes zu begreifen und anderen verständlich zu machen. Die Philosophie hat geistesgegenwärtig zu sein. Sie ist eine Wirklichkeitswissenschaft. Beim Studium der Geschichte der Philosophie stößt man nicht nur auf zufällige Modeansichten und willkürliche Meinungen. Vielmehr ist die Geschichte der Philosophie «ein geistiges, vernünftiges Fortschreiten, notwendig eine Philosophie in der Entwicklung, die *Enthüllung Gottes*, wie er sich weiß».[5]

1.2 Philosophie als die Enthüllung Gottes

Was befähigt die Philosophie, Gott zu enthüllen? Gott ist Geist – und die Philosophie begreift das Wirken des absoluten Geistes als dessen Wirken im endlichen Geist. Der absolute Geist wäre nicht absolut, wenn ihm der endliche Geist unverbunden gegenüberstünde. Der absolute, unendliche Geist will sich in der Geschichte mit dem endlichen Geist versöhnen. Die Geschichte der Philosophie ist die fortschreitende Selbsterkenntnis des Geistes, des absoluten, des objektiven und des subjektiven. Das Absolute erkennt sich immer besser «als das sich selbst denkende Selbstbewusstsein»,[6] das das Andere seiner selbst, die Natur und die Geschichte, als sein *eigenes* Gegenteil erkennt.

Wer dem Wirken des Geistes folgen will, der muss in der Einheit den Gegensatz und im Gegensatz die Einheit aufspüren. Die gegenwärtigen Philosophen – Hegel erwähnt ausdrücklich Schelling – hätten dies erkannt. «Es scheint, dass es dem Weltgeiste jetzt gelungen ist, [...] sich als absoluten Geist zu erfassen».[7] Das endliche Selbstbewusstsein müsse mit dem absoluten Selbstbewusstsein nicht mehr konkurrieren, wie es das noch in der Periode der Aufklärung getan habe. Das absolute Selbstbewusstsein sei dem endlichen Geist nun nichts Fremdes mehr.

In der Wissenschaft überhaupt versöhne sich der absolute Geist mit dem endlichen. Vor allem aber die Philosophie sei «die wahrhafte Theodizee».[8] Sie rechtfertigt Gott. Die Widersprüchlichkeit von Natur und Geschichte steht dieser

---

3 Werke 20, 462.
4 Werke 20, 456.
5 Werke 20, 457.
6 Werke 20, 458.
7 Werke 20, 460.
8 Werke 20, 455.

Aufgabe nicht im Weg, solange die Philosophie imstande ist, die Tiefe der Gegensätze als Momente der Selbstbewegung des absoluten Geistes aufzufassen. Philosophie ist das anstrengende Bemühen des Geistes, sich selbst zu erkennen. Im Rückblick auf die 2500 Jahre Philosophiegeschichte variiert Hegel ein Zitat Vergils über die Entstehung des Römischen Reiches. Vergil konstatierte: «Tantae molis erat Romanam condere gentem.» – «So eine große Mühe war es, das Römische Reich zu begründen.» Auf den letzten Seiten der Philosophiegeschichte variiert Hegel das Zitat so: «Tantae molis erat se ipsam cognoscere mentem.»[9] – «So eine große Mühe war es für den Geist, sich selbst zu erkennen.» Philosophie zielt auf Selbsterkenntnis.

1.3 Eine trostlose Zeit, in der das als Philosophie gilt, was keine Philosophie ist

Wenige Seiten vor diesem hymnischen Schluss zeigt sich Hegel freilich sarkastisch und fällt ein vernichtendes Urteil über die populäre Philosophie seiner Zeit. Kants These, dass der Mensch nur Erscheinungen erkennen könne, und Jacobis These, dass nur Endliches und Bedingtes erkannt werden könne, hätten «eitel Freude» in der Öffentlichkeit ausgelöst. Meist darum, «weil die Faulheit der Vernunft […] von allen Anforderungen des Nachdenkens sich entbunden […] meinte, und nun […] es sich wohl sein lassen konnte».[10] Diese autokratische und zugleich faule Vernunft brauche keine objektive Wahrheit mehr anzuerkennen, denn sie habe ja erkannt, dass sie dazu gar nicht in der Lage sei. «Das war die zweite Freude, dass ich diese Autokratie habe, die ich weder erkennen noch rechtfertigen kann, auch nicht brauche; meine subjektive Freiheit der Überzeugung und Gewissheit gilt für alles.»[11] Diesen beiden Erleichterungen, die Kant angeblich gewährt haben soll, habe Jakobi noch eine dritte Freude hinzugefügt mit seiner Behauptung, dass das Nachdenken über Gott diesen unzulässig verendliche und dass «es sogar ein Frevel sei, das Wahre erkennen zu wollen».[12]

Kant habe sich deshalb so viele Freunde erworben, weil er die Menschheit scheinbar von aller Metaphysik befreit habe. Das sei ihm aber nur gelungen, weil er auf den Spuren David Humes die Wirklichkeit nur als eine sinnliche und empirische aufgefasst habe. «Dies ist die vollendete Verstandesphilosophie, die auf die Vernunft Verzicht tut».[13] Hegel bekümmert das und er stellt fest: «Trostlose

---

9   Werke 20, 455.
10 Werke 20, 384.
11 Werke 20, 384.
12 Werke 20, 384.
13 Werke 20, 385.

Zeit der Wahrheit, wo vorbei ist alle Metaphysik, Philosophie – nur Philosophie gilt, die keine ist!».[14]

Auch hier finden wir also einen ähnlichen Ton wie in der *Ästhetik* und in der *Religionsphilosophie*. In der *Religionsphilosophie* klagte Hegel darüber, dass den Armen nicht mehr das Evangelium gepredigt werde und die intellektuellen Eliten sich auf die vermeintliche Erhabenheit ihrer subjektiven Vernunft zurückgezogen hätten. In der *Ästhetik* war es die Ironie, mit deren Hilfe sich die Intellektuellen über ihre eigene Gegenwart erhaben fühlten. In der *Philosophiegeschichte* ist es vor allem Friedrich von Schlegel, an dem Hegel verzweifelt. Sein Urteil über dessen Philosophie lässt wenig Interpretationsspielraum:

> Das Subjekt weiß sich in sich als das Absolute, alles andere ist ihm eitel; alle Bestimmungen, die es sich selbst vom Rechten, Guten macht, weiß es auch wieder zu zerstören. Alles kann es sich vormachen; es ist aber nur Eitles, Heuchelei und Frechheit. Die Ironie weiß ihre Meisterschaft über alles dieses; es ist ihr Ernst mit nichts, es ist ein Spiel mit allen Formen.[15]

Angesichts dieser Zeitdiagnose kann man dem Geist als Maulwurf nur wünschen, dass er die Dinge nicht so lässt, wie sie sind. Zweihundert Jahre nach Hegels Hymnus auf die Versöhnung des absoluten und des endlichen Geistes durch die Wissenschaft ist die Menschheit von der erhofften Versöhnung des absoluten Geistes mit dem endlichen Geist weiter entfernt denn je. Hegel war der letzte große Philosoph, der eine Verständigung über das Absolute für zentral hielt. Diese Aufgabe wurde nach ihm an die Religionsgemeinschaften delegiert. Eine vernünftige Verständigung über das, was in einem Gemeinwesen absolute, objektive Geltung hat, fand nicht mehr statt. Positives Recht und parlamentarische Gesetzgebung schienen Letztbegründungen überflüssig zu machen. Geblieben ist ein ohnmächtiger Moralismus, dem das über alles erhabene Subjekt aber jederzeit mit Skepsis begegnen kann. Es herrscht komfortable Verantwortungslosigkeit.

1.4 Der Mut zur Wahrheit

«*Der Mut der Wahrheit, der Glaube an die Macht des Geistes ist die erste Bedingung der Philosophie.*»[16] Von der Größe und Macht des Geistes, auch des eigenen subjektiven Geistes, könne der Mensch nicht hoch genug denken. Die Welt des Geistes sei das wahre Reich Gottes und die Philosophen seien «die Bewahrer dieses heiligen Feuers».[17] Die Geschichte der Philosophie dürfe man sich also nicht

---

14   Werke 20, 384.
15   Werke 20, 416.
16   Georg Wilhelm Friedrich Hegel, Vorlesungen über die Geschichte der Philosophie I, Werke 18, 10. Auflage, Frankfurt am Main 2018, 13. (Im Folgenden: Werke 18.)
17   Werke 18, 12.

wie eine Ansammlung individueller Meinungen und Stimmen vorstellen; es komme vielmehr darauf an, «die Harmonie»[18] darin wahrzunehmen. Die Geschichte der Philosophie sei keine «Galerie der Narrheiten»,[19] sondern – wie Herder sagte – «eine heilige Kette»,[20] ein mächtiger Strom, an dessen Ufer wir nicht wie Unbeteiligte stehen, sondern in dem wir selbst schwimmen und dessen Lauf wir – wenn auch nur als die «übernächtigen Ephemeren»[21] – mitbestimmen. Und so dürfe man die Geschichte auch nicht als das Werden fremder Dinge anschauen, sondern als «dies, *unser Werden*».[22] Zwar gibt es je nach Standpunkt und Perspektive ganz verschiedene Interpretationen dessen, was sich zugetragen hat. Gleichwohl besteht Hegel darauf, dass in dieser Fülle und Divergenz ein einheitlich wirkendes Prinzip zu erkennen ist. Es gehe in der Philosophie um die Wahrheit. «Die Wahrheit aber ist *eine*; – dieses unüberwindliche Gefühl [...] hat der Instinkt der Vernunft.»[23]

Es ist ein Leichtes, diesem Glauben Hegels mit Skepsis zu begegnen – das wusste Hegel selbst. Das Widerlegen sei immer einfacher als das Verstehen.[24] Wer aber das tiefe Bedürfnis verspüre, seine Position im riesigen Strom der Weltgeschichte zu bestimmen – nicht zuletzt mit dem Ziel, seinen Einfluss geltend zu machen –, dem ist mit nihilistischer Skepsis nicht geholfen. Wer die Weltgeschichte für eine Ansammlung monströsen Irrsinns hält, der kann sich die Beschäftigung mit ihr auch sparen. Wer aber von der Selbsterkenntnis zur Selbstwirksamkeit fortschreiten will, der kann sich eine Positionsbestimmung nicht ersparen. So viel Mut muss sein.

Ohne einen Glauben an die Vernunft ist Philosophie sinnlos. «Es geht vernünftig zu. Mit diesem Glauben an den Weltgeist müssen wir an die Geschichte und insbesondere an die Geschichte der Philosophie gehen.»[25] Denn wer sich selbst ernst nimmt, der muss auch andere und anderes ernst nehmen. Wer Geschichte verstehen will, der muss sie sich als eine Entwicklung vorstellen. Es gibt naturalistische, materialistische, idealistische Deutungsvarianten. Wer aber Geschichte sagt, der setzt eine Einheit in aller Diversität und Widersprüchlichkeit voraus. Man kann den Glauben Hegels an die Vernunft in der Geschichte ablehnen. Wer aber über Hegel hinauswill, der muss mit einer besseren Alternative aufwarten, mit einem überzeugenderen Konstruktionsprinzip.

---

18 Werke 18, 17.
19 Werke 18, 29.
20 Werke 18, 21.
21 Werke 18, 55.
22 Werke 18, 22.
23 Werke 18, 36.
24 Werke 18, 57.
25 Werke 18, 38.

1.5 Das Wesen der Weltgeschichte: die Selbsterkenntnis des Geistes

Hegels Konstruktionsprinzip der Philosophiegeschichte ist die fortschreitende Selbsterkenntnis des Geistes. ‹Erkenne dich selbst!› – das sei der Imperativ, der die Philosophie bis heute angetrieben habe und weiter antreibe. «Alles, was im Himmel und auf Erden geschieht – ewig geschieht –, das Leben Gottes und alles, was zeitlich getan wird, strebt nur danach hin, dass der Geist sich erkenne, sich sich selbst gegenständlich mache, sich finde, für sich selber werde, sich mit sich zusammenschließe.»[26] Wer hingegen die Weltgeschichte als eine Ansammlung von Zufälligkeiten ansehe, der müsse auch sein eigenes Denken als zufällig und sinnlos auffassen.

Der Weltgeist erscheine uns Sterblichen unerträglich langsam. Sein Wesen sei aber, so Hegel, der Zeit enthoben. Jede Epoche realisiere auf ihre ganz eigene Weise nur einen Aspekt des ewig wirksamen Geistes. Dieser schreite gleichwohl unaufhaltsam fort. Deshalb könne man auch vergangene Philosophien nicht mehr wiederbeleben. «Es kann deswegen heutigentags keinen Platoniker, Aristoteliker, Stoiker, Epikureer mehr geben. Sie wiedererwecken hieße, den gebildeteren, tiefer in sich gegangenen Geist auf eine frühere Stufe zurückbringen wollen.»[27]

Philosophie, Kunst und Religion sind allesamt Kinder des Geistes ihrer Zeit. Kein Philosoph solle sich einbilden, über seiner Zeit zu stehen. Das Höchste, was ihm gelingen kann, ist es, das Substanzielle der eigenen Zeit auf den Begriff zu bringen. Das gelingt dann am besten, wenn man weiß, welche Geschichte der Geist schon hinter sich hat. Der «Schacht des Geistes»[28] ist dem Bewusstsein nicht unmittelbar zugänglich. Jede Zeit pflegt aber Erinnerungen an das, was der Geist in der Vergangenheit bewirkt hat, um daraus ein besseres Verständnis für die Gegenwart zu gewinnen. Geschichte ist die Erforschung des «Schachtes des Geistes», seine Archäologie.

1.6 Religion und Philosophie verhalten sich wie Andacht und Denken

Auch in seinen *Vorlesungen über die Geschichte der Philosophie* schärft Hegel seinen Hörern ein, dass Religion und Philosophie den gleichen Gegenstand haben. Religion und Philosophie betreten beide «das Heiligtum der Wahrheit».[29] Sie nä-

---

26 Werke 18, 42.
27 Werke 18, 65.
28 Werke 18, 58.
29 Werke 18, 83.

hern sich diesem Heiligtum aber auf verschiedenen Wegen. Die Religion nähert sich in der Form der Andacht, die Philosophie in der Form des Denkens. Die jahrhundertealte Konkurrenz zwischen Philosophie und Religion, die sich bis zur Feindschaft steigerte, ging nicht von den Philosophen aus. Es waren die religiösen Eliten, die sich der Philosophie gegenüber feindselig verhielten, Philosophen verfolgten und verdammten. «Schon die griechische Volksreligion hat mehrere Philosophen verbannt; noch mehr ist dieser Gegensatz aber in der christlichen Kirche vorgekommen.»[30] Die Theologen stellen die göttliche Vernunft der menschlichen Vernunft unverbunden gegenüber. Hegel hingegen ist fest davon überzeugt, dass beide nicht zu trennen sind. Die göttliche Vernunft kann nur von der menschlichen Vernunft vernommen werden. Dieses Vernehmen der göttlichen Vernunft ist nichts Passives, sondern immer auch eine Tätigkeit des menschlichen Geistes. Das Zeugnis von den Wirkungen des absoluten Geistes ist zugleich ein Zeugen. Aufmerksame Rezeption und selbstständige Aneignung sind ein und derselbe Prozess. Die christliche Theologie habe dies mit dem theologischen Satz zum Ausdruck gebracht, dass der göttliche Geist in seiner Gemeinde lebendig und darin gegenwärtig sei.[31]

Die Philosophie respektiere mythische und metaphorische Vorstellungen von Gott, denn ohne Gefühle, ohne Anschauungen und ohne die Narrative der Religionsgemeinschaften kann kein die Generationen übergreifender, objektiver Geist entstehen. Hegel betont aber auch, dass die Philosophie selbst solcher Formen nicht bedarf. «Der Gedanke ist das sich Offenbarende.»[32] Im Denken des Gedankens ist der Geist bereits gegenwärtig – weitere religiöse Übungen sind für eine Philosophie des Geistes nicht nötig.

1.7 Der Weg der Philosophie: vom Allgemeinen zum Einzelnen – und zurück

Die Geschichte der Philosophie als Geschichte des Denkens des Denkens beginnt für Hegel in Griechenland. Erst in Griechenland habe sich ein rudimentäres Bewusstsein von der Freiheit des Individuums entwickelt. Im «Glanze des Morgenlandes», also in Asien, verschwinde das Individuum, mithin gebe es dort auch kein Konzept von Freiheit. Allerdings sei auch Griechenland eine Sklavenhaltergesellschaft gewesen; erst die vom Christentum inspirierte germanische Welt habe einen prinzipiellen Begriff von Freiheit entwickelt. «Im Orient ist nur ein

---

30   Werke 18, 85.
31   Vgl. Werke 18, 94 f.
32   Werke 18, 109.

Einziger frei (der Despot), in Griechenland sind Einige frei, im germanischen Leben gilt der Satz, es sind Alle frei, d. h. der Mensch als Mensch ist frei.»[33]

Hegel unterteilt die Philosophiegeschichte in zwei Epochen, die griechische und die germanische. Die griechische Epoche reicht von Thales bis zum Neuplatonismus, die germanisch-christliche bis in die Gegenwart. Der griechischen Philosophie fehle noch ein Konzept für die Einzelheit als wesentliches Moment des Allgemeinen. In der griechischen Philosophie sei die allgemeine Idee noch nicht durch das Subjekt hindurchgegangen. Sie ist noch nicht Geist, noch nicht subjektiv angeeignetes, noch nicht *mein* Allgemeines geworden. Das Christentum habe mit dem Dogma von der Einheit der göttlichen und menschlichen Natur Allgemeines und Einzelnes zusammengedacht. «Mensch und Gott, die objektive und die subjektive Idee sind hier eins.»[34] Bereits die alttestamentliche Erzählung vom Sündenfall habe auf den unlösbaren Zusammenhang von Gott und Mensch aufmerksam gemacht. Dort habe Gott selbst festgestellt: «Siehe, Adam ist worden wie unsereiner; er weiß, was gut und böse ist.»[35] Nicht mehr Gott allein, auch der Mensch kann wissen, was gut und böse ist – sofern er über seine unmittelbare Natürlichkeit hinausgeht und sich vom Geist Gottes inspirieren lässt. «[E]s ist der Prozess des Geistes, dass dies Eins der Subjektivität sich seine unmittelbare Weise abtue und sich hervorbringe als identisch mit dem Substantiellen.»[36]

Hegel fordert seine Hörer ausdrücklich auf, dass sie sich ihrer christlichen Herkunft nicht schämen, denn die religiösen Vorstellungen des Christentums und die spekulative Philosophie seien nicht so weit voneinander entfernt, «als man sonst wohl glaubt».[37] In der Philosophie ebenso wie in der Religion gehe es um die Versöhnung von Denken und Sein, Individualität und Substanzialität, Freiheit und Notwendigkeit, Subjekt und Objekt, Geist und Natur. «Das Ziel ist, das Absolute als Geist zu denken, als Allgemeines, das [...] seine Bestimmungen frei aus sich entlässt, sich ihnen ganz einbildet und mitteilt».[38] In der Religion heißt diese Selbstmitteilung des Absoluten «Offenbarung». Gott offenbart aber nicht dies und das, Gott offenbart sich selbst.

Hegel unterteilt die christlich-germanische Philosophie noch einmal in die Periode des Mittelalters und der Neuzeit. Die Geschichte der Philosophie umfasst dann insgesamt drei Perioden. Die erste Periode reicht von Thales (600 v. Chr.) bis zu den Neuplatonikern, die vom dritten bis zum fünften Jahrhundert n. Chr. einflussreich waren. Die zweite Periode ist das Mittelalter, in der die Araber und die Juden anfangs das Erbe der griechischen Welt bewahrten und später die

---

33 Werke 18, 122.
34 Werke 18, 128.
35 Werke 18, 128.
36 Werke 18, 128.
37 Werke 18, 128.
38 Werke 18, 131.

christlichen Scholastiker einflussreich wurden. Diese Periode dauerte ebenfalls etwa tausend Jahre. Die dritte Periode, die Neuzeit, lässt Hegel mit der Reformation beginnen.

2. Die griechische Philosophie

Hegel unterteilt die griechische Philosophie in drei Perioden. Die erste, gewissermaßen klassische Periode reicht von Thales bis Aristoteles. Die zweite Periode umfasst die Philosophien der römischen Welt: die Stoa, den Epikureismus und den Skeptizismus, die die klassische Periode negieren. Der Neuplatonismus ist schließlich die Negation der Negation und versöhnt das griechische mit dem römischen Denken.

Ausführlich beschäftigt sich Hegel mit der Zahlentheorie des Pythagoras. Die Eins sei ihm keine Zahl gewesen, denn eine Zahl brauche sowohl Einheit als auch Anzahl. Bei der Eins aber fehle die Anzahl. Die Eins ist das Prinzip der Einheit, die Zwei steht für Entzweiung, den Unterschied, das Besondere. Die Drei ist Symbol für das Ganze. Das Vollkommene ist die Dreiheit, die Einheit des Unterschieds. Ausdrücklich macht Hegel darauf aufmerksam, «dass die Christen in dieser Dreiheit ihre Dreieinigkeit gesucht und gefunden haben».[39] Jedes Ding sei a) sein Einfaches, b) ein Verschiedenes und c) die Einheit beider. «Nehmen wir ihm diese Dreiheit, so vernichten wir es».[40]

2.1 Das Wahre ist das Werden

Während die eleatische Schule um Xenophanes und Parmenides behauptet, dass nur das Eine, nämlich das Sein, ist, weil das Nichts eben nicht ist, beharrt Heraklit darauf, dass das Wahre die Einheit Entgegengesetzter ist. Zustimmend zitiert Hegel Heraklit: ‹Das Sein ist nicht mehr als das Nichtsein›.[41] Entstehen und Vergehen existieren nicht für sich, sie sind identisch. Nicht das Sein ist das Wahre, sondern das Werden. Während Anaxagoras den Gedanken nicht als ein Denkprodukt des Subjekts ansah, sondern als die Substanz selbst, die das denkende Subjekt ergreift, war für die Sophisten der Mensch das Maß aller Dinge. Vor seinem Begreifen kann nichts bestehen. Alles Bestehende wird verflüssigt. Das Feste «gerät ins Schwanken und verliert seinen Halt».[42]

Für Sokrates war Wahrheit die Einheit des Subjektiven und des Objektiven. Denken ist einerseits subjektives Produzieren und Setzen, andererseits ist es das

---

39 Werke 18, 253.
40 Werke 18, 254.
41 Werke 18, 323.
42 Werke 18, 406.

Setzen und Produzieren von etwas, «was nicht gesetzt ist, was an und für sich ist – das Objektive, erhaben über die Partikularität der Interessen, Neigungen, die Macht über alles Partikulare».[43] Die Antwort auf die Frage nach dem Guten muss durch das Subjekt hindurchgegangen sein – und dies geschieht im Dialog, im gemeinsamen Abwägen, im allmählichen Entdecken der Wahrheit. «Das Gute ist wesentlich nur ein Eingesehenes.»[44] Hegel vergleicht das Schicksal des Sokrates mit dem Jesu und sagt von beiden, dass ihre Individualität zwar zerschlagen wurde, ihre Sache aber geblieben sei.

2.2 Platons Enthusiasmus für das Reich der Ideen

Mit Platon fängt für Hegel die Philosophie als Wissenschaft an. Platon habe weit über die Philosophie hinaus gewirkt. Er sei «eins von den welthistorischen Individuen»[45] gewesen. Der Mensch ist nach Platon zur Seligkeit bestimmt. Seligkeit stellt sich ein, wenn der Mensch einsieht, dass seine Gedanken und Ideen nicht sein privater Besitz sind. Vielmehr gilt: «Die philosophische Idee besitzt umgekehrt den Menschen.»[46] Gedanken, Begriffe, Ideen haben ihren Ursprung in Gott. Das empirisch Vorfindliche und sinnlich Existierende ist nicht das Wahre. Ideen sind das Allgemeine, an dem die Subjekte teilhaben, sofern sie das wollen. Ideen sind «das an und für sich Allgemeine, Gute, Wahre, Schöne».[47]

Platon nennt das Gute Gott. Das Gute steht an der Spitze der platonischen Ideen. Das Gute verbirgt sich nicht. Es will erkannt werden. Die Kirchenväter hätten sich von Platons Gottesgedanken inspirieren lassen. «Die Kirchenväter haben bei Platon die Dreieinigkeit gefunden; sie wollten sie in Gedanken fassen, beweisen, aus dem Gedanken erzeugen.»[48] Das Problem Platons besteht für Hegel aber darin, dass er das Prinzip einer selbstständigen Einzelheit systematisch unterdrückt hat. Vernunft aber brauche Freiheit. Ein aufgezwungenes Erkennen ist gar kein Erkennen.

2.3 Aristoteles – der denkende Empiriker

«Aristoteles ist der Würdigste unter den Alten, studiert zu werden.»[49] Hegel hält es für eine oberflächliche Lesart, Platon als Idealisten und Aristoteles als Empiri-

---

43 Werke 18, 444.
44 Werke 18, 474.
45 Werke 19, 12.
46 Werke 19, 21.
47 Werke 19, 74.
48 Werke 19, 95.
49 Werke 19, 246.

ker darzustellen und darin einen Gegensatz erkennen zu wollen. Der wesentliche Unterschied zwischen Platon und Aristoteles bestehe vielmehr darin, dass bei Aristoteles das Prinzip der Lebendigkeit und das Prinzip der Subjektivität in den Fokus rücken, während bei Platon das objektive Reich der Ideen ein statisch Vorgegebenes war. Für beide ist das Substanzielle das Gute und das Allgemeine. Für Aristoteles ist dieses aber tätig. Sein Interesse gilt dem, «was das Bewegende ist; und dies ist der *logos*, der Zweck».[50] Er fragt: Was ist das Ziel der Substanz? Was ist ihre Entelechie, ihr Selbstzweck?

Die Tätigkeit des Allgemeinen bestimmt Aristoteles einerseits als *dynamis*, als Anlage, Möglichkeit, Potenzial, und andererseits als *energeia*, als das sich Verwirklichende, das seine Möglichkeiten Realisierende. Das Wesen ist nur Möglichkeit. Sobald es sich realisiert, muss es sich bestimmen, sich unterscheiden, das nur Mögliche negieren, sich individualisieren. Jede Verwirklichung einer Möglichkeit ist zugleich deren Negation als deren Überschreitung. Die Bewegungsrichtung aber wird vom Selbstzweck, der Entelechie, vorgegeben. Ideen ohne dieses bewegende Prinzip wären tot. «Der höchste Punkt ist, wo *dynamis*, *energeia* und *entelecheia* vereint sind.»[51] Das ist die absolute Substanz, die ihrerseits das Unbewegte ist, nach außen aber «zugleich bewegend, reine Tätigkeit, actus purus».[52] Hegel hält es für sachgemäß, dass die Scholastiker beim Studium des Aristoteles ebendiese Dreieinigkeit aus Möglichkeit, Wirklichkeit und Selbstbestimmung als eine überzeugende Definition des trinitarischen Gottes genommen haben. «Gott ist die reine Tätigkeit, ist das, was an und für sich ist; er bedarf keines Materials – einen höheren Idealismus gibt es nicht.»[53] Das Ziel der Selbstbewegung Gottes ist die Offenbarung des Wahren, des Guten und des Schönen – seine Rückkehr zu sich selbst.

Den Unterschied zwischen der Metaphysik des Aristoteles und den modernen Naturwissenschaften verdeutlicht Hegel daran, dass die modernen Naturwissenschaften dem naiven Glauben frönen, «die rechte Wahrheit, vom Gedanken unverdorben, frisch aus der Hand der Natur in die Hand und vors Gesicht zu bekommen».[54] Demgegenüber beharrte Aristoteles darauf, dass es vorab darauf ankommt, die Entelechie, den Zweck, also die «innere Bestimmtheit des natürlichen Dinges»,[55] zu erkennen. «Die Natur ist Entelechie, – was sich selbst hervorbringt.»[56] Sie zu erkennen und zu bestimmen, muss vornehmste Aufgabe der Naturwissenschaft sein. Das ist aber durch bloßes Beobachten nicht zu erreichen.

---

50 Werke 19, 153.
51 Werke 19, 158.
52 Werke 19, 158.
53 Werke 19, 158.
54 Werke 19, 171.
55 Werke 19, 173.
56 Werke 19, 175.

Ohne Denken und ohne Denken des Denkens wird es nicht gehen. «Nur im Denken ist wahrhafte Übereinstimmung des Objektiven und Subjektiven vorhanden: *das bin Ich*.»[57]

Hegel schätzt an Aristoteles, dass bei ihm das Denken konkret geworden ist. Es ist nicht wie bei Platon die unbewegte, abstrakte Idee, sondern die Idee als konkrete Wirksamkeit.[58] Das Konkrete ist das Wirksame, das Abstrakte bleibt bloße Möglichkeit oder bloße Behauptung. Hegel vermisst bei Aristoteles allerdings «*ein* Prinzip, das durchs Besondere hindurchgeführt wird».[59] Er vermisst in der Fülle von Anregungen die «*eine* Einheit, die *eine* Organisation des Begriffs».[60] Zwar sei für Aristoteles das «sich selbst denkende Denken»[61] die höchste Idee gewesen, aber er habe seine Philosophie nicht aus diesem einen Prinzip entwickelt. Die Suche nach einem Prinzip, unter das alles subsumiert werden kann, habe dann den weiteren Fortgang der Philosophie bestimmt.

2.4 Dogmatismus und Skeptizismus, die sich selbst befriedigenden Geschwister

Stoizismus, Epikureismus und Skeptizismus waren die bestimmenden Philosophien der römischen Welt. Die beiden ersten Strömungen subsumiert Hegel unter dem Begriff des Dogmatismus, auf den der Skeptizismus mit prinzipieller Negation reagierte. Alle drei verbindet aber der Trieb des Selbstbewusstseins, «sich zu befriedigen. Das Subjekt ist so dasjenige, wofür gesorgt werden soll.»[62] Gemeinsame Ziele dieser drei Philosophien waren persönliche Unabhängigkeit, emotionale Unerschütterlichkeit und private Freiheit. «Das Selbstbewusstsein lebt in der Einsamkeit seines Denkens und findet darin seine Befriedigung. [...] So tritt die Philosophie in die römische Welt hinüber.»[63]

Das Bedürfnis, seine private Freiheit gegen äußere Zumutungen zu schützen und gegenüber dem Treiben der Welt ein Höchstmaß an Gleichgültigkeit zu zeigen, erklärt sich Hegel mit den politischen Umständen, unter denen diese Philosophen lebten. Der Unterschied zur griechischen Welt sei bedrückend deutlich. «In der heiteren griechischen Welt schloss sich das Subjekt an seinen Staat, seine Welt mehr an, war gegenwärtiger in derselben.»[64] Die römische Welt hingegen zwang die Individuen zum Rückzug in sich selbst, weil ein einheitlicher Sinn in

---

57 Werke 19, 165.
58 Werke 19, 246.
59 Werke 19, 247.
60 Werke 19, 247.
61 Werke 19, 248.
62 Werke 19, 251.
63 Werke 19, 252.
64 Werke 19, 252.

der Öffentlichkeit nicht mehr zu finden war. «Die römische Welt ist die abstrakte Welt, – *eine* Herrschaft, *ein* Herr über die gebildete Welt. Die Individualität der Völker ist unterdrückt worden; eine fremde Gewalt, abstraktes Allgemeines hat auf den Einzelnen gelastet.»[65] Die edlen Römer hätten «nur auf subjektive und negative Weise groß sein können, in der Weise eines Privatmannes».[66]

Der Preis der inneren Freiheit war Gleichgültigkeit, Unerschütterlichkeit, Ataraxie. Angestrebt wurde ein Geisteszustand, der «durch nichts leidet, sich an nichts bindet».[67] Diese Philosophien hätten darum nicht die Kraft gehabt, den Zustand der Welt zu bearbeiten, geschweige denn, den Zustand der Welt zu verbessern. Auf den Gedanken, «durch Institutionen, Gesetze, Verfassungen der Wirklichkeit Vernünftigkeit zu geben»,[68] seien sie nicht gekommen. Das isolierte Subjekt wollte nichts weiter als seine private Freiheit. Weil in der äußeren Welt keine Befriedigung zu finden war, suchte es Befriedigung in sich selbst. «Die Kraft des Verschmähens der Existenz ist groß, die Stärke dieses negativen Verhaltens erhaben.»[69]

Eine prinzipielle Differenz zwischen dem Stoizismus und dem Epikureismus will Hegel nicht erkennen. Es sei zwar richtig, dass Epikur die Empfindung zum Prinzip gemacht habe, während die Stoiker gerade davon abstrahieren wollten. Aber auch bei Epikur sei das Angenehme letztlich die Abwesenheit von Schmerz. «Schmerzlosigkeit ist Lust.»[70] Nicht das vergängliche Vergnügen, sondern die Glückseligkeit des Geistes ist ihm das Ziel – und so empfiehlt Epikur ebenso wie die Stoiker Mäßigung und Vernunft, um den Zustand der Schmerzlosigkeit und des Gleichmutes zu erringen. «Es kommt daher eigentlich dasselbe Resultat heraus als bei den Stoikern.»[71]

2.5 Die Standpunktlosigkeit des Skeptizismus

Die Skeptiker vollenden den Subjektivismus, der mit der Stoa seinen Anfang nahm. Alles Sein ist ihnen nur ein Scheinen, alles Wissen ist nur subjektives Dafürhalten. Zwischen Wissen und Sein gibt es keine Brücke. Alles Bestimmte, alle Wahrheit kann bezweifelt und infrage gestellt werden. Der Skeptizismus ist, so Hegel, unbezwinglich. Allerdings handle es sich nur um eine «subjektive Unbezwinglichkeit».[72]

---

65 Werke 19, 252.
66 Werke 19, 296.
67 Werke 19, 254.
68 Werke 19, 402.
69 Werke 19, 293.
70 Werke 19, 326.
71 Werke 19, 333.
72 Werke 19, 358.

> In der Tat kann einer, wenn er schlechterdings ein Skeptiker sein will, nicht überwunden werden [...] – so wenig als einer, der an allen Gliedern paralytisch ist, zum Stehen zu bringen ist. Eine solche Paralyse ist in der Tat der Skeptizismus, – eine Unfähigkeit der Wahrheit, die nur [...] im Negativen und im einzelnen Selbstbewusstsein stehenbleibt.[73]

Aus diesem Nichts könne man niemanden heraustreiben.

Dennoch schätzt Hegel den Skeptizismus, weil er ein notwendiger Widerspruch gegen das verständige Denken ist, das mit der Behauptung daherkommt, dass es unmittelbar Vorgegebenes gebe. «So ist denn der Skeptizismus gegen das verständige Denken gerichtet, welches die bestimmten Unterschiede als letzte, als seiende gelten lässt.»[74] Skepsis als Zweifel sei heute allgemein geworden; aber «der alte Skeptizismus zweifelte nicht, sondern er ist der Unwahrheit gewiss».[75] Auch die Skeptiker suchten Ataraxie – und die fanden sie in der Gewissheit der Unwahrheit alles Erscheinenden.

Die Hauptforderung der Skeptiker ist darum das Zurückhalten der eigenen Zustimmung. Sie nennen dieses Verfahren ‹Epochè›. Der Skeptiker will sich nicht festlegen, ob etwas als wahr zu gelten hat. Mithilfe der sogenannten Tropen wollten die Skeptiker auf Widersprüche aufmerksam machen und zeigen, dass alles nur Erscheinung ist. Hegels Urteil über die Tropen lautet so: «[A]lle Tropen gehen gegen das Ist; aber das Wahre ist auch nicht dieses trocken Ist, sondern wesentlich Prozess.»[76] Als Einwände gegen den Dogmatismus und gegen den sogenannten gesunden Menschenverstand seien sie gleichwohl nützlich.

Der Skeptizismus erkenne aber nicht, dass er selbst «der ärgste Dogmatismus»[77] ist. Er sei nämlich felsenfest davon überzeugt, «dass das Ich, die Einheit des Selbstbewusstseins, entgegengesetzt dem Sein an und für sich ist».[78] Das sogenannte kritische Denken sei in Wirklichkeit gar keine Offenheit für anderes, sondern meist nur subjektivistische Selbstbestätigung. Zumal der moderne Skeptizismus führe zu wechselseitiger Verständnislosigkeit. «Jeder tut nichts, als dass er sich versichert, dass er in seinem Bewusstsein z. B. findet, dass Gott ist; da hat jeder das Recht zu sagen, er finde in seinem Bewusstsein, dass Gott nicht ist.»[79]

Dem Skeptiker verschwimmt jeder Gegenstand. Immer geht es nur darum, sich seiner selbst zu vergewissern. Der Skeptizismus ist unendliche Subjektivität ohne jede Objektivität. Gerade so war der Skeptizismus aber Ausdruck des römischen Geistes. Denn die römischen Herrscher hatten die Welt in zwei Teile geteilt: «einerseits die Atome, die Privatleute, und andererseits [...] die Herrschaft,

---

73 Werke 19, 359.
74 Werke 19, 360.
75 Werke 19, 362.
76 Werke 19, 380.
77 Werke 19, 394.
78 Werke 19, 394.
79 Werke 19, 392.

die Gewalt als solche».[80] Der skeptische Privatmann zog sich ohnmächtig in sich selbst zurück – und die objektive Herrschaft sah keinen Grund, sich der Anerkennung der Subjekte zu vergewissern. «Dieses ist vollkommenes *Unglück*, Entzweitsein *der Welt* in sich.»[81] Der Geist konnte dort nicht bleiben.

2.6 Die Revolution des Christentums

Eine subjektivistische Philosophie, die die objektive Welt der Gewalt und der Willkür des Despoten anheimgab, hatte keine Zukunft. Ein neuer Geist musste die Welt verändern. Die Wahrheit lag nicht im subjektivistischen Rückzug, sondern im Wissen um die Macht einer intelligiblen Welt, die mit der sinnlichen nicht identisch ist. «Diese Idee, die in die Menschen gekommen, verändert nun auf einmal das ganze Aussehen der Welt, zerstört alles Bisherige und bringt eine Wiedergeburt der Welt hervor.»[82] Hegel beschreibt den Übergang weiter so: «Von hier nun ist es, dass der Geist weitergeht, einen Bruch in sich macht, aus seiner Subjektivität wieder herausgeht zum Objektiven, zu einer Objektivität, die im Geist und in der Wahrheit ist, [...] absolute Objektivität [...]. Oder mit anderen Worten, es ist die Rückkehr zu Gott».[83] Der Skeptizismus war ein Subjektivismus, der alles Objektive negierte. Der neue Gedanke, der mit dem Christentum in die Welt kam, ist dieser, «dass das Selbstbewusstsein – ein wirklicher Mensch – das absolute Wesen ist».[84] Nicht durch skeptischen Rückzug ins Private erhält sich das Subjekt, sondern durch die Einsicht, dass «das absolute Wesen nichts Fremdes für das Selbstbewusstsein ist».[85] Gott, der Schöpfer, durchdringt als Geist seine Schöpfung, mithin auch den Geist der menschlichen Individuen.

Die Menschwerdung Gottes verleiht jedem Menschen eine neue Würde. Dieses neue Prinzip, das mit der Revolution des Christentums[86] in die Welt kam, setzte sich als «das allgemeine des Weltgeistes, als allgemeines Glauben und Wissen aller Menschen»[87] durch. Das hatte weitreichende Folgen. Hegel zieht die Linie bis in Neuzeit aus: «Dies Prinzip ist als allgemeines Rechtsprinzip, dass der einzelne Mensch dadurch, dass er ist, als von allen anerkanntes Wesen, als allgemein an und für sich gelte.»[88]

---

80 Werke 19, 405.
81 Werke 19, 402.
82 Werke 19, 404.
83 Werke 19, 406.
84 Werke 19, 407.
85 Werke 19, 404 f.
86 Werke 19, 404.
87 Werke 19, 405.
88 Werke 19, 405.

Dieser neue Geist brauchte freilich Jahrhunderte, um sich zu realisieren. Aber Hegel ist der festen Überzeugung, dass der Gedanke der Menschwerdung Gottes, seiner Inkarnation, ein «Umschlagen der Weltgeschichte»[89] bewirkte. Denn was für den einen Menschen Jesus Christus gilt, gilt prinzipiell für alle Menschen. Alle sind *an sich* Söhne und Töchter Gottes. «Dies, dass das Selbstbewusstsein das absolute Wesen oder das absolute Wesen Selbstbewusstsein ist, dies Wissen ist jetzt der Weltgeist.»[90] Allerdings gibt es für dieses Wissen noch keinen philosophischen Begriff, nur eine religiöse Praxis. Das Christentum habe sich mit dem Gedanken der Menschwerdung Gottes in Jesus Christus das absolute Wesen zwar vorgestellt, es aber noch nicht begriffen. Das habe der Neuplatonismus geleistet, der das philosophische Handwerkszeug für die Formulierung der christlichen Trinitätslehre zur Verfügung gestellt habe.

2.7 Alexandria – die neuplatonische Geburtsstätte des Geistes

War dem Skeptizismus jeder Gegenstand ein zu Negierendes, so machen die Neuplatoniker das Selbstbewusstsein selbst zum Ausgangspunkt ihres Nachdenkens. Was ist das Wesen des Selbstbewusstseins? Durch den Rückzug in das Innere eines einzelnen, endlichen Subjekts kann es nicht gefunden werden. Das subjektive Selbstbewusstsein muss sich als Moment eines allgemeinen Selbstbewusstseins wissen, um nicht in die Falle des Skeptizismus zu laufen. Das allgemeine Selbstbewusstsein ist das Eine und das Gute. Dieses aber ist dem subjektiven Selbstbewusstsein nichts Fremdes. Es weiß sich immer schon von einem Guten und es Erhaltenden umfangen. Und so ist das subjektive Selbstbewusstsein imstande, dem empirisch Herrschenden eine «Intellektualwelt», ein «Reich Gottes»[91] gegenüberzustellen, aus dem es seine Kraft zur Veränderung der Welt bezieht.

Gott und Mensch, Reich Gottes und Welt sind einerseits nicht identisch und dürfen nicht vermischt werden. Sie sind aber auch nicht zu trennen. Das Wesentliche am dreieinigen Gott des Christentums ist, dass er sich an das Andere seiner selbst entäußert hat, aber gerade in dieser Bewegung bei sich selbst bleibt. Gott verliert sich nicht in seinen Geschöpfen. Als ihr Geist ist er unter ihnen wirksam und lebendig. «Die Welt erkennt an diesem erscheinenden absoluten Wesen sich selbst; und sie ist es also, die zurückgekehrt ist in das Wesen, und der Geist ist allgemeiner Geist.»[92]

Die Freiheit, Seligkeit und Unerschütterlichkeit, nach der die Stoiker und die Skeptiker sich sehnten, wird jetzt nicht durch die Flucht aus dem Objektiven

---

89 Werke 19, 408.
90 Werke 19, 408.
91 Werke 19, 403.
92 Werke 19, 409.

gefunden, sondern «durch die Richtung auf dasselbe, so dass durch das Objektive die Freiheit, Seligkeit erworben wird für das Subjekt».[93] Gott ist der Ursprung des Subjektiven wie des Objektiven. Die Welt zerfällt nicht in eine Unzahl von Atomen. Das Wesen der Welt ist ihre Einheit. Am Einen und am Guten hängt alles. Das Eine und das Gute ist der Mittelpunkt des Universums. Alles richtet sich danach aus. Alle Dinge begehren es und haben es als ihr Prinzip, auch das menschliche Selbstbewusstsein.[94]

Die Materie hingegen ist das Nichtseiende. Denn die formlose Materie ist immer nur eine Möglichkeit. Erst wenn der göttliche oder menschliche Geist der Materie eine Form gibt, wird daraus etwas Wirkliches. Materie ohne Idee ist ein Nichtiges. Hegels Fazit über den Neuplatonismus lautet deshalb: «[D]ie sinnliche Welt ist verschwunden und das Ganze in den Geist erhoben, und dies Ganze Gott und sein Leben in ihm genannt.»[95] Alle Philosophie strebe über das Sinnliche und Vorfindliche hinaus. Der Neuplatonismus wollte alle Dualismen hinter sich lassen und fasste darum das Absolute als eine Einheit, die dem Vielen nicht unbeweglich gegenübersteht, sondern die Welt durchdringt und sie auf das Eine und Gute hin ausrichtet.

Hegel schließt das Kapitel über den Neuplatonismus in erhöhtem Ton: «Dies ist nicht so ein Einfall der Philosophie, sondern ein Ruck des Menschengeistes, der Welt, des Weltgeistes.»[96] Was so abstrakt klinge, habe enorme Folgen für die Menschheitsgeschichte gehabt. Es handle sich nicht um die Wort-Abstraktionen längst vergessener Philosophen. «Nein! Nein! Es sind die Taten des Weltgeistes, meine Herren, und darum des Schicksals. [...] Die Philosophen sind die *mystai*, die beim Ruck im innersten Heiligtum mit- und dabeigewesen [sind]».[97]

Hegel nimmt mit seiner Hochschätzung der Neuplatoniker eine Ausnahmestellung unter den Philosophiehistorikern ein. Die Mehrzahl von ihnen fasst die neuplatonischen Lehren unter dem Begriff des Eklektizismus zusammen, weil diese Philosophen aus einer ganze Fülle von Quellen geschöpft hätten. Auch Hegel muss zugeben, dass sich bei den Neuplatonikern manch Wunderliches und Trübes findet. Das große Verdienst der Neuplatoniker besteht für ihn aber in der trinitarischen Struktur ihres Denkens und ihrer Wertschätzung der Welt als einer vom Geist durchdrungenen. Damit hätten sie den Kirchenvätern das Handwerkszeug geliefert, eine Trinitätslehre zu entwickeln, die die griechische Philosophie mit dem Christentum versöhnt habe. Athen und Jerusalem fanden im ägyptischen Alexandria zueinander.

---

93 Werke 19, 415.
94 Werke 19, 447.
95 Werke 19, 487.
96 Werke 19, 488.
97 Werke 19, 489.

3. Die Philosophie des Mittelalters

3.1 Die Kirchenväter als Philosophen

Der Geist war bei den Neuplatonikern noch nicht individueller, sinnlich wahrnehmbarer, einzelner Geist. Diesen Schritt haben erst die Kirchenväter mit der Entwicklung der Trinitätslehre getan. Nun ist der Geist als Geist Jesu Christi «daseiender, gegenwärtiger, unmittelbar in der Welt existierender Geist».[98] Der absolute Geist wird als Mensch gewusst – und jedes Individuum kann sich von nun an diesen Geist vergegenwärtigen. Das Absolute ist nicht mehr nur Gedanke, sondern «ein wirkliches Selbst, Ich».[99] Göttliche und menschliche Natur sind nicht mehr zu trennen. Das Konzil von Chalcedon beschloss, dass die göttliche und menschliche Natur Jesu «unvermischt und ungetrennt» seien. Das «ungeheure Moment im Christentum» sei «das Zusammenbinden der ungeheuersten Gegensätze».[100] Die Gnostiker und die Arianer hätten das nicht verstanden. Jene hätten das Menschliche an Jesus geleugnet, diese das Göttliche. Das große Verdienst der Kirchenväter bestand für Hegel deshalb darin, am Gedanken der Einheit der göttlichen und der menschlichen Natur gegen alle Widerstände festgehalten zu haben.

Die Kirchenväter seien «sehr philosophisch gebildete Männer» gewesen und hätten «die Philosophie, besonders die neuplatonische, in die Kirche eingeführt».[101] Sie hätten so das christliche Prinzip der philosophischen Idee gemäß gemacht und eine Lehre entwickelt, die über die biblischen Vorstellungen und Ideen hinausgegangen sei. Gerade diese enorme Leistung sei ihnen später von biblizistischen Theologen zum Vorwurf gemacht worden. Die Kirchenväter hätten aus deren Sicht mit der Trinitätslehre die biblische Botschaft verunreinigt. Hegel widerspricht: Der Versuch der Exegeten, die Wahrheit des Christentums auf die Schriften des Neuen Testamentes zu reduzieren, in denen das wahre Wort Gottes zu finden sein soll, sei schon deshalb zum Scheitern verurteilt, weil dieser Exeget dies und jener Exeget jenes für das wahre Wort Gottes halte. «Man hat aus der Bibel eine wächserne Nase gemacht: dieser findet dies, jener jenes darin».[102] Der riesige Fortschritt, den die Philosophie durch das philosophisch gebildete Christentum der Spätantike machen konnte, bestand für Hegel darin, dass das Christentum die Philosophie «zur Welt des gemeinen Bewusstseins gemacht hat: Tertullian sagt, jetzt wissen die Kinder von Gott, was die größten Weisen des

---

98	Werke 19, 507.
99	Werke 19, 508.
100	Werke 19, 506.
101	Werke 19, 501.
102	Werke 19, 504.

Altertums nur gewusst haben».[103] Gott ist für das Volk nicht mehr unnahbar und verschlossen. «Gott *ist*, er ist offenbar.»[104]

3.2 Hegels Idee des Christentums

Mit der Menschwerdung Gottes gibt es kein Hüben und Drüben mehr im Verhältnis von Gott und Mensch. Der Mensch soll sich ganz in Gott als seinem Wesen wissen. Im Kultus werde der Glaubende ermutigt, «sich selbst zu würdigen, dass der Geist Gottes [...] in ihm wohne».[105] Gott realisiert sich im Bewusstsein der Individuen, aber nicht ohne deren Mitwirken. Sofern sie Geist sind, leisten sie ihren Beitrag zur Versöhnung, sodass man auch sagen kann, dass sie «an ihnen selbst diese Versöhnung vollbringen».[106] Dies gelingt freilich nur, wenn die menschlichen Subjekte erkennen, dass sie in sich entzweit sind, dass sie sowohl Geist als auch Natur sind. Will sich der Mensch in Gott wiedererkennen, dann muss er seine Natürlichkeit negieren. Er soll nicht Natur bleiben, sondern Geist werden. «Die erste Natürlichkeit soll aufgehoben werden. Dies ist die Idee des Christentums.»[107] Auf die zweite Natur, die Bildung seines Geistes, komme es an.

Die Welt soll nicht so bleiben, wie sie ist. Dem Geist liegt daran, «Revolutionen der Welt wie der Individuen zu erzeugen»[108] – nicht zuletzt, um «sein Bewusstsein über sich selbst, was er ist, zu erlangen».[109] Durch die Geschichte rechtfertigt sich Gott; die Geschichte ist «eine Theodizee, eine Rechtfertigung Gottes».[110] Es helfe nichts, eine solche Geschichtsrekonstruktion als unzulässig zu verschreien. Die Alternative wäre, alles für einen Zufall zu halten. Dann gäbe es aber gar keinen Anlass mehr, sich für Geschichte zu interessieren.

Die Christen standen, so Hegel, nach ihrem Siegeszug vor einer dreifachen Herausforderung. Erstens mussten sie die Herzen der Menschen für den konkreten Gott des Christentums begeistern. Sodann musste die Idee von der Menschwerdung Gottes von «der denkenden Erkenntnis angeeignet werden».[111] Und drittens stand das junge Christentum vor der Aufgabe, die Idee des Christentums zu verwirklichen. Nicht nur die Herzen sollten bewegt werden, auch die soziale und politische Welt sollte vom Geist Gottes durchdrungen werden. Das war der Zweck der frühen Kirche.

---

103   Werke 19, 498.
104   Werke 19, 508.
105   Werke 19, 493.
106   Werke 19, 494.
107   Werke 19, 494.
108   Werke 19, 498.
109   Werke 19, 498.
110   Werke 19, 497.
111   Werke 19, 500.

Die Kirche war freilich bald mit «nordische[n] Barbaren»[112] konfrontiert. Diese Begegnung war folgenreich, weil «das nordische Insichsein»[113] und der christliche Grundgedanke, dass Gott als Geist im Innern der Menschen wirke, wechselseitige Resonanzen erzeugten. Zunächst aber wurde das Selbstbewusstsein «ganz in den Anfang der Kultur zurückgeworfen und dieses hat von vorne anzufangen gehabt».[114] Unter der Herrschaft der germanischen Barbaren verstummten die Philosophie und die schönen Künste. Sie «flohen zu den Arabern und gelangten dort zu einer schönen Blüte».[115]

Die Kirche, die das Reich Gottes auf Erden hätte repräsentieren sollen, gefiel sich in der Spaltung der Welt in ein geistliches und ein weltliches Reich. Es entstand eine eigene lateinische Kirchensprache und davon geschieden waren die Sprachen der Völker. Ein Interesse an der Versöhnung der Gegensätze zeigte die römische Kirche nicht; ihr Interesse war es, zu herrschen. Gerade so aber verweltlichte sich die Kirche selbst. Die Hostie wurde ein äußerliches Ding, die innere Buße ein Geldgeschäft. Die Völker ächzten unter dem Joch und der grausamen Zucht der Kirche. Gerade so aber wurde der barbarische germanische Geist gebildet. Bildung wurde zu seiner zweiten Natur. Das Mittelalter mochte ein Reich der Qual gewesen sein – der Geist ging gestärkt daraus hervor.

3.3 Die Verstandesmetaphysik der Scholastik

Große Mühe gibt sich Hegel bei der Darstellung der arabischen, der jüdischen und der scholastischen Philosophie nicht. Die scholastische Philosophie sei zu Recht für ihr «endloses Distinguieren»[116] berüchtigt. Gleichzeitig stellt Hegel aber voller Hochachtung fest: «Nie sind die Katholiken solche Barbaren gewesen, dass die ewige Wahrheit nicht erkannt, sie nicht philosophisch gefasst werden sollte.»[117] Allerdings sonderte sich an der Pariser Universität im Jahr 1270 die Theologie von den anderen Fakultäten ab und zugleich wurde der philosophischen Fakultät verboten, Glaubenssätze zu diskutieren. Dadurch war die Philosophie des Mittelalters sich selbst entfremdet, ihres höchsten Gegenstandes beraubt. Hegel geht nur knapp auf Anselm, Abaelard, Petrus Lombardus, Thomas von Aquin, Johannes Duns Scotus, Alexander von Hales, Albertus Magnus, Walter von Montaigne und William Occam ein.

Für die Scholastik sei der Gegensatz von Denken und Sein bestimmend gewesen. Der Streit zwischen Nominalismus und Realismus habe sich lange hinge-

---

112 Werke 19, 510.
113 Werke 19, 510.
114 Werke 19, 511.
115 Werke 19, 513.
116 Werke 19, 545.
117 Werke 19, 560.

zogen. Die Realisten meinten, dass das Allgemeine selbstständig sei und den sinnlichen Dingen keine Realität zukomme. Demgegenüber behaupteten die Nominalisten, dass das Allgemeine nur Vorstellung, Produkt des subjektiven Geistes sei und allein die denkenden Individuen real seien. Beide aber hielten am Dualismus von Denken und Sein fest. Und so wurde auch das Verhältnis von Himmel und Erde, Geistlichem und Weltlichem, Heiligem und Profanem als Gegensatz aufgefasst. Der Philosophie des Mittelalters «fehlte das Ich, das innige Band, die Innigkeit als Innigkeit des Gedankens».[118]

Das aufstrebende Bürgertum ließ sich im Spätmittelalter die Herrschaft der Kirche, die auf dem Gegensatz von ewigem Geistlichem und vergänglichem Weltlichem beharrte, nicht mehr gefallen. Kirchliche Differenzierungen wurden ihm gleichgültig. Der endliche Geist fasste Zutrauen zu sich. Er wusste intuitiv, dass er in Wahrheit mit dem absoluten Geist versöhnt war und einer kirchlichen Vermittlung nicht bedurfte. Es begann das Zeitalter der Renaissance und der Reformation.

3.4 Die lutherische Reformation als geistige Revolution

Bereits in der Einleitung hatte Hegel bekannt, dass er Lutheraner sei und es auch bleiben wolle.[119] Nun begründet er seine Hochschätzung Luthers. Die Reformation sei «ein Punkt der Umkehrung»[120] gewesen, die «Hauptrevolution»,[121] die der mittelalterlichen Philosophie und Theologie ein Ende bereitet und der neuzeitlichen Philosophie den Weg geebnet habe. Luther habe den Geist befreit und die Entzweiung des Mittelalters überwunden. Vor allem aber habe Luther die Differenz von Priestern und Laien abgeschafft. Für ihn gab es in religiösen Dingen keine Laien mehr. Die Versöhnung von absolutem und subjektivem Geist wurde Sache des Subjekts. Eine dem Subjekt entfremdete Institution und deren Priesterschaft waren überflüssig. Das Subjekt war unmittelbar zu Gott, als Glaubender war es sein eigener Priester.

Eine nicht nebensächliche Voraussetzung dafür war für Hegel, dass der Akt der Versöhnung nicht in einer fremden Sprache, sondern in der Muttersprache vollzogen werden konnte. Deshalb sei bereits die Publikation der Lutherbibel ein revolutionäres Ereignis gewesen. Luther stand mit der Hochschätzung der Muttersprache nicht allein. Auch Dante, Boccaccio und Petrarca hätten Ähnliches intendiert. «Erst in der Muttersprache ausgesprochen ist etwas mein Eigen-

---

118 Werke 19, 592.
119 Werke 18, 94.
120 Werke 20, 61.
121 Werke 20, 49.

tum.»[122] Die Sprache der leblosen Scholastik war das Kirchenlatein, die Sprache der Reformation musste die gelebte Alltagssprache sein.

Luther fasste das Gottesverhältnis strikt subjektiv. Die Gottunmittelbarkeit des Subjekts machte das «Gelten des Subjektiven» zur «absoluten Pflicht».[123] Es gab keine Gottesbeziehung ohne ein glaubendes Subjekt. «Seine Empfindung, sein Glauben, schlechthin das Seinige ist gefordert, – seine Subjektivität, die innerste Gewissheit seiner selbst, nur diese kann wahrhaft in Betracht kommen in Beziehung auf Gott.»[124] Die Freiheit des Christenmenschen wurzelt in der unbedingten Subjektivität des Gottesverhältnisses. «Es ist damit ein Ort in das Innerste des Menschen gesetzt worden, auf den es allein ankommt, in dem er nur bei sich und bei Gott ist; und bei Gott ist er nur als er selbst».[125]

In seiner Gottesbeziehung konnte der Mensch kein Laie sein. Luther spricht deshalb vom Priestertum aller Gläubigen. Die Versöhnung mit Gott kann keine äußere Macht bewerkstelligen – das kann nur der subjektive Geist, der sich der Gegenwart von Gottes Geist als seinem Wesen gewiss wird. Das Prinzip der Subjektivität ist nun unabdingbares Moment der Gottesbeziehung geworden. Der Mensch weiß, dass er an sich mit Gott versöhnt ist, er hat diese Versöhnung nur noch durch sein Verhalten für sich zu realisieren.

3.5 Der unselige Verlust der Einheit von Philosophie und Theologie

So großartig Hegel diesen Sieg der Subjektivität auch findet, so betrübt ist er doch, dass die christlichen Lehrinhalte vom Protestantismus nicht weiterentwickelt wurden. Luther sei es ausschließlich um die Vergewisserung des inneren Menschen gegangen, die philosophische Weiterentwicklung der Kirchenlehren habe ihn nicht interessiert. Im Protestantismus habe sich deshalb «das subjektive religiöse Prinzip von der Philosophie getrennt».[126] Nicht für die Philosophie, sehr wohl aber für die Theologie war diese Trennung ein Unglück.

Die Bezugsdisziplin der protestantischen Theologie war künftig die Philologie. Ihre exegetischen Methoden hielten zwar einen Biblizismus in Schach, dessen Anhänger sich einbildeten, die Bibel unmittelbar verstehen zu können. Der Fokus der Philologie auf die biblischen Texte half aber den Lesern nicht, die Produktivität ihres eigenen Lesens und Begreifen zu erfassen. Der biblische Text war vorrangig. Das biblische «Wort Gottes» musste von nun an die Beweislast für die Wahrheit des Christentums tragen. Hegel hielt das für einen Irrweg. «Und es ist ein verkehrtes Beginnen einer störrischen Exegese[,] auf solche äußerliche philo-

---

122 Werke 20, 16f.
123 Werke 20, 50.
124 Werke 20, 51.
125 Werke 20, 52.
126 Werke 20, 55.

logische Weise die Wahrheit der christlichen Religion zu erweisen, wie dies die Orthodoxie getan hat; der Inhalt wird so geistlos.»[127]

Die Abspaltung der Theologie von der Philosophie hatte aber nicht nur einen eigentümlichen protestantischen Biblizismus zur Folge. Die Theologie pflegte nun ohne das kritische Korrektiv der Philosophie «häufig ein ganz ungebildetes Vorstellen, ein unkritisches Denken».[128] Die Zeitdiagnosen der Theologen waren oft «nichts, als was sich auf der Heerstraße findet, was auf der Oberfläche der Zeit herumschwimmt».[129] Es helfe der Theologie also nicht, wenn sie nichts von der Philosophie wissen wolle. «Sie hat es immer mit Gedanken zu tun, die sie mitbringt; und diese ihre subjektiven Vorstellungen und Gedanken, ihre Haus- und Privatmetaphysik, sind dann die Reflexionen, Meinungen usf. der Zeit.»[130] Die Philosophie hingegen, die den Geist der Zeit begreife, könne der Theologie dabei behilflich sein, ihre Haus- und Privatmetaphysik auf eine Ebene der Allgemeinheit zu heben.

4. Die neuere Philosophie

Für die Philosophie war die Abspaltung von der Theologie hingegen eine Befreiung. Gott wurde nun als «das Eigenste des Individuums»[131] gefasst. Und so konnte die Philosophie der neuen Zeit ganz unbefangen «den sich gegenwärtigen Geist zum Prinzip»[132] machen. Um die Versöhnung des Gegensatzes von Geist und Natur bemühten sich alle neueren Philosophien. Sie taten dies im Bewusstsein ihrer neu gewonnenen Freiheit. «Der Geist bewegt und befindet sich jetzt in seinem Eigentum; dies ist teils die natürliche, endliche Welt, teils die innerliche».[133] Nicht nur die Naturwissenschaften, auch die Staatsphilosophien erlebten einen ungeheuren Aufschwung. Empirismus auf der einen und Idealismus auf der anderen Seite des philosophischen Spektrums bestimmten das philosophische Denken. Lebten die Philosophen früher wie Mönche, so lebten die modernen Philosophen «in bürgerlichen Verhältnissen oder im Staatsleben».[134] Die moderne Welt war für Hegel ein machtvolles System, zu dessen Funktionieren das Individuum notwendig beitragen musste. Früher sei Tapferkeit noch eine individuelle Tugend gewesen. «Die moderne Tapferkeit ist, dass jeder nicht nach

---

127 Werke 20, 56.
128 Werke 20, 64.
129 Werke 20, 64.
130 Werke 20, 64.
131 Werke 20, 63.
132 Werke 20, 63.
133 Werke 20, 64 f.
134 Werke 20, 72.

seiner Weise handelt, sondern dass er sich auf den Zusammenhang mit anderen verlässt».[135]

4.1 Wie kommt ein Lausitzer Schuster in die philosophische Ahnenreihe?

Fast dreißig Seiten widmet Hegel dem Mystiker Jakob Böhme. Er sei zwar als pietistischer Schwärmer verschrien, aber letztlich seien alle Philosophen Schwärmer, sofern sie der Meinung seien, «dass der Mensch noch in etwas anderem seine Wahrheit habe als im Essen und Trinken».[136] Böhme sei ein spekulativer Geist gewesen. Wenn es ins Einzelne gehe, dann stoße man zwar auf viel Trübes und Wirres. «Aber ebenso wenig ist zu verkennen die größte Tiefe, die sich mit der Vereinigung der absolutesten Gegensätze herumgeworfen hat; er fasst die Gegensätze auf das Härteste, Rohste, – aber er lässt sich durch ihre Sprödigkeit nicht abhalten, die Einheit zu setzen.»[137] Dies gelingt ihm, weil er alles als Dreieinigkeit auffasst.

> Sein Haupt-, ja man kann sagen, sein einziger Gedanke, der durch alles hindurchgeht, ist, [...] in allem die göttliche Dreieinigkeit aufzufassen, alle Dinge als ihre Enthüllung und Darstellung; so dass dies das allgemeine Prinzip ist, in welchem und durch welches alles ist, und zwar so, dass alle Dinge nur diese Dreieinigkeit in sich haben, nicht als eine Dreieinigkeit der Vorstellung, sondern als reale – die absolute Idee. Alles wird als diese Trinität erkannt.[138]

Alle Gegensätze sind also in Gott versöhnt. Gott, der Vater, ist die allgemeine Substanz, die Quelle allen Daseins, reines Ansichsein. Gott, der Sohn, ist das Sich-von-Gott-Unterscheidende, das Für-sich-sein-Wollende, das Sich-im-Anderen-Realisierende. Der Geist schließlich hilft den Glaubenden, sich einerseits von Gott als ihrer Quelle zu unterscheiden, sich aber zugleich ihrer Beziehung zu ihrer Quelle zu vergewissern. Wenn das gelingt, dann wird aus dem endlichen Subjekt ein «Ichts», separiert es sich von Gott, so wird aus dem «Ichts» ein Nichts.[139]

Hegel verhehlt seine Sympathien für diesen eigenwilligen Mystiker nicht. Er nennt ihn den *theosophus teutonicus* und auch den *philosophus teutonicus*. Er kontrastiert das Fühlen und Denken des Görlitzer Schusters mit der Philosophie Francis Bacons, des zeitweiligen Lordkanzlers der englischen Krone. Bacon gelte als «Heerführer der Erfahrungsphilosophen»[140] und als Begründer eines pragma-

---

135 Werke 20, 73.
136 Werke 20, 91.
137 Werke 20, 118.
138 Werke 20, 98.
139 Werke 20, 108 ff.
140 Werke 20, 74.

tischen Empirismus. Philosophieren ist für ihn Beobachten der Natur, Wahrnehmen der Neigungen der Menschen und das anschließende Aufstellen von allgemeinen Gesetzmäßigkeiten auf der Grundlage dieser Erfahrungen. Es ist die Haltung distanzierten Herrschens. Der Görlitzer Schuster hingegen habe sich auf die Widersprüche seines Daseins ohne vornehme Distanznahme eingelassen.

4.2 Rationalismus oder Empirismus?

Die Frage, ob das Wahrnehmen das Denken anregt oder aber das Denken das Wahrnehmen erst ermöglicht, war für die Philosophie der Neuzeit steter Anlass zum Streit. Was ist zuerst, das Denken oder das Sein? Descartes' Formel lautete bekanntlich: «Ich denke, also bin ich.» Das Ich ist also das sich schlechthin Gewisse. An allem kann ich zweifeln, aber nicht am Ich, das zweifelt. Das Denken impliziert unmittelbar das Sein. So hatte auch schon Anselm argumentiert: Wer Gott denkt, der impliziert sein Sein.

Auch Baruch Spinoza lag an der Einheit von Denken und Sein. Er geht aber einen anderen Weg als Descartes. Nicht das denkende Ich, sondern die göttliche Substanz garantiert die vorgängige Einheit von Denken und Sein. Ohne Gott kann nichts sein. Hegel kritisiert Spinoza dafür, dass sein Gottesbegriff folgenlos bleibe. Die göttliche Substanz Spinozas bewirke letztlich nichts. «Wird nur bei der Substanz stehengeblieben, so kommt es zu keiner Entwicklung, zu keiner Geistigkeit, Tätigkeit. Seine Philosophie ist nur starre Substanz, noch nicht Geist; man ist nicht bei sich.»[141] Es fehlt die Freiheit des Subjekts gegenüber der subjektlosen Substanz.

Für Descartes und Spinoza nahm das Subjekt als denkendes ganz selbstverständlich an etwas Allgemeinem teil, an einer Vernunft, die die engen Grenzen empirischer Subjektivität übersteigt. John Locke hingegen vertrat die Ansicht, dass solch allgemeine Begriffe nur subjektive Vorstellungen seien. Alle Begriffe und alles menschliche Wissen gründeten auf der Erfahrung und der Wahrnehmung. Denken ist mithin nur ein Verknüpfen, ein Unterscheiden und Vergleichen dieser Wahrnehmungen. Erst kommen die *sensations*, dann die *reflections*. Locke hatte kein Interesse an der Wahrheit an und für sich, sondern nur an dem, was dem Subjekt als wahr erscheint. Darin war er sich mit Isaac Newton einig. Dessen Wahlspruch – so Hegel – sei gewesen: «Physik, hüte dich vor der Metaphysik!» Hegel kommentiert sarkastisch: «Also: Wissenschaft, hüte dich vor dem Denken!»[142]

Locke und Leibniz verbinde der Gedanke, dass das Individuelle das Grundprinzip unserer Erkenntnis sei. Allerdings unterscheidet sich Leibniz mit seiner

---

141 Werke 20, 166.
142 Werke 20, 231.

Monadenlehre insofern von John Locke, als die Monade nicht nur auf Wahrnehmungen reagiert. Die Monade ist selbst tätig, sie verändert die Welt. Auch Gott ist für Leibniz eine tätige Monade, Gott ist «die Monade der Monaden, ist die absolute Monas».[143]

4.3 Gott als Gosse und Gott als x

Hegel nimmt Leibniz' Bestimmung Gottes als Monade der Monaden zum Anlass, den Gottesbegriff der Aufklärer insgesamt kritisch in den Blick zu nehmen. Er beginnt mit der überraschenden Feststellung, dass Gott in der neueren Philosophie eine viel größere Rolle spiele als in der alten. Denn Gott müsse nun für alles noch nicht Erklärbare herhalten. «Soweit Gedanken fortgehen, so weit das Universum; wo das Begreifen aufhört, hört das Universum auf, und es fängt Gott an.»[144] Weil die neuere Philosophie einer Verstandesmetaphysik anhänge, die die Einheit von Denken und Sein nicht begreife, stelle sie die Auflösung aller ihrer Widersprüche Gott anheim. «Gott ist also gleichsam die Gosse, worin alle diese Widersprüche zusammenlaufen.»[145] Das Problem bestehe aber darin, dass dieser Gott in einem abstrakten Jenseits hause. «Gott ist nicht gefasst als der, in dem die Widersprüche sich ewig auflösen, er ist nicht gefasst als Geist, der Dreieinige. [...] Diese konkrete Idee von Gott, als der Vernunft, ist noch nicht in die Philosophie aufgenommen; die Auflösung der Widersprüche ist nur eine Jenseitige.»[146]

Mit dem Siegeszug des Skeptizismus, wie er von David Hume vertreten wurde, wird Gott dann nicht einmal mehr als die Gosse, in der alle Widersprüche zusammenlaufen, benötigt. Er wird zur Hypothese für diejenigen, die einer solchen Hypothese bedürfen. So oder so, Gott ist «gleich x, das schlechthin Unbekannte».[147] Für Hume gibt es keine Erkenntnis außer der Erfahrung. Metaphysik ist überflüssig. Es gibt nur Gewohnheiten der Wahrnehmung. Allem Objektiven ist mit Skepsis zu begegnen. Die französischen Materialisten gingen noch einen Schritt weiter und fassten das menschliche Selbstbewusstsein materialistisch auf. Selbstbewusstsein ist eine Einbildung, hervorgerufen durch bestimmte Gehirnströme. Der Mensch wird mit einer Maschine verglichen. Sensualismus, Naturalismus und Materialismus schienen auszureichen, um sich und seine Welt zu verstehen. Gott war wie die Metaphysik überflüssig geworden. «Je mehr die menschliche Vernunft sich in sich gefasst hat, desto mehr ist sie von Gott abgekommen und hat das Feld des Endlichen erweitert. Die Frage ist dann[,] wie Gott

---

143   Werke 20, 247.
144   Werke 20, 255.
145   Werke 20, 255.
146   Werke 20, 265.
147   Werke 20, 289.

wieder herbeizuschaffen ist, der früher und im Anfang dieser Periode als das allein Wahre anerkannt wurde.»[148]

Warum aber soll Gott überhaupt wieder herbeigeschafft werden? Hegel gibt eine bemerkenswerte Antwort: Der Mensch habe sich ein Reich nur endlicher Wahrheiten geschaffen – ein Reich von Gnaden der Subjektivität des Denkens. Die Frage sei nun, wie das Denken «wieder zur Objektivität komme oder seine Subjektivität aufhebe, d. h. wie das Denken wieder zu Gott komme. Dieses haben wir in der letzten Periode zu betrachten: Kant, Fichte, Schelling.»[149] Diese Philosophen seien das deutsche Pendant zur Französischen Revolution gewesen: «In Deutschland ist dies Prinzip als Gedanke, Geist, Begriff, in Frankreich in die Wirklichkeit hinausgestürmt.»[150]

4.4 Gott als Postulat der praktischen Vernunft – Kant

Für Kant ist Gott in der Erfahrung nicht zu finden. Auf Gott kann nur geschlossen werden. Er ist lediglich ein Postulat der praktischen Vernunft. Kant habe unter dem Einfluss Humes die Frage nach dem, was an und für sich wahr sei, aufgegeben. Und so unterscheidet er strikt zwischen menschlichem Erkenntnisvermögen und dem Ding an sich. So beeindruckend die menschliche Vernunft auch sei, so sehr sie imstande sei, synthetische Urteile *a priori* zu fällen, also das Notwendige und Allgemeine nicht nur aus der Wahrnehmung zu schöpfen, so sehr bestehe Kant doch darauf, dass diese faszinierenden Fähigkeiten des menschlichen Geistes nicht bis zur Wirklichkeit selbst vorstoßen könnten. Hegel wirft Kant deshalb vor, «zu viel Zärtlichkeit für die Dinge»[151] entwickelt zu haben. Er verstehe unter Realität nur das sinnliche Dasein, zu dem das menschliche Denken keinen Zugang finden könne. «Ich als Vernunft und draußen die Dinge; beide sind schlechthin Andere gegeneinander, und das ist der letzte Standpunkt.»[152] Ohne Not habe Kant sich auf einen Dualismus zwischen Denken und Sein versteift.

Oft schon hatte Hegel Kants Kritik des ontologischen Gottesbeweises kritisiert. Nun erreicht die Kritik ein neues Niveau. Kant behauptet bekanntlich in seiner Kritik des ontologischen Gottesbeweises, dass aus dem Denken ein Sein nicht abgeleitet werden könne. Kant nutzte dafür das Beispiel von hundert Talern. Man könne sich hundert Taler denken. Für die gedachten Taler mache es keinen Unterschied, ob man sich diese Taler nur denke oder ob man sie tatsächlich besitze. Im wirklichen Leben mache das aber einen großen Unterschied.

---

[148] Werke 20, 312.
[149] Werke 20, 313.
[150] Werke 20, 314.
[151] Werke 20, 359.
[152] Werke 20, 363.

Hegel hatte sich immer schon über den Vergleich Gottes mit hundert Talern empört. Nun bringt er einen neuen Gedanken ins Spiel, um den Hundert-Taler-Vergleich zu destruieren. «Dass hundert mögliche Taler eingebildet etwas anderes sind als hundert wirkliche, dies ist ein so populärer Gedanke, dass nichts so gute Aufnahme gefunden hat als dies, dass aus dem Begriff nicht zum Sein übergegangen werden könnte».[153] Was man sich nur einbildet, das hat man in der Tat noch nicht. Hegels Rat lautet nun aber, dass man dann eben das sinnlose Einbilden bleiben lassen müsse. Wer einen präzisen Begriff von hundert Talern habe, dem falle es nicht schwer, zu erkennen, dass er nur dann zu hundert wirklichen Talern kommt, wenn er «Hand ans Werk legt, um sie in Besitz zu bekommen, d. h. man muss über die Einbildung hinausgehen, nicht bei ihr stehenbleiben».[154] Ein nur eingebildeter Gott ist in der Tat sinnlos. Ein Gott hingegen, von dessen Wirklichkeit ich ausgehe und nach der ich mich ausstrecke, ist die zugleich vorgängige wie auch subjektiv erst noch zu realisierende Versöhnung des subjektiven mit dem absoluten Geist.

Hegel hält Kants Behauptung, dass es zwischen dem subjektiven Denken und dem begehrten Objekt keine Beziehung gebe, für wenig überzeugend.

> So töricht ist kein Mensch als jene Philosophie; wenn ihn hungert, so stellt er sich nicht Speisen vor, sondern macht, dass er satt wird. Alle Tätigkeit ist Vorstellung, die noch nicht *ist*, aber als subjektiv aufgehoben wird. Auch die vorgestellten Taler werden zu wirklichen und die wirklichen zu vorgestellten, – durch äußere Umstände [...].[155]

Wer also Gott denkt, der wird tätig, versucht den Begriff Gottes zu fassen, belässt es nicht beim angeblich unüberwindlichen Dualismus zwischen Denken und Sein. Wenn schon jedes Tier imstande ist, praktisch die Einheit von Subjekt und Objekt herzustellen, so sollte auch der vernünftige Mensch imstande sein, zwischen den Dingen und der Vernunft zu vermitteln.[156]

4.5 Ich = Ich und das Nicht-Ich als unendlicher Anstoß – Fichte

Fichtes Philosophie beginne mit einem Dreisatz. Der erste Satz lautet: Ich = Ich. Der zweite Satz lautet: Ich setze mich als begrenzt, als Nicht-Ich. Der dritte Satz lautet: Das Ich sowohl als das Nicht-Ich sind beide durch das Ich im Ich gesetzt. Das Ich befindet sich so in einem Widerspruch. Das Ich, das schlechthin bei sich selbst sein will, ist mit einem Nicht-Ich konfrontiert. Das Nicht-Ich ist, so Fichte, ein «unendlicher Anstoß».[157] Das Ich sehnt sich nach Versöhnung mit seinem

---

153 Werke 20, 361.
154 Werke 20, 361.
155 Werke 20, 361 f.
156 Werke 20, 363.
157 Werke 20, 404.

Nicht-Ich. Das Streben und Sehnen bei Fichte entspreche dem Sollen bei Kant. Die Subjektivität komme nicht über das Sehnen hinaus. Sie soll auch gar nicht darüber hinauskommen. Das Sehnen ist für Fichte gerade der Beweis der Präsenz des Göttlichen. Mehr als eine Sehnsucht nach Gott ist dem Menschen nicht vergönnt. Hegel zitiert Fichte: «In Summa: dadurch, dass etwas begriffen wird, hört es auf Gott zu sein; und jeder vorgebliche Begriff von Gott ist notwendig der eines Abgotts.»[158]

4.6 Die Einheit von Natur und Geist – Schelling

Es ist kein Zufall, dass Schelling das letzte Porträt in der langen philosophischen Ahnengalerie gewidmet ist. Bei aller Kritik an dessen Mangel an dialektischem Denken ist Schelling doch der Philosoph geblieben, dem Hegel nahesteht. Hegel schätzt an Schelling vor allem, dass er von der Einheit des Objektiven und Subjektiven, der Einheit von Natur und Geist überzeugt ist. Natur und Geist sind unter den Bedingungen der Endlichkeit sehr wohl trennbar – nicht mehr aber in Gott, dem Unendlichen. Dies gilt auch für das Ich. Es ist nicht so, dass bei der Gleichung Ich = Ich eine unmittelbare Identität besteht. Denn indem ich mich zum Gegenstand meines Nachdenkens mache, ist die Differenz zwischen Allgemeinheit und Einzelheit schon eingetreten. Ihre Versöhnung aber versetzt den Menschen in einen Zustand der Seligkeit.

5. Die Offenbarung des Zeitgeistes als die Aufgabe der Philosophen

Die Beschäftigung mit der Geschichte der Philosophie dient dem Ziel, die Gegenwart besser zu verstehen. Man steigt in den «Schacht des Geistes» hinab und versucht zu verstehen, warum sich dort gerade diese und keine anderen Schichten des Denkens entdecken lassen. Was war das Konstruktionsprinzip vergangener Denkbemühungen – und wie geht es weiter? Es gibt Pfadabhängigkeiten. Für Hegel war das zum einen das griechische und zum anderen das germanisch-christliche Denken, von dem er wusste, dass es seine eigene Philosophie geprägt hatte.

Der Begriff des Germanischen mutet heute merkwürdig an, auch deshalb, weil Hegel völkischem Denken immer mit Sarkasmus begegnete. Die germanische Welt in seiner *Geschichte der Philosophie* ist die Negation der römischen Welt. Die Germanen sind einerseits Barbaren – aber ihre Innigkeit, ihre Intuition, dass sich das Subjekt nicht ins Private zurückziehen darf, machte sie für He-

---

[158] Werke 20, 409.

gel zu jener Kraft, die dem römischen Geist ein Ende bereitete. Bildung war Selbstbildung – nicht schöner Schein und gute Manieren, nicht der Rückzug ins Private und erst recht nicht die Herrschaft von abstrakten Institutionen über konkrete Subjekte.

Philosophen fühlen den Puls ihrer Zeit. Und weil der Puls der Zeit seine Quelle im Pulsieren des Zeitgeistes hat, müssen Philosophen geistesgegenwärtig sein – mit anderen Worten: Sie müssen mit der Gegenwart des absoluten Geistes in den Erscheinungen des objektiven und des subjektiven Geistes rechnen. Das gelingt freilich nur, wenn sie aufrichtig Wahrheitssucher sind. Wer den Wahrheitsbegriff von vorneherein aufgegeben hat, der ist in Hegels Augen kein Philosoph mehr. Eine Philosophie, die ihrer Zeit keine wahre Diagnose ihres Geisteszustandes geben kann, ist überflüssig.

Hegels Hoffnung, dass Schellings und seine eigenen Versuche, den absoluten mit dem subjektiven Geist zu versöhnen, nun eine neue Epoche philosophischen Denkens einläuten könnten, hat sich nicht erfüllt. Auch seine Hoffnung, dass die Wissenschaft hinreichend viel Selbstreinigungskraft besitze, sodass sie anstelle der Religion Anwältin der Wahrheit werden könne, war vergeblich. Utilitarismus, Naturalismus und Empirismus beherrschen heute das Feld der meisten Wissenschaften. Der ehemals stolze Skeptizismus der römischen Welt ist heute ein verzweifelter.

Der absolute Geist wurde im 19. Jahrhundert zunächst in die Religionsgemeinschaften abgeschoben. Die totalitären politischen Systeme des 20. Jahrhunderts versuchten dann, den absoluten Geist durch einen angeblich objektiven zu ersetzen, das Allgemeine wurde auf das Soziale oder das «Natürliche» reduziert. Der Vergöttlichung sozialer Utopien und politischer Bewegungen war ebenso wenig eine Grenze gesetzt wie dem verzweifelten Nihilismus. Die Frage Hegels, wie in diesen Subjektivismus wieder Objektivität hineinkommen kann, ist nach wie vor offen. Hegels Anregung, dass diese Objektivität keine soziale, sondern nur eine absolute sein kann, war damals so aktuell wie heute. Denn das Soziale tritt von außen an das Subjekt heran – der absolute Geist hingegen ist als Wesen des subjektiven Geistes im Subjekt bereits gegenwärtig. Zwanglos kann es seine Freiheit als Moment des absoluten Geistes ergreifen und gebrauchen.

Schluss
Worin besteht die Provokation?

1. Hegel – ein umstrittener Philosoph

Unter dem Titel «What Beethoven's Ninth teaches us» hat Daniel Barenboim in einem Essay für die *New York Times* vom 6. Mai 2024 das Anliegen Beethovens so zusammengefasst: «Creating unity out of contradiction – that is Beethoven for me.» Beethovens Zeitgenosse Georg Friedrich Wilhelm Hegel nannte das Zusammenhalten von Widersprüchen Dialektik. Kunst, Religion und Philosophie waren für ihn die drei geistigen Tätigkeiten der Menschen, mit deren Hilfe sie den Widersprüchen ihrer Existenz auf den Grund gehen, sich deren Abgründigkeit bewusst werden und sich gerade so darin aufgehoben wissen.

Hatten die Frühromantiker, die Klassik und der deutsche Idealismus noch ein klares Bewusstsein von der Widersprüchlichkeit und der Versöhnungsbedürftigkeit des Daseins, so ging dieses Bewusstsein im Lauf des 19. Jahrhunderts verloren. Und so überrascht es nicht, dass Karl Marx im Nachwort zur zweiten Auflage von *Das Kapital. Kritik der politischen Ökonomie* (1872) klagte, dass ein «verdrießliches, anmaßendes und mittelmäßiges Epigonentum» Hegel wie einen «toten Hund» behandle. Wem die eigene Widersprüchlichkeit eine zu große gedankliche Anstrengung ist, der verdrängt sie, indem er sie externalisiert. So entwickelte sich im 19. Jahrhundert eine Fülle von binären und dichotomischen Weltbildern: bürgerliche Patrioten vs. vaterlandslose Sozialisten; ultramontanistische Katholiken vs. kaisertreue Protestanten; Materialisten vs. Idealisten; Darwinisten vs. Christen; rassistisch gesinnte Deutsche vs. deutsche Juden; Kapitalisten vs. Arbeiterschaft; Adelige vs. das gemeine Volk; männliche Dominanz vs. beginnende Frauenbewegung.

Geht es heute anders zu? In allen westlichen Gesellschaften sind in den letzten Jahrzehnten einflussreiche rechtspopulistische Bewegungen entstanden. Sie kritisieren politische und kulturelle Eliten, die die Arbeiter und die einfachen Leute moralisch und ökonomisch überfordern. Die linken und liberalen Milieus reagieren darauf mit Ausgrenzung, wollen «Brandmauern» gegen den Rechtspopulismus errichten. Eine Hermeneutik des Verdachts auf der einen Seite und Verschwörungsnarrative auf der anderen Seite sorgen für ein Klima zunehmender Feindseligkeit. Jeder fühlt sich im Recht – als der Gute, der dem Bösen widerstehen muss. Bill Maher, der langjährige Moderator der US-amerikanischen Talkshow «Real Time», hat den Rechtspopulismus eine «Autoimmunkrankheit» der westlichen Gesellschaften genannt. Autoimmunkrankheiten zeichnen sich durch überschießende Reaktionen aus. Berechtigte Anliegen werden im Empörungsmodus vorgetragen, Verdächtigungen machen den politischen Konkurrenten zum Feind. Kulturkämpfe drohen zu Bürgerkriegen zu werden. Die Fähigkeit, das berechtigte Anliegen des politischen Gegners anzuerkennen, schwindet. Rechte fordern die Ausweisung von Flüchtlingen und Migranten, Linke skandieren «Nazis raus». Beide Male soll der unangenehme Andere verschwinden.

Der französische Soziologe Luc Boltanski diagnostizierte zu Beginn des 21. Jahrhunderts einen «neuen Geist des Kapitalismus».[1] Die ehemals geeinte politische Linke habe sich in eine alte, lokal verwurzelte, einem traditionellen Familien- und Berufsbild verbundene Arbeiterschaft auf der einen Seite und in eine mobile, städtische, kosmopolitische, queere, kulturelle Linke andererseits aufgespalten. Während die lokal verwurzelte Arbeiterschaft einen sich globalisierenden Kapitalismus als Bedrohung empfand, war die junge, polyglotte kulturelle Linke von den Vorteilen der neuen Wirtschaftsordnung mit ihren internationalen Verflechtungen begeistert. Boltanski befürchtete bereits vor 25 Jahren, dass sich die lokal verwurzelte Arbeiterschaft von der neuen kulturellen Linken nicht mehr repräsentiert fühlt und sich eine politische Heimat bei der neuen Rechten sucht.

Die Aufspaltung der Gesellschaft in Eliten auf der einen und das Volk auf der anderen Seite war schon zur Zeit des deutschen Idealismus ein Problem. Das «Älteste Systemprogramm des deutschen Idealismus», das uns in der Handschrift Hegels überliefert ist, sehnt sich nach Versöhnung. «Nimmer der verachtende Blick, nimmer das blinde Zittern des Volks vor seinen Weisen und Priestern.»[2] Keine der geistigen Kräfte dürfe unterdrückt werden. Die Philosophie müsse mythologisch und das Volk müsse vernünftig werden. Erst dann herrsche allgemeine Freiheit und Gleichheit. Vor Priestern zittert das Volk heute nicht mehr. Aber die Transformationsprozesse, die die wissenschaftlichen Eliten dem Volk abverlangen, sind gewaltig. Die Kluft zwischen dem Wissen der Eliten und dem Wissen des Volkes müsse überbrückt werden. Die Anschaulichkeit der Kunst und die Vorstellungkraft der Religionen seien dazu vonnöten. Das *Systemprogramm* schlägt vor: «So müssen endlich Aufgeklärte und Unaufgeklärte sich die Hand reichen, die Mythologie muss philosophisch werden und das Volk vernünftig, und die Philosophie muss mythologisch werden, um die Philosophen sinnlich zu machen. Dann herrscht ewig Einigkeit unter uns.»[3] Angesichts der aktuellen Polarisierungsdynamik in den westlichen Gesellschaften klingt das wie

---

1   Luc Boltanski / Ève Chiapallo, Le nouvel esprit du capitalisme, Paris 1999.
2   Werke 1, 236.
3   Werke 1, 236.

ein romantischer und frommer Wunsch aus vergangenen Zeiten. Zweifellos ist das *Systemprogramm* aus jugendlichem Überschwang verfasst worden. Als Verfasser kommen Schelling, Hölderlin und Hegel infrage. Hegel selbst war aber kein verträumter Romantiker. Ihm lag zeitlebens daran, die Widersprüche und Antagonismen unserer Existenz präzise wahrzunehmen. Aus «unendlichem Schmerz» über den entzweiten Zustand der Welt sah er sich genötigt, Versöhnungsressourcen zu erkunden. Die harte Arbeit am Begriff war für ihn der einzige Weg, gesellschaftliche und subjektive Widersprüche dadurch zu versöhnen, dass man ihnen auf den Grund ging. Ohne diese Arbeit würden Träume von einer geeinten Menschheit wirkungslos in sich verglimmen, so seine mehrfach geäußerte Befürchtung. Wer das Widersprüchliche verdrängt oder überspielt, der schafft nur scheinbar Einheit und weicht der Frage nach möglichen Verblendungszusammenhängen aus. In Analogie zur Kunst wäre das Kitsch – gefälliger, aber falscher Schein. In dieser Hinsicht sind sich Hegel und Beethoven einig: Man muss die Widersprüche in ihrer ganzen Dramatik durchleiden, um ihre innere Einheit zu erfassen.

Die Wertschätzung Hegels hängt in hohem Maße davon ab, wie viel Dialektik, wie viel Ambiguitätstoleranz und wie viel Integrationskraft man seinem Denken zutraut. Litt Hegel wie Beethoven an den Widersprüchen der Welt? Oder muss man ihn eher mit einem subalternen Hofkapellmeister vergleichen, dem vor allem daran lag, die herrschende protestantische Kultur am preußischen Hof zu rechtfertigen? Ging er den Widersprüchen auf den Grund, oder beobachtete er das Weltgeschehen nur von oben herab? Hielt er sich selbst für einen besserwisserischen Weltgeist, dem immer schon und von vornherein klar war, welches triadische Spiel gerade gespielt wird?

Tatsächlich finden sich Passagen in Hegels Werk, deren protestantische Pausbackigkeit, deren beißender Spott und deren gallige Unversöhnlichkeit irritieren. Eine hypertrophe Selbstgewissheit tritt dann zutage, wenn Hegel seiner Dialektik untreu wird. Dann ver-urteilt er, anstatt zu ur-teilen, also zu differenzieren und genau hinzusehen. Dazu gehört sein jugendlicher Antijudaismus, der im Alter zwar milder wurde, den er aber niemals ganz überwand. Auch sein Urteil über den Katholizismus ist von einer protestantischen Überheblichkeit, die heute peinlich berührt. Und Hegels Urteil über den Islam ist von der Geschichte schlicht überholt. Obwohl Hegel fest davon überzeugt war, dass es keine «Fremdreligionen» gibt, weil der Strom der Religionsgeschichte *ein* Strom ist, machte er doch den Fehler, das Christentum die «absolute Religion» zu nennen, was eine lange und sinnlose Debatte über eine vermeintliche Sonderstellung des Christentums in der Religionsgeschichte nach sich zog.

Überholt sind auch sein Lob der Monarchie, sein ständisches Gesellschaftsmodell und vor allem sein traditionelles Frauen- und Familienbild. Für Hegel war das heutige Ausmaß an gesellschaftlicher Pluralität unvorstellbar. Er hatte Angst vor einem ungebildeten Volk, das jederzeit bereit ist, einen vernünftigen allgemeinen Willen einem aufgeheizten Mehrheitswillen zu opfern. Blickt man auf die Erfolge des Faschismus im 20. Jahrhundert, dann war diese Angst freilich nicht völlig unbegründet. Wer unter Freiheit nur Willkür versteht, der kann keinen wertvollen Beitrag zum Erhalt und zur Weiterentwicklung des Gemeinwesens leisten.

Auch der Eurozentrismus der Geschichtsphilosophie Hegels ist oft und zu Recht kritisiert worden. Eine heutige Geschichtsphilosophie muss selbstverständlich eine postkoloniale Geschichtsphilosophie nach Auschwitz unter Einbeziehung aller marginalisierten Gruppen sein. Hegel würde allerdings darauf bestehen, dass der Verzicht auf eine Geschichtsphilosophie überhaupt dem Verzicht auf eine eigene, selbstbewusste Stellungnahme zum aktuellen Weltgeschehen gleichkomme. Wer seinen eigenen Standort im Fluss der Geschichte nicht bestimmt, dem wird auch kein der Lage angemessenes Handeln möglich sein. Ein skeptischer Rückzug in den Relativismus mag bequem sein, er macht aber auch handlungsunfähig.

2. Produktive Provokationen Hegels

Trotz evidenter Schwächen lässt sich das Gesamtwerk Hegels auch heute noch wie ein Leitfaden zur Versöhnung der Widersprüche unserer Lebenswelten lesen – keiner billigen Versöhnung, sondern einer solchen, die ihre Widersprüche ganz und gar ernst nimmt. In seiner *Phänomenologie* zeigt Hegel, warum moralische Forderungen wenig geeignet sind, die Welt zu verbessern. In den Schriften aus seiner Nürnberger Zeit kann man eine Bildungstheorie kennenlernen, die Wert auf Inhalte und weniger auf Methoden legt. In seiner *Logik* zeigt Hegel, was der «gesunde Menschenverstand» gründlich missversteht und warum Skeptiker ebenso wie Materialisten und Naturalisten die Widersprüchlichkeit des Daseins nicht begreifen. In der *Rechtsphilosophie* hält Hegel solche politischen Philosophien für ein Desaster, die einen Gegensatz zwischen Freiheit und Recht aufmachen und darauf beharren, dass eine Gesellschaft umso mehr prosperiere, je mehr sich der Staat aus ihr zurückziehe. In seiner *Geschichtsphilosophie* besteht Hegel darauf, dass die Geschichtswissenschaft eine Antwort darauf geben müsse, warum auf der Schlachtbank der Geschichte so unfassbar viele Opfer gebracht worden sind. Die Opfer verlangen eine Rechtfertigung.

2.1 Verbessert Moral die Welt?

In Hegels *Phänomenologie* findet sich eine bedenkenswerte Anleitung zum Umgang mit moralischen Gefühlen. Im Kapitel «Das Gesetz des Herzens und der Wahnsinn des Eigendünkels» zeigt Hegel die dunkle Seite der Lust am Moralisieren. Die Ambivalenzen des Daseins seien gegen den Überschwang gefühlten

Rechthabens in der Regel resistent. Wen das kränke, der stehe in der Gefahr, dass sein «Herzklopfen für das Wohl der Menschheit» in «das Toben des verrückten Eigendünkels»[4] übergeht. Terrorakte zeichnet ja gerade dies aus: Man begeht ein Verbrechen um einer tief empfundenen guten Sache willen.

Das Gewissen ist die von anderen anerkannte Instanz, die darüber entscheidet, welches Handeln einem empirischen Subjekt moralisch richtig vorkommt. Subjekte können Sachverhalte aber ganz unterschiedlich beurteilen. Das Gewissen hat keinen bestimmten Inhalt. Es ist schlicht die Gewissheit des Einzelnen, in der Wahl seiner moralischen Entscheidungen frei zu sein. Das Gewissen sei deshalb – so Hegel – der «einsame Gottesdienst»[5] handelnder Subjekte. Andere können diesen einsamen Gottesdienst aber für Heuchelei halten. Jedes Handeln setzt sich dem Urteil anderer aus.

Andere zu beurteilen macht Spaß. Und so warnt Hegel vor einer «Eitelkeit des Gut- und Besserwissens», die bereits ihr «tatloses Reden für eine vortreffliche Wirklichkeit genommen wissen will».[6] Wer immer nur Zeichen setzt und sich öffentlich empört, der mag sich zwar selbst gut fühlen, hat damit aber noch nichts Besseres vollbracht. «Wutbürger» gibt es auf allen Seiten des politischen Spektrums. Moral führt in die Unversöhnlichkeit. Hegel entwirft in der *Phänomenologie* das folgende Szenario: Wenn jemand öffentlich gesteht, dass er einen Fehler gemacht hat, dann riskiert er, dass ihm ein «hartes Herz»[7] die Anerkennung und die Versöhnung verweigert. Denn die Moral kennt keine Versöhnung. Sie kann harte Herzen nicht brechen. Genau darauf komme es aber an: sich eines vorschnellen Urteils zu enthalten, nach Gemeinsamkeiten zu suchen, eigene Fehler zu gestehen, die Fehler anderer zu verzeihen, sich als Gleiche anzuerkennen.

2.2 Bildung als Wiedergeburt

Hegel war wie Jean-Jacques Rousseau davon überzeugt, dass der Mensch zum Menschen erst gebildet werden muss. Bildung ist die Befreiung des Menschen aus seiner natürlichen Abhängigkeit. Dieser Befreiungsprozess ist für das Subjekt «die harte Arbeit gegen die bloße Subjektivität des Benehmens, gegen die Unmittelbarkeit der Begierde sowie gegen die subjektive Eitelkeit der Empfindung und die Willkür des Beliebens».[8] Gebildete Subjekte sind fähig, ihre Naturbedürfnisse mit den Interessen der Allgemeinheit abzugleichen. Mit anderen Worten: «Die Pädagogik ist die Kunst, die Menschen sittlich zu machen; sie betrachtet den Menschen als natürlich und zeigt den Weg, ihn wiederzugebären, seine erste Na-

---

4 Werke 3, 280.
5 Werke 3, 481.
6 Werke 3, 489.
7 Werke 3, 490.
8 Werke 7, 345.

tur zu einer zweiten, geistigen umzuwandeln, so dass das Geistige ihm zur Gewohnheit wird.»[9] Sittlichkeit ist für Hegel «innere Allgemeinheit».[10] Ein sittliches Ich empfindet das Allgemeine als sein Eigenes. Es will *citoyen* sein und nicht nur *bourgeois*. Diese innere Allgemeinheit wird ihm zur Gewohnheit, zur «zweiten Natur». Das unterscheidet die Sittlichkeit von der Moral. Die Moral fordert, Sittlichkeit wird gelebt.

Selbstbildung hieß für Hegel nicht, dass sich die Schülerinnen und Schüler selbst ihren Reim auf die Welt machen sollen. Selbstständigkeit und Kreativität erringt man nur, wenn man sich zuvor an Inhalte und Gegenstände enträußert hat. «Man kann nicht denken ohne Gedanken, nicht begreifen ohne Begriffe.»[11] Wer sich bildet, der eignet sich die Gedanken und Begriffe anderer an – und je mehr Gedanken und Begriffe er kennenlernt, umso größer wird sein Horizont, umso besser kann er oder sie am weltweiten Netz des Wissens weiterknüpfen. Hegel hielt eine Pädagogik für verhängnisvoll, die der Überzeugung ist, «dass das Selbstdenken in dem Sinn entwickelt und geübt werden solle, dass es erstlich dabei auf das Material nicht ankomme und zweitens als ob das Lernen dem Selbstdenken entgegengesetzt sei».[12] Ohne Hingabe an fremde Gegenstände und Gedanken und ohne die Mühsal des Begreifens kann man nicht lernen. Ohne Entfremdung ist Bildung nicht zu haben.

Bildung dient nicht nur den heute Heranwachsenden, sondern auch künftigen Generationen. Denn Wissen ist das geistige «Erbgut»[13] der Menschheit. Die Verantwortung der Lehrkräfte, dieses weiterzugeben, ist enorm.

> Dem Lehrstande ist der Schatz der Bildung, der Kenntnisse und Wahrheiten, an welchem alle verflossenen Zeitalter gearbeitet haben, anvertraut, ihn zu erhalten und der Nachwelt zu überliefern. Der Lehrer hat sich als den Bewahrer und Priester dieses heiligen Lichtes zu betrachten, dass es nicht verlösche und die Menschheit nicht in die Nacht der Barbarei zurücksinke.[14]

Die gegenwärtigen Debatten darüber, wie dem beschämenden Leistungsstand deutscher Schülerinnen und Schüler begegnet werden kann, fokussieren vornehmlich auf Lehrmittel und auf Lehrmethoden. Ab wann brauchen Schülerinnen und Schüler ein iPad? Wie gelingt mehr Inklusion? Lehrinhalte – also das geistige Erbgut unserer Kultur – sind zugunsten von Zielen und Kompetenzen, die in der Regel schon wegen einer lernunfreundlichen Schulkultur gar nicht er-

---

9 Werke 7, 302.
10 Werke 7, 303.
11 Werke 4, 603.
12 Werke 4, 422.
13 Werke 4, 412.
14 Werke 4, 307.

reichbar sind, mehr und mehr vernachlässigt worden. Hegels Bildungstheorie ist wohltuend unzeitgemäß.

2.3 Hegels Logik – Kritik der quantifizierenden Rationalität

Der gesunde Menschenverstand nimmt an, dass die Menschen eine sinnlich erfahrbare Welt vorfinden, auf die sie sich mithilfe ihres Verstandes einen Reim machen. Wahr sind dann solche Gedanken, die mit der sinnlichen, bevorzugt messbaren Wahrnehmung übereinstimmen. Gedanken, die empirisch nicht darstellbar sind, werden als Hirngespinste abgetan. Hegel besteht demgegenüber darauf, dass die sinnlich wahrnehmbare Wirklichkeit schon deshalb nicht als Wahrheitskriterium dienen kann, weil sie einem beständigen Werden und Vergehen unterworfen ist. Deshalb muss der Mensch fähig sein, zwischen vergänglichem Schein und Wesentlichem zu unterscheiden. Wer danach fragt, was wesentlich ist, der hat das unmittelbar Vorfindliche immer schon infrage gestellt. Die vermeintliche Realität ist nicht so real, wie der gesunde Menschenverstand annimmt. Es sind unsere Begriffe, die die Welt gestalten.

Was ist ein Begriff? «Das Begreifen eines Gegenstandes besteht in der Tat in nichts anderem, als dass Ich denselben sich zu eigen macht, ihn durchdringt und ihn in seine eigene Form [...] bringt.»[15] Hegels großgeschriebenes Ich ist nicht das zufällige empirische Subjekt. Ich ist dasjenige Subjekt, das *an sich* zum Begreifen befähigt ist. Ob ich, kleingeschrieben, dazu imstande bin, ist eine empirische Frage. Hat sich Ich einen Begriff von seinem Gegenstand gemacht, dann verwandelt es den Gegenstand in einen Gedanken, genauer in *seinen* Gedanken.[16] Mit dem Begriff eignet sich Ich den Gegenstand an – und verändert ihn dadurch. Der Begriff erschafft eine neue Wirklichkeit. Aber der begriffene Gegenstand, der Gedanke geworden ist, verändert auch das Ich. Begriffe sind weder harmlos noch beliebig. Es handelt sich nicht um willkürliche Zuschreibungspraktiken, sondern um Akte der Transformation der Wirklichkeit – der individuellen, der sozialen, der natürlichen und der geistigen. Hegels Begriff des Begriffs richtet sich sowohl gegen einen naturalistischen Determinismus wie gegen einen skeptischen Subjektivismus. Weder ist das Dasein ein Vorgegebenes noch ein bloßes subjektives Konstrukt. Die Welt, die der Mensch vorfindet, ist Idee. Eine Idee ist für Hegel ein realisierter Begriff.

Widersprüche sind nicht unlogisch, sondern selbstverständlich. «Alle Dinge sind an sich selbst widersprechend.»[17] Gegenüber der Behauptung einer widerspruchslosen Identität ist der Widerspruch vielmehr «für das Tiefe und Wesen-

---

15 Werke 6, 255.
16 Werke 6, 255.
17 Werke 6, 74.

haftere zu nehmen».[18] Identität sistiert, der Widerspruch hingegen ist die Wurzel aller Bewegung und Lebendigkeit. «Etwas ist also lebendig, nur insofern es den Widerspruch in sich enthält, und zwar diese Kraft ist, den Widerspruch in sich zu fassen und auszuhalten.»[19] Wer den Widerspruch nicht aushält, geht zugrunde. Leben heißt, Widersprüche aushalten zu können.

2.4 Der Staat, das Nervensystem der Gesellschaft

Man hat es Ernst-Wolfgang Böckenförde nicht gestattet, einen Satz zu vergessen, mit dem er zur Zeit des Zweiten Vatikanischen Konzils die katholische Kirche ermutigen wollte, als zivilgesellschaftlicher Akteur am Erhalt des freiheitlich-demokratischen Rechtsstaats aktiv mitzuwirken. Der Satz, der wie ein Mantra wieder und wieder zitiert wird, lautet so: «Der freiheitliche, säkularisierte Staat lebt von Voraussetzungen, die er selbst nicht garantieren kann.»[20] Weil der Staat die Freiheit seiner Bürgerinnen und Bürger achtet, kann er – so Böckenförde – Gemeinsinn und Sittlichkeit nicht erzwingen. Er muss sich darauf verlassen, dass für die notwendigen bürgerlichen Tugenden die Gesellschaft selbst sorgt. Die Kirchen haben diesen Satz so verstanden, dass der Staat in besonderer Weise auf sie angewiesen ist, sofern Religion eine Quelle auch der bürgerlichen Moral ist.

Was Böckenförde übersieht, darauf macht Hegel nachdrücklich aufmerksam: Durch das staatliche Bildungssystem sorgt der Staat sehr wohl selbst dafür, dass seine heranwachsenden Bürgerinnen und Bürger Verständnis für seine Aufgaben entwickeln sowie Gemeinsinn und politisches Engagement erlernen und einüben. Schulen und Universitäten sind elementar wichtige Institutionen des neuzeitlichen Staates, durch die er selbst die Vernunft und die Freiheit seiner Bürgerinnen und Bürger fördert. Garantien für einen Bildungserfolg gibt es zwar nicht, aber Staaten, die Wert auf Bildung legen, sind stabiler als jene, die sich um den Bildungsstand ihrer Bevölkerung nicht kümmern. Bildung steht zwar immer auch in der Gefahr, ideologisch zu werden – umso wichtiger sind deshalb Bildungsinhalte, die die sich bildenden Subjekte zum Gebrauch ihrer Freiheit ermutigen.

Die Kirchen werden zur Legitimation des Staates nicht benötigt. Ihre Aufgabe besteht darin, die Individuen in der Gewissheit zu bestärken, dass ihre Freiheit nicht in staatlichen Gesetzen gründet, sondern ein unveräußerliches Geschenk Gottes ist. Der Staat ist eine Institution nur endlicher Freiheit. Deshalb ist für Hegel der Staat auch nur das «Irdisch-Göttliche». Göttlich ist er deshalb, weil er

---

18   Werke 6, 75.
19   Werke 6, 76.
20   Ernst-Wolfgang Böckenförde, Die Entstehung des Staates als Vorgang der Säkularisation, in: Recht, Staat, Freiheit. Studien zur Rechtsphilosophie, Staatstheorie und Verfassungsgeschichte, Frankfurt am Main 1991, 92–114, 112.

sich nicht Selbstzweck ist, sondern die Freiheit anderer will, sie fördert und sie schützt. Hegel will mit dem Attribut «irdisch-göttlich» den Staat nicht sakralisieren. Er will vielmehr auf dessen beeindruckende Fähigkeit zur Selbstentäußerung aufmerksam machen. Der Staat existiert nicht für sich selbst, sondern für andere. Er dient der Freiheit seiner Bürgerinnen und Bürger. Das ist seine Größe und seine Stärke. Selbstverständlich gilt das nur für solche Staaten, die begriffen haben, dass eben darin ihr Zweck besteht.

Sieht man sich gegenwärtig auf dem Globus um, dann haben offensichtlich nur sehr wenige Machthaber begriffen, dass die Bestimmung eines Staates in der Gewährleistung der Freiheit seiner Bürgerinnen und Bürger besteht. Es gibt auch ganz andere Staatsphilosophien als die Hegels. Für Thomas Hobbes ist der Staat die bittere Medizin gegen die Bosheit der Menschen. Der Liberalismus meint, den Einfluss des Staates begrenzen zu müssen, um der Willkürfreiheit der Bürgerinnen und Bürger möglichst viel Raum einräumen zu können. Die damit verbundene Hoffnung, dass aus dem größten Eigennutz Einzelner das größte Gemeinwohl aller entsteht, ist die Utopie des Liberalismus. Für Hegel hingegen ist der Staat der Ort, an dem die subjektive Freiheit aller objektiv und nachhaltig wird.

Der Staat ist das Nervensystem der Gesellschaft. Er ist ebenso sensibel für die Bedürfnisse der Subjekte wie für die Bedürfnisse der gesellschaftlichen Subsysteme. Wie das biologische Nervensystem die Befriedigung der Bedürfnisse aller Organe eines Körpers zu organisieren hat, so muss auch der Staat mit Umsicht und Vernunft die Transformation der Gesellschaft fördern, ohne dabei das Ganze aus den Augen zu verlieren. Nicht religiöse Begründungen oder patriotische Gefühle sichern den Bestand eines Staates, sondern die «Architektonik seiner Vernünftigkeit».[21]

2.5 Wer rechtfertigt die Opfer auf der Schlachtbank der Weltgeschichte?

Die Geschichte ist eine Schlachtbank, auf der «das Glück der Völker, die Weisheit der Staaten und die Tugend der Individuen»[22] zum Opfer gebracht werden, so Hegel in seiner *Geschichtsphilosophie*. Wer dieses Schauspiel der Leidenschaften und des Unverstandes studiere, der müsse sich traurig und betrübt, vor allem aber voller Empörung von diesem schaurigen Anblick abwenden. Entsetzen und ein Rückzug ins Private seien durchaus verständlich. Es sei aber eine Illusion, wenn man glaube, von einem ruhigen und sicheren Ufer aus den fernen Anblick

---

21   Werke 7, 19.
22   Werke 12, 35.

der verworrenen Trümmermasse genießen zu können.[23] Jeder ist dem Fluss der Geschichte ausgesetzt und muss sich darin zurechtfinden. Niemand entkommt seiner Zeit. Der Blick in die Geschichte kann unserem Blick in die Zukunft Tiefenschärfe verleihen. Lernen kann man freilich aus der Geschichte nichts. Jede Zeit muss ihre eigenen Antworten auf ihre ganz eigenen Herausforderungen finden.

Über die Grausamkeit der Geschichte kann man sich nur deshalb empören, weil man sich einen besseren Geschichtsverlauf vorstellen kann. Hinter jeder Empörung über historische Ereignisse verbirgt sich das Ideal einer von Vernunft geleiteten Geschichte. Wer Vergangenes kritisiert, hat immer schon die Vision einer besseren Welt im Sinn. So heroisch die nihilistische Position klingt, der gemäß es keinen Sinn in der Geschichte gibt, so verstörend ist doch die Gleichgültigkeit dieser Position gegenüber den Opfern von Gewalt, Hass und Ausbeutung. Wenn Geschichte keinen Sinn hat, dann hat es auch keinen Sinn, über begangenes Unrecht zu klagen oder gar an einer besseren Welt mitzuarbeiten.

Wie Menschen ohne individuellen Sinn nicht leben können, so können sie auch nicht ohne einen historischen Sinnhorizont leben. Geschichte ist die Gesamtheit menschlichen Handelns, an die jede Generation notwendig anknüpfen muss. Angesichts des Jahrtausende währenden Gemetzels verlangt der sinnbedürftige Mensch nach einer Antwort auf die Frage, «wem, welchem Endzwecke, diese ungeheuersten Opfer gebracht worden sind».[24] Gegen allen Augenschein besteht Hegel darauf, dass die Weltgeschichte die Entwicklung des Begriffs der Freiheit ist – und zwar der Freiheit aller. Frei ist der Mensch als Geist, der weiß, was er tut. Je freier der Mensch wird, umso weniger braucht es die «List der Vernunft», die die natürlichen Leidenschaften der Menschen hinter ihrem Rücken in die richtigen Bahnen lenkt. Die Geschichte ist voller Torheiten und Verrücktheiten, grausamer Zufälle und entsetzlicher Taten zuhauf. Das war Hegel sehr bewusst. Und doch – oder besser: gerade deshalb – lautet der Schlusssatz der *Geschichtsphilosophie:* «Nur die Einsicht kann den Geist mit der Weltgeschichte versöhnen, dass das, was geschehen ist und alle Tage geschieht, nicht nur nicht ohne Gott, sondern wesentlich das Werk seiner selbst ist.»[25]

3. Der absolute Geist in Kunst, Religion und Wissenschaft

Ohne Gott geht es nicht – davon war Hegel überzeugt. Gott ist für ihn aber kein unerforschliches Ding, vielmehr ist Gott als Geist im menschlichen Geist gegenwärtig. Gott hält sich nicht als unerkennbare und undurchschaubare Substanz in

---

23 Werke 12, 35.
24 Werke 12, 35.
25 Werke 12, 540.

einem erkenntnistheoretischen Jenseits auf. Der absolute Geist ist die dialektische Einheit der göttlichen Substanz und des menschlichen Subjekts. Gottes Geist und Menschengeist lassen sich unterscheiden, aber nicht trennen. Der absolute Geist hat sich immer schon auf das Endliche und Relative eingelassen – sonst wäre das Absolute nur ein «leerer Abgrund».[26] Das Absolute ist das Allgemeine, das im Besonderen und im Einzelnen erscheint. Würde das Absolute nicht erscheinen, bliebe es eine leere, wirkungslose Wesenheit. Nur indem es sich entäußert, wird es wirklich, mithin wirksam.

Hegel identifiziert drei Sphären menschlichen Handelns, die dem Erscheinen des absoluten Geistes explizit Raum geben. Es sind dies die Kunst, die Religion und die Philosophie, in denen seit Jahrtausenden das Schöne, das Gute und das Wahre vergegenwärtigt werden. Alle drei lassen den absoluten Geist erscheinen, aber sie tun es auf je ihre Weise. Die Kunst lässt den absoluten Geist erscheinen, indem sie uns das Absolute *empfinden* lässt. Die Religion lässt den absoluten Geist erscheinen, indem sie von seinem Wirken *erzählt* und indem sie rituell die Einheit von absolutem und endlichem Geist *inszeniert*. Und die Philosophie schließlich *begreift* die dialektische Einheit von absolutem und endlichem Geist.

3.1 Auf der Suche nach Erhabenheit – die Kunst

Kunst ist für Hegel die sinnliche Darstellung des Göttlichen. Sie ermöglicht es, Gott zu *empfinden*. Kunst ist Schein, aber kein falscher Schein. Der Schein der Kunst macht den Schein der alltäglichen Realität durchsichtig. Im Schein der Kunst wird der Schein des Alltags als vergänglich entlarvt. Im Alltag konsumieren und verbrauchen Menschen die sie umgebenden Objekte. Die Kunst hingegen bewahrt Objekte auf, gibt ihnen Raum und Zeit, damit deren Geist den subjektiven Geist erfassen kann. Jedes Kunstwerk ist deshalb, so Hegel, ein Triumph der Freiheit über die Vergänglichkeit. Kunst schenkt uns ein Gefühl der Erhabenheit. In der Kunst erhebt sich der Mensch über die Zudringlichkeiten des Alltags und der Natur.

Die Kunstgeschichte folgt dem Prinzip sich steigernder Subjektivität. Stand in der frühen symbolischen Kunstform noch die Bewunderung beeindruckender Objekte im Vordergrund, so tritt in der klassischen Kunstform, wie sie sich in Griechenland entwickelte, ein heiterer und harmonischer Anthropomorphismus hervor, bei dem die Grenzen zwischen Göttern und Menschen, zwischen dem Kunstwerk und dem Künstler fließend werden. Die Götter Griechenlands waren aber nur Götter aus Stein und Erz. Eine neue Stufe der Subjektivität erklimmt die Kunst mit der Darstellung Gottes als eines Menschen aus Fleisch und Blut. Ein gekreuzigter Gott als Kunstwerk wäre in Griechenland nicht möglich gewesen.

---

26 Werke 3, 587.

Die Anschauung von Leid, Schmerz und Tod erregt nicht nur Mitleid, sondern erinnert auch an das Böse und die Widersprüchlichkeit menschlichen Daseins. In der Renaissance entwickelte sich die ehemals religiöse romantische Kunstform weiter zu einer weltlichen Form, die nicht mehr nur exemplarische religiöse Subjekte darstellte. Von nun an konnte jedes Individuum Gegenstand der Kunst werden. Damit hatte die romantische Kunstform ihre Aufgabe erfüllt, nämlich die absolute Subjektivität in jedem einzelnen, endlichen Subjekt anschaulich zu machen.

Hegels *Ästhetik* endet auf einem kulturkritischen Ton. Kunst als die Anschauung des Absoluten sei dann nicht mehr möglich, wenn der Zeitgeist über keinen vernünftigen Begriff des Absoluten mehr verfüge. Aber gibt sich die Kunst unserer Tage tatsächlich mit der Inszenierung nur der je eigenen Subjektivität des Künstlers zufrieden? Ist die Gestaltung der Museen als Tempel nicht ein Hinweis darauf, dass das Absolute aus der Kunst noch lange nicht ausgewandert ist? Sind Bach, Beethoven und Wagner ohne ein Empfinden des absoluten Geistes, der in ihren Werken gegenwärtig ist, überhaupt aufzuführen? Leonhard Cohens Aufforderung, ein «Halleluja» anzustimmen, also den Herrn zu loben, erklingt an jeder Straßenecke. Und trägt nicht selbst die Inbrunst, mit der «Swifties» und andere Fans zu den Konzerten ihrer Idole pilgern, religiöse Züge? Die Sehnsucht danach, einer Gemeinde anzugehören, scheint ungebrochen. Man kann also – gegen Hegel – die Zeitdiagnose wagen, dass die Geistesgegenwart der Kirchen schrumpft, die Gegenwart des Geistes in der Kunst aber zunimmt.

3.2 Die Vernunft – das Gottesorgan des Menschen

Religion ist das Bewusstsein der Gegenwart Gottes. Wer glaubt, der bezeugt das Wirken des absoluten Geistes in seinem endlichen Geist. An Gott kann man nicht glauben, ohne ihn zu denken. Gott ist ein Gedanke – und deshalb auch Gegenstand philosophischen Begreifens. In der Philosophie wie in der Theologie gehe es, so Hegel, um «Gott und nichts als Gott und die Explikation Gottes».[27] Die Philosophie sei «in der Tat selbst Gottesdienst».[28] Die Philosophie dient Gott, indem sie sich um das wichtigste Gottesorgan des Menschen, seine Vernunft, sorgt.

Die Einsicht, dass die Vernunft die Werke Gottes vernehmen kann, sah Hegel allerdings schon zu seinen Lebzeiten verdunkelt. Die Aufklärung habe zur Gottesentsagung aufgefordert – und die intellektuellen Eliten seien ihr darin aus ganz unterschiedlichen, zum Teil finsteren Motiven gefolgt. Mit dem Verlust eines göttlichen Absoluten aber sei das Endliche selbst verabsolutiert worden. Dem

---

27 Werke 16, 28.
28 Werke 16, 28.

Volk werde das Evangelium nicht mehr gepredigt – es bleibe in seiner bedrückenden Endlichkeit eingesperrt. Intellektuelle könnten sich immer noch mit virtuoser, wenn auch eitler Selbstreflexion von den Zudringlichkeiten des Daseins distanzieren. Das Volk aber, das den «unendlichen Schmerze»[29] über den Widerspruch zwischen dem Endzweck der Welt und ihrer vorfindlichen Lebenssituation sehr viel tiefer empfinde, brauche Vorstellungsgehalte, die diesen Schmerz erträglich machen. Ebendiese seien ihm durch die kollektive Gottesentsagung genommen worden.

Hegel nahm es der Theologie seiner Zeit übel, dass sie sich feige in eine Parallelwelt zurückzog und sich hinter begrifflichen Trennungen wie der zwischen Wissen und Glauben verschanzte. Anstatt die Vernunft der Religion zu erweisen, behauptete sie ein Sonderwissen, das zugleich ein Nichtwissen sein sollte. Gottes Ratschluss sollte höher als alle Vernunft sein – zugleich aber ein Geheimnis bleiben. Gott wurde zu einem jenseitigen Wesen. Dieses Jenseits erschien Hegel aber lediglich als ein Ort, an dem ein hohl, leer und arm gemachter Gott als ein armseliges, weil wirkungsloses Gespenst hausen musste. Demgegenüber bestand er darauf, dass Gott als Geist hier und jetzt gegenwärtig und lebendig ist und allezeit nichts anderes tut, als sich zu offenbaren, also sich zu erkennen zu geben. Theologen, die auf der Unerkennbarkeit Gottes beharren, wollen sich – so Hegels Verdacht – Gott schlicht vom Leibe halten. Auch das Argument, dass man Gott nicht denken, sondern lediglich fühlen könne, wollte Hegel ganz und gar nicht einleuchten. Eine bloße Gefühlsreligion mache einen falschen Gegensatz zwischen Denken und Fühlen auf. Denken und Fühlen sind kein Gegensatz – das eine kann ohne das andere nicht sein. Gedanken lösen Gefühle aus; Gefühle regen Gedanken an.

Hegels Religionsphilosophie ist entwaffnend schlicht: Der Religionsphilosoph schaue dem Wirken des göttlichen Geistes nur zu. Und weil der Geist nicht fertig sei wie ein Stein, sondern sich stetig weiterentwickle, biete die gesamte Religionsgeschichte ein faszinierendes Panoptikum der Wirkungen des Geistes. Der Religionsphilosoph unterscheide deshalb auch nicht zwischen «Fremdreligionen» und einer «eigenen Religion». Die gesamte Menschheitsgeschichte ist der Ort, an dem sich der göttliche Geist im und mit dem menschlichen Geist verwirklicht. Alle Religionen sind Zeugnisse der Arbeit des absoluten Geistes am und mit dem endlichen Geist.

Worauf läuft die Zusammenarbeit des absoluten mit dem endlichen Geist hinaus? Auf das Reich Gottes. Was soll man sich unter einem «Reich Gottes» vorstellen? Friedrich Hölderlin schrieb am 10. Juli 1794 an Hegel:

> Lieber Bruder! Ich bin gewiss, dass Du indessen zuweilen meiner gedachtest, seit wir mit der Losung ‹Reich Gottes› voneinander schieden. An dieser Losung würden wir uns nach

---

[29] Werke 17, 343.

jeder Metamorphose, wie ich glaube, wiedererkennen. Ich bin gewiss, es mag mit dir werden, wie es will, jenen Zug wird nie die Zeit in Dir verwischen.³⁰

Hegel war – wie Hölderlin sensibel und hellsichtig wahrnahm – von der Präsenz und vom Kommen des Reiches Gottes überzeugt und verstand seine Philosophie als Mitarbeit an dessen Realisierung. In einem Brief an Schelling Ende Januar 1795 formuliert Hegel diese Überzeugung so: «Das Reich Gottes komme, und unsere Hände seien nicht müßig im Schoße! [...] Vernunft und Freiheit bleiben unsere Losung, und unser Vereinigungspunkt die unsichtbare Kirche.»³¹

Der späte Hegel konzipierte die Gegenwart des Reiches Gottes weniger enthusiastisch, aber nicht weniger eindrücklich. In seiner *Religionsphilosophie* bestimmt er das Reich Gottes als den Zustand der Versöhnung des Menschen mit Gott. «[A]ls Zustand ausgesprochen ist das Reich Gottes das Ewige als die Heimat für den Geist, eine Wirklichkeit, in der Gott herrscht.»³² Das Reich Gottes ist aber zugleich die revolutionäre Negation alles Bestehenden: «Dieses Reich Gottes [...] hat also an sich die Bestimmung der Negation gegen das Vorhandene; das ist die revolutionäre Seite der Lehre, die alles Bestehende teils auf die Seite wirft, teil vernichtet, umstößt. Alle irdischen Dinge fallen weg ohne Wert und werden so ausgesprochen.»³³ Wer «Reich Gottes!» sagt, der unterwirft das Vorfindliche einer radikalen Kritik. Das Reich Gottes ist die Umwertung aller Werte – und gerade so die Befreiung des Menschen aus vorfindlichen Herrschaftsverhältnissen.

Jeder Mensch ist dazu bestimmt, Bürger im Reich Gottes zu werden. «Die Seele, die einzelne Subjektivität hat eine unendliche, ewige Bestimmung: Bürger im Reich Gottes zu sein.»³⁴ Diese Bestimmung ist nicht nur etwas bloß Innerliches, sie zeitigt konkrete politische Wirkungen: «Die Subjektivität, die ihren unendlichen Wert erfasst hat, hat damit alle Unterschiede der Herrschaft, der Gewalt, des Standes, selbst des Geschlechtes aufgegeben: vor Gott sind alle Menschen gleich.»³⁵ So wird der «unendliche Schmerz» über den Zustand der Welt negiert. Diese Negation ist zugleich «die Möglichkeit und Wurzel des wahrhaft allgemeinen Rechts, der Verwirklichung der Freiheit».³⁶ Wahre Freiheit ist das Produkt der Negation der Negation des Vorfindlichen.

Hegel ist sich freilich bewusst, dass sich die Vernunft der Religion und deren revolutionäre Kraft nur jenen erschließen, die unter dem gegenwärtigen Zustand

---

30 Briefe von und an Hegel, Bd. I: 1794–1814, hg. v. Johannes Hoffmeister, 2. Auflage, Hamburg 1961, 9.
31 Briefe von und an Hegel, Bd. I, 1794–1814, 18.
32 Werke 17, 280.
33 Werke 17, 280.
34 Werke 17, 303.
35 Werke 17, 303.
36 Werke 17, 303.

der Welt leiden. Wer glaubt, dass der Mensch von Natur aus gut ist, dem sind Gedanken wie «Entzweiung» und «Versöhnung» unverständliche Worte. Wer glaubt, dass die Weltgeschichte ohnehin nur ein sinnloses Spiel von Zufällen ist, den wird man für den Gottesgedanken nicht einnehmen können. Gleiches gilt für Naturalisten und Deterministen, für die nicht der Geist, sondern «die Evolution», «die Natur» oder auch «die Gene» den Lauf der Dinge bestimmen.

Eine Kultur, die das göttliche Absolute verdrängt, verabsolutiert sich selbst. Wenn Gott nicht mehr als ein Allgemeines gegenwärtig ist, dann *hat* nicht nur jeder seinen eigenen Gott, sondern dann *ist* sich auch jeder sein eigener Gott. Jeder ist sich selbst sein Absolutes – eine Singularität. In den Drehbüchern von neueren Kriminalfilmen taucht immer häufiger der Topos auf, dass der Täter auf die Frage, warum er seine grausame Tat begangen habe, nur noch antwortet: «Weil ich es kann!». Das ist freilich nur ein Können des Vernichtens. Das Selbstzerstörerische einer narzisstischen Kultur ist mit Händen zu greifen. Ob und wann der Zeitgeist wieder zur Vernunft kommt, lässt sich nicht vorhersagen.

3.3 Auf der Suche nach handlungsfähiger Selbsterkenntnis – die Philosophie

Hegel vertraute dem Geist, der – wie ein Maulwurf – manchmal träge und langsam, aber unablässig und zielstrebig die Fundamente alles Bestehenden unterhöhlt und Geistloses zum Einsturz bringt. Allerdings braucht der absolute Geist dafür subjektive Geister, die ihm Aufmerksamkeit schenken, ihn begreifen und mithelfen, dass er sein Werk vollendet. Der Geist als Maulwurf höhlt nicht nur Institutionen aus. Er erzeugt auch in den Subjekten eine beständige Unruhe und drängt sie, das Gute und Richtige zu tun. Dem Maulwurf kommt man durch eine gesteigerte Aufmerksamkeit für den Zeitgeist auf die Spur, in dem – wie verborgen und dialektisch auch immer – der absolute Geist erscheint. Jede Philosophie ist zu ihrer Zeit und an ihrem Ort aufgefordert, die Arbeit des Geistes nicht nur intuitiv zu spüren, sondern das Prinzip seiner Tätigkeit zu begreifen. Philosophie ist dann die «Enthüllung Gottes».[37]

Philosophen müssen mutig sein. «Der Mut der Wahrheit, der Glaube an die Macht des Geistes ist die erste Bedingung der Philosophie.»[38] Von der Größe und Macht des Geistes, auch des eigenen subjektiven Geistes, könne der Mensch nicht hoch genug denken. Hegels Konstruktionsprinzip der Philosophiegeschichte ist die fortschreitende Selbsterkenntnis des Geistes. ‹Erkenne dich selbst!› – das sei der Imperativ, der die Philosophie bis heute angetrieben habe und weiter antreibe. Diese Selbsterkenntnis ist aber kein Selbstzweck. Sie dient einer Selbst-

---

37 Werke 20, 457.
38 Werke 18, 13.

wirksamkeit, die weiß, was sie tut. Selbstwirksamkeit als bloß formale Fähigkeit kann alles Mögliche bewirken – Gutes und Böses, Substanzielles und Eitles. Selbstgefällige Selbstwirksamkeit endet in geistlosem Narzissmus. Eine geistreiche Selbstwirksamkeit prüft sich selbstkritisch immer wieder daraufhin, von welchen Motiven sie getrieben ist, und macht sich dann daran, das Vorfindliche seinem Begriff gemäß zu verändern.

Philosophen fühlen den Puls ihrer Zeit. Und weil der Puls der Zeit seine Quelle im Pulsieren des Zeitgeistes hat, müssen Philosophen geistesgegenwärtig sein. Eine Philosophie, die ihrer Zeit keine Diagnose ihres Geisteszustandes geben kann, bleibt ihr Wesentliches schuldig. Das gelingt den Philosophen freilich nur dann, wenn sie aufrichtig Wahrheitssucher sind. Wer den Wahrheitsbegriff von vornherein aufgegeben hat, der ist in Hegels Augen kein Philosoph mehr.

4. Öffentliche Gottesentsagung bei zunehmender religiöser Pluralität

4.1 «Gott ist der Gott aller Menschen!»

Papst Franziskus hielt am 13. September 2024 am Catholic Junior College in Singapur eine Rede vor jungen Menschen unterschiedlichen Glaubens. Er ermutigte sie zum interreligiösen Dialog. Dieser dürfe aber nicht so geführt werden, dass jeder behaupte, der eigene Gott sei wichtiger als der Gott der anderen, die eigene Religion sei wahr, die der anderen aber nicht. «There is only one God, and each of us has a language, so to speak, in order to arrive at God.» Verschiedene Religionen seien wie verschiedene Sprachen, aber alle seien ein Pfad zu Gott, der ein Gott für alle sei. «And if God is God for all, then we are all sons and daughters of God.»[39] Die Reaktion konservativer Christen ließ nicht lange auf sich warten. Das sei der Ausverkauf katholischer Glaubenswahrheiten. Evangelikale Christen wiesen darauf hin, dass die Aussagen des Papstes im Widerspruch zur Heiligen Schrift stünden. Jesus habe ausdrücklich gesagt: «Ich bin der Weg, die Wahrheit und das Leben. Niemand kommt zum Vater denn durch mich.»

Hegel unterschied drei Formen der Vergegenwärtigung Gottes: die ästhetische, die religiöse und die philosophische. Die Worte des Papstes gehören der philosophischen an. Er versucht, auf die Vernunft des Gottesgedankens durch alle besonderen religiösen Vorstellungen hindurch aufmerksam zu machen. Hegel hätte über die Worte des Papstes wohl gestaunt, sich aber nicht gewundert. Denn die katholischen Theologen seien, so Hegel, nie solche Barbaren gewesen,

---

39 Zitiert nach einem Online-Artikel von Elise Ann Ellen, https://cruxnow.com/2024-pope-in-timor-leste/2024/09/pope-in-multi-faith-singapore-says-all-religions-are-a-path-to-god (aufgerufen am 19.09.2024).

die Philosophie als ihre Bezugsdisziplin aufzugeben.⁴⁰ Allerdings habe sich die katholische Theologie durch ihre Bindung an die mittelalterliche Scholastik einer Philosophie verschrieben, die das Bestehende und deren hierarchische Ordnungen gerechtfertigt habe.

Papst Franziskus hingegen scheint sich mit dem Satz «Gott ist der Gott aller Menschen» um konfessionelle Traditionen nicht zu scheren. Er zeigt vielmehr ein Gespür für den Geist seiner Zeit. Die technologische und ökonomische Globalisierung macht Inklusion zu einer Notwendigkeit – selbst wenn sich machtvolle Gegenbewegungen wie der Rechtspopulismus dagegen formieren. Die Religionsgemeinschaften können sich dieser Inklusionsforderung nicht verschließen, wenn sie ihrem eigenen Universalismus, dass Gott der Schöpfer aller Menschen ist, nicht untreu werden wollen. Gott ist der Gott aller Menschen, also sind alle Menschen Söhne und Töchter Gottes – das ist eine inkludierende Weise, Gott und Mensch zu denken. Ein exkludierender Gottesbegriff ist unter den Bedingungen universalistischen Denkens anachronistisch – wer das weiterhin versucht, exkludiert sich selbst, wie man an fundamentalistischen und apokalyptischen Gruppierungen gut studieren kann.

Über die Reaktion protestantischer Evangelikaler auf den Vorschlag des Papstes hätte sich Hegel auch nicht gewundert. Denn der Protestantismus habe gleich nach der Reformation zu seinem eigenen Schaden der Philosophie als Bezugsdisziplin den Abschied gegeben. Allein die Heilige Schrift sollte forthin als Wahrheitskriterium gelten. Die Bibel hatte fortan die ganze Beweislast für die Wahrheit des Christentums zu tragen. Hegel hielt das für einen Irrweg. «Und es ist ein verkehrtes Beginnen einer störrischen Exegese[,] auf solche äußerliche philologische Weise die Wahrheit der christlichen Religion zu erweisen».⁴¹ Der Buchstabe töte, der Geist mache lebendig.

Ohne das kritische Korrektiv der Philosophie wurde der Protestantismus aber auch – so Hegel – Opfer eines «ganz ungebildeten Vorstellens und unkritischen Denkens».⁴² Die Zeitdiagnosen der Theologen seien oft nichts anderes, «als was sich auf der Heerstraße findet, was auf der Oberfläche der Zeit herumschwimmt».⁴³ Es helfe der Theologie nicht, wenn sie nichts von der Philosophie wissen wolle. «Sie hat es immer mit Gedanken zu tun, die sie mitbringt; und diese ihre subjektiven Vorstellungen und Gedanken, ihre Haus- und Privatmetaphysik, sind dann die [...] Meinungen der Zeit.»⁴⁴ Die Philosophie hingegen, die den Geist ihrer Zeit begreife, ihren «inneren Puls» fühle, könne der Theologie

---

40 Werke 19, 560.
41 Werke 20, 56.
42 Werke 20, 64.
43 Werke 20, 64.
44 Werke 20, 64.

helfen, ihre Haus- und Privatmetaphysik auf die Ebene vernünftiger Allgemeinheit zu heben.

Auf ebendiesen Dienst der Philosophie hat der Protestantismus verzichtet. Und so setzen Bibelgläubige Bibelsprüche als Waffen gegen vermeintliche Ungläubige und Irrlehrer ein. Dabei übersieht der evangelikale Kritiker von Papst Franziskus, dass das Wort Jesu aus dem Johannesevangelium eine ganz andere Lesart nahelegt. Wenn Jesus sagt: «Ich bin der Weg, die Wahrheit und das Leben» (Joh 14,6), dann ist ihm die Wahrheit Moment des eigenen Lebensweges. Sie realisiert sich durch die eigene Lebensführung. Wer die Wahrheit hingegen für ein Ding nimmt, das man anderen an den Kopf werfen kann, der befindet sich auf dem Holzweg. Gemäß der christlichen Trinitätslehre ist Jesus das exemplarische Ich. Wer von seinem Geist inspiriert ist, ist ebenfalls ein Sohn oder eine Tochter Gottes. Für feindseliges Exkludieren taugen die Worte Jesu aus dem Johannesevangelium also nicht.

4.2 Andere Religionen wie andere Sprachen kennenlernen

Das Sprachspiel des Papstes, sich Religionen wie Sprachen vorzustellen, ist inspirierend. Wer eine andere Sprache lernt, der ist imstande, die eigene Sprache und die Kultur, die sie geformt hat, zum Gegenstand eigener Reflexion zu machen. Man blickt auf das Eigene von außen. Selbstverständliches und Gewohntes muten dann befremdlich an. Man fragt sich: «Muss das so bleiben – oder könnte man es auch anders machen?» Wer sich mit Wohlwollen auf andere religiöse Traditionen einlässt, der kann attraktives Neues entdecken – zugleich wird man aber auch der Stärken der eigenen Tradition gewahr. Gott ist ein Gedanke, der allen Menschen zugänglich ist. Wie sich die jeweiligen Kulturen Gott vorstellen, ist ihnen überlassen. Niemand muss seine eigene Tradition verleugnen. Neu ist aber die Forderung des Papstes, anderen religiösen Traditionen mit Respekt zu beggegnen. Arrogante Herablassung, Verachtung oder gar wechselseitige Verdammungsurteile sind dann kein Zeichen von Glaubensstärke mehr, sondern ein Zeichen von Gottlosigkeit.

Die Kirchen hatten Hegels Unterscheidung zwischen einer ästhetischen, einer religiösen und einer philosophischen Vergegenwärtigung Gottes als Herabsetzung empfunden. Als ob nur die Philosophie Gott erkenne und religiöse Praxis demgegenüber minderwertig sei. Hegel hat sich immer wieder gegen diesen Vorwurf verwahrt. Die Philosophie mache den Religionen keine Vorschriften. Selig seien die, die reinen Herzens sind, nicht die, die Philosophie studiert haben. Aber unter den Bedingungen religiöser Pluralität haben die Philosophen – und auch die wissenschaftliche Theologie ist eine Art Philosophie – die Aufgabe, die Differenzen so auf den Begriff zu bringen, dass aus der Dynamik der Widersprüche eine neue Einheit entstehen kann. Wer sich dieser Aufgabe verschließt und sich lieber in seiner konfessionellen Besonderheit «verhaust», dem fehlt es an Geistesgegenwart.

Ein modernes Gemeinwesen muss daran interessiert sein, dass interreligiöser Austausch stattfindet. Deshalb war es eine kluge Entscheidung, dass an deutschen Universitäten nicht nur evangelische und katholische, sondern auch jüdische und islamische Theologie gelehrt werden und an einer Reihe von religionswissenschaftlichen Instituten auch mit anderen Weltreligionen Bekanntschaft gemacht werden kann. Wenn sich dann freilich die alteingesessenen katholischen und protestantischen Fakultäten weigern, Teil einer gemeinsamen ‹Fakultät der Theologien› zu werden, obwohl alle universitätsorganisatorischen Kriterien dafürsprechen, dann ist das ein Anzeichen für eine ängstliche, besitzstandswahrende Mentalität. Wenn Papst Franziskus recht hat, dass interreligiöser Dialog dann gelingt, wenn man die Sprache der anderen versteht, dann ist eine Fakultät der Theologien, an denen diese Sprachen wechselseitig gelehrt und gelernt werden, das Modell der Zukunft.

4.3 Leidet der öffentliche Diskurs unter Theophobie?

Was im akademischen Milieu einigermaßen gut gelingt, davon ist der gesamtgesellschaftliche Diskurs noch weit entfernt. Die von Hegel beklagte Gottesentsagung ist gesellschaftliche Selbstverständlichkeit geworden. Von Gott öffentlich zu sprechen, wird als peinlich empfunden. Gott ist nur noch im Ritual präsent. Aus der Alltagssprache ist er verschwunden. Leiden die westlichen Gesellschaften an einer Theophobie? Ihnen wird ja schon Homophobie, Xenophobie, Islamophobie etc. vorgeworfen. Mit solchen Diagnosen gilt es freilich vorsichtig zu sein. Solange der Phobiebegriff dazu verwendet wird, andere für krank und damit für unzurechnungsfähig zu erklären, ist es klug, auf dessen Gebrauch zu verzichten.

Die Psychoanalyse klärt uns darüber auf, dass wir es nur dann mit einer Phobie zu tun haben, wenn ein Mensch deshalb Angst vor einem Objekt hat, weil er es so sehr begehrt, dass der empfundene Mangel in Angst umschlägt. Eine Phobie weist auf ein verdrängtes Begehren hin. Fehlt also Gott so sehr, dass wir darüber nicht einmal mehr sprechen können? Was für ein Gott wäre das? Für Hegel ist Gott der Geist, in dem sich der Einzelne als ein Allgemeines weiß. Die Klage über einen Mangel an Allgemeinheit erklingt allenthalben. Die Verzweiflung wachse, weil einsame, atomisierte Individuen ihr Leben als sinnlos empfänden. Es fehle an sozialem Zusammenhalt, einem irgendwie gearteten «Kitt». Der Soziologe Heinz Bude beklagte in einem Radiointerview, dass «ein gedachtes Ganzes» fehle. Es gebe kein «gemeinsames Leben» und keinen «gefühlten Staat» mehr.

Hegel warnte davor, das Allgemeine mit dem Sozialen zu verwechseln. Der Geist als das Allgemeine, nach dem sich der Einzelne sehnt, darf nicht mit kollektiven Entitäten wie der Familie, Freunden, einer Nation oder der Herrschaft einer Klasse verwechselt werden. Gemeinschaftsgefühle stillen den spirituellen Hunger nicht – Fußball ist keine Religion, auch wenn man ihn als eine solche inszeniert. Wer nach Gott fragt, der fragt nach dem Allgemeinen im Ureigensten, nach der Substanz in der eigenen Subjektivität. Das scheinbar unteilbare Individuum sehnt sich nach Teilhabe am absoluten Geist und möchte sich darin als in dem Garanten seiner Freiheit aufgehoben wissen.

Dem Wirken des Geistes als eines wahrhaft Allgemeinen kommt man heute am ehesten in der Kunst auf die Spur, also in der ersten der drei Hegel'schen Formen, die das Absolute vergegenwärtigen. Dabei muss man nicht nur an Caspar David Friedrich, an Bach, Beethoven oder Wagner denken. Zum neunzigsten Geburtstag von Leonhard Cohen am 21. September 2024 titelte die *Süddeutsche Zeitung*: «Leonhard Cohen ist nicht tot.» Biologisch gesehen ist das eine freche Lüge, denn Cohen starb nachweislich am 7. November 2016 und man kann sein Grab auf dem jüdischen Friedhof in Montreal besuchen. Der Autor Kurt Kister meinte offenbar nicht den Leib, sondern den Geist Cohens, der in seiner Musik weiterlebt. Cohen selbst behauptete freilich immer, dass seine Liedtexte gar nicht ihm selbst gehörten. Sie seien ihm geschenkt worden. Er wisse aber nicht genau, von wem. Wenn er wüsste, woher sie kämen, dann würde er öfter dorthin gehen und sich welche holen. Leonhard Cohen war nicht nur ein begnadeter Poet, er war auch ein frommer, tief in seiner jüdischen Tradition verwurzelter Mensch. Seine Lieder sind moderne Psalmen. Seiner Aufforderung, Gott zu loben, also Halleluja zu singen, sind Tausende von Interpreten gefolgt. Es entstehe eine Atmosphäre wie bei einem Gottesdienst, berichten die Erfolgreichen unter ihnen. Bei seinem letzten Konzert in Tel Aviv sprach Cohen am Schluss den Aaronitischen Segen in hebräischer Sprache – in biblischen Zeiten das Privileg eines Cohen, des Angehörigen einer besonders angesehenen Priesterkaste. Cohen empfand den von Hegel so genannten «unendlichen Schmerz» über den beklagenswerten Zustand der Welt. Man müsse entweder die Faust heben oder Halleluja singen. Er habe beides getan. Denn das sei die Aufgabe der Dichter: «A writer reconciles deep conflicts.» Die Arbeit des Dichters an der Versöhnung verdrängt die Widersprüche nicht – im Gegenteil: Indem er sie in Kunst transformiert, macht er sie sichtbar und erträglich zugleich.

Das deutsche Feuilleton hatte oft Mühe, sich Leonhard Cohen als einen frommen Mann vorzustellen. Er sei vielleicht ein Mystiker, vor allem aber ein Ironiker, ein Zyniker und ein Herzensbrecher gewesen, ein in sich zerrissener Existenzialist. Im Rückblick scheint es eher so, dass er die Widersprüche des Lebens gerade deshalb so pointiert zur Sprache bringen konnte, weil er sich in Gott unendlich aufgehoben wusste. Es war ihm gleichgültig, ob er ein vollmundiges oder ein gebrochenes Lob Gottes anstimmte – entscheidend war, dass die Beziehung nie abbrach. «And even though it all went wrong, I'll stand before the Lord of Song with nothing on my tongue but Hallelujah.» Auf dem Sterbebett riet er seinen Hörern: «Listen to the mind of God, don't listen to me.»[45] Das ist selbstverständlich eine dialektische Empfehlung: Nur wenn man auf Cohen hört, kann man seinen Rat beherzigen und auf den schöpferischen Geist Gottes hören. In seinem letzten Album bedauerte er, dass die Liebe zwischen Gott und ihm nicht stabiler gewesen sei: «I'm so sorry for the ghost I made you be. Only one of us was real and that was me.»[46] Das scheint die Last der jüdisch-christlichen Tradition zu sein, dass Gott in so weite Ferne gerückt worden ist, dass er uns wie ein unwirkliches Gespenst erscheint, obwohl er doch der Geist ist, der unseren Geist inspiriert und uns so nahe ist wie sonst nichts auf der Welt. Cohens Gottesbeziehung wird in den Feuilletons selten thematisiert. Man heftet seine Theologie unter der Rubrik «Altersweisheit» ab. Wer aber die religiöse Dimension und die Gottesbeziehung von Künstlerinnen und Künstlern ausblendet, dessen Interpretationen wirken oft flach und uninspiriert.

Auch religionspolitisch wäre es ein Fortschritt, wenn die Öffentlichkeit vor der Macht der Religion nicht zurückschreckte, sondern sich über die in der Gesellschaft gängigen Gottesbegriffe verständigte. Wenn eine Gesellschaft über Gott nur noch schweigt, dann entsteht ein Vakuum, in das religiöse Vorstellungen einströmen können, die das Licht der Vernunft scheuen. Es ist also ganz und gar nicht harmlos, nicht über Gott zu sprechen. Ein gesamtgesellschaftliches, vernunftgeleitetes Gespräch über Gott ist überfällig. Das Schweigen über Gott erzeugt ein diskursives Vakuum, in dem alle möglichen Fundamentalismen ohne jede Rechtfertigungspflicht gedeihen können. Selbst Agnostiker und Atheisten können das nicht wollen. Warum sollte es nicht einen offenen Austausch über die gesellschaftlichen Wirkungen der jeweiligen religiösen Traditionen geben dürfen – inklusive eines Gesprächs über die gesellschaftlichen Wirkungen eines skeptischen Agnostizismus, eines materialistischen Atheismus oder auch einer ganz gewöhnlichen alltäglichen Selbstvergottung.

Wenn eine Gesellschaft das öffentliche Verschweigen Gottes über Generationen hinweg eingeübt hat, dann ist es nicht leicht, das zu ändern. Wo soll man beginnen, womit anfangen? Hier wird Hegels erste und dritte Form der Vergegenwärtigung Gottes wichtig, die Kunst und die Philosophie. Wenn ein unmittelbares Gespräch über Gott schwerfällt, dann kann man die Dichter und Philosophen fragen, was sie uns über Gott zu sagen haben. Sie verfügen über Sprachformen, die allgemeinverständlich sind. Angst vor aufdringlichen Missionierungsversuchen muss man hier nicht haben. Welchen Gottesbegriff hatten Kant, Schelling und Hegel? Wie stellten sich Lessing, Goethe und Schiller Gott vor? Wer sein Denken an den Klassikern schult, der hat den Vorteil, sich einer voreiligen Stellungnahme enthalten zu können. Man darf sich von verschiedenen Positionen einnehmen lassen. Und man kann in Ruhe darüber nachdenken, wel-

---

45 Leonhard Cohen, Thanks for the dance, Sony Music, Nashville 2019.
46 Leonhard Cohen, You want it darker, Columbia Records, New York City 2016.

cher Gottesgedanke das eigene Denken inspiriert. Dessen Spur kann man dann folgen.

Dieses Buch war ein Plädoyer dafür, Hegels Dialektik für das Begreifen gegenwärtiger Probleme nutzbar zu machen und sich von der Vernunft seines Gottesbegriffs insofern provozieren zu lassen, als man den Gottesgedanken nicht zu scheuen braucht. Das Ziel war nicht eine Wiederbelebung Hegels, sondern die Vergegenwärtigung seines Geistbegriffs. Die Kirchen können sich nach der Lektüre überlegen, ob sie auf dem Gegensatz von Wissen und Glauben weiterhin beharren wollen. Eine skeptische Philosophie mag sich fragen, ob ihre Skepsis nicht in einer Standpunktlosigkeit und in einem Verzicht auf die Wahrheit endet, von der zurzeit vor allem Autokraten, Rechtspopulisten und sonstige Verächter der Wissenschaft profitieren. Die skeptische Kritik des Vorfindlichen als erste Negation ist notwendig – sie muss aber zur zweiten Negation, der Negation der Negation, fortschreiten, wenn sie denn tatsächlich etwas bewirken, also Wirklichkeit werden will. Die Befähigung zu solcher Selbstwirksamkeit war ein Grundanliegen Hegels. Der Schweizer Theologe Karl Barth nannte Hegel einen *Philosophen des Selbstvertrauens aus Gottvertrauen*. Das klingt heute etwas bieder, ist in der Sache aber zutreffend. Hegels Imperativ lautete: Werde, der du bist – nämlich ein mit dem Geist Gottes begabtes Wesen!

Das Signet des Schwabe Verlags
ist die Druckermarke der 1488 in
Basel gegründeten Offizin Petri,
des Ursprungs des heutigen Verlags-
hauses. Das Signet verweist auf
die Anfänge des Buchdrucks und
stammt aus dem Umkreis von
Hans Holbein. Es illustriert die
Bibelstelle Jeremia 23,29:
«Ist mein Wort nicht wie Feuer,
spricht der Herr, und wie ein
Hammer, der Felsen zerschmeisst?»